Urs Eigenmann, Kuno Füssel, Franz J. Hin
Der himmlische Kern des Irdischen

Thank You

Urs Eigenmann, Kuno Füssel, Franz J. Hinkelammert (Hrsg.)
DER HIMMLISCHE KERN DES IRDISCHEN
Das Christentum als pauperozentrischer Humanismus der Praxis

EDITION EXODUS, Luzern
Edition ITP-Kompass, Münster
2019

Die vorliegende Publikation wurde ermöglicht durch die großzügige Unterstützung der Römisch-katholischen Landeskirche des Kantons Basel-Landschaft, der Theologischen Bewegung für Solidarität und Befreiung sowie des Vereins «Collège de Brousse».

Alle Rechte vorbehalten
© Genossenschaft Edition Exodus, Luzern 2019
© Edition ITP-Kompass, Münster 2019

Lektorat: Urs Eigenmann, Maria Klemm-Herbers

Umschlag: Bernard Schlup
Satz: atelier hupa, CH-4462 Rickenbach
Druck: PB tisk a.s., CZ-261 01 Příbram 1

ISBN 978-3-905577-99-0 (Edition Exodus)
ISBN 978-3-9819845-0-7 (Edition ITP-Kompass)

INHALT

Vorwort 7

Urs Eigenmann
Von der «La Roche-Woche» zum «Collège de Brousse».
Zur Geschichte eines singulären Unternehmens 11

Kuno Füssel
Die bürgerliche Gefangenschaft der Theologie 29

Kuno Füssel
Marx und die Bibel. Eine längst anstehende Bestandsaufnahme 47

Franz J. Hinkelammert
Der Mensch als höchstes Wesen für den Menschen.
Jenseits der Ethik der neoliberalen Religion des Marktes 65

Walter Bochsler
Der Thermidor des Christentums.
Sozialgeschichtliche Aspekte seiner frühen Entwicklung 97

Urs Eigenmann
Das Reich Gottes und seine Gerechtigkeit als himmlischer Kern
des Irdischen.
Das Christentum als pauperozentrischer Humanismus
der Praxis 117

Joseph Thali-Kernen
Neuausrichtung der Praxis in den Pfarreien.
Die Befreiungstheologie als Katalysator   231

Maria Klemm-Herbers
Autonom – Parteilich – Solidarisch – Christlich.
Persönliche Erfahrungen und Erinnerungen   249

Personenregister   259

Autorin und Autoren   266

VORWORT

Dieser Band ist die Frucht über dreißigjährigen Bemühens einer internationalen Gruppe von Theologinnen und Theologen, im Rückgriff auf den biblisch bezeugten Ursprung des Christentums eine befreiende Theologie zu entwickeln, die im Dienst einer Welt steht, die allen ein Leben in Fülle (vgl. Joh 10,10) ermöglicht. Konstitutiv für diese Theologie ist die Erkenntnis, dass die im 4. Jahrhundert erfolgte *Christianisierung des Imperiums* in Wirklichkeit eine *Imperialisierung des Christentums* und die Konstantinische Wende der *Thermidor* des Christentums war (Franz Hinkelammert). Seitdem geht die zentrale Konfliktlinie in der Theologie und in den Kirchen entlang der Unterscheidung zwischen dem vorkonstantinisch-ursprünglichen, *prophetisch-messianischen Christentum* und der nachkonstantinisch-verkehrten *imperial-kolonisierenden Christenheit* (Urs Eigenmann). Diese Unterscheidung muss seit der 1988 erfolgten Kehrtwende von Gustavo Gutiérrez, seiner theologischen Verbrüderung mit Bischof und Kardinal Gerhard Ludwig Müller und nach dem 2007 ausgebrochenen theologischen Bruderzwist zwischen Clodovis und Leonardo Boff um die *ideale* und die *real existierende* Theologie der Befreiung auch auf diese selbst angewandt werden. Die Theologie dieses Bandes ist der u. a. von Leonardo Boff, Enrique Dussel und Jon Sobrino vertretenen *real existierenden* Theologie der Befreiung zuzuordnen. Diese hat im Sinne des Vatikanum II, für das die «[...] Heilige Schrift die Seele der gesamten Theologie sein muss» (*Optatam totius* 16,2) ein in der Schrift begründetes, *scripturales* Selbstverständnis. Die u. a. von Clodovis Boff entwickelte *ideale* Theologie der Befreiung hat entgegen dem Vatikanum II, für welches das «[...] Lehramt [...] nicht über dem Wort Gottes [steht]» (*Dei verbum* 10,2), ein vom Lehramt normiertes, *magisteriales* Selbstverständnis.

Der Titel des Bandes *Der himmlische Kern des Irdischen* kehrt die Formulierung von Karl Marx über den *irdischen Kern der religiösen Nebelbildungen* um und versteht das Reich Gottes und seine Gerechtigkeit als *himmlischen Kern des Irdischen* (Franz Hinkelammert). Der Untertitel geht davon aus, dass der biblisch bezeugte Ursprung des

Christentums keine Religion im traditionellen Sinn war, sondern ein *pauperozentrischer Humanismus der Praxis* (Urs Eigenmann).

Am Beginn der in diesem Band dokumentierten Theologie stand im Jahr 1982 das Referat von Kuno Füssel an der Universität Fribourg/Schweiz *Die bürgerliche Gefangenschaft der Theologie*. Dieser Gründungstext, der hier erstmals veröffentlicht wird, schlägt einen neuen Theorietyp von Theologie vor: *Theologie als materialistische Theorie messianischer Praxis*. Im Beitrag *Marx und die Bibel. Eine längst anstehende Bestandsaufnahme* legt Kuno Füssel dar, wie sich Karl Marx in seinem gesamten Werk auf die Bibel bezieht. Die Bewegung, die Kuno Füssels Referat ausgelöst hat, dokumentiert Urs Eigenmann in seinem Beitrag *Von der «La Roche-Woche» zum «Collège de Brousse». Zur Geschichte eines singulären Unternehmens*, der auch ein Stück *oral history* beinhaltet. Franz Hinkelammert stellt in seinem Beitrag *Der Mensch als höchstes Wesen für den Menschen. Jenseits der Ethik der neoliberalen Religion des Marktes* sein Forschungsprojekt vor: *Die Ethik der neoliberalen Marktreligion und das höchste Wesen für den Menschen, wie es Karl Marx sieht*. Walter Bochsler benennt in seinem Beitrag *Der Thermidor des Christentums. Sozialgeschichtliche Aspekte seiner frühen Entwicklung* im Anschluss an Franz Hinkelammert inhaltliche Momente des *Thermidors* des Christentums und rezipiert Erkenntnisse US-amerikanischer Sozialwissenschaftler und Theologen über die frühe Entwicklung des Christentums. Die fünf Thesen und acht Exkurse von Urs Eigenmann stellen unter dem Titel *Das Reich Gottes und seine Gerechtigkeit als himmlischer Kern des Irdischen. Das Christentum als pauperozentrischer Humanismus der Praxis* so etwas wie eine Synthese der über dreißigjährigen Bemühungen um eine am Ursprung des Christentums orientierte Theologie dar. Joseph Thali-Kernen berichtet in seinem Beitrag *Neuausrichtung der Praxis in den Pfarreien. Die Befreiungstheologie als Katalysator* darüber, wie er die in diesem Band vertretene Theologie fruchtbar in die Pastoral vor Ort eingebracht hat. Maria Klemm-Herbers erzählt in ihrem Beitrag *Autonom – Parteilich – Solidarisch – Christlich. Persönliche Erfahrungen und Erinnerungen*, weshalb ihr die *La-Roche-Collège-de-Brousse-Gruppe* wichtig ist als Raum autonomer Weiterbildung und solidarischen Festhaltens an der Hoffnung auf eine Welt, in der alle Platz haben.

Der Band ist dem Andenken an die beiden verstorbenen Teilnehmer der *La Roche-Wochen* Fernando Castillo und Benno Fux gewidmet.

Buggingen, 29. Juni, am Hochfest der Apostel Petrus und Paulus

Für die Autorin und die Autoren
Urs Eigenmann

Urs Eigenmann

VON DER «LA ROCHE-WOCHE» ZUM «COLLÈGE DE BROUSSE»

Zur Geschichte eines singulären Unternehmens

1. Von einem Projekt des Universitätsrektorats zur Initiative der Basisgruppe Theologie

Für das Wintersemester 1981/1982 kündigte das Rektorat der Universität Fribourg/Schweiz eine Vorlesungsreihe unter dem Titel *Wissenschaft und Verantwortung* an. Als Vertreter der Theologie war Dr. Guido Vergauwen OP als Referent vorgesehen, dessen Beitrag unter dem Titel *Die Theologie im Hause der Wissenschaften*[1] angekündigt wurde. Das alarmierte die *Basisgruppe Theologie* an der Theologischen Fakultät Fribourg. Diese statutenlos-offene Bewegung bestand seit dem 21. November 1978.[2] Ihr Selbstverständnis formulierte sie so: «In Auseinandersetzung mit der heutigen Gesellschaft versuchen wir, von unserem Glauben verantwortlich Rechenschaft abzulegen. Dies kann nur im ständigen Verändern und Reflektieren unserer Praxis geschehen. Diese Zweckbestimmung nehmen wir wahr: an der Universität, in der Kirche, in der Gesellschaft.»[3] An den Veranstaltungen der Basisgruppe nahmen nicht nur Studierende und Mitglieder des Mittelbaus, sondern immer auch verschiedene Professoren teil.[4]

1 Unter diesem Titel hatte Helmut Gollwitzer (1908–1993) am 11. November 1957 seine Antrittsvorlesung an der Freien Universität Berlin gehalten (vgl. Helmut Gollwitzer, Die Theologie im Hause der Wissenschaften, in: Evangelische Theologie 18 [1958] 14–37; vgl. Andreas Pangritz, «Der ganz andere Gott will eine ganz andere Gesellschaft.» Das Lebenswerk Helmut Gollwitzers, Stuttgart 2018, 45).
2 Vgl. den Flyer «Wir stellen uns vor: Die BASISGRUPPE THEOLOGIE, am Dienstag, 21. 11. [1978], 20.15 Uhr im Centre rue Frics. Alle, die sich mit uns auseinandersetzen wollen, sind herzlich eingeladen.» Eingeladen hatten folgende Studierende bzw. Assistenten: «Markus Arnold, Urs Eigenmann, Carmen Jud, Matthias Loretan, Odilo Noti und Plasch Spescha» (Schweizerisches Sozialarchiv in Zürich, Vorlass Urs Eigenmann, Signatur Ar 192).
3 Ebd.
4 Zu diesen gehörte als wohl treuester Teilnehmer unter den Professoren – auch an den unten erwähnten *La Roche-Wochen* der Studierenden – der Patristiker und Spezialist für altorientalische Sprachen Prof. Dirk Van Damme OP (gest. 1997). Anlässlich der Beerdigung sagte sein

Diese Basisgruppe wurde zusammen mit jener an der Theologischen Fakultät Luzern einer größeren Öffentlichkeit in der Schweiz bekannt, als sie auf den 22. Dezember 1979 zu einer Kundgebung gegen den Entzug der kirchlichen Lehrerlaubnis von Prof. Hans Küng durch die Römische Kongregation für die Glaubenslehre unter dem Präfekten Kardinal Franjo Seper vom 15. Dezember 1979 vor der Hofkirche in Luzern einlud.[5] Die Protestaktion wurde im Pastoraltheologischen Institut der Universität Fribourg vorbereitet und koordiniert. Dessen Leiter Prof. Guido Schüepp[6] unterstützte die Aktion

Bruder, die Basisgruppe sei Dirks Heimat gewesen. Als Dekan präsidierte Prof. Van Damme die Prüfungskommission bei der Verteidigung meiner Dissertation über das Leben und die Reden von Dom Helder Camara am 5. März 1984, am 80. Geburtstag von Karl Rahner. Die Fakultät hatte die Dissertation am 7. Februar 1984 angenommen, am 75. Geburtstag von Dom Helder Camara. Prof. Van Damme beharrte darauf, mir die Doktoratsurkunde nicht postalisch zukommen zu lassen, sondern sie mir an Weihnachten 1984 persönlich im Pfarrhaus von Neuenhof zu überreichen.

5 Vgl. die Broschüre «Kundgebung. Für Dialog statt Macht in der Kirche, Luzern 22. Dezember 1979, Dokumentation herausgegeben von den Basisgruppen Theologie Freiburg und Luzern» (Schweizerisches Sozialarchiv, s. Anm. 2). Ein Ausschnitt des Titelblattes mit dem Transparent *DIALOG statt MACHT* ist abgedruckt in: Hans Küng, Umstrittene Wahrheit. Erinnerungen, München 2007, im Bildteil nach S. 624. Diese Dokumentation enthält die Ansprachen von P. Ezechiel Britschgi OFMCap «*O Freunde, nicht diese Töne ...*» (ebd. 3 f.), des reformierten Theologen und Chefredaktors der Zeitschrift *Sämann* Klaus Bäumlin *Ende einer ökumenischen Herausforderung?* (ebd. 5 f.), des Alttestamentlers Prof. Othmar Keel *Für eine Kirche, in der man ohne Angst reden und fragen darf* (ebd. 7–9), den Artikel *Kritische Respektierung: Fall «Küng» oder Fall ‹Glaubenskongregation›?* des Fundamentaltheologen Prof. Dietrich Wiederkehr OFMCap in der Zeitung *Vaterland* (ebd. 15–19) und den Artikel *Küng und das «Recht der Gläubigen»* von Ludwig Kaufmann SJ in der Zeitschrift *Orientierung* (ebd. 20–27). In der Dokumentation sind zudem abgedruckt: *Offener Brief des Innerschweizer Schriftstellervereins an die Schweizer Bischöfe* (ebd. 9), die Erklärung *Solidarität der Innerschweizer Künstler GSMBA mit Hans Küng* (ebd. 10), die Stellungnahme *50 Schweizer Theologieprofessoren und -dozenten zum Lehrentzugsverfahren von Prof. Hans Küng* (ebd. 11), die von 9162 Personen unterzeichnete *Erklärung zur Absetzung des Theologen Hans Küng* (ebd. 12), der von 149 Theologiestudierenden aus Freiburg, Luzern und Solothurn unterzeichnete *Offene[n] Brief von Katholischen Schweizer Theologiestudierenden an Papst Johannes Paul II.* (ebd. 13), die Erklärung der *Aktion für die Menschenrechte in der Kirche* (ebd. 14) und der *Offene Brief von Churer Theologiestudierenden an Papst Johannes Paul II.* (ebd. 28). Zudem sind in der Dokumentation die Texte aller Transparente an der Kundgebung in Luzern abgedruckt: «Dialog statt Macht; ‹Jeden Tag kreativ tätig sein› (Johannes Paul II.); ‹Mutig neue Wege suchen!› (Johannes Paul II.); Dienst an der EINHEIT. Kein Zwang zur UNIFORMITÄT; So wird die Kirche zur Sekte; Menschenrechte JA – Inquisition NEIN; Für Christen, die denken – Maulkörbe schenken; Amtskirche oder Küng – wer verunsichert?; Gespräch statt Befehl; Wahrheit gibt es nicht in Dosen; Das Konzil wird eingefroren; Christsein – 1980 – katholischer Duckmäuser; Pohier, Schillebeeckx, Bischof Iniesta, Küng – Wer ist der Nächste?; Für ein faires Vorgehen; Wahrheit lässt sich nicht befehlen; Gläubig oder hörig?; Maulkorb – Nein!; Christ sein – still sein; Nach der Konzilszeit – die Eiszeit; Stille Nacht – heilige Macht; Heute Küng – morgen ...?; Ihr seid das Salz der Erde, nicht die Salzsäure!; Nicht ins Ghetto!; Nach dem Konzil das Exil; Der Geist, der weht, wo er will, in der Kurie» (ebd. 4. Umschlagseite, Durchstreichung im Original).

6 Guido Schüepp (geb. 1934) war von 1974–1981 Professor für Pastoraltheologie an der Universität Fribourg und Leiter des Pastoraltheologischen Instituts. Er sagte von sich, er habe eine Theologie «oben ohne». Guido Schüepp hatte beim Religionspädagogen und Homiletiker Prof. Theoderich Kampmann (1899–1983) in München über Soeren Kierkegaard promoviert

ausdrücklich. Ich war von 1977–1982 Assistent an diesem Institut und promovierte bei Prof. Schüepp über das Leben und die Reden des brasilianischen Erzbischofs Dom Helder Camara.[7] In den Tagen (und Nächten) vor der Kundgebung standen wir in ständigem telefonischen Kontakt mit Dr. Urs Baumann, Assistent von Prof. Küng in Tübingen, und mit P. Ludwig Kaufmann SJ von der Zeitschrift *Orientierung* in Zürich. Pater Kaufmann hatte kurz nach dem Verdikt von Rom gegen Prof. Küng dieses am Schweizer Fernsehen sehr kritisch kommentiert. Einige Studierende und Assistenten hörten diesen Kommentar im Fribourger Dominikanerkloster St. Hyazinth. Danach wurde eine Protestaktion beschlossen, die ich leitete. Es war wohl die erste öffentliche Protestaktion in der römisch-katholischen Kirche der Schweiz. An ihr nahmen bei klirrender Kälte rund 2000 Gläubige teil,[8] und die Tagesschau des Schweizer Fernsehens berichtete darüber.

Angesichts der vom Rektorat der Universität Fribourg angekündigten Vorlesungsreihe über *Wissenschaft und Verantwortung*, in wel-

(vgl. Guido Schüepp, Das Paradox des Glaubens. Kierkegaards Anstöße für die christliche Verkündigung, München 1964; vgl. ders., Zum Gedenken an Theoderich Kampmann, in: Katechetische Blätter 108 [1983] 530 f.). Seine unter einem herausfordernden Titel stehende Antrittsvorlesung hielt er am 2. Juni 1976 (vgl. Guido Schüepp, Die absurde Erfahrung als Ausgangspunkt des Existenzverständnisses bei Albert Camus. Ein Beitrag zum Thema: Glaubensverkündigung heute, in: Freiburger Zeitschrift für Philosophie und Theologie 23 (1976) 430–452. Seine wohl wichtigste Publikation ist: Guido Schüepp (Hrsg.), Handbuch zur Predigt, Zürich/Einsiedeln/Köln 1982. Nach der vatikanischen Maßnahme gegen Hans Küng legte er sich – auch öffentlich – mit Bischofsvikar Anton Hopp und dem ehemaligen Generalsekretär des Schweizerischen Katholischen Volksvereins Peter von Felten an, die er beide als Vertreter einer neuscholastisch-römischen Schultheologie zu Recht für theologisch unbedarft hielt. Er selbst vertrat vor dem Hintergrund seiner Beschäftigung mit Soeren Kierkegaard eine radikal-kritische, an den Existenzphilosophen Albert Camus und Jean-Paul Sartre orientierte, biblisch begründete, religionskritische Theologie. Ich erinnere mich gerne und dankbar an seine kritisch-inspirierenden Vorträge als Spiritual (1969–1972) am Diözesanseminar St. Beat des Bistums Basel in Luzern, an die kollegiale Zusammenarbeit mit ihm am Pastoraltheologischen Institut der Universität Fribourg und an seine geduldig-ermutigende Begleitung meiner Dissertation über das Leben und die Reden von Dom Helder Camara. Seinem radikal-säkularen, konsequent biblisch orientierten theologischen Denken und seiner dialektischen Denkweise verdanke ich wichtige Impulse für meine in diesem Band formulierte Theologie. In meiner Einschätzung orientierte er sich – *avant la lettre* – am prophetisch-messianischen Christentum und am *scripturalen* Selbstverständnis von Kirche und Theologie (vgl. Urs Eigenmann, *Das Reich Gottes und seine Gerechtigkeit als himmlischer Kern des Irdischen* in diesem Band).

7   Vgl. Urs Eigenmann, Politische Praxis des Glaubens. Dom Hélder Câmaras Weg zum Anwalt der Armen und seine Reden an die Reichen, Freiburg (Schweiz)/Münster 1984. Zur Schreibweise des Namens: Wie sich später zeigte, schrieb Dom Helder Camara seinen Namen konsequent ohne Akzente (vgl. Dom Helder Camara, Briefe aus dem Konzil. Nachtwachen im Kampf um das Zweite Vatikanum, Deutschsprachige Ausgabe, herausgegeben von Urs Eigenmann, Übersetzt aus dem Portugiesischen von Conrad Berning [Teil I, II, III und IV] und Leandro Luis Bedin Fontana [Teil V], Luzern 2016).
8   Vgl. Küng, Umstrittene Wahrheit 632.

cher der Dominikanerpater P. Vergauwen die Theologie vertreten sollte, hielten wir in der *Basisgruppe Theologie* nach einem Referenten Ausschau, der einen profiliert-kritischen Gegenakzent dazu setzen könnte. Dabei stießen wir auf Kuno Füssel. Er hatte zunächst ab 1960 in Saarbrücken Mathematik, Physik und Philosophie studiert, kam 1967 als wissenschaftlicher Mitarbeiter zu Karl Rahner in Münster, promovierte bei ihm über eine wissenschaftstheoretische Fragestellung[9] und war bis 1982 Assistent von Prof. Johann Baptist Metz und Prof. Herbert Vorgrimler. Wir waren auf ihn aufmerksam geworden aufgrund einer Publikation zur materialistischen Bibellektüre,[10] der Übersetzung des Kommentars von Fernando Belo *Das Markusevangelium materialistisch gelesen*[11], und der ihm zu seinem 40. Geburtstag unter dem Titel *Zur Rettung des Feuers* gewidmeten Solidaritätsschrift.[12] Auf unsere telefonisch aus dem Pastoraltheologischen Ins-

9 Vgl. die darauf aufbauende Publikation: Kuno Füssel, Sprache, Religion, Ideologie. Von einer sprachanalytischen zu einer materialistischen Theologie, Frankfurt am Main 1982.
10 Vgl. Kuno Füssel, Texttheorie, Formationsanalyse und materialistische Lektüre der Bibel, in: Christen für den Sozialismus, Münster (Hrsg.), Theorie und Praxis einer alternativen Bibellektüre. Einführung in die Methode und die theoretischen Hintergründe von Fernando Belos materialistischer Bibellektüre, Stuttgart 1979, 34–71.
11 Vgl. Fernando Belo, Das Markusevangelium materialistisch gelesen (Übersetzung von Kuno Füssel), Stuttgart 1980.
12 Vgl. Christen für den Sozialismus Gruppe Münster (Hrsg.), Zur Rettung des Feuers. Solidaritätsschrift für Kuno Füssel, Münster 1981. In seinem Beitrag *Wenn meine Gedanken zu Kuno zurückwandern* ... erinnert Karl Rahner zunächst an «[...] die Zeit vor elf Jahren, in der wir einträchtig zusammenarbeiteten» (Karl Rahner, Wenn meine Gedanken zu Kuno zurückwandern ..., in: Christen für den Sozialismus (Hrsg.), Zur Rettung des Feuers 260–262, hier: 260). Dann stellt er im Rückgriff auf Paulus Überlegungen darüber an, «[...] dass jeder Christ in der Kirche sein eigenes Charisma hat, also auch wir beide» (ebd.). Seines Erachtens sind die Charismen so verschieden, «[...] dass man doch wohl den Satz hinzufügen [darf], dass man im allerletzten doch nur wirklich verstehe, was einem selber eigen ist, und darum sich gegenseitig nie ganz verstehen könne» (ebd.). Vor diesem Hintergrund erklärt er im Blick auf die Querelen in der Kirche: «Man muss nur (jeder für sich) innehalten, schweigen und jene unheimliche Fremdheit hoch- und vorkommen lassen, die doch jeden auch in der Kirche vom andern fern sein lässt und von dem alle Gereiztheiten, Streite, Missverständnisse, Richtungskämpfe usw. nur Anzeichen innerhalb des spießbürgerlichen kirchlichen Alltags sind» (ebd. 261). Schließlich plädiert Rahner aufgrund der von Paulus geforderten gegenseitigen Anerkennung der Charismen, dafür, «[...] dass die Kirche selber verstanden werden [könnte] als das immer neue Ereignis der gegenseitigen Anerkennung der Charismen, die [...] nur zu einer heilschaffenden Einheit zusammentreten, wenn sie von einer selbstlosen Liebe in allen zusammengehalten werden, von einer Liebe, von der wir so leicht und harmlos zu sagen pflegen, sie suche nicht das Ihre» (ebd. 261 f.). Der Forderung Rahners, in selbstloser Liebe die unterschiedlichen Charismen in der Kirche gegenseitig anzuerkennen, ist durchaus zuzustimmen. Für den Umgang mit den von ihm genannten *Richtungskämpfen* und *falschen Maßstäben* (ebd. 261) aber ist nicht selbstlose *Liebe* hilfreich, sondern die *Erkenntnis* des kategorialen Rahmens, wonach in Kirche und Theologie zwischen dem biblisch bezeugten *prophetisch-messianischen Christentum* des Ursprungs und dessen im Zuge der Konstantinischen Wende erfolgten Verkehrung in die *imperial-kolonisierende Christenheit* unterschieden werden muss (vgl. die Beiträge von Walter Bochsler *Zum Thermidor des Christentums und zu sozialgeschichtlichen Aspekten seiner frühen Ent-

titut erfolgte Anfrage sagte er spontan zu, ein Referat an der Universität Fribourg zu halten.

2. Vom Gründungstext zur La Roche-Woche und zu Verlagsgründungen

Am 18. Februar 1982 hielt Kuno Füssel seinen Vortrag unter dem Titel *Die bürgerliche Gefangenschaft der Theologie*.[13] Er fand vor rund hundert Studierenden, Assistenten und Professoren in dem von der Universität neben dem Studentenzentrum an der Rue Fries betriebenen Kindergarten statt. In lebendiger Erinnerung bleibt mir, dass nach dem Referat niemand – weder Studierende, Assistenten noch Professoren – zu einer inhaltsbezogenen Frage fähig war, zu unbekannt waren die Kategorien des französischen Philosophen Louis Althusser und zu ungewohnt war der Vorschlag, *Theologie als materialistische Theorie messianischer Praxis* zu konzipieren. Die meisten aber erahnten das kritische Potenzial des von Kuno Füssel Vorgetragenen. Im Rückblick kann das Referat *Die bürgerliche Gefangenschaft der Theologie* als *Gründungstext* bezeichnet werden; denn er stand am Beginn der in diesem Band dokumentierten Aktivitäten und publizierten theologischen Ansätze.

In der Basisgruppe kam nach dem Referat von Kuno Füssel die Idee auf, sich vertieft mit den darin vertretenen Thesen und mit den diesen zugrundeliegenden theoretischen Instrumentarien auseinanderzusetzen. Weil nichts davon im ordentlichen Betrieb der Fakultät vorkam, organisierte die Basisgruppe im Oktober 1982 unmittelbar vor Semesterbeginn eine Reflexionswoche im *Chalet St Laurent* rund zwanzig Kilometer südlich von Fribourg in der Nähe des Ortes La Roche. In dieser ersten *La Roche-Woche* referierte Kuno Füssel über die Gesellschaftsformationstheorie von Louis Althusser und führte vertieft in die materialistische Bibellektüre ein. An der Woche nahmen neben Theologiestudierenden der *Basisgruppe Theologie* aus Fribourg auch Mitglieder der Gruppe *Christen für den Sozialismus (CfS)* aus Münster/Westf. teil. Zwischen diesen Gruppen bestanden seit Frühjahr 1982 engere Kontakte. Eine Delegation aus beiden nahm an Pfingsten 1982 in Paris am Fest zum 65. Geburtstag und zur Emeritierung des französischen Befreiungstheologen Prof. Georges Casa-

---

wicklung und Urs Eigenmann *Das Reich Gottes und seine Gerechtigkeit als himmlischer Kern des Irdischen* in diesem Band).

13 Vgl. in diesem Band: Kuno Füssel, *Die bürgerliche Gefangenschaft der Theologie*.

lis[14] (1917–1987) teil. Auf diesem Fest lernten wir neben ihm u. a. auch die beiden anderen Vertreter der *Pariser Schule materialistischer Bibellektüre*, Fernando Belo[15] und Michel Clévenot[16] (1932–1993) kennen. Unabhängig voneinander wurde in beiden Gruppen die Gründung eines theologischen Verlags diskutiert. Es waren vor allem drei Gründe, die dazu führten. Zum einen ließ uns die *Equipo Pastoral de Bambamarca* wissen, dass sie das bis dahin gekürzt im Selbstverlag vertriebene Buch *Vamos Caminando* vollständig und in einem ordentlichen Verlag veröffentlichen wollte.[17] Zum andern hatten wir Kenntnis davon, dass das Buch von Franz Hinkelammert *Las Armas Ideológicas de la Muerte – Die ideologischen Waffen des Todes* vom Kaiser Verlag wegen des zu kritischen Inhalts nicht übersetzt und veröffentlich werden wollte.[18] Uns war klar, dass ohne eine Verlagsgründung unsererseits das Buch wohl nie auf Deutsch erscheinen würde. Zum dritten war uns in Fribourg durch die Gastprofessur des aus Argentinien stammenden und in Mexiko lehrenden Historikers, Befreiungsphilosophen und -theologen Enrique Dussel[19] im Som-

14 Vgl. Georges Casalis, Die richtigen Ideen fallen nicht vom Himmel. Grundlagen einer induktiven Theologie, Stuttgart 1980.
15 Vgl. Belo, Das Markusevangelium materialistisch gelesen.
16 Vgl. Michel Clévenot, So kennen wir die Bibel nicht. Anleitung zu einer materialistischen Lektüre biblischer Texte. Mit einem Vorwort von Gerd Theißen und einer Einführung in die materialistische Bibellektüre von Kuno Füssel, München 1978.
17 Vgl. jetzt Equipo Pastoral de Bambamarca, Vamos Caminando – Machen wir uns auf den Weg! Glaube, Gefangenschaft und Befreiung in den peruanischen Anden. Deutsche Fassung herausgegeben von der Bambamarca-Gruppe (Tübingen), Freiburg (Schweiz)/Münster 1983; zur Auseinandersetzung um dieses Buch und zur problematischen Rolle, die der damalige Kardinal Joseph Ratzinger als Erzbischof von München dabei spielte: vgl. die Würzburger Dissertation von Willy Knecht, Die Kirche von Cajamarca – die Herausforderung einer Option für die Armen in Peru, Münster 2004, 176–280; vgl. den *Exkurs: Die seltsamen Methoden des Joseph Aloisius Ratzinger zu München*, in: Urs Eigenmann, Von der Christenheit zum Reich Gottes. Beiträge zur Unterscheidung von prophetisch-messianischem Christentum und imperial-kolonisierender Christenheit, Luzern 2014, 225–227.
18 Vgl. jetzt Franz J. Hinkelammert, Die ideologischen Waffen des Todes. Zur Metaphysik des Kapitalismus. Mit einem theo-politischen Nachwort von Kuno Füssel, Freiburg (Schweiz)/Münster 1985.
19 Prof. Carlos-Josaphat Pinto de Oliveira OP hatte Dussel dazu eingeladen. Gegen den Willen Roms verlieh die Theologische Fakultät 1982 das Ehrendoktorat an Enrique Dussel. Am Vorabend der Verleihung überbrachte ein persönlicher Kurier des Ordensmeisters der Dominikaner in Rom, der damals *Magnus cancellarius* der Fakultät war, die Anweisung in den Konvent *Albertinum* der vor allem aus Frankreich stammenden Dominikanerprofessoren, von der Verleihung dieser Ehrendoktorwürde abzusehen. Doch der Rektor der Universität, Prof. Bernhard Schnyder, und der Dekan der Theologischen Fakultät, Prof. Jakob Baumgartner, ließen sich davon nicht einschüchtern. In dieser Zeit stand ich bei einigen Dominikanerprofessoren im *Albertinum* in dem für mich höchst ehrenvollen Ruf, der Antichrist zu sein. Zu diesen Professoren gehörte wohl auch der Thomasspezialist Jean-Pierre Torrell OP (vgl. Jean-Pierre Torrell O. P., Magister Thomas. Leben und Werk des Thomas von Aquin, Aus dem Französischen übersetzt von Katharina Weibel in Zusammenarbeit mit Daniel Fischli und Ruedi Imbach,

mersemester 1981 bewusst geworden, dass das, was an lateinamerikanischer Theologie der Befreiung bisher auf Deutsch erschienen war, nur einen kleinen Ausschnitt dessen darstellte, was in Lateinamerika veröffentlicht worden war. Während in Münster im Rahmen der CfS die *edition liberación* eine Einzelfirma war, beschafften wir uns in Fribourg das notwendige Startkapital durch die Gründung einer Genossenschaft. Am 12. Dezember 1982 wurde der *Genossenschaftsverlag Edition Exodus* gegründet.[20]

In der Basisgruppe Theologie schlugen wir Kuno Füssel vor, sich um die Nachfolge von Prof. Heinrich Stirnimann OP auf den Lehrstuhl für Fundamentaltheologie an der Universität Fribourg zu bewerben. Neben Prof. Dietrich Wiederkehr OFMCap, Prof. Peter Eicher und Dr. Guido Vergauwen OP wurde auch Dr. Kuno Füssel von der Berufungskommission zu einer Gastvorlesung eingeladen. Er hielt sie im Wintersemester 1982/83 unter dem Titel *Die Zeichen der Zeit als locus theologicus. Ein Beitrag zur theologischen Erkenntnislehre*.[21] Trotz dieses hervorragenden und deswegen später oft zitierten Textes wurde nicht Kuno Füssel und wurden trotz guter Vorlesungen

Mit einem Geleitwort von Ruedi Imbach, Freiburg im Breisgau 1995). In diesem Standardwerk zu Thomas von Aquin zitiert Torrell dessen «[...] ergreifendes Geständnis [...]: ‹Omnia quae scripsi videntur mihi palee› – ‹alles, was ich geschrieben habe, kommt mir vor wie Stroh›» (ebd. 286; vgl. ebd. 302, 306). Thomas von Aquin war ohne Zweifel ein höchst kluger Kopf. Als solcher erkannte er am Ende seines Lebens, dass alles, was er geschrieben hatte, Stroh ist. Aufgrund dieser Selbsteinschätzung könnte er demnach als theologischer Strohproduzent und könnten jene, die sich weiterhin mit diesem Stroh beschäftigen, als theologische Strohdrescher bezeichnet werden. Dass Torrell als strohdreschender Thomist zu jenen gehörte, die in mir den Antichristen sahen, hat er anlässlich eines von Prof. Mariano Delgado organisierten interdisziplinären Kolloquiums an der Universität Fribourg im Rahmen des Forschungsprojekts *Die Kirchenkritik der Mystiker – Prophetie aus Gotteserfahrung* im Juli 2002 offenbart (vgl. Mariano Delgado/Gotthard Fuchs (Hrsg.), Die Kirchenkritik der Mystiker. Prophetie aus Gotteserfahrung, Band 1: Mittelalter, Unter Mitarbeit von David Neuhold, Freiburg Schweiz/Stuttgart 2004, 7). An diesem Kolloquium hielt Torrell ein Referat über Thomas von Aquin (vgl. Jean-Pierre Torrell, Thomas von Aquin – Theologe und Mystiker, in: ebd. 105–121) und ich über Dom Helder Camara (vgl. Urs Eigenmann, Prophetische Stimme aus mystischer Christusverbundenheit. Die Kirchenkritik Dom Hélder Câmaras als Funktion seiner Option für die Armen, in: Delgado/Fuchs (Hrsg.), Die Kirchenkritik der Mystiker, Band III: Von der Aufklärung bis zur Gegenwart, Freiburg Schweiz/Stuttgart 2005, 487–509). Wie mir Mariano Delgado damals sagte, sei Torrell besorgt mit der Frage auf ihn zugekommen, ob er denn auch wisse, wer ich überhaupt sei. Diese Frage macht nur Sinn, wenn Torrel zu jenen gehörte, die in mir zwanzig Jahre zuvor den Antichristen ausgemacht hatten.

20 In den ersten Jahren nach der Gründung erschienen acht Bände als Koproduktion der beiden Verlage. Zur Geschichte der Edition Exodus vgl. Barbara Helg, Höch uf em Guggershörnli. Die Stimme der anderen, in: Aufbruch 7/2002, 3; vgl. Odilo Noti, Zwanzig Jahre Edition Exodus. Oder: Wenn Theologen Unternehmer werden, in: Kurszeitung Theologie für Laien, Nr. 2 – Dezember 2002, 5–7. Die Protokolle der ersten acht Generalversammlungen und eine Sammlung von Verlagsprospekten finden sich im Schweizerischen Sozialarchiv, s. Anm. 2.

21 Vgl. Kuno Füssel, Die Zeichen der Zeit als locus theologicus. Ein Beitrag zur theologischen Erkenntnislehre, in: Freiburger Zeitschrift für Philosophie und Theologie 30 (1983) 259–274.

weder Dietrich Wiederkehr noch Peter Eicher, sondern der Dominikanerpater Guido Vergauwen auf den Lehrstuhl für Fundamentaltheologie berufen.[22]

3. Von der La Roche-Woche der Studierenden zu einer zweiten für Seelsorgende

Vor diesem Hintergrund stand im Jahr 1983 für unseren Weihekurs 1973 des Bistums Basel der sogenannte Vier-Wochenkurs an. Dieser war ein von der Deutschsprachigen Ordinarienkonferenz (DOK) der Kirche Schweiz organisierter, alle zehn Jahre verpflichtend zu besuchender Fortbildungskurs für alle Theologinnen und Theologen im kirchlichen Dienst. Über die Professoren Hermann-Josef Venetz und Guido Schüepp, die an diesen Vier-Wochen-Kursen referierten, hatte ich einiges von diesen mitbekommen. In meinem Weihekurs regte ich an, auf die Ausgestaltung des uns bevorstehenden Vier-Wochen-Kurses im Jahre 1983 Einfluss zu nehmen. Wir wurden bei den entsprechenden Gremien vorstellig und stießen auf offene Ohren. Eine Arbeitsgruppe aus älteren und jüngeren Teilnehmenden der deutschsprachigen Diözesen der Schweiz entwickelte daraufhin ein neues Konzept des Kurses. Die Arbeitsgruppe wurde vom Pastoraltheologen Dr. Hildegard Höfliger OFMCap präsidiert, der auch Leiter der Vier-Wochen-Kurse war. Das Konzept sah zumindest zwei Neuerungen vor: zum einen in der ersten Woche eine gesellschaftliche Situationsanalyse im Sinne der vom Zweiten Vatikanischen Konzil geforderten Erforschung der Zeichen der Zeit (vgl. GS 4). Zum andern sollten die Teilnehmenden zumindest die Möglichkeit erhalten, die von Kuno Füssel vertretene materialistische Bibellektüre und die von ihm entwickelte Konzeption von *Theologie als materialistischer Theorie messianischer Praxis* kennen zu lernen. Im Wissen um die Brisanz der von Kuno Füssel vertretenen Theologie sah das neue Konzept alternative Angebote für jene vor, die sich nicht auf Kuno Füssels

---

22 Ohne hier auf Einzelheiten dieses Berufungsverfahrens einzugehen, kann bzw. muss ich aufgrund persönlicher Kenntnisse – zumindest andeutungsweise – auf eine durchaus unerfreuliche Gemeinsamkeit in den Nichtberufungen von Kuno Füssel und später von mir erinnern. Sowohl bei der Bewerbung von Kuno Füssel in Fribourg wie bei meinen Bewerbungen in Fribourg (Assistenzprofessur für Religionspädagogik) und Luzern (Professor für Pastoraltheologie) war eine uns beiden bekannte Person auf vielfältige Weise gegen uns intrigierend am Werk, die wir zum Kreis derer zählen, «[...] die es nicht verdienen, genannt zu werden [...]» (Eigenmann, Von der Christenheit zum Reich Gottes 427).

Theologie einlassen wollten. Parallel zu ihm waren als Referenten der Alttestamentler Dr. Rudolf Schmid und der Pastoraltheologe Dr. Walter Friedberger vorgesehen. Trotz gewisser Störmanöver[23] im Vorfeld des Vier-Wochen-Kurses wurde dieser nach dem Vorschlag der Arbeitsgruppe durchgeführt. Am Kurs selbst nahmen die Hörer von Kuno Füssel deutlich zu, jene der anderen Referenten dementsprechend ab.

Nach dem Kurs wollten sich einige Teilnehmende in Zukunft weiter mit der von Kuno Füssel entwickelten Theologie auseinandersetzen. So entstand neben der studentischen *La Roche-Gruppe*[24] eine zweite Reflexionsgruppe von Seelsorgenden. Diese traf sich 1984 in Entlebuch, 1985 in Neuenegg BE und ab 1986 bis 2014 – mit einem Unterbruch 2012 – ebenfalls – mit einer Ausnahme 2013 in Beuggen – in La Roche. Nachdem Kuno Füssel auch in den Jahren 1984 und 1985 im Vier-Wochen-Kurs der DOK referiert hatte, kamen aus diesen Kursen weitere Theologinnen und Theologen in die neue *La Roche-Woche*. Nach dem Kurs von 1985 verbot dann allerdings die DOK unter dem Präsidium des Generealvikars des Bistums Basel, Dr. Anton Cadotsch, Kuno Füssel – trotz oder wohl wegen des guten Echos bei den Kursteilnehmenden – weiterhin als Referenten zu den Vier-Wochen-Kursen einzuladen.

4. Von der La Roche-Woche der Seelsorgenden zum Collège de Brousse

Im Rahmen dieser Publikation kann nicht die ganze Geschichte der *La Roche-Woche* der Seelsorgenden rekonstruiert werden. Es sei lediglich auf folgende Aspekte hingewiesen.

Hauptreferenten waren von 1984–1998 Kuno Füssel und von 1999–2014 Franz Hinkelammert. Kuno Füssel ließ uns jeweils an seinen

---

23 Der Opus-Dei-Priester und Domherr des Bistums Chur Dr. Hans Rossi schrieb als Mitglied der Fortbildungskommission der DOK einen Brief an die Bischöfe von Chur und St. Gallen. Darin bezeichnete er das neue Konzept als eine von Eigenmann organisierte marxistische Manipulation der Kursteilnehmenden. Dr. Paul Zemp verwahrte sich als Präsident der Fortbildungskommission der DOK gegen diese Einschätzung und wies Rossi in einem Brief auf dessen Opus-Dei-Mitgliedschaft hin. Trotzdem entbanden die Bischöfe Johannes Vonderach von Chur und Othmar Mäder von St. Gallen ihre Theologen und Theologinnen von der Verpflichtung zur Teilnahme am Vier-Wochen-Kurs 1983.

24 Diese wird immer noch weitergeführt und nennt sich *Internationale Ökumenische Vereinigung La Roche* (vgl. Kuno Füssel, La Roche – Dreißig Jahre auf befreitem Gebiet mitten in der Schweiz, in: Es ist genug für alle da! Kessel, Kelle, Kommunismus: Kochen in La Roche, o. O. 2012, 4–7, hier: 6).

neuen Erkenntnissen aufgrund der materialistischen Lektüre der Bibel und an seinen kapitalismuskritischen Überlegungen teilhaben. Franz Hinkelammert berichtete jeweils über seine in Costa Rica – zunächst im *Departamento Ecuménico de Investigaciones (DEI)* und später im Rahmen der *Grupo Pensamiento Critico (GPC)* betriebenen Forschungen zur Neubegründung kritischen Denkens, die wir mit ihm diskutierten und aus denen dann später z. T. größere Publikationen erwuchsen.[25] Zu einigen Wochen waren weitere Referenten eingeladen. Es waren dies u. a. der Praktische Theologe Prof. Hermann Steinkamp aus Münster/Westf. (1988 und 1989), die zwei ehemaligen Professoren der Humboldtuniversität, der Historiker Kurt Pätzold und der Philosoph Wolfgang Richter (1991), der leider zu früh verstorbene chilenische Befreiungstheologe Dr. Fernando Castillo (1992) und Marian Füssel (1997).

Themen der Reflexionswochen waren u. a. *Theologie der Befreiung* (1985), *Materialistische Bibellektüre des Ersten Thessalonicherbriefs* (1986) und der *Apokalypse des Johannes* (1987), *Die sanfte Macht der Hirten und die Pastoralmacht* (1988), *Das 500jährige Reich 1492–1992* (1991), *Rassismus* (1992), *Zur Kritik der ökonomischen Unvernunft* (1995), *Einführung zu Michel Foucault und Pierre Bourdieu* (1997), *Globalisierung und neoliberale Globalisierungsstrategie* (1997), *Eine Politische Hermeneutik der Schriftauslegung* (1998), *Kritik der utopischen Vernunft* (1999), *Der Schrei des Subjekts* (2000), *Jesu Kreuzigung als Gründungsmord* (2002), *Die US-amerikanischen Neokonservativen und deren «politische Theologie»* (2003), *Schafft unser Rechtsstaat die Menschenrechte ab?* (2004), *Fundamentalismus – im Kampf für Gott* (2005), *Kritik der mythischen Vernunft – Gibt es eine säkulare Theologie?* (2006), *Von der Religionskritik zur Mythenkritik* (2007), *Am Scheideweg im Jahr 2008 – Zur Finanzkrise* (2008), *Das Spiel der Verrücktheiten bei Paulus* (2009), *Der Fluch, der auf dem Gesetz lastet* (2010), *Vollmacht – das Verhältnis von Kirche und Staat* (2011), *Das neue kritische Denken* (2012), *Kapitalismus als Religion* (2013), *Kapitalismus- und Opferkritik und deren Implikatioen – Reflexion der Äußerungen von Papst Franziskus* (2014[26]).

---

25 Dazu gehören u. a. Franz J. Hinkelammert, Das Subjekt und das Gesetz. Die Rückkehr des verdrängten Subjekts, Münster 2007; ders., Luzifer und die Bestie. Eine fundamentale Kritik jeder Opferideologie, Luzern 2009; ders., Der Fluch, der auf dem Gesetz lastet. Paulus von Tarsus und das kritische Denken, Luzern 2011.
26 In dieser La Roche-Woche trug ich meine Analyse der Verteufelung des Reiches Gottes durch Joseph Ratzinger/Benedikt XVI. vor (vgl. Eigenmann, Von der Christenheit zum Reich Gottes 64–68; vgl. den *Exkurs 4: Das Reich Gottes zwischen Verteufelung bei Ratzinger/Benedikt XVI. und zentraler Stellung bei Papst Franziskus* in diesem Band). Die Kollegen und Kolleginnen

Im Laufe der *La Roche-Woche* im Jahr 1991 wurde uns vor dem Hintergrund von z. T. schmerzlichen Berufserfahrungen von Teilnehmenden bewusst, dass ein bloß jährliches Treffen nicht ausreicht, um solidarisch an den in La Roche bearbeiteten Themen zu bleiben. So kam es zu dem, was wir in Anlehnung an eine Talksendung am Schweizer Fernsehen als *Ziischtigsclub* (Dienstagsclub) bezeichnen, in dessen Rahmen wir uns bis heute alle vier bis sechs Wochen zum Erfahrungsaustausch, zur gegenseitigen Unterstützung und zur Lektüre treffen.

Nachdem Walter Bochsler 2002–2004 einige Semester in Paris am *Collège de France* studiert hatte,[27] kam bei uns die Idee auf, die *La Roche-Woche* in durchaus unbescheidener Absicht analog zum *Collège de France* als *Collège de Brousse*[28] zu bezeichnen und 2007 einen gleichnamigen Verein zu gründen, der die Unterstützung der Theologie der Befreiung und vor allem der Forschungen von Franz Hinkelammert zum Ziel hat.

Im Laufe der Jahre kamen immer wieder neue Teilnehmende vor allem aus Deutschland nach La Roche. Dazu gehörten u. a. Jutta Lehnert aus Koblenz und Norbert Arntz vom *Institut für Theologie und Politik (ITP)* in Münster/Westf. Das *Collège de Brousse* war zusammen mit Leuten des ITP v. a. inhaltlich an der Versammlung *Katakombenpakt erinnern und erneuern. Das ‹geheime› Vermächtnis des II. Vatikanischen Konzils* vom 11.–17. November 2015 in Rom beteiligt.[29]

    meinten, das sollte nicht bloß in einem dicken Band «versteckt» veröffentlicht werden, sondern durch die Publikation als Artikel breiter gestreut werden. In diesem Sinne bemühte sich Norbert Arntz um eine Veröffentlichung des Textes in den *Stimmen der Zeit*. In einem Mail teilte mir der damalige Chefredaktor Andreas R. Batlogg SJ mit, sie würden den Text nicht nur deswegen nicht publizieren, weil er bereits veröffentlicht worden sei, sondern würden sich die Sache nicht leicht machen. Sie fragten sich nämlich, ob ich im Umgang mit Joseph Ratzinger/Benedikt XVI. nicht denselben Fehler mache wie dieser bei seinem fehlerhaften Umgang mit seinen Gegnern. Daraufhin schrieb ich P. Batlogg, es könne wohl mir nicht als Fehler angelastet werden, den von ihm selbst als fehlerhaft bezeichneten Umgang von Joseph Ratzinger/Benedikt XVI. mit seinen Gegnern aufgedeckt und analysiert zu haben. Daraufhin verstummten mir gegenüber die *Stimmen der Zeit*. Dagegen veröffentlichten den Text die Zeitschrift *imprimatur* auf ihrer Homepage (vgl. www.imprimatur-trier.de/2014/Imprimatur-2014-06_7.pdf) und Franz Hinkelammert auf der Homepage der *Grupo Pensamiento Crítico* (vgl. pensamientocritico.info).

27 Vgl. den Beitrag von Walter Bochsler *Zum Thermidor des Christentums und zu sozialgeschichtlichen Aspekten seiner frühen Entwicklung* in diesem Band.

28 Das könnte etwa mit *Buschuniversität* übersetzt werden. In meinem Verständnis ist das *Collège de Brousse* im Sinne der drei Instanzen Ökonomie/Politik/Ideologie der Gesellschaftsformationstheorie von Louis Althusser ein «geografisch ungebundener Ort kritischen Denkens, kollegialer Solidarität und kulinarischer Freuden» (Eigenmann, Von der Christenheit zum Reich Gottes 11).

29 Vgl. Urs Eigenmann, Das Konzil, das Reich Gottes und die Kirche der Armen. Zur verpflichtenden Erinnerung an das Zweite Vatikanum, in: Norbert Arntz/Philipp Geitzhaus/Juia Lis

Besondere Ereignisse prägten einige Reflexionswochen. Dazu gehörten u. a.: 1988 und 1989 die Diskussionen über feministische und befreiungstheologische Ansätze und die damit verbundenen gruppendynamischen Prozesse; 1990 die Teilnahme der Professoren Kurt Pätzold und Wolfgang Richter aus der ehemaligen DDR; 1998 die von der Gruppe der *Studierenden* und der Gruppe der *Seelsorgenden* gemeinsam gestaltete Woche; die Feiern runder Geburtstage von Kuno Füssel und Fernando Castillo.

In der *La-Roche-Collège-de-Brousse-Woche* waren bei der kulinarischen Gestaltung der nicht hintergehbaren Notwendigkeit physischer Reproduktion zwei Aspekte wichtig. Zum einen bereiteten wir unter der Woche einfache, aber schmackhafte traditionelle Gerichte aus der französischen, italienischen, deutschen, russischen, mexikanischen, indischen und schweizerischen Küche zu. Legendär wurden die Gerichte aus der Auvergne wie *Salade auvergnate*, *Aligot* (der Knoblauch lässt grüßen!), *Pâté de chou* und *Petit salé aux lentilles vertes du Puy* mit einem *petit Jésu* (eine Saucisson). Zum anderen veranstalteten wir jeweils am letzten Abend unter dem Titel *menu surprise* ein mehrgängiges Gelage mit feinsten Speisen und erlesenen Weinen (vgl. Jes 25,6) an einem in jeder Hinsicht festlich gedeckten Tisch. Legendär wurde dabei das *gefüllte Schweinsfilet nach Appenzeller Art*.[30]

Eine ganz besonders intensive Erfahrung war 1992 der Tod von Benno Fux. Im Wissen um den kritischen Zustand seines Herzens hatte er sich gegen eine Herztransplantation entschieden und mit seiner Frau kurz zuvor einige Tage in Wien verbracht. Am Ende der Woche in La Roche nahm er noch am lukullischen Festessen teil – zum Hauptgang gab es Filet Wellington –, erwachte aber am anderen Morgen nicht wieder. Nachdem wir den ersten Schock überwunden hatten, kam es uns so vor, als ob Benno – wohl nicht ganz zufällig im Rahmen des Freundeskreises von La Roche – den Weg vom irdischen zum himmlischen Mahl angetreten hätte.

Nachdem Franz Hinkelammert seit 2015 aus gesundheitlichen Gründen nicht mehr in die Schweiz kommen konnte und einige der Teilnehmenden in Pension gegangen waren, traf sich die *La-Roche-Collège-de-Brousse-Gruppe* vom 5.–7. Mai 2017 im Klösterle des Pfarrhauses in Oberrotweil im Kaiserstuhl zur Reflexion und Feier des über dreißigjährigen Unternehmens. Auf einer Zeitleiste für die Jah-

---

(Hrsg.), Erinnern und Erneuern. Provokation aus den Katakomben, Münster 2018, 15–56; vgl. die Äußerungen von Maria Klemm in Rom ebd. 273.
30 Vgl. Es ist genug für alle da 94–96.

re 1982–2017[31] trugen wir wichtige Ereignisse in Welt und Kirche zusammen, hielten Themen, Referenten und besondere Vorkommnisse in La Roche fest und listeten die in diesem Zeitraum veröffentlichten Bücher von Kuno Füssel, Franz Hinkelammert und Urs Eigenmann auf. An diesem Treffen wurde auch die Publikation des hier vorliegenden Bandes beschlossen.

5. Das Collège de Brousse als entunterworfene Minderheit fragmentarisch-antizipierender Differenzvermittlung – persönlicher Versuch einer Würdigung

Vor dem Hintergrund der skizzierten Geschichte des inzwischen über fünfunddreißigjährigen *La-Roche-Collège-de-Brousse-Unternehmens* soll dieses abschließend unter drei Rücksichten reflektiert werden. Es handelt sich dabei um eine persönliche von mir verantwortete Würdigung. Sie geschieht im Anschluss an Überlegungen von *Dom Helder Camara* zur Bedeutung von (abrahamitischen) Minderheiten, von *Michel Foucault* zum Verständnis von Kritik als Entunterwerfung[32] und von *Franz Schupp* zur Sinnhaftigkeit fragmentarisch-antizipierter Differenzvermittlung. Es geht dabei nicht um eine rosarot-verklärende Rückschau eines unverbesserlichen Alt-68ers, sondern um den nüchternen Versuch, ein – meines Wissens – im deutschsprachigen Raum singuläres Unternehmen in seiner Vorläufigkeit zu charakterisieren und zu würdigen.

5.1 (Abrahamitische) Minderheit – Dom Helder Camara

Im Blick auf seine eigene Lebensgeschichte sprach der brasilianische Erzbischof Dom Helder Camara von einer halben Niederlage. Sechs Jahre habe er zwischen 1965 und 1971 angesichts der strukturellen Gewalt von Ungerechtigkeiten als Ursache von revolutionärer und repressiver Gewalt an Institutionen wie Universitäten, Kirchen, Gewerkschaften, Verbände und Jugendbewegungen appelliert.[33] Er erklärte: «Nach sechs Jahren bin ich zu dem Schluss gekommen,

---

31 Schweizerisches Sozialarchiv, s. Anm. 2.
32 Vgl. dazu unten Anm. 45.
33 Vgl. Dom Helder Camara, Die Wüste ist fruchtbar. Wegweisungen für die abrahamitischen Minderheiten, Graz/Wien/Köln 1972, 9, 11. Zu Verständnis und Bedeutung der Minderhei-

dass die Institutionen als solche gehindert werden, mutige und entscheidende Akzente zu setzen: – sie können nur den mittleren Durchschnitt der Meinungen ihrer Mitglieder wiedergeben; – in der kapitalistischen Gesellschaft sind sie, wenn sie überleben wollen, gezwungen, sich direkt oder indirekt in das Räderwerk einzufügen.»[34] Nach diesen sechs Jahren entdeckte Helder Camara Minderheiten als Subjekte grundlegender Reformen. Er nannte sie von 1970–1973 – wie er selbst sagt vorläufig – abrahamitische Minderheiten. Später «[...] bezeichnet[e] er sie als «[...] kleine oder prophetische oder entschiedene Minderheiten oder einfach als Gruppen oder Gruppen guten Willens.»[35] Seines Erachtens scheinen «[...] diese Minderheiten [...] im Dienste der Gerechtigkeit und Liebe eine Kraft zu bilden, die mit der Kraft der Nuklearenergie zu vergleichen ist, die Millionen Jahre im Innersten der Atome auf die Stunde wartet, entdeckt zu werden.»[36] Für Dom Helder Camara sind «[d]iese Minderheiten [...] vom Herrn berufen und das Werk des Geistes Gottes und hoffen wider alle Hoffnungslosigkeit. Sie fordern Freiheit und Gerechtigkeit für alle als Voraussetzung für Frieden, üben moralisch befreienden Druck aus und arbeiten mit der Gewalt der Friedfertigen am Aufbau einer gerechteren, menschlicheren und freieren Welt ohne Rassismus, Krieg und Hass mit.»[37]

Die *La-Roche-Collège-de-Brousse-Gruppe* kann als kirchlich und theologisch engagierte Minderheit zu den von Dom Helder Camara beschriebenen Minoritäten gezählt werden, in die er seine Hoffnung setzte, «[...] ungerechte Strukturen [...] von unten her auf[zubrechen] [...], d. h. durch die Armen und Unterdrückten und von jenen, die für sie Partei ergreifen»[38].

5.2 Kritik im Dienst der Entunterwerfung – Michel Foucault

Nach seiner subjektpessimistischen Phase[39] hielt Michel Foucault am 27. Mai 1978 einen Vortrag, der nach seinem Tod unter dem Titel *Was*

ten als Subjekte grundlegender Reformen vgl. Eigenmann, Politische Praxis des Glaubens 673–684, 688.
34 Camara, Die Wüste ist fruchtbar 11.
35 Vgl. Eigenmann, Politische Praxis des Glaubens 678.
36 Camara, Die Wüste ist fruchtbar 12.
37 Eigenmann, Politische Praxis des Glaubens 678 f.
38 Ebd. 688.
39 Als «[d]ie dunkelsten Worte, die er wohl je geschrieben hat [...]» bezeichnet Philipp Sarasin (Philipp Sarasin, Michel Foucault zur Einführung, Hamburg 2005, 133) den folgenden Abschnitt aus Überwachen und Strafen: «Der Mensch, von dem man uns spricht und zu dessen Befreiung man einlädt, ist bereits in sich das Resultat einer Unterwerfung, die viel tiefer ist als

ist Kritik? veröffentlicht wurde.⁴⁰ Darin sprach er «[...] von der kritischen Haltung als Tugend [...]»⁴¹ und schlug «[a]ls erste Definition der Kritik [...] vor: die Kunst nicht dermaßen [wie seit dem 15. und 16. Jahrhundert in Kirche und Staat üblich, U. E.] regiert zu werden»⁴². Diese allgemeine Charakterisierung konkretisierte er anhand von drei historischen Anhaltspunkten. In Bezug auf die Kirche heißt das: «[N]icht regiert werden wollen hieß das kirchliche Lehramt verweigern, zurückweisen oder einschränken; es hieß zur Heiligen Schrift zurückkehren [...]. Die Kritik ist historisch gesehen biblisch.»⁴³ In Bezug auf das Verständnis und die Geltung von Gesetzen heißt das: «[D]er Regierung und dem von ihr verlangten Gehorsam universale und unverjährbare Rechte entgegensetzen [...]. Wir haben es hier mit dem Problem des Naturrechts zu tun. [...] [E]s hat seit dem 16. Jahrhundert eine kritische Funktion angenommen. Auf die Frage: ‹Wie nicht regiert werden?› antwortet es: ‹Welches sind die Grenzen des Rechts zu regieren?› Hier ist die Kritik wesentlich juridisch.»⁴⁴ In Bezug auf Autoritäten heißt «[n]icht regiert werden wollen› [...]: nicht als wahr annehmen, was eine Autorität als wahr ansagt [...]. Es heißt: etwas nur annehmen, wenn man die Gründe es anzunehmen selbst für gut befindet. Dieses Mal geht die Kritik vom Problem der Gewissheit gegenüber der Autorität aus.»⁴⁵ Vor dem Hintergrund des Bündels der Beziehungen zwischen Macht, Wahrheit und Subjekt versteht Foucault «[...] die Kritik [als] Bewegung, in welcher sich das Subjekt das Recht herausnimmt, die Wahrheit auf ihre Machteffekte hin zu befragen und die Macht auf ihre Wahrheitsdiskurse hin. Dann ist die Kritik die Kunst der freiwilligen Unknechtschaft, der reflektierten Unfügsamkeit. In dem Spiel, das man die Politik der Wahrheit nennen könnte, hätte die Kritik die Funktion der Entunterwerfung.»⁴⁶

er. Eine ‹Seele› wohnt in ihm und schafft ihm eine Existenz, die selber ein Stück der Herrschaft ist, welche die Macht über den Körper ausübt. Die Seele: Effekt und Instrument einer politischen Anatomie. Die Seele: Gefängnis des Körpers» (zit. in: ebd.).
40 Vgl. Michel Foucault, Was ist Kritik? Aus dem Französischen von Walter Seitter, Berlin 1992.
41 Ebd. 9.
42 Ebd. 12.
43 Ebd. 13.
44 Ebd. 13 f.
45 Ebd. 14.
46 Ebd. 15. Im Original lautet der Text: «[L]a critique, ce sera l'art de l'inservitude volontaire [freiwillige Unknechtschaft], celui de l'indocilité réfléchie [reflektierte Unfügsamkeit]. La critique aurait essentiellement pour fonction le désassujettissement [Entunterwerfung] dans le jeu de ce qu'on pourrait appeler, d'un mot, la politique de la verité» (Michel Foucault, Qu'est-ce que la critique? Conférence prononcé par Michel Foucault à la Société française de Philosophie

In der *La-Roche-Collège-de-Brousse-Gruppe* übten wir – politisch, kirchlich und theologisch – solche Entunterwerfung ein. Wir wollten nicht so regiert werden, wie es unter den beiden katastrophalen Pontifikaten von 1978 bis 2013[47] vor jenem von Papst Franziskus und wie es während der – ganz unbiblisch – *zweimal* sieben mehr als mageren Jahren von 1996 bis 2010 unter dem später zum Kardinal arrivierten Bischof von Basel vorgesehen war. Wir versuchten, uns der Herausforderung jenes dialektischen Verhältnisses von Subjekt und Struktur zu stellen, das Jean-Paul Sartre so formuliert hat: «[W]ichtig ist nicht, was man aus uns macht, sondern was wir selbst aus dem machen, was man aus uns gemacht hat.»[48] Die *La-Roche-Collège-de-Brousse-Gruppe* könnte als «geografisch ungebundener Ort kritischen Denkens, kollegialer Solidarität und kulinarischer Freuden»[49] zu jenen oppositionellen Räumen gezählt werden, die Geoffroy de Lagasnerie in seinem Buch *Denken in einer schlechten Welt* fordert, wenn er erklärt: «*Wenn wir ein oppositionelles Denken hervorbringen wollen, müssen wir oppositionelle Räume schaffen.*»[50]

5.3 Antizipierte Differenzvermittlung – Franz Schupp

Vor dem Hintergrund des formalen Symbolverständnisses, wie es Franz Schupp formuliert hat, kann meines Erachtens das, was in der *La-Roche-Collège-de-Brousse-Gruppe* geschah, «[...] als antizipierte Vermittlung der in Geschichte und Gesellschaft vorhandenen Differenz von fragmentarischer Erfahrungswirklichkeit und realutopischer Sinnerfüllung»[51] verstanden werden. Diese zugegebenermaßen recht ambitiös klingende Einschätzung mache ich vor allem

---

le 27 mai 1978, in: ders., Qu'est-ce que la critique? suivi de La culture de soi, Édition établie par Henri-Paul Fruchaud et Daniele Lorenzini, Introduction et apparat critique par Daniele Lorenzini et Arnold I. Davidson, Paris 2015, 33–80, hier: 39).

47 Franz Hinkelammert bezeichnet diese Pontifikate als Thermidor des Zweiten Vatikanischen Konzils (vgl. Franz Hinkelammert, Der Thermidor des Christentums als Ursprung der christlichen Orthodoxie. Die christlichen Wurzeln des Kapitalismus und der Moderne, in: Ulrich Duchrow/Carsten Jochum-Bortfeld (Hrsg./Eds.), Befreiung zur Gerechtigkeit – Liberation towards Justice, Berlin 2015, 147–196, hier: 158.

48 Jean–Paul Sartre, Saint Genet, Komödiant und Märtyrer, Übersetzt von Ursula Dörrebächer, Hamburg 1986, 85.

49 Vgl. Eigenmann, Von der Christenheit zum Reich Gottes 11.

50 Geoffroy de Lagasnerie, Denken in einer schlechten Welt, Aus dem Französischen von Felix Kurz, Berlin 2018, 92 (Hervorhebung im Original).

51 Franz Schupp, Glaube – Kultur – Symbol. Versuch einer kritischen Theorie sakramentaler Praxis, Düsseldorf 1974, 314.

an zwei Erinnerungen fest. Zum einen: In den Anfängen des *La Roche-Unternehmens* stellte ein neu hinzugekommener – nach meiner Einschätzung ziemlich frommer – Priester die Frage, ob in La Roche auch Liturgien gefeiert würden. Weil ich – wohl nicht ganz zu Unrecht – hinter dieser Frage eine unbiblische, den Primat des Spirituellen gegenüber dem Säkular-Weltlichen vertretende Position vermutete, gab ich aufgrund meiner Erfahrungen in der Gruppe und im Wissen um das Symbolverständnis von Franz Schupp zur Antwort: Angesichts der Verhältnisse in La Roche sei so etwas wie eine besondere, traditionelle Liturgie gar nicht erforderlich; denn in La Roche sei jedes der zahlreichen Festessen Ausdruck der Erwartung auf das himmlische Reich-Gottes-Mahl (vgl. Lk 13,29) und eine Vorwegnahme jenes endzeitlich verheißenen Gelages, das der Prophet Jesaja so umschreibt: «Der Herr der Heerscharen wird auf diesem Berg für alle Völker ein Festmahl geben mit den feinsten Speisen, ein Gelage mit erlesenen Weinen, mit den feinsten, fetten Speisen, mit erlesenen, reinen Weinen» (Jes 25,6). Ich sagte dies, weil ich neben den Festessen die in La Roche – säkular – gelebte Art und Weise des Umgangs miteinander und die gemeinsam geteilte Hoffnung auf Reich-Gottes-verträgliche Verhältnisse als ein Symbol *antizipierter Vermittlung der in Geschichte und Gesellschaft vorhandenen Differenz von fragmentarischer Erfahrungswirklichkeit und realutopischer Sinnerfüllung* einschätzte. Zum anderen: Wie Maria Klemm in ihrem Erfahrungsbericht[52] erzählt, kam den beiden ehemaligen Humboldtprofessoren und Marxisten Kurt Pätzold und Wolfgang Richter die – säkulare – Festlichkeit in La Roche als eine Form von säkularer Liturgie vor, die sie so inmitten des Kapitalismus nicht erwartet hatten.

---

52 Vgl. Maria Klemm-Herbers, *Autonom – Parteilich – Solidarisch – Christlich. Persönliche Erfahrungen und Erinnerungen* in diesem Band.

Kuno Füssel

DIE BÜRGERLICHE GEFANGENSCHAFT DER THEOLOGIE

1. Einleitung

Das Thema von der bürgerlichen Gefangenschaft der Theologie, das ich heute Abend[1] behandeln soll, enthält zwei Schwerpunkte: Einmal möchte ich etwas näher beleuchten, was mit dem Assoziationsfeld «bürgerliche Gefangenschaft» gemeint sein kann; zum zweiten möchte ich dann einen weiteren Schwerpunkt setzen und einen neuen Theorietyp von Theologie vorstellen.

2. Die bürgerliche Gefangenschaft – Entfaltung der Problematik

2.1 Assoziationsfeld Gefangenschaft

Steigen wir ein beim Assoziationsfeld Gefangenschaft, so fällt einem von der alltäglichen Bedeutung her zunächst folgender Stichwortkatalog ein: nicht zu Hause sein, unfrei, eingesperrt, in seiner Bewegungsfähigkeit eingeschränkt, unter ständiger Fremdkontrolle stehend, in der Gefahr, seine eigene Identität zu verlieren, oder in einer anderen Sprache formuliert, in der ständigen Gefahr der Entfremdung zu leben.

Ein zweiter Konnotationsstrang, der einem vielleicht einfällt, verweist auf den Gebrauch dieses Stichwortes in der theologischen Tradition, wenn es darum ging, Krisenmomente innerhalb der jüdisch-christlichen Religion zu bezeichnen: beginnend mit der babylonischen Gefangenschaft Israels, die ja auch einen Bruch in der Theologie der jüdischen Religion bedeutete; dann, mit einem wei-

[1] Der Vortrag wurde gehalten am 18. 2. 1982 in Fribourg (Schweiz) im Centre rue Fries auf Einladung der *Basisgruppe Theologie* an der Theologischen Fakultät in Fribourg. Der Vortragsstil wurde in der Überarbeitung beibehalten. Auf Hinzufügungen der einschlägigen Literatur der letzten sechsunddreißig Jahre wurde aus wohl nachvollziehbaren Gründen verzichtet.

ten Sprung in der Geschichte, die babylonische Gefangenschaft der Päpste, nicht umsonst allerdings mit dem Adjektiv «babylonisch» versehen; daran anschließend Luthers Schrift über die babylonische Gefangenschaft der Päpste und sein Versuch, die Theologie auf neue Füße zu stellen; in dieser Linie stehend dann der Versuch, etwas auszusagen über die bürgerliche Gefangenschaft der Theologie, die jetzt nicht mehr nur auf Babylon fixiert ist, verknüpft mit dem Wunsch, sie aus dieser Gefangenschaft wieder zu befreien und in ihre Heimat zu führen, die allerdings nach einem Wort von Ernst Bloch immer noch aussteht.

2.2 Theologie in der bürgerlichen Gefangenschaft

Vor dem Hintergrund dieses kurz entfalteten Assoziationsfeldes bedeutet also die in unserem Thema enthaltene These, dass die Lage der Theologie in der bürgerlichen Gesellschaft durch das Bild der Gefangenschaft beschreibbar ist, also, dass die Theologie sich in Abhängigkeit befindet. Weder in der bürgerlichen Gesellschaft noch in der Kirche ist die Theologie die dominierende und führende ideologische Größe. Sie ist vielmehr die Gefangene der bürgerlichen Ideologie, bestenfalls die Dienerin des kirchlichen Lehramtes, manchmal sogar beides, was für die Theologie dann vielleicht äußeren Triumph, aber inneres Elend bedeutet. Ich möchte mich hier mehr auf den Schwerpunkt, dass die Theologie die Gefangene der bürgerlichen Ideologie ist, beschränken, und die Binnenproblematik, nämlich das Verhältnis von Theologie und Lehramt, ausklammern.

Meine These dürfte wohl spontan nicht auf einhellige Zustimmung und Akzeptanz, sondern auf Verwunderung und Ablehnung stoßen. Denn der Anschein spricht dafür, dass sich die Theologie, zumindest in den mitteleuropäischen Ländern, in einer privilegierten Situation befindet. Ich nenne nur einige Merkmale: Sie ist eine anerkannte und zumindest bei uns in der Bundesrepublik Deutschland gut ausgestattete und gut bezahlte Universitätswissenschaft. Die Theologie ist auch in ihren Publikationen in der heutigen bürgerlichen Gesellschaft so breit vertreten wie wahrscheinlich noch nie in der Geschichte. Selbst ein gemaßregelter, von der Kirchenleitung dann auch von seinem Lehrstuhl verdrängter Theologe wie Hans Küng hat umso mehr Erfolg in der bürgerlichen Öffentlichkeit gehabt. Die Auflagenzahlen seiner Bücher kletterten über die Hunderttausend, und *Existiert Gott?* gibt es auch an Bahnhofskiosken zu kaufen.

Man könnte also einwenden, die Behauptung, die Theologie befinde sich im Gefängnis der bürgerlichen Ideologie, sei zumindest sehr schlecht begründbar und vielleicht nur eine böswillige Assoziation. Ich glaube, dass wir diesen Einwand nur entkräften können, wenn wir uns etwas eingehender mit der Struktur der bürgerlichen Gesellschaft beschäftigen.

2.3 Die bürgerliche Gesellschaft als kapitalistische

Als Ausgangspunkt möchte ich dabei die gesellschaftliche Praxis nehmen, wobei ich mich auf die von Louis Althusser und seinen Schülern auf der Basis des historischen Materialismus entwickelten Theorien stütze. Althusser geht davon aus, dass die gesellschaftliche Praxis eine Einheit ist von verschiedenen Praxisarten. Er nennt vier Praxisarten: die ökonomische, die politische, die ideologische und die theoretische Praxis.[2] Dabei dürfte uns der Zusammenhang zwischen ideologischer Praxis und theoretischer Praxis am meisten interessieren, da wir von Ausbildung und Beruf her wahrscheinlich eher im Ideologie produzierenden Sektor als in der Politik oder in den ökonomischen Basissektoren unserer Gesellschaft beschäftigt sind. Von dieser Praxisformeneinteilung her führt ein weiterer Schritt zur Aufteilung jeder möglichen Gesellschaftsformation in drei Ebenen, nämlich die Ebene der Ökonomie, die Ebene der Politik und die Ebene der Ideologie, wobei Ideologie hier zunächst einmal sehr weit zu verstehen ist als eine verselbständigte Form der bewusstseinsmäßigen Bewältigung des Daseins, als ein imaginäres Verhältnis zu den

---

2 Vgl. Louis Althusser, Für Marx, Frankfurt am Main 1968, 104–137. [Hinweis 2018: Die Texte von Althusser sind neu bearbeitet und publiziert worden: Louis Althusser, Für Marx, Vollständige und durchgesehene Ausgabe, Herausgegeben und mit einem Nachwort von Frieder Otto Wolf, Frankfurt am Main 2011, 200–279]; vgl. insgesamt Louis Althusser, Étienne Balibar, Das Kapital lesen, 2 Bde., Reinbek b. Hamburg 1972. [Hinweis 2018: Louis Althusser/Étienne Balibar/Roger Establet/Pierre Macherey/Jacques Rancière, Das Kapital lesen, Vollständige und ergänzte Ausgabe mit Retraktationen zum Kapital, Herausgegeben von Frieder Otto Wolf, unter Mitwirkung von Alexis Petrioli übersetzt von Frieder Otto Wolf und Eva Pfaffenberger, Münster 2015.] Ich habe den Ansatz von Althusser dann referiert in dem nach dem Vortrag fertiggestellten Buch: Kuno Füssel, Zeichen und Strukturen. Einführung in Grundbegriffe, Positionen und Tendenzen des Strukturalismus, Münster 1983, 78–86.

eigenen Existenzbedingungen,³ wobei das Wichtige im Sinne der Althusser'schen Theorie ist, dass dieses imaginäre Verhältnis zu den eigenen Existenzbedingungen institutionellen Charakter hat, also in Institutionen lebt, in Institutionen materialisiert ist.

Wenn ich nun von dieser Dreigliederung einer Gesellschaftsformation in Ökonomie, Politik und Ideologie ausgehe, dann lässt sich auch die Eigenart der bürgerlichen Gesellschaft auf diesen drei Ebenen kennzeichnen. Die bürgerliche Gesellschaft wird hier als der Rahmen, in dem wir leben und Theologie treiben, bewusst hervorgehoben gegenüber anderen Formationen, wie der Sozialismus, in dem einige Theologen heute [das war dann ab 1989 nicht mehr so! K. F.] schon leben, oder die asiatische Produktionsweise, in der Jesus lebte, oder der Sklavenhalterimperialismus, in dem die frühen Apostel das Christentum ausbreiten mussten, oder der Feudalismus, in dem so gelehrte Gestalten wie Thomas von Aquin die Theologie zur umfassenden Ideologie des Abendlandes entwickelten.⁴

Die bürgerliche Gesellschaft ist ökonomisch definiert durch die kapitalistische Produktionsweise, das heißt durch Warenproduktion und Warentausch, wobei auf der einen Seite die Arbeiter als unmittelbare Produzenten ihre Arbeitskraft verkaufen müssen, da sie nicht die Besitzer der Produktionsmittel sind, und auf der anderen Seite die Kapitalisten, die diese Arbeitskraft kaufen, aufgrund ihres Besitzes an den Produktionsmitteln sich den von den Arbeitern, inklusive Frauen und Kindern, erwirtschafteten Mehrwert aneignen, dabei aber selber nicht gezwungen sind, zur Reproduktion ihres Lebens zu arbeiten, es aber wohl tun können, wenn sie wollen. Das ist wirkliche Freiheit.

Politisch umfasst die bürgerliche Gesellschaft jenen Raum zwischen individueller Existenz einerseits und repressiven und ideologischen Staatsapparaten andererseits,⁵ wobei vor allem die auf das

---

3 Die einschlägige Definition von Ideologie bei Althusser lautet: «Die Ideologie stellt das imaginäre Verhältnis der Individuen zu ihren wirklichen Lebensverhältnissen dar» (Louis Althusser, Marxismus und Ideologie, Westberlin 1973, 147). [Hinweis 2018: «Die Ideologie repräsentiert das imaginäre Verhältnis der Individuen zu ihren realen Existenzbedingungen» (Louis Althusser, Über die Reproduktion. Ideologie und ideologische Staatsapparate, 2. Halbband: Fünf Thesen über die Krise der Kirche. Über die Reproduktion der Produktionsverhältnisse, Aus dem Französischen übertragen und mit einem Nachwort versehen von Frieder Otto Wolf, Hamburg 2012, 256).]

4 Zum Begriff der Gesellschaftsformation vgl. die ausführliche Darstellung bei Fernando Belo, Das Markusevangelium materialistisch gelesen, Stuttgart 1980, 89–120.

5 Althusser entfaltet diesen Unterschied in: ders., Marxismus und Ideologie 129–137. [Hinweis 2018: Louis Althusser, Ideologie und ideologische Staatsapparate, 1. Halbband, Louis Althusser: Gesammelte Schriften, Herausgegeben von Frieder Otto Wolf, Hamburg 2010, 53–60;

Massenbewusstsein einwirkenden Institutionen wie Familie, Schule, Kirche, Parteien, Gewerkschaften, Medien usw., also die ideologischen Staatsapparate, die entscheidende Rolle spielen. Die Politik umfasst also alle Beziehungen, die zwischen der rein materiell aufgefassten Existenz des Individuums einerseits und den ausdifferenzierten Apparaten andererseits bestehen. Der repressive Staatsapparat, das muss man hier dazusagen, ist speziell gekennzeichnet durch das Gewaltmonopol und den dazugehörigen juristischen Rahmen. Die Krisen, die wir im Moment in unseren europäischen Gesellschaften erleben, zeigen, wie stark die Staatsapparate durch das Gewaltmonopol definiert sind (vgl. den Kampf gegen die Atomkraftwerke, gegen die Startbahn-West, wo der Staat nicht über Argumente, sondern über den Polizeiknüppel versucht, Entscheidungen durchzusetzen). Das war zwar bei jedem Staat der Weltgeschichte so, aber der demokratische Staat behauptet ja immer, dass er über den Konsens der Bürger und Bürgerinnen und nicht über die Gewalt regiert, und deswegen ist das vielleicht besonders aufschlussreich.

Die Ideologie der bürgerlichen Gesellschaft ist meiner Ansicht nach seit den Autonomiebestrebungen der Aufklärung vor allem mit der Forderung nach persönlicher Unabhängigkeit identifizierbar. Das Subjekt allerdings, das unabhängig sein will, ist in dieser bürgerlichen Gesellschaft der Geldbesitzer, und die Freiheit von Bürgern und Bürgerinnen besteht in der zwanglosen Verfügung über die Geldmittel, vor allem aber in der Freiheit, den Besitz stetig zu mehren und den Konsum stetig zu differenzieren. Der Theologe Karl Barth hat das Wesentliche am Bürgertum im Besitzen-Wollen fest gemacht, genauer gesagt, im Mehr-Besitzen-Wollen.[6] Es zählt nur, was man hat. Und auch die Überlegungen von Erich Fromm, in denen er Sein und Haben[7] miteinander konfrontiert hat, zielen in diese Richtung, obwohl sie vielleicht nicht in der gleichen Schärfe gegen die bürgerliche Gesellschaft gerichtet sind wie die Aussagen von Karl Barth.

ders., Über die Reproduktion. Ideologie und ideologische Staatsapparate, 2. Halbband, Aus dem Französischen übertragen, Herausgegeben und mit einem Nachwort versehen von Frieder Otto Wolf, Hamburg 2012, 113–142.]

6 Vgl. hierzu: Karl Gerhard Steck/Dieter Schellong, Karl Barth und die Neuzeit, München 1973, 54–62; vgl. Dieter Schellong, Bürgertum und christliche Religion. Anpassungsprobleme der Theologie seit Schleiermacher, München 1975, 96–114. Viele meiner eigenen Einschätzungen wurden inspiriert von Dieter Schellong und seiner Interpretation der Theologie von Karl Barth.

7 Vgl. Erich Fromm, Haben oder Sein. Die seelischen Grundlagen einer neuen Gesellschaft, Stuttgart 1976.

Die Analyse der bürgerlichen Gesellschaft ließe sich noch verfeinern, aber auch so ist schon hinreichend deutlich, dass die bürgerliche Gesellschaft vor allem durch zwei Größen bestimmt ist: durch Macht und Geld.

2.4 Die Funktion der Religion in der bürgerlichen Gesellschaft

Ich möchte hier nun folgende These anschließen: Die Form der Vermittlung zwischen ökonomisch sozialer Praxis und ideologischem Überbau (geistigen Gebilden, Normen, Theorien, Weltanschauungen) hängt von der historisch vorherrschenden Gestalt der Legitimation vorhandener Gewaltverhältnisse ab. Die Vermittlung zwischen Basis und Überbau ist also immer strukturiert durch die Art und Weise, wie die bestehenden Gewaltverhältnisse legitimiert werden müssen. Diese Gewaltverhältnisse verdichten sich in der Staatsgewalt, deren Legitimation also das Zentrum der Problematik bildet. Meine an Althusser anschließenden Überlegungen sind zusätzlich orientiert an der Weiterführung der Theorie Althussers und vor allem auch an ihrer Kritik bei Nicos Poulantzas. Dieser schärft besonders ein, dass eine Analyse der Staatsproblematik auf der ausschließlichen Basis des Begriffspaares Repression/Konsens zu kurz greift.[8]

Unter Legitimität verstehe ich hier die Anerkennungswürdigkeit einer politischen Institution und entsprechend unter Legitimation die Strategie zur Einlösung dieser Anerkennung. In der bürgerlichen Gesellschaft gibt es historisch zwei Formen der Legitimation: zum einen die Legitimation als gewaltsame Durchsetzung der Anerkennung der politischen Ordnung (vgl. Faschismus, Polizeistaat, Notstandsgesetze), zum andern aber auch die in «friedlichen Zeiten» vorherrschende Form des ideologischen Konsenses darüber, dass die bestehenden Institutionen ihre Macht so einsetzen, dass die für die Identität einer Gesellschaft wichtigen Werte gesichert sind. In beiden Fällen sind allerdings die Staatsapparate entscheidend. Denn die Staatsgewalt ist zugleich das zu legitimierende und das in letzter Instanz legitimierende Moment der Gesellschaft. Der Staat ist die ideologische, weil sozialtranszendente Macht schlechthin. Nicht umsonst hat daher auch die Kirche immer versucht, gute Beziehungen zum

---

8 Vgl. Nicos Poulantzas, Staatstheorie. Politischer Überbau, Ideologie, Sozialistische Demokratie, Hamburg 1978, 26–31.

Staat zu halten. Nicht umsonst ist, ausgehend vom 13. Kapitel des Römerbriefes, so eine Art Koexistenzformel für Kirche und Staat in die Theologie eingeführt worden, und nicht umsonst gibt es auch ein Staatskirchenrecht und z. B. in der BRD ein Konkordat zwischen Kirche und Staat, das nicht nur die gegenseitigen Besitzansprüche regelt, sondern auch eine Kooperation ermöglicht, die Autonomiebestrebungen, subversive Tätigkeit, Emanzipation auf den verschiedensten Sektoren des kulturellen Lebens zu unterdrücken gestattet.

Die Funktion der Religion in der bürgerlichen Gesellschaft lässt sich von dieser Analyse her noch einmal thesenhaft bestimmen. Die Funktion der Religion in der bürgerlichen Gesellschaft ist Verhimmelung und Idealisierung der Sozialtranszendenz des Staates in Form einer Transzendenz des Religiösen.

2.5 Allgemeingültigkeitsanspruch der bürgerlichen Ideologie und Missbrauch des christlichen Glaubens

Zur Logik der institutionalisierten Ideologie in der bürgerlichen Klassengesellschaft gehört es, sich formell als allgemeingültig so zu rechtfertigen, dass sich ihrem Anspruch niemand ohne schlechtes Gewissen entziehen kann, weil er oder sie sich ja damit automatisch außerhalb stellt. Die Randfiguren werden also in dieser Weise produziert, dass sie diesen formellen Allgemeingültigkeitsanspruch der bürgerlichen Ideologie nicht mehr mitmachen. Deswegen haben wir auch die unterschiedlichsten Produktionsmöglichkeiten von Randfiguren in der bürgerlichen Gesellschaft, mehr als in allen anderen Gesellschaftsformationen der Geschichte. Die Durchsetzung der bürgerlichen Klasseninteressen in der Gestalt allgemeiner Normen muss notwendig die Form einer allgemeinen Ableitung aus höchsten Prinzipien haben.

Die Legitimität der herrschenden Produktionsverhältnisse lässt sich dann durch die Angemessenheit in Bezug auf diese Grundideen und heiligen Grundwerte definieren. Die bürgerliche Religion ist besonders gut in der Lage, diese von der bürgerlichen Ideologie benötigte Überhöhung ins Prinzipielle zu leisten. Es ist in jeder bürgerlichen Zeitung nachlesbar, wie diese Rollenzuweisung an Kirche und Theologie vorgenommen wird. Dadurch, dass aber die bürgerlichen Rationalisierungen und prinzipiellen Ableitungen mit

Hilfe der Religion in die Dimension des Heiligen hinein verlängert werden können, gelingt es, aus politischen Verteilungskämpfen und aus Klassengegensätzen Religionskämpfe zu machen, und aus linken Systemveränderern gleichzeitig auch Atheisten und Gottesfeinde. Und aus dem politischen Berufsverbot wird dann auch schnell ein theologisches und umgekehrt. Dieser ideologische Missbrauch des christlichen Glaubens lässt sich inhaltlich an verschiedenen Themen nachweisen. Ich nenne nur zwei: erstens die Begründung der Institution des Privateigentums; zweitens die Beschwörung des sogenannt christlichen Menschenbildes,[9] wobei der Begriff «Person» immer in die Mitte, um die sich alles dreht, gerückt wird.

2.6 Theologie als Legitimationswissenschaft

Meine nächste These lautet: Theologie als Theorie bürgerlicher Religion ist Legitimationswissenschaft, und zwar generell im Dienste der Kirche als ideologischem Staatsapparat und konjunkturell im Dienste der herrschenden Klasse als natürlichem Bündnispartner der Kirche. Auch in dem Falle, wo die Führungsschicht der katholischen Kirche, vor allen Dingen die Kirchenleitungen, gegen die entsprechende Führungsschicht des Staates polemisieren oder sich mit ihr im Kampf befinden, ist nachweisbar, dass es nicht um eine grundsätzliche Negation, sondern eher um einen Kampf um Hegemonie geht. In der BRD wird z. B. die Deutsche Bischofskonferenz die sozial-liberale Koalition immer kritisieren, einerlei, was diese macht. In dem Moment aber, wo die Staatsmacht in die Hand der CDU übergehen würde, würden auch noch die naheliegendsten Kritikpunkte vergessen, um die dann für nützlich erachtete Machtverteilung nicht zu stören.[10] Bei meiner These geht es mir nicht darum, das Wesen von Theologie als Glaubenswissenschaft zu bestreiten, sondern gerade ihre spekulativen Ausdifferenzierungen in den Kontext ihrer gesellschaftlichen Funktion zu stellen. Das kann man natürlich unter den verschiedensten Gesichtspunkten tun, ich meine aber,

---

9   Es möge hier ein genereller Verweis auf die Grundlagentexte der katholischen Soziallehre genügen. [Aktuelle Notiz: Als im Februar 2018 die saarländische Ministerpräsidentin Annegret Kramp-Karrenbauer von Angela Merkel zur CDU-Generalsekretärin berufen wurde, hat sie das christliche Menschenbild als Grundlage ihrer Politik benannt. Es hat sich also in sechsunddreißig Jahren nichts geändert!]
10 [Im Jahre 2018 lässt sich feststellen, wie richtig diese Bemerkung von 1982 war.]

dass gerade die Erkenntnis, dass die Kirche auch in der bürgerlichen Gesellschaft die Funktion eines ideologischen Staatsapparates hat, das heißt zu dem Konsens beiträgt, der die Produktionsverhältnisse legitimiert, die Rolle der Theologie eindeutig festlegt. Weil die Theologie als kirchliche Wissenschaft in doppelter Weise durch den ideologischen Staatsapparat der Kirche einerseits und den ideologischen Staatsapparat Universität andererseits determiniert ist, kann sie gar nicht anders, als im Sinne der bürgerlichen Ideologie zu funktionieren, es sei denn, sie befreit sich von diesen Zwängen. Zumindest der juristische Rahmen ist so gestaltet, dass eine radikale Aufkündigung der Funktionsweise von Theologie als bürgerlicher Legitimationswissenschaft auch gleichzeitig die Aufkündigung der durch vielerlei Regulierungen festgelegten Arbeitsweise und damit das Ausscheiden dessen, der so etwas vertritt, aus diesem Staatsapparat zur Folge hat.

2.7 Das imaginäre Jenseits der Gesellschaft im Dienst des realen Jenseits

Ich möchte meine Behauptung über die Rolle der Theologie als Zuträgerin für den ideologischen Konsens der bürgerlichen Gesellschaft noch etwas verdeutlichen. Wenn wir den Staat als sozialtranszendente Macht bezeichnen, dann deshalb, weil man in seinen eigenen Beziehungen dem Staat nie begegnet, ihn aber dauernd als Reglementierung dieser Beziehungen erlebt. Ich meine, dass theologische Begriffe wie Göttliche Allmacht, Jenseits, das Heilige und viele andere in Richtung der Sozialtranszendenz noch einmal eine Überhöhung darstellen, indem sie nämlich das reale Jenseits der Gesellschaft, das der Staat ist, in ein imaginäres Jenseits der Gesellschaft, den Himmel, verlängern und damit eine radikale Durchregulierung all unserer Beziehungen von oben befestigen. Neben einer Leibeigenschaft gibt es also auch so etwas wie eine «Seel-eigenschaft» (= Verfügen über die Seele), und die ist durch das garantiert, was die Begriffe leisten, die ich hier genannt habe. Selbst wenn man mit Hilfe einer Berufung auf Gott als der höchsten Instanz die real existierenden politischen Machtverhältnisse kritisiert, so ist dabei die innere Unterwerfung unter diese höchste Instanz noch nicht ausgeschaltet und kann daher immer wieder dazu benutzt werden, dass ich mich zumindest innerkirchlich der Hierarchie zu unterwerfen habe, die Gott vertritt. Diese innere Unterwerfung unter die sozialtranszendente Instanz des Religiösen erleichtert die Regierbarkeit der Gläubigen und legitimiert das repressive Verhalten des kirchlichen Apparates. Der Apparat des Heiligen ist selbst sehr unheilig. Jeder, der die Konflikte innerhalb der Kirche kennt, weiß, dass sie nach ganz eindeutig weltlichen Gesichtspunkten entschieden werden und nicht in dem Sinne an die höchste Instanz verwiesen werden, dass man die letzte Entscheidung wirklich, das heißt aber auch in der aktuellen Geschichte und deren Zeithorizont, ins Jenseits verlegt. Selbst dort, wo die geldgierigen Staatsoberhäupter kritisiert werden, funktioniert immer noch die Abbildung der gesellschaftlichen Oben-Unten-Relation in eine Innen-Außen-Relation des Glaubens. Und selbst dort, wo die Wirkungsbedingungen des Religiösen dadurch verbessert werden, dass sich die christliche Ideologie sogar gegen das Kapital richtet, besteht die Gefahr, dass die Gemeindemitglieder in der Form abhängig gehalten werden, dass sie z. B. die Theologie und das, was sie denken, immer noch über einen Priester vermittelt bekommen müssen. Und auch theologische Theorien wie die vom allgemeinen Priestertum der Gläubigen helfen hier nicht weiter, denn sie sind genau die Verlängerung dieser Ideologie. In dem Moment, wo ich mich nämlich als Teilhaber am allgemeinen Priestertum erkennen und identifizieren kann, sind mir die realen Möglichkeiten, die Hierarchie zu bekämpfen, genommen, denn ich fühle mich in irgendeiner Form dieses Amtes teilhaftig, obwohl ich real nie daran partizipiere, bekomme aber dadurch zu meiner wirklichen Existenz ein imaginäres Verhältnis. Und genau so arbeitet Ideologie. Genau diese Wirkungsweise der Theologie zeigt, dass sie bei aller spekulativen Gelehrsamkeit in ihrer Funktion Legitimationswissenschaft ist, wenn sie sich darauf einlässt, den Transmissionsriemen zu spielen im Gehäuse der ideologischen Staatsapparate, die die Legitimationsbeschaffung für die Aufrechterhaltung der Produktionsverhältnisse, so wie sie sind, zu leisten haben.

3. Wie dem Gefängnis entrinnen? – Schritte zur Befreiung

3.1 Drei notwendige Schritte

Die bisherige Skizze möchte ich ergänzen durch einen Vorschlag, wie dieser Zustand des Eingesperrt-Seins der Theologie in das Gefängnis der bürgerlichen Ideologie zu durchbrechen sei. Mir scheint, dass dazu die folgenden drei Schritte notwendig sind. Erstens: die Transformation der überbaufixierten Kirche von oben in eine basisgetragene Kirche von unten. Zweitens: ein radikaler Ortswechsel des Theologen bzw. der Theologin. Drittens: eine Veränderung des Theorietyps der Theologie. Diese drei Veränderungen können nicht schlagartig und gewissermaßen per Basisbeschluss gleichzeitig vorgenommen werden, obwohl sie sich wechselseitig implizieren und bedingen. Man kann nicht a priori festlegen, auf welcher der drei Ebenen die Neuerungsschübe zuerst stattfinden. Da es sich um historische und nicht um logische Prozesse handelt, hängt dies von der jeweiligen Konjunktur ab.

3.2 Von der überbaufixierten zur basisgetragenen Kirche

Mir scheint z. B., dass die Bedingungen in Lateinamerika und in einigen Kirchen der romanisch sprechenden Länder besonders günstig sind dafür, die Transformation der überbaufixierten Kirche in eine basisgetragene Kirche zu vollziehen. Das Entstehen der vielen Basisgemeinden, ob sie jetzt rein religiös, politisch und religiös oder nur politisch definiert sind, belegt dies hinreichend. Nicht ohne Grund gibt es in Lateinamerika auch eine Theologie der Befreiung, weil sehr viele Priester und Bischöfe die Befreiung aus der ideologischen Gefangenschaft der Theologie geschafft haben durch ihre eigene Existenz, durch ihre Erfahrung, durch ihre Arbeit mit dem Volk, durch ihr Leben in einem anderen Kontext. Und deswegen ist es bei uns so schwer, in diesem Sinne eine Theologie der Befreiung eigenständiger Art zu produzieren, weil das von der Basis her auch nicht so leicht möglich ist und aufgrund des kapitalistischen Systemcharakters unserer Gesellschaft die Widersprüche viel schwerer strategisch zu bearbeiten sind.

3.3 Ortswechsel des Theologen und der Theologin

Mit dem zweiten Schritt, dem radikalen Ortswechsel des Theologen und der Theologin, ist daher gemeint, dass sie, auch wenn sie akademisch ausgebildet sind, auch wenn sie notwendigerweise das Instrument Wissenschaft handhaben können müssen, d. h. durch die Ausbildung der Universität hindurch gegangen sind, den Ort des Theologietreibens, wenn er produktiv im hier geschilderten Sinne sein will, nicht identifizieren dürfen mit ihrer Rolle im Apparat der Universität oder einer kirchlichen Institution. Ich kann, wenn ich die Möglichkeit des Theologietreibens auf das beschränke, was mir der Apparat vorgibt, d. h. ganz konkret, wenn ich nur die Themen behandle, die in der Ausbildung von oben zugelassen sind, wenn ich also genau das mache, was z. B. im Diplomstudiengang vorgesehen ist, wenn ich immer nur das mache, was die Kollegen und Kolleginnen für angemessen halten, getan zu werden, wenn ich also schlechte Noten schreibe, weil gute Noten schon gefährlich sind usw., dann kann ich natürlich nur im Sinne dieses Apparates wirken, und ich kann dann nichts anderes machen mit meiner Theologie, auch wenn sie verbal noch so progressiv ist, als diesen Apparat zu legitimieren, statt ihm, *peu à peu*, aber erfolgreich, die Basis zu entziehen. Ich sollte, um mit einem Wort von Brecht zu sprechen, meine Tätigkeit als Theologe im ideologischen Staatsapparat der Universität nicht dahingehend definieren, dass ich sozusagen einer einflusslos gewordenen Ideologie eine neue Legitimationsbasis beschaffe, sondern dass ich einer herrschenden Ideologie die vorhandene Basis entziehe. So würde ich auch die subversive Arbeit des Theologen und der Theologin innerhalb dieser Institution definieren. Ihr Ortswechsel impliziert deswegen auch ein klares Bekenntnis zum eigenen Klassenstandpunkt und ein politisches Sich-zugehörig-Fühlen zu der Klasse, für die sie sich dann auch politisch und theoretisch zu Wort melden. Das heißt, dass der Theologe und die Theologin, die eine Theologie von unten betreiben und eine Basiskirche aufbauen wollen, auch politisch klar und eindeutig auf der Seite der Organisationen dieser Klasse stehen müssen. Ich kann als Theologe oder Theologin nicht politische Theologie machen und meinen, dass sie wirkliche politische Konsequenzen hat, und gleichzeitig in meinem eigenen Lebenskontext, in meiner eigenen politischen Tätigkeit in einem Rahmen verbleiben, der durch die bürgerliche Gesellschaft und auch durch christdemokratische Parteien bestimmt ist. Hier muss ein Ortswechsel stattfinden, und der Ortswechsel ist notwendig als Theorieproduktionsbedingung, sonst muss ich notwendig eine falsche Theorie oder Ideologie produzieren. Ich glaube auch, dass z. B. der Theologe und die Theologin arbeiten müssten im wahrsten Sinne des Wortes, nicht nur am Schreibtisch und vielleicht nächtelang, was ja auch sehr anstrengend ist, sondern, dass sie die Arbeitswelt real kennen müssten, um Bescheid zu wissen in den Problemen, über die sie reden, dass sie auch Mitglied sein sollten, mindestens in einer Gewerkschaft, wenn nicht in einer sozialistischen oder kommunistischen Partei, wenn sie den Anspruch vertreten wollen, den ich hier meine.

3.4 Veränderung des Theorietyps von Theologie

Der letzte Punkt ist die Veränderung des Theorietyps der Theologie, und ich glaube, dass gerade in den Verhältnissen, in denen wir [heute, BRD und Schweiz, nicht 1982] leben, dieser Veränderungsschritt für uns zunächst einmal am nächsten liegt, nicht weil er vielleicht weltweit der wichtigste ist, sondern weil er für uns ein besonders wichtiger ist, a) weil ein so ausdifferenziertes, spätkapitalistisches System wie das der BRD und auch der Schweiz so etwas hat wie eine wissenschaftliche Lebenswelt, d. h. dass Wissenschaft und Technik selber sozusagen zur herrschenden Ideologie geworden sind,[11] und jeder der Anwesenden wird wissen, dass man politische Gegner am ehesten mundtot machen kann, wenn man sagt, ihre Argumente seien unwissenschaftlich, ja emotional; b) weil in Systemen wie z. B. der BRD (ich verweise auf sie, denn dort wohne ich) die Macht meistens eben nicht mit dem Knüppel auf der Straße auftritt, sondern als ausdifferenziertes formales System, man kann das Bürokratie nennen, d. h. die Macht selber ist in der Form eines Systems anwesend und daher zunächst nur über Analyse zu bekämpfen. Insofern halte ich z. B. die Strategien des Terrorismus für unsinnig, wenn sie auch emotional vielleicht verständlich sind, weil man so ausdifferenzierte Systeme mit Sprengstoffattentaten nicht mehr stürzen kann. Man muss sie zuerst einmal auf der Ebene der Analysen und der daraus folgenden Strategien bekämpfen.

3.5 Theologie als materialistische Theorie messianischer Praxis

Eine solche theoretische Alternative, die die Basis abgibt, um für Christen und Christinnen eine neue Strategie zu entwickeln, möchte

---

[11] Vgl. Jürgen Habermas, Technik und Wissenschaft als Ideologie, Frankfurt 1968.

ich mit folgendem programmatischen Titel bezeichnen: *Theologie als materialistische Theorie messianischer Praxis*. Was ist damit gemeint?[12]

Zunächst einmal ist zugegeben, dass Theologie, wenn sie sich eben nicht mit gesellschaftlicher Praxis identifiziert, und auch nicht bloß der Kommentar der Religion sein will, sich dem Anspruch der Theorie stellen muss. Es geht darum, dass Theologie theoriefähig bleibt. Das ist eine notwendige Bedingung für die Durchsetzbarkeit dessen, was man dann mit messianischer Praxis meint. Für theoriefähig im Sinne der Althusser'schen Definition theoretischer Praxis halte ich all die Überlegungen, Tendenzen, Vorstellungen, die in der Lage sind, die gegebenen Realitäten in ein Erkenntnisobjekt zu verwandeln, d. h. also, aus dem, was sich der Wahrnehmung diffus anbietet, in Form einer kohärenten Überlegung einen Gedanken zu formen, der einen Erkenntniseffekt produziert, der klar macht, dass die vorhandenen Stichworte insgesamt eine innere Einheit haben, die dann eben als theoretisches Objekt angegeben werden kann.

Welchen Gegenstand hat nun Theologie als besondere Form theoretischer Praxis? Man kennt vielleicht aus Lexikonartikeln, Vorlesungen oder wissenschaftstheoretischen Abhandlungen die sehr plausibel klingende Antwort: Gegenstand der Theologie ist die Rede von Gott. Ich halte diese Auskunft zunächst nicht für problematisch, weil auch im Sinne der traditionellen Wissenschaftsdefinition das Objekt der Theologie zunächst einmal die christliche Religion als Ganze ist. Die Aufgabenstellung im Sinne Althussers aber hieße: Die Theologie muss aus dem Gedankenabstraktum Religion als solche das Gedankenkonkretum *messianische Praxis* entwickeln. Die theoretische Praxis kommt von diesem Gedankenabstraktum zum Konkretum nur, indem sie dazwischen eine Analyse macht. Die spezifische Form dieser Analyse wird durch das Stichwort *materialistisch* angezeigt. Materialismus ist ein Kampfbegriff und daher ständig von Missverständnissen umlagert. Es ist daher geboten, ergänzende Angaben zu diesem Begriff zu machen: Erstens impliziert das Stichwort *materialistisch*, dass man den bei Jesus gegebenen anthropologischen und erkenntnistheoretischen Primat der Praxis methodisch anerkennt; zweitens, dass es eine Dialektik von Basis und

---

12 Ich habe unter diesem Titel im Anschluss an meine bei Karl Rahner und Johann Baptist Metz angefertigte Dissertation über die Wahrheitsfrage als gemeinsamer Grundlinie theologischer und wissenschaftstheoretischer Diskurse einen Entwurf zu diesem Theorietyp vorgelegt: Kuno Füssel, Sprache, Religion, Ideologie. Von einer sprachanalytischen zu einer materialistischen Theologie Frankfurt 1982.

Überbau gibt, das heißt, dass es zwischen den verschiedenen Ebenen der Gesellschaft, zwischen Sein und Bewusstsein ein wechselseitiges Bedingungsverhältnis gibt; drittens impliziert dieses Stichwort eine ideologiekritische Ausrichtung. Einmal im Sinn einer Kritik alles Bestehenden, zum andern aber auch im Sinne der Selbstkritik, d. h. eine materialistische Theorie muss sich, indem sie sich selber aufbaut, auch selber kritisieren. Sie kann also nicht positivistisch einfach sich setzen als die eindeutige und richtige Methode, sondern sie muss sich im Vollzug der Theoriebildung auch in Frage stellen lassen; viertens und als letztes Moment einer materialistischen Theorie würde ich ihre politisch befreiende Funktion nennen, d. h. das revolutionäre Potenzial, das in jeder theoretischen Arbeit steckt, muss auch gesellschaftlich wirksam gemacht werden. Materialistische Theorie stellt sich damit weitergehenden Verpflichtungen als nur derjenigen der kohärenten Darstellung eines bestimmten Wissens. Weil materialistische Theorie in diesem Sinne anspruchsvoller ist, ist sie anstrengender und verlangt vom Subjekt der Theorie nicht nur die Mühe des Begriffs, sondern auch die Rückbindung an die Praxis.

4. Leibliche Praktiken und göttliche Tugenden bezogen auf Ökonomie, Politik und Ideologie

Umreißen wir zum Schluss – nach der Klärung des Theoriecharakters – nun noch näher, worin die Eigenart des Erkenntnisobjektes der Theorie, nämlich der messianischen Praxis, besteht. Wir müssen hier zurückgreifen auf die Praxis der Jesusbewegung, auf das, was in Jesu eigenem Handeln und Verkünden den Kern gebildet hat, was anknüpfend an die Messiashoffnungen des jüdischen Volkes und seiner Religionstradition sich dann aber in das internationale Spektrum der Heidenwelt hinein als hoffnungsfähig fortgesetzt hat. Ich möchte im Anschluss an Fernando Belo[13] diese messianische Praxis definieren auf den Ebenen von Ökonomie, Politik und Ideologie. Belo hat gezeigt, dass sich diesen drei Ebenen die drei göttlichen Tugenden der Liebe, der Hoffnung und des Glaubens zuordnen lassen.

Belo beschreibt die messianische Praxis, den Körperteilen entsprechend, als Praxis der Hände, der Füße und der Augen.[14] Es ist

---

13 Vgl. Fernando Belo, Das Markusevangelium materialistisch gelesen, Stuttgart 1980, 303–374.
14 Vgl. ebd. 306–324.

entscheidend für ihn, dass es eine leibliche Praxis ist und nicht eine nur geistige oder geistliche Praxis. Eine Praxis, die das konkrete Verhalten des Menschen verändert, den konkreten anderen Menschen erreicht, im wahrsten Sinne des Wortes, bis hin zur Berührung, zur Umarmung, zur Speisung, zur liebevollen Heilung. Die messianische Praxis in diesem materialistischen Sinne ist ganz besonders auch auf den Leib dessen, um den es geht, gerichtet und nicht nur auf das ewige Seelenheil.

Was heißt *Praxis der Hände*? Hände sind dazu da auszuteilen, nicht Schläge, sondern Brot. Die Hände sind dafür da, das, was vorhanden ist und für alle reichen würde, auch für alle Menschen in gerechter Weise zugänglich zu machen. Die Hände sind dazu da, damit sie die Privilegien der Reichen zerstören und die Armen in ihr Recht einsetzen. Die Praxis der Hände ist die Praxis der Austeilung und des Verteilens. Die Praxis der Hände ist damit die Praxis der Liebe. Weil sie die Praxis der gerechten Verteilung der materiellen Güter ist, ist die Praxis der Hände und der Liebe der gesellschaftlichen Ebene *Ökonomie* zuzuordnen.

Was heißt *Praxis der Füße*? Die Füße sind dazu da, damit der Mensch sich bewegen kann. Das klingt banal, aber wenn man sich überlegt, was sich in unserer Gesellschaft wirklich bewegt, verliert dieser Satz seine Banalität. Der Mensch, der sich in der Praxis Jesu bewegt und in diesem Sinne also Nachfolge übt, ist ein Mensch, der dauernd Grenzen überschreitet. Grenzen im Intimbereich, im nachbarschaftlichen Bereich, im alltäglichen Bereich, im politischen Bereich, im internationalen Bereich. Ich glaube, provokativ formuliert, die Praxis der Füße ist besonders eine Praxis der Überschreitung von Grenzen, deren Übertreten verboten ist. Die Füße sind dafür da, dass der Mensch eben nicht sich in Ghettos einsperren lässt, und seien es auch die theologischen Kategorien von wahr und falsch, von Orthodoxie und Häresie, von heilig und unheilig, von übernatürlich und natürlich usw. Die Füße sind dazu da, damit keine Tabus für immer bestehen bleiben können. Die Füße sind dazu da, dass sich zwischen den Menschen etwas bewegt, dass die Menschen aufeinander zugehen, dass sie miteinander gehen und damit nicht nur den Weg gemeinsam machen, sondern sich auch auf ein gemeinsames Ziel hin bewegen können. Indem ich mich in diesem Sinne fortbewege, bewege ich mich auch auf eine neue Gesellschaft hin, in der die Menschen endlich miteinander gehen, weil sie aufeinander zugehen.

Und ich würde sagen, dieses Gesellschaftsmodell würde den Namen Sozialismus verdienen, und es lohnt sich, für dieses Gesellschaftsmodell zu kämpfen. Die Praxis der Füße drückt also die Dimension der Hoffnung aus, und die Praxis der Füße ist der Ebene der *Politik* zuzuordnen.

Als letztes, *Praxis der Augen*, was heißt das? Die Augen sind dazu da, das Richtige zu sehen, um sich nicht entfremden zu lassen (oder die heutigen Jugendlichen würden sagen, die Augen sind dazu da, um den Durchblick zu haben). Und den Durchblick hat man, wenn man auch merkt, wo man manipuliert wird, wo die wirkliche Macht sitzt, welche Herrschaftsformen es bei uns gibt, wem das dient, was man tun soll, wie die herrschenden Ideologien funktionieren, wie der Konsumismus als Staatsreligion funktioniert, welche Hintergründe die Slogans, die bei uns als Losung ausgegeben werden, in Wirklichkeit haben. Die Augen sind dafür da, dass man die Wahrheit sieht, in der Welt, im Mitmenschen, in sich selber. Die wahre Praxis der Augen ist die, dass man sich nicht ideologisch verblenden lässt, sondern sich von Jesus die Augen öffnen lässt. Eine Praxis der Augen in der Nachfolge Jesu würde die *ideologiekritische Dimension* des Glaubens ausdrücken.

Diese Dreiteilung ist vielleicht eine zunächst mehr spekulativ faszinierende Konstruktion. Ich glaube aber, dass sie einen höheren Orientierungswert hat, weil wichtige elementare Grundfunktionen des Menschen, seine Aktionen der Hände, der Füße, der Augen und der Ohren, das heißt seine körperlichen Wahrnehmungs- und Tätigkeitsmöglichkeiten, gekoppelt werden mit Grundhaltungen, die ebenfalls unabdingbar sind für das menschliche Leben, sowohl als Individuum wie als Kollektiv, nämlich Glaube, Hoffnung und Liebe. Dass das Ganze dann nochmals den drei bestimmenden gesellschaftlichen Ebenen der Ökonomie, der Politik und der Ideologie zugeordnet werden kann, zeigt die Fruchtbarkeit dieses materialistischen Ansatzes. Diese notwendige Verknüpfung der Theorie mit der gesellschaftlichen Praxis berechtigt zu der Annahme, dass Theologie als materialistische Theorie messianischer Praxis den Bann der bürgerlichen Ideologie zu durchbrechen und dem Christentum den Status einer befreienden Basisreligion zurück zu erkämpfen vermag.

5. Kleines bitteres Nachwort aus dem Jahre 2018

Die zum Schluss geäußerte Hoffnung wurde bisher, trotz des erfreulichen Aufbruchs unter Papst Franziskus, nicht erfüllt. Die Theologie hat es in den nunmehr mehr als sechsunddreißig Jahren, die seit dem Halten dieses Vortrages verstrichen sind, nicht geschafft, ihre in den siebziger Jahren des vergangenen Jahrhunderts wahrnehmbare Präsenz im interdisziplinären Diskurs – wobei Karl Rahner, Johann Baptist Metz, Hans Küng, Marie-Dominique Chenu, Edward Schillebeeckx und andere Konzilstheologen eine wesentliche Rolle spielten – zu erhalten, geschweige denn auszubauen. Die Theologie wird bei wissenschaftlichen Symposien einfach nicht mehr erwähnt. Wenn überhaupt, geht es nur um Ethik, die aber durch die Philosophie vertreten wird. Wenn es um Bildung geht, dann sind vor allem Ökonomie, Naturwissenschaften und Philosophie wichtig. Diese leisten, was «Entscheidungsträger» aus Politik, Wirtschaft und Industrie benötigen, um komplexe Fragen wirtschaftlich effizient und ethisch reflektiert beantworten zu können. Auch die universitär etablierte Theologie scheint schlicht überflüssig geworden zu sein. Mitschuld an diesem Relevanzverlust trägt sicherlich die Bekämpfung der politischen Befreiungstheologien, die auch für Nichtgläubige – im traditionellen Sinn – attraktiv sind/waren, während der Pontifikate von Johannes Paul II. und Benedikt XVI.

Kuno Füssel

MARX UND DIE BIBEL

EINE LÄNGST ANSTEHENDE BESTANDSAUFNAHME[1]

1. Lohnt es sich, im Werk von Karl Marx nach Bibelstellen zu suchen?

Die Antwort ist natürlich bejahend, sonst wäre eine Auseinandersetzung mit dem Thema entweder überflüssig oder unsinnig. Es sind allerdings bereits zweiundvierzig Jahre vergangen, seitdem die bisher einzige umfangreiche Bestandsaufnahme zur Verwendung der Bibel bei Karl Marx und Friedrich Engels in deutscher Sprache erschienen ist.[2] Bei dieser Studie von Reinhard Buchbinder handelt es sich um eine profunde germanistische Arbeit, die ein ausgezeichnetes textanalytisches Fundament für darauf aufbauende theologische Reflexionen bietet. Enrique Dussel hat, die Publikation von Buchbinder nutzend, 1993 eine eigene, umfassende und kluge Studie vorgelegt, die trotz einiger Bemühungen meinerseits, nie auf Deutsch erschienen ist.[3] Die bereits 1972 veröffentlichte Publikation von José P. Miranda hat als erste unser Thema in die theologische Debatte eingeführt, ist aber schwerpunktmäßig philosophisch und theologisch konzipiert und weniger an der Beschäftigung mit exemplarischen Bibelstellen und ihrer Auslegung orientiert.[4]

Vorab sei ein erster Verweis auf die Vielfalt der im Werk von Marx und Engels verwendeten Texte der hebräischen Bibel und des Neuen Testaments gestattet. Im Folgenden beschränke ich mich auf die Fundstellen bei Marx und klammere die Texte von Engels aus. Am

---

1 Der vorliegende Text ist eine Vortragsgrundlage, in der manche Punkte nicht ausgeführt werden können. Eine größere Arbeit werde ich demnächst publizieren. Es geht mir vor allem um die Ausarbeitung einer expliziten Kritik der Opfertheologie bei Marx sowie um die Entfaltung seiner Fetischismus-Analyse als impliziter, ideologiekritischer Theologie, deren Kern seine Entlarvung des Kapitals als Mammon und Moloch ist.
2 Reinhard Buchbinder, Bibelzitate, Bibelanspielungen, Bibelparodien, theologische Vergleiche und Analogien bei Marx und Engels, Berlin 1976.
3 Enrique Dussel, Las metáforas teológicas de Marx, Estella (Navarra) 1993.
4 José P. Miranda, Marx y la Biblia, Salamanca 1972.

bekanntesten dürfte das Zitat von Marx aus der Johannesapokalypse sein. Im ersten Band des *Kapital* kompiliert Marx zwei Stellen über das Tier aus dem Abgrund aus der Apokalypse des Johannes (vgl. Offb 13,17; 17,13), um seine Konzeption des Waren- und Geldfetischismus zu verdeutlichen.[5]

Weniger bekannt dürfte sein, dass Marx sich nicht nur in den *Grundrissen*[6] von 1857, sondern noch an weiteren vierzehn Stellen (nach der Zählung von Dussel[7]) auf die Stelle Mt 6,19–24 bezieht, wo es um das Sammeln von unverrottbaren Schätzen geht; daran knüpft Marx dann seine Reflexion über Geld als unvergängliche Ware an. Wie Dussel, gestützt auf die breite Inventarisierung und Kommentierung durch Buchbinder, detailliert nachgewiesen hat, macht Marx an mehr als hundert Stellen seines Werkes metaphorische und begriffliche Anleihen bei den wichtigsten Büchern der hebräischen Bibel, den Evangelien und den Paulusbriefen, besonders wenn es um die Kennzeichnung des Wesens von Geld und Kapital als Mammon (vgl. Mt 6,24) geht.[8]

Gerade im Anschluss an diesen Hinweis seien einige weitere biblische Texte genannt, die von Marx benutzt wurden: Psalm 115; Jesaja 44,15; Matthäus 8,22; Lukas 20,24; Römer 9,16. Von diesen Stellen sei besonders Mt 8,22 hervorgehoben, da Marx dafür eine besondere Vorliebe gehabt zu haben scheint, weil er sie öfters zitiert: «Einer von seinen Jüngern sprach zu ihm: Herr, erlaube mir vorher [es geht um die Nachfolge, K. F.] hinzugehen und meinen Vater zu begraben. Jesus aber spricht zu ihm: Folge mir nach und lass die Toten ihre Toten begraben» (Mt 8,21–22). Marx wusste, dass die Revolution wie die Nachfolge Jesu ist; denn sie duldet keinen Aufschub.

Vor allem sollte man seine Kraft nicht dem zuwenden, was untergegangen ist, sondern in das investieren, was neu entstehen muss. Wer versteht das heute noch?

Eine Bestandsaufnahme der Verwendung der Ausdrücke *Mammon*, *Moloch*, *Goldenes Kalb* und *Baal* ergibt eine Liste von mehr als

---

5 Vgl. Karl Marx, Das Kapital I, MEW 23, 101, 848, Anm. 33; die zitierte Stelle der Johannesapokalypse kommt auch vor in: Karl Marx, Grundrisse der Kritik der politischen Ökonomie, MEW 42, 49–768, hier: 163, Anm. 108.
6 Vgl. ebd. 158.
7 Vgl. Dussel, Las metáforas teológicas de Marx 200–206.
8 Vgl. ebd. 133–233.

zwanzig Fundstellen in den MEW.⁹ Wenden wir uns nach diesem kurzen Vorgriff einer umfangreicheren kontextuellen Einordnung zu.

2. Vom getauften Juden zum radikalen Religionskritiker. Wandlungen eines prophetischen Geistes

Karl Marx wurde am 5. Mai 1818 als Sohn des Ehepaares Heinrich Marx, der davor Heschel Marx Levi Mordechai hieß, und seiner Frau Henriette, geb. Presburg aus Nijmwegen, in Trier geboren. Beide Eltern waren jüdischen Glaubens und entstammten angesehenen rabbinischen Familien. Sein Onkel Samuel Marx war Vorsteher der jüdischen Kultusgemeinde in Trier.¹⁰ Der Vater konvertierte, wahrscheinlich Ende der 1810er-Jahre zum protestantischen Glauben, um so seine Zulassung als Rechtsanwalt erhalten und später seine Tätigkeit als Justizrat in Trier ausüben zu können.¹¹ Nach der Niederlage Napoleons wurde beim Wiener Kongress (1814/1815) das Rheinland und damit auch Trier der preußischen Herrschaft unterstellt. Juden war es daraufhin – anders als unter Napoleon – nicht gestattet, öffentliche Ämter zu bekleiden und in der Regierung mitzuarbeiten. Die Kinder der Familie wurden 1824 protestantisch getauft, wahrscheinlich gegen ihren Willen. Der intelligente und aggressive Marx wird sich ein Leben lang darüber geärgert haben, denn das Zwanghafte der Religionszugehörigkeit war ihm durchgehend verhasst.

Es ist mit guten Gründen davon auszugehen, dass Karl Marx als jüdisches Kind in den Umgang mit der hebräischen Bibel so eingeübt war, wie es bei jüdischen Familien Tradition war. Dass er dann auch mit dem christlichen Teil der Bibel, mit dem sogenannten Neuen Testament, sehr gut umgehen konnte, wird 1835 durch seinen Abituraufsatz im Fach Religion exakt belegt. Die Arbeit hatte den Titel *Die Vereinigung der Gläubigen mit Christo nach Joh. 15,1–14*.¹² Diese Abiturarbeit enthält bereits die markante Opposition zwischen Ge-

---

9 Auflistung einiger ausgewählter Fundstellen: Mammon (MEW 8, 527; MEW 13, 107, 133, 203); Baal (MEW 11, 132); Goldenes Kalb (MEW 9, 325; MEW 13, 384); Moloch (MEW 42, 129; MEW 16, 11; MEW 40, 70).
10 Über die Herkunft von Karl Marx und die Abstammungsverhältnisse seiner beiden Ursprungsfamilien hat Heinz Monz eine bis heute nicht übertroffene, alle einschlägigen Quellen auswertende Publikation vorgelegt, die leider schon lange nicht mehr erhältlich ist; vgl. Heinz Monz, Karl Marx. Grundlagen der Entwicklung zu Leben und Werk, Trier 1973, hier besonders 214–296.
11 Auch Monz konnte das genaue Datum wegen einer unklaren Aktenlage nicht ermitteln.
12 Vgl. MEW 40, 589–601.

sellschaft und Gemeinschaft, die bis hin zu Marx' Explikationen des Verständnisses von Kommunismus wegweisend wird.

Die Frage, welche Bibelausgaben Karl Marx benutzt hat, soll hier kurz beantwortet werden, da sie mancherlei abwegigen Spekulationen das Wasser abgräbt.[13] Marx besaß eine Ausgabe der Lutherbibel von 1816 und wohl auch deren Ausgaben von 1856 und 1872. Der junge Marx besaß ebenfalls eine griechische Ausgabe des Neuen Testaments von 1820. Es gibt einige, wiewohl seltene, von Marx ausdrücklich gekennzeichnete Zitate aus der Vulgata, so insbesondere die berühmte schon zitierte Collage aus der Apokalypse des Johannes.

Theologische Fragestellungen und Probleme kommen im Werk von Karl Marx durchgehend vor, selbst zentrale dogmatische Konzeptionen wie Inkarnation und Trinitätstheologie werden zur Verdeutlichung politischer und ökonomischer Sachverhalte herangezogen. Woher kommt diese Nähe zur Bibel und zu einer biblisch begründeten Theologie? Enrique Dussel geht (im Anschluss an Heinz Monz und Reinhard Buchbinder) davon aus, dass Marx als Schüler am Gymnasium während eines zweijährigen Unterrichts in evangelischer Religionslehre mit Auffassungen des schwäbischen Pietismus, die nicht dem preußischen Protestantismus entsprachen, in Kontakt gekommen ist. Dies hat sich mit Sicherheit später bei seinen Studien als Student fortgesetzt. Die entsprechende Denkweise trat, allerdings nur in philosophischer Verkleidung, bei Hegel, Schelling usw. auf. Hier sei hervorgehoben, dass diese weltberühmten Schüler des Tübinger Stiftes auch selber sicher nicht unbeeinflusst waren vom schwäbischen Pietismus.

Dussel untermauert seine Argumentationslinie mit einem Verweis auf die von Ernst Benz bis in wörtliche Formulierungen hinein aufgezeigte Nähe von Marx zu bestimmten Auffassungen des Pietisten Friedrich Christoph Oetinger.[14] Hier sei der Verweis auf Friedrich Engels gestattet, bei dem die Rückgriffe auf den Pietismus häufiger und ausführlicher sind als bei Marx.[15] Dussel vermutet daher bei dem Studenten Marx ein positives, vor allem über Hegel vermitteltes Verhältnis zum schwäbischen Pietismus und dessen Betonung des Vorrangs der Glaubenspraxis gegenüber einer eher spekulativen und

---

13 Vgl. hierzu Buchbinder, Bibelzitate, Bibelanspielungen, Bibelparodien, theologische Vergleiche und Analogien bei Marx und Engels 34–36.
14 Vgl. Dussel, Las metáforas teológicas de Marx 12.
15 Vgl. Buchbinder, Bibelzitate, Bibelanspielungen, Bibelparodien, theologische Vergleiche und Analogien bei Marx und Engels 247–265.

abstrakten Theologie. Auffallend ist weiterhin, dass Marx den englischen Puritanismus und den holländischen Protestantismus scharf kritisiert, nicht aber den schwäbischen Pietismus.[16] Es ist also nicht erstaunlich, wenn wir bei vielen Denkfiguren von Marx das Auftauchen theologischer Positionen wiederfinden, die er aber nicht als traditioneller Theologe, sondern kritisch verarbeitet:

> Wir sind der Überzeugung, und zwar in jeder Hinsicht, dass Marx aus dem deutschen Pietismus sowohl seine Auffassung vom Antichrist wie von der Priorität der Praxis geschöpft hat; gleiches gilt auch dafür, wie die Pietisten sich einem katholischen König und wie sich Hegel einem König ohne Verfassung (dem preußischen Lutheraner) widersetzten; in gleicher Weise wird sich Marx erst einmal dem lutherisch geprägten Staat widersetzen (in seiner Zeit als politischer Kritiker und Journalist in Deutschland); danach wird er seine Kritik der politischen Ökonomie des Kapitals (beginnend 1843 in Paris, dann fortgesetzt in Brüssel und schließlich in London theoretisch und systematisch ab 1857) weiterentwickeln.[17]

Ich möchte keinesfalls Karl Marx in einen Kryptotheologen verwandeln, erst recht nicht für den Katholizismus reklamieren, wie es unser Freund José P. Miranda in seinem Werk *Marx y la Biblia* getan hat. Aber eine historisch gesicherte, pikante Episode gibt doch zu denken und wird meist in der Literatur ausgeklammert. Bruno Bauer, damals noch mit Marx befreundet und Privatdozent an der Universität Bonn, die übrigens im Geburtsjahr von Karl Marx von Preußen gegründet wurde, machte Marx den Vorschlag, sich in Bonn zu habilitieren und einen Lehrstuhl in der Theologischen Fakultät anzustreben. Das Projekt schlug fehl, vor allem auch, weil Bruno Bauer von der preußischen Regierung wegen des Vorwurfs, er sei Atheist, mit einem Berufsverbot belegt wurde. Wir wollen hier nicht irgendwelchen Phantasien darüber nachhängen, was wohl ein Theologieprofessor Karl Marx in Bonn angestellt hätte.

Eine Frage bedrängt mich schon lange, ob Karl Marx wirklich «Atheist» war, und wenn, wann und in welchem Sinne er es wurde? Eine Antwort auf diese Frage bedarf einer umfangreichen Analyse, die ich hier nicht vorlegen kann. Ein radikaler Religionskritiker war er auf jeden Fall. Der Atheist leugnet angeblich die Existenz Gottes. Aber welcher Gottesbegriff wird dabei zugrunde gelegt? Gerade wenn wir von der Formulierung von Marx ausgehen, «dass

---

16 Vgl. MEW 42, 158.
17 Vgl. Dussel, Las metáforas teológicas de Marx 13 [Übersetzung K. F.].

der *Mensch das höchste Wesen für den Menschen* sei»[18], lässt sich die Aussage von Marx als eine Formel auffassen, die zwei Variablen enthält, nämlich *Mensch* und *höchstes Wesen*, deren Bedeutung erst einmal ermittelt werden muss. Zumindest zwei Fragen drängen sich auf: a) Was ist der Mensch? b) Was verstehen wir unter einem höchsten Wesen? Der Gott des Exodus, an den die Juden und Jüdinnen glauben, ist kein *höheres Wesen*, sondern derjenige, der aus der Sklaverei befreit. Der Gott des orthodoxen Christentums ist eine geschichtslose, ontologische Größe, wozu sich die Neuausgabe der Katholischen Einheitsübersetzung kommentarlos bekennt, wenn der Gottesname übersetzt wird mit «Ich bin, der ich bin». Schlimmer kann ein Rückfall in überholte Positionen nicht ausfallen.

Marx darf vor dem Hintergrund dieser kurzen biografischen Skizze als ein Jude in der Exodus-Tradition, also als ein radikaler Prophet eingestuft werden. Die Frage, ob Marx Atheist war, wird hier nur hinreichend relativiert, aber nicht adäquat behandelt.

Greifen wir noch einmal auf die Ursprünge des Lebens und des Werkes von Karl Marx unter Bezugnahme auf seinen Trierer Kontext zurück. Es bleibt festzuhalten, dass Kindheit und Jugendzeit, und damit wohl sein gesamtes Leben, von der religiös und politisch angespannten Atmosphäre seiner Heimatstadt Trier geprägt wurden:

> Die Nöte und Bestrebungen der Zeit hatten in Trier einen ganz besonderen Niederschlag gefunden. Das geistige und soziale Bild der Stadt bot keine bürgerlich gesättigte und rückständige Atmosphäre, sondern eine bis zum Revolutionären reichende Stimmung und Auffassung. So kann man auch sagen, Karl Marx war beeinflusst vom aufsässigen Geist der Trierer, beeinflusst vor allem von der Not des hier lebenden Volkes.[19]

3. Die Verwendung biblischer Texte bei Karl Marx. Eine hermeneutische und textanalytische Einordnung

3.1 Die Leitlinie: Der Exodus – die Befreiung aus der Sklaverei

Karl Marx übernimmt aus der biblischen Tradition die klare prophetische Opposition zwischen einem Unterdrückergott, der Unterwer-

---

18 Karl Marx, Zur Kritik der Hegelschen Rechtsphilosophie. Einleitung, in: MEW 1, 385 (Hervorhebung im Original).
19 Monz, Karl Marx 391. Dieser Einschätzung von Monz darf ich mich an dieser Stelle als 1941 in Trier geboren und in der Gegend aufgewachsen mit Begeisterung anschließen.

fung und Opfer fordert, und einem Gott der Befreiung, der Leben in Würde und Selbstbestimmung ermöglicht und garantiert. Dies soll durch eine kurze Wiedergabe der Offenbarung des Gottesnamens bestätigt werden.

Was den Leuten um Mose beim historischen Exodus-Ereignis widerfahren ist, wird am dichtesten festgehalten in der Offenbarung des Gottesnamens (vgl. Ex 3,9–14). In dieser Textstelle des Buches Exodus wird eine Geschichte erzählt, die Jahwe selbst seinen Namen enthüllen, aber auch in eine Formel kleiden lässt, die den Namen teilweise wieder verbirgt.

> Gott rief dem Mose zu und sagte:
> Mose, Mose!
> Und er antwortete:
> Hier bin ich.
> Und Gott sagte:
> Ich bin der Gott deines Vaters. Siehe der Hilfeschrei der Israeliten ist zu mir gekommen; ich habe die Bedrängnis gesehen, mit der die Ägypter sie bedrängen.
> Nun aber: Geh du zum Pharao und befreie die Israeliten aus der Macht der Ägypter.
> Da sagte Mose zu Gott:
> Wer bin ich denn schon, dass ich einfach zum Pharao gehen und die Israeliten aus der Macht der Ägypter befreien kann?
> Und Gott sagte:
> Ich will doch bei dir da sein.
> Da sagte Mose zu Gott:
> Siehe, ich werde zu den Israeliten kommen und zu ihnen sagen: Der Gott eurer Väter hat mich zu euch gesandt!, da werden sie zu mir sagen: Was ist es um seinen Namen?, was soll ich ihnen dann antworten?
> Da sagte Gott zu Mose:
> Ich will bei euch da sein als welcher ich bei euch da sein will.
> So sollst du zu den Israeliten sagen.
> (Ex 3,9–14, Übersetzung von Erich Zenger.)

Drei Dinge fallen vor allem auf an dieser kleinen, aber für das Volk Israel und seinen Gottesglauben doch so zentralen Geschichte. Erstens erinnert sie an die Situation, in die hinein der Gottesname als Rettung und Unterpfand der Hoffnung offenbart wird. Gott hat den Hilfeschrei seines Volkes gehört und ist entschlossen, es aus der Knechtschaft des Pharao zu befreien. Zweitens gilt diese Zusage des *Ich bin da* für alle Zeiten. Mit der Beauftragung des Mose ergeht hier an alle, die im Namen Gottes auftreten, in Sonderheit dann auch an die Amtsträger in den christlichen Kirchen, der Auftrag, diese Botschaft der Hoffnung und der Befreiung gegenüber den Pharaonen und Machthabern in allen Systemen glaubhaft und mutig zu verkünden. Deswegen hat z. B. die für die lateinamerikanische Kirche so entscheidende Bischofsversammlung von Medellín (Kolumbien) 1968 sich gerade auf diesen Text berufen, um den Völkern Lateinamerikas neue Hoffnung zu schenken. Drittens wahrt die kompliziert anmutende Formulierung des Gottesnamens die Souveränität und Freiheit Gottes. Es gibt keinen Automatismus der Befreiung aus der Not, so wünschenswert dies auch immer aus der Perspektive der Betroffenen erscheinen könnte. Gott selbst behält sich vor, wie, wann und gegenüber wem er sich als der rettende Gott zeigen wird. Dieser Grundzug des Gottesnamens wird auch noch an einer anderen Stelle des Buches Exodus sichtbar, wenn es heißt: «Ich werde mich erbarmen als welcher und wem ich mich erbarmen werde, und ich will gnädig sein als welcher und wem ich gnädig sein werde» (Ex 33,19).

Gott kann nicht, auch nicht durch gute Werke, zum Ausgießen seiner Gnade gezwungen werden. Diese Erkenntnis ist bitter und hat nicht zuletzt nach der Shoa und insbesondere der Unausdenkbarkeit der Gräuel von Auschwitz auch viele Juden und Jüdinnen ihren Glauben an diesen Gott in Frage stellen oder sogar verlieren lassen. In diesem Gottesnamen herrscht also eine kaum auszuhaltende Spannung von Zuverlässigkeit und Unverfügbarkeit.

Zwei weitere Aspekte ermöglichen es, diese Spannung besser auszuhalten: Zum einen ist es die Ausschließlichkeit, mit der nur von diesem Gott und keinem anderen Heil zu erhoffen ist. Dies wurde schon in der Form klar, mit der der Anspruch des Dekalogs begründet wird. Neben diesem Gott kann es keine weiteren Götter geben. Diese Grundentscheidung wird Israel und allen, die in seiner Tradition stehen, abverlangt. Sodann ist die Zusage seines rettenden Nahe-Seins keinen räumlichen und zeitlichen und auch keinen institutionellen Grenzen unterworfen. Sie gilt damals und heute, in Israel und bei allen Völkern, vor dem Tod und nach dem Tod.

Diese Grundlinie gilt auch für die verschiedenen Akzentsetzungen der Marx'schen Religionskritik. Die Kritik der Religion richtet sich zwar gegen Religion als illusorische Verzeichnung der Wirklichkeit bzw. ihre phantasmagorische Reproduktion, wie Marx sagt, weit mehr jedoch gegen Religion als eine entfremdende und unterdrückerische Praxis, als Aufrechterhaltung ausbeuterischer Verhältnisse, die sie nicht nur ideologisch rechtfertigt, sondern praktisch auch am Leben erhält. Die Praxis der Religion als Teil einer verkehrten Welt macht daher eine praktische Überwindung dieser Form von Religion notwendig.

Es lassen sich hier zwei Fragen anschließen. Erstens: Hat Marx nur diese Ausformung von Religion in seiner Kritik gemeint und ihre Abschaffung gefordert? Zweitens: Ist eine gegenteilige Form von Religion denkbar und entwickelbar, nämlich Religion als richtiges Bewusstsein richtiger, statt verkehrter gesellschaftlicher Verhältnisse?

Wer die im Folgenden in großer Zahl von Marx vorgenommene Aufnahme biblischer Texte genau liest, wird feststellen, dass Marx ähnlich seiner Differenzierung des Gottesverständnisses auf der Basis des Exodus auch eine entscheidende Differenz sieht zwischen Praxis und Verkündigung des Evangeliums durch Jesus und seine messianische Bewegung und ihrer späteren Verkehrung. Diese beginnt mit der Hellenisierung der theologischen Reflexion und führt – wie Franz Hinkelammert erkannt hat – zur «Imperialisierung des Christentums» als Kehrseite der «Christianisierung des Imperiums»[20]. Marx bedient sich natürlich nicht dieser Begrifflichkeit, da sie zu seiner Zeit noch nicht im theologischen Diskurs üblich war. Daher formuliert Marx seine Wahrnehmung des Gegensatzes zwischen *Kirche* und *Reich Gottes* zeitgemäß als radikale Religionskritik.

3.2 Die Bibel als Subtext. Explizite und implizite Verwendung von Bibelzitaten und Anspielungen

Durch seinen häufigen Rückgriff auf biblische Texte, indem er diese durch Zitate und Anspielungen als Mittel der Charakterisierung, als Verstärkung autoritativer Argumentation und zur Illustration von philosophischen, politischen und ökonomischen Sachverhalten einsetzt, macht uns Marx darauf aufmerksam, welch ungeheurer Schatz an erleuchtenden Metaphern, aber auch an analytischem Scharfsinn

---

20 Franz J. Hinkelammert, Der Fluch, der auf dem Gesetz lastet. Paulus von Tarsus und das kritische Denken, Luzern 2011, 234; vgl. zu der im Anschluss an Hinkelammert von Urs Eigenmann entwickelten Unterscheidung von «prophetisch-messianischem Christentum» und «imperial-kolonisierender Christenheit» dessen Beitrag *Das Reich Gottes und seine Gerechtigkeit als himmlischer Kern des Irdischen* in diesem Band.

und politischer Wegweisung in den biblischen Texten gespeichert ist. Diese Schätze gilt es zu heben.

3.2.1 Die Bibel als Mittel der Illustration

Karl Marx hat in seiner Arbeit zu den *Klassenkämpfen in Frankreich* 1848–1850[21] mehrfach Bibelanspielungen auf Napoleon den III. vorgenommen. In seinem Bericht über die Wahl von Louis Bonaparte zum Staatspräsidenten am 10. Dezember 1848, die er gegen den französischen General Cavaignac gewann, schreibt Marx: «Saulus Cavaignac schlug eine Million Stimmen, aber David Napoleon schlug sechs Millionen. Sechsmal war Saulus Cavaignac geschlagen.»[22] Marx benutzt hier den Text aus 1 Sam 18,7 um eine sogenannte *Typos-Antitypos-Korrespondenz* herzustellen.[23] König Saulus entspricht dem General Cavaignac, David dem Louis Bonaparte. Man könnte hier auch von einer Analogie zwischen den beiden Polen sprechen. Der biblische Text muss allerdings genau gelesen werden, um das Zahlenspiel von Marx zu verstehen. Marx wird nicht müde, gegen Napoleon III. biblische Beispiele zu bemühen. Er karikiert die Pläne von Louis Bonaparte, die französische Krone aus den Händen des Papstes Pius IX. zu erhalten, wiederum durch Verwendung biblischer Worte: «Nachdem er den Hohepriester Samuel in den Vatikan wieder eingeführt, konnte er hoffen, als König David die Tuilerien zu beziehen. Er hatte die Pfaffen gewonnen.»[24]

Marx spielt hier offensichtlich auf die Stelle 1 Sam 16,13 an, wo Samuel David zum König salbt. Auch hier benutzt Marx, wie schon bei der vorherigen Anspielung, die bereits erwähnte *Typos-Antitypos-Korrespondenz*: Samuel entspricht dem Papst Pius IX. und David entspricht Louis Bonaparte. Marx wird nicht müde, Louis Bonaparte zusätzlich auch noch als eine anmaßende Karikatur von Mose darzustellen.[25]

---

21 Vgl. MEW 7, 9–107.
22 Ebd. 44.
23 Vgl. Heinrich Lausberg, Handbuch der literarischen Rhetorik. Eine Grundlegung der Literaturwissenschaft, München 1960, 446.
24 MEW 8, 147.
25 Vgl. ebd. 204; diese Hinweise verdanke ich Buchbinder, Bibelzitate, Bibelanspielungen, Bibelparodien, theologische Vergleiche und Analogien bei Marx und Engels 122–124.

3.2.2 Die Bibel als Verstärkung autoritativer Argumentation

Karl Marx verwendet eine Aussage des Petrus aus der Apostelgeschichte (vgl. Apg 5,29) in einem Artikel der *Rheinischen Zeitung* vom 19. Mai 1842 (*Debatten über die Pressfreiheit*), in dem er schreibt:

> Der Schriftsteller betrachtet keineswegs seine Arbeiten als *Mittel*. Sie sind *Selbstzwecke*, sie sind so wenig Mittel für ihn selbst und für andere, dass er *ihrer* Existenz *seine* Existenz aufopfert, wenn's not tut, und in anderer Weise, wie der Prediger der Religion zum Prinzip macht: «Gott mehr gehorchen, denn dem Menschen», unter welchen Menschen er selbst mit seinen menschlichen Bedürfnissen und Wünschen eingeschlossen ist.[26]

Marx argumentiert mit diesem Bibelzitat zwar nicht ganz im Sinne der Verteidigungsrede des Apostels Petrus gegen den Hohenpriester, der ihm vorwirft, ein strenges Gebot verletzt zu haben, überbietet diese Argumentation aber dadurch, dass er den tapferen Widerstand gegenüber einer anerkannten Autorität mit dem Gehorsam gegenüber dem absoluten Gebot der Wahrheit begründet.[27] Der Autor ist verpflichtet, selbst dann die Wahrheit zu sagen, wenn es ihn sein Leben kostet. Wo gibt es heute noch dieses Ethos, wo das Verlangen, dass ein Autor sogar zur Erfüllung seiner Aufgabe zum Martyrium bereit sein muss? Das hat ein angeblicher Atheist geschrieben, was sagen nun die «Gläubigen» aller Schattierungen, nachdem die Lüge in den Medien und in der Politik die Macht übernommen hat?

3.2.3 Bibelzitate und Anspielungen als Mittel der Charakterisierung von Einzelpersonen, Gruppen und Klassen

Die Charakterisierung von Einzelpersonen (1). Oft wird behauptet, dass Marx nur im Frühwerk auf biblische und theologische Zusammenhänge zurückgegriffen hat. Um diese Ansicht zu widerlegen, habe ich besonders auf Fundstellen aus dem *Kapital* geachtet. Dies gilt auch für die folgenden Bibelanspielungen.

In seiner Parallele von dem Arbeiter und Esau in der bekannten Geschichte aus dem Buch Genesis (vgl. Gen 27) schreibt Marx:

---

26 MEW I, 71 (Hervorhebungen im Original).

27 Buchbinder hat weitere Belege angeführt, in denen nachgewiesen wird, wie Marx eine autoritative Argumentation durch Bibelzitate verstärkt; vgl. Buchbinder, Bibelzitate, Bibelanspielungen, Bibelparodien, theologische Vergleiche und Analogien bei Marx und Engels 144–156.

Es kostet Jahrhunderte, bis der «freie» Arbeiter infolge entwickelter kapitalistischer Produktionsweise sich freiwillig dazu versteht, d. h. gesellschaftlich gezwungen ist, für den Preis seiner gewohnheitsmäßigen Lebensmittel seine ganze aktive Lebenszeit, ja seine Arbeitsfähigkeit selbst, seine Erstgeburt für ein Gericht Linsen zu verkaufen.[28]

Die Parallelisierung zwischen dem Arbeiter und Esau soll hier nicht intensiver kommentiert werden, vor allen Dingen nicht der Vergleich zwischen dem *Gericht Linsen* und der *Arbeitsfähigkeit als eine vorhandene Größe*. Hier ist nicht der Ort, um eine gründliche Exegese der unterschiedlichen Auffassung zwischen einer früheren Verwendung dieser Parallele in den *Grundrissen*[29] und der hier zitierten Verwendung vorzunehmen.

Die Charakterisierung von Gruppen (2). In seinem Abschnitt *Der kapitalistische Charakter der Manufaktur* im 12. Kapitel von *Kapital I* behandelt Marx ausführlich die Arbeitsbedingungen des Manufakturarbeiters. Er greift auf eine Analogie zwischen dem Verhältnis Israels zu seinem Gott (vgl. Ex 19,5 und Ps 135,5) und der Knechtschaft des Manufakturarbeiters gegenüber dem Kapital zurück. «Wie dem auserwählten Volk auf der Stirn geschrieben stand, dass es das Eigentum Jehovas, so drückt die Teilung der Arbeit dem Manufakturarbeiter einen Stempel auf, der ihn zum Eigentum des Kapitals brandmarkt.»[30] Man könnte diese Bibelverwendung auch als Beispiel für eine Analogie verwenden. Ich tue dies nicht, weil Marx hier mehr unternimmt, als eine Analogie zu konstruieren; denn er erweitert die Situation des Manufakturarbeiters zu einer heilsgeschichtlichen Perspektive. Im Sinne meiner These, dass Marx in die Befreiungsgeschichte des Exodus einzuordnen ist, sei darauf hingewiesen, dass hier Arbeiter als Sklaven des Kapitals identifiziert werden. Es würde hier zu weit führen zu erläutern, welches brutale geschichtliche Feld das Stichwort *brandmarken* eröffnet. Was wurde den Unterdrückten aller Zeiten nicht alles «eingebrannt»? Die Sensibilität von Marx an der Stelle kann nicht hoch genug gelobt werden.

Die Charakterisierung von Klassen (3). Ein Bibelhinweis zur Charakterisierung der Arbeiterklasse, die aus der Knechtschaft befreit wird, findet sich wiederum in der schon zitierten Arbeit über die *Klassenkämpfe in Frankreich 1848–1850*. Marx beantwortet hier eine

---

28 MEW 23, 287.
29 Vgl. MEW 42, 228.
30 MEW 23, 382.

für die marxistische Revolutionstheorie wichtige Frage, wie ein Sieg der Revolution innerhalb eines einzigen Landes möglich sein kann. Noch komplizierter wird das Ganze, weil Marx hier das Verhältnis von Klassenkrieg und Weltkrieg diskutiert. Aber es geht hier nicht um diese Thematik, sondern um den Bibelbezug:

> Die Revolution, die hier nicht ihr Ende, sondern ihren organisatorischen Anfang findet, ist keine kurzatmige Revolution. Das jetzige Geschlecht gleicht den Juden, die Mose durch die Wüste führt. Es hat nicht nur eine neue Welt zu erobern, es muss untergehen, um den Menschen Platz zu machen, die einer neuen Welt gewachsen sind.[31]

Das Besondere dieser Bibelanspielung besteht darin, dass sie sich nicht auf eine einzelne Bibelstelle bezieht, sondern die gesamte Geschichte des Exodus in Erinnerung ruft. Hierbei ergeben sich zwei Bezugspunkte: Zunächst soll darauf hingewiesen werden, dass auch das Proletariat viel Zeit braucht, um die Revolution durchzuführen, so wie Israel vierzig Jahre brauchte, um das Gelobte Land zu erreichen. Zweitens kann hier, entgegen der Marx wegen seiner Äußerungen zur «Judenfrage» vorgehaltenen antijudaistischen Attitüde attestiert werden, dass die Juden und Jüdinnen auf ihrem Weg ins Gelobte Land das historische Vorbild der Proletarier sind, die eine neue und bessere Welt erreichen wollen.

3.2.4 Spezifische Argumentationsmuster – Die Analogie und die Inversion

Vergleiche und Analogien aus dem biblischen Diskurs (1). An einigen allgemeinen Beispielen lässt sich verdeutlichen, wie und weshalb Marx seine eigenen Auffassungen mit Vergleichen und Analogien aus dem biblischen Diskurs zu versinnbildlichen und zu erläutern versucht. Ein besonders gutes Beispiel finden wir im 24. Kapitel des ersten Bandes von *Das Kapital, Die sogenannte ursprüngliche Akkumulation:*

> Diese ursprüngliche Akkumulation spielt in der politischen Ökonomie ungefähr dieselbe Rolle wie der Sündenfall in der Theologie. Adam biss in den Apfel, und damit kam über das Menschengeschlecht die Sünde. Ihr Ursprung wird erklärt, indem er als Anekdote der Vergangenheit erzählt wird. In einer

---

31 MEW 7, 79.

längst verflossenen Zeit gab es auf der einen Seite eine fleißige, intelligente und vor allem sparsame Elite und auf der andren faulenzende, ihr alles und mehr verjubelnde Lumpen. Die Legende vom theologischen Sündenfall erzählt uns allerdings, wie der Mensch dazu verdammt worden sei, sein Brot im Schweiß seines Angesichts zu essen; die Historie vom ökonomischen Sündenfall aber enthüllt uns, wieso es Leute gibt, die das keineswegs nötig haben. Einerlei. So kam es, dass die ersten Reichtum akkumulierten und die letzteren schließlich nichts zu verkaufen hatten als ihre eigene Haut. Und von diesem Sündenfall datiert die Armut der großen Masse, die immer noch, aller Arbeit zum Trotz, nichts zu verkaufen hat als sich selbst, und der Reichtum der wenigen, der fortwährend wächst, obgleich sie längst aufgehört haben zu arbeiten.[32]

Der erste Satz des zitierten Textes formuliert eine Analogie, die sich als Verhältnisgleichung darstellen lässt, die vier verschiedene Elemente A, B, C, D umfasst. A : B [erstes Analogat] = C : D [zweites Analogat]. A = ursprüngliche Akkumulation, B = politische Ökonomie, C = Sündenfall, D = Theologie.

Im weiteren Text entfaltet Marx diese Analogie. Direkt danach geht er auf die Sündenfallgeschichte Gen 3,1–24 ein, wobei er die traditionelle Deutung der Erbsünde ohne weiteres übernimmt. Nach Darstellung und Deutung des biblischen Sündenfalls wechselt Marx unvermittelt in eine Darstellung des ökonomischen Sündenfalls, wie er seiner Theorie der ursprünglichen Akkumulation zugrunde liegt. Gemeinsam ist dem biblischen und dem ökonomischen Sündenfall, dass sie sich zwar in der Vergangenheit ereignet haben sollen, aber eine bleibende Wirkung auf die gegenwärtigen Verhältnisse ausüben. Ein Unterschied besteht allerdings darin, dass beim biblischen Sündenfall ein Individuum verantwortlich gemacht wird, beim ökonomischen Sündenfall dagegen zwei äußerst gegensätzliche Gruppen auftreten. Ein weiterer wesentlicher Unterschied besteht in den Folgen des biblischen und des ökonomischen Sündenfalls. Während nach der Erzählung (*Legende*) der Bibel die Menschen zu Arbeit verdammt werden, geht die ökonomische *Historie* davon aus, dass nicht alle Menschen von dieser Verdammnis betroffen sind. Hiermit wird die Analogie in ein asymmetrisches Verhältnis übergeführt. Der ökonomische Sündenfall führt zur *Armut der großen Masse* und zum *Reichtum der Wenigen*; so entsteht eine neue Verhältnisgleichung zwi-

---

[32] MEW 23, 741 f. Buchbinder hat diese Stelle ausführlich kommentiert, vgl. ders., Bibelzitate, Bibelanspielungen, Bibelparodien, theologische Vergleiche und Analogien bei Marx und Engels 136–139 und 348.

schen *Armut* und *Reichtum* sowie der *großen Masse* und den *Wenigen*. Die Folgen des ökonomischen Sündenfalls formuliert Marx in zwei spiegelbildlich angeordneten Sätzen: Die Privilegierten (*sparsame Elite*) akkumulieren ihren Reichtum, die meisten aber haben nur sich selbst zu verkaufen, während der Reichtum der Reichen ohne eigene Arbeit weiter wächst.

Klar erkennbar ist, dass Marx die Analogie des Sündenfalls nutzt, um das Verhängnis der ursprünglichen Akkumulation durchschaubarer und verständlicher zu machen. Ob Marx die traditionelle Theologie der Erbsünde für richtig gehalten hat, muss hier nicht diskutiert werden, da es darauf nicht ankommt. Jedenfalls kannte er sie und nahm sie als illustrierende Erklärungshilfe durchaus ernst. Daher muss ich an dieser Stelle dem von mir sehr geschätzten, einzigartigen katholischen Sozialisten Wilhelm Hohoff widersprechen, wenn er schreibt: «Marx war nahezu auf allen Gebieten des menschlichen Wissens zu Hause; allein das weite und reiche Gebiet der katholischen Philosophie und Theologie blieb ihm sein Leben lang eine völlige terra incognita.»[33]

Diese Aussage wird im Weiteren widerlegt durch den mehrfachen Rückgriff von Marx auf die Trinitätstheologie und die Christologie. Die Trinitätstheologie dient Marx als Modell, um den Zusammenhang von Wert und Mehrwert in der Kapitalbildung zu verdeutlichen. Der Wert der Waren erhält über die Form des Geldes hinaus den Charakter einer sich selbst bewegenden Substanz:

> Er unterscheidet sich als ursprünglicher Wert von sich selbst als Mehrwert, als Gott Vater von sich selbst als Gott Sohn, und beide sind vom selben Alter und bilden in der Tat nur eine Person, denn nur durch den Mehrwert von 10 Pfd. St. werden die vorgeschossenen 100 Pfd. St. Kapital, und sobald sie dies geworden, sobald der Sohn und durch den Sohn der Vater erzeugt, verschwindet ihr Unterschied wieder und sind beide Eins, 110 Pfd. St.[34]

Mit dem Wechselspiel zwischen Gott und Geld ändert sich auch der Heilige Geist. «Und mit dem Entstehen der Staatsverschuldung tritt an die Stelle der Sünde gegen den heiligen Geist, für die keine Ver-

---

33 Wilhelm Hohoff, Die Bedeutung der Marxschen Kapitalkritik, Paderborn 1908, 20.
34 MEW 23, 169 f. Franz Hinkelammert hat zum Aufgreifen der Trinitätstheologie weiterführende Überlegungen vorgelegt, vgl. ders., Die ideologischen Waffen des Todes. Zur Metaphysik des Kapitalismus, Mit einem theo-politischen Nachwort von Kuno Füssel, Freiburg (Schweiz)/Münster 1985, 45 f.

zeihung ist, der Treubruch an der Staatsschuld.»[35] Marx bleibt also gewissenhaft und vergisst auch den Heiligen Geist als dritte Person in der Trinität nicht. Er kennt sich sogar im katholischen Beichtspiegel aus und weiß, dass die Sünden gegen den Heiligen Geist keine Vergebung finden. In ähnlicher Weise spricht Marx auch analog von einer ökonomischen Trinität: «Im Kapital – Profit, oder noch besser Kapital – Zins, Boden – Grundrente, Arbeit – Arbeitslohn, in dieser ökonomischen Trinität [...] ist die Mystifikation der kapitalistischen Produktionsweise [...] vollendet.»[36] – Auch die Christologie bezieht Marx in seine Analogien mit ein.[37]

Inversion als Doppelspiegelung (2). Marx verwendet des Öfteren die im rabbinischen Judentum, aber auch bei Jesus von Nazareth beliebte Methode der Inversion als Doppelspiegelung. Was damit gemeint ist, soll an der Verwendung der Stelle des Philipperbriefes von Paulus (vgl. Phil 2,6–7) verdeutlicht werden. In den *Grundrissen* greift Marx in seiner Kritik des Geldes als göttlicher Macht auf die genannte Stelle des Paulusbriefes zurück. Orthodoxe Marxisten haben dies nicht bemerkt, weil sie sich nicht genügend in der Bibel auskennen, die Gegner von Marx würden ihm so eine profunde Kenntnis der Bibel erst gar nicht unterstellen.

Marx schreibt in den *Grundrissen*: «Aus seiner Knechtsgestalt, in der es [das Geld, K. F.] als bloßes Zirkulationsmittel erscheint, wird es plötzlich der Herrscher und Gott der Welt der Waren. Es stellt die himmlische Existenz der Waren dar, während sie seine irdische darstellen.»[38]

Marx nutzt hier offensichtlich die Aussage von Paulus, die wir hier aber um die nächsten Verse ergänzen:

> V. 5 Seid so unter euch gesinnt, wie es der Gemeinschaft im Messias Jesus entspricht.
> V. 6 Er, der in göttlicher Gestalt war, hielt es nicht für einen Raub, Gott gleich zu sein,
> V. 7 sondern entäußerte sich selbst, nahm Knechtsgestalt an und ward den Menschen gleich und seiner Erscheinung nach als Mensch erkannt.
> V. 8 Er erniedrigte sich selbst und war gehorsam bis zum Tode, ja zum Tod am Kreuz.

---

35 MEW 23, 782.
36 MEW 25, 838.
37 Hierzu hat Dussel eine Analyse vorgelegt; vgl. ders., Las metáforas teológicas de Marx 174-183 (Kap. 4.6: La «cristologia» y la «trinidad» invertidas).
38 MEW 42, 148.

V. 9 Darum hat ihn auch Gott erhöht und hat ihm einen Namen gegeben, der über allen Namen ist.[39]

Wir haben hier ein gutes Beispiel dafür, wie gekonnt Marx für sich das Neue Testament nutzt. Er begreift das Geld als «Inversion Christi» und setzt damit die bereits in der Apokalypse des Johannes erkennbare Identifikation des Geldes mit dem Antichrist fort. Während Christus eine gottähnliche Gestalt hatte, sich dieser aber entäußerte, um die Gestalt eines Sklaven (Knechtsgestalt) anzunehmen und damit nicht nur den Menschen allgemein, wie es hier heißt, sondern der untersten Klasse von ihnen ähnlich zu werden, durchläuft das Geld genau den umgekehrten Prozess. Es tritt zunächst als reines Tauschmittel in der unterwürfigen Gestalt des Dieners auf, um sich dann zum Herrscher über die Welt aufzuschwingen. «Geld regiert die Welt» ist ein bis heute gültiger Spruch.

Christus erniedrigt sich, das Geld erhöht sich: Das ist die komplette Verkehrung, die erste Inversion. Die zweite Inversion wäre, diese erste wieder umzukehren. Das aber führt Marx nicht näher aus, obwohl er uns vielleicht nahelegt, es selber zu tun, d. h. die Selbsterhöhung des Geldes zu vernichten und es vom «Herrn der Welt» wieder in ein reines Tauschmittel zu verwandeln, so dass der Messias die ihm zukommende Stelle einnehmen kann.

Ich stelle diese erste Inversion noch einmal in einem kleinen Schema dar:

Die von Marx genial genutzte Stelle des Philipperbriefes enthält aber einige Probleme, was ihre Begrifflichkeit anbetrifft. Das griechische Wort *morphe* wird im Lateinischen mit *forma* und im Deutschen mit *Gestalt* übersetzt. Was bedeutet dies nicht nur theoretisch, sondern auch empirisch? Hier wäre eine genauere philologische Arbeit erfor-

---

39 Geringfügig veränderte Übersetzung der Lutherbibel, K. F.

derlich, die ich jetzt nicht leisten kann. Unabhängig davon aber gilt: Die Gestalt ist nicht das Wesen, das Sein ist nicht das, als was es erscheint. Zugespitzt: der Messias ist kein Sklave, das Geld ist kein Gott. Aber in den gesellschaftlichen Verhältnissen sieht es manchmal ganz anders aus. Ein Beleg für die durchgängige Verwendung der Inversion als rabbinischer Diskursstrategie (da sind Jesus und Marx gelehrige Schüler der Rabbinen) lässt sich bei der Erzählung von der sogenannten Tempelreinigung (vgl. Joh 2,13–22) durch Jesus erbringen. Jesus sagt: Ihr habt aus dem Haus meines Vaters eine *Markthalle* gemacht, bei Markus wird der aggressivere Ausdruck *Räuberhöhle* benutzt (vgl. Mk 11,15), womit der Warentausch implizit als Wirtschaftsbasis bejaht wird. Jesus möchte nicht den Tempel beseitigen, sondern er möchte die Markthalle abreißen und das Gotteshaus neu erbauen, den Tempel also wieder seinem ursprünglichen Zweck zuführen. Ich gestatte mir, hier hinzuzufügen: Im heutigen Kapitalismus versuchen die Agenten des Marktes aus den Markthallen und Shopping-Malls Gotteshäuser zu machen.[40] Das ist die neue satanische Inversion. Diese müsste durch eine zweite Inversion umgestürzt werden, wenn wir den Sinn der Marx'schen Religionskritik beherzigen und daraus die richtigen Konsequenzen ziehen. Eine radikale Kapitalismuskritik wäre nach Marx die adäquate Form einer befreienden Theologie, so wie das Brechen der Diktatur von Geld und Kapital die angemessene Form einer zeitgenössischen christlichen Praxis wäre.

---

40 Vgl. Norbert Bolz/David Bosshart, Kult-Marketing. Die neuen Götter des Marktes, Düsseldorf 1995; vgl. den Beitrag von Eigenmann, *Das Reich Gottes und seine Gerechtigkeit als himmlischer Kern des Irdischen* in diesem Band.

Franz J. Hinkelammert

DER MENSCH ALS HÖCHSTES WESEN FÜR DEN MENSCHEN

Jenseits der Ethik der neoliberalen Religion des Marktes

1. Das Forschungsprojekt

Ich möchte im Folgenden die Grundlagen eines Forschungsprojekts vorstellen, das ich in den kommenden zwei Jahren durchführen möchte. Ich habe es auf folgende Weise formuliert: Die Ethik der neoliberalen Marktreligion einerseits und das höchste Wesen für den Menschen, wie es Karl Marx sieht, andererseits. Eine Ethik in dieser Richtung ist bei Marx impliziert, und ich möchte sie gern explizit entwickeln. Für mich ist ganz selbstverständlich, was Walter Benjamin sagt: Der Kapitalismus ist Religion.[1] Das ist er auch bei Marx, aber in anderen Worten. Bei Marx ist der Kapitalismus immer und notwendig ein Fetischismus. Marx ersetzt den Begriff der Religionskritik durch den Begriff der Fetischismuskritik. Aber dieser Begriff hat sich nicht durchgesetzt. Daher kehrt Benjamin zum Begriff der Religionskritik zurück. Was er jedoch als Religion des Kapitalismus kritisiert, ist das, was sich bei Marx aus seiner Fetischismuskritik ergibt. Aber damit ergibt sich zugleich eben, dass in der Marx'schen Denktradition jede Kapitalismuskritik immer auch Religionskritik sein muss. Dies ist genau das, was ich weiterführen möchte.

Dies heißt aber auch, dass die Ideologiekritik nicht wirklich an die Wurzel geht, wenn sie nicht gleichzeitig Religionskritik ist. Marx ging zu seiner Art der Religionskritik über, als er sich mit Ludwig Feuerbach auseinandersetzte. Marx sucht ständig einen Ausgangspunkt für seine Kritik an Feuerbach, den er gleichzeitig sehr hochschätzt. Der Unterschied kommt bereits im Prolog zu seiner Dissertation zum Ausdruck, worin er zwei Ansatzpunkte der Reli-

---

1 Vgl. Walter Benjamin, Kapitalismus als Religion, in: ders., Gesammelte Schriften VI, Herausgegeben von Rolf Tiedemann und Hermann Schweppenhäuser, Frankfurt am Main 1991, 100–103.

gionskritik unterscheidet, nämlich die Kritik der himmlischen und jene der irdischen Götter. Feuerbach ging von der Kritik der himmlischen Götter aus und Marx folgte ihm zunächst darin. Aber dann wendet sich die Religionskritik von Marx immer mehr der Kritik der irdischen Götter zu – vor allem der Kritik von Markt, Geld und Kapital. Dies führt ihn zu den Thesen über Feuerbach aus dem Jahre 1845. Feuerbach gibt nämlich diesem Aspekt der Religionskritik faktisch fast keine Bedeutung. Dies veranlasst Marx dazu, sich auf eben diese Art der Religionskritik zu konzentrieren und sie Fetischismuskritik zu nennen. Auf die Kritik der himmlischen Götter geht Marx kaum mehr ein. Dem liegt ein Argument zugrunde, das heute zweifellos seine Gültigkeit verloren hat. Es ist die Idee, dass der Sieg des Sozialismus gleichzeitig ein Sieg über die Warenproduktion selbst ist, die jetzt abgeschafft wird – mit dem Ergebnis, dass sich die erwähnten irdischen Götter selbst auflösen müssen. Geschieht dies aber, so kann sich nach der Erwartung von Marx auch die Religion der himmlischen Götter nur noch selbst auflösen. Sie stirbt ab.

Tatsächlich versuchte der sowjetische Sozialismus diese Abschaffung der Warenbeziehungen, musste davon aber bald wieder Abstand nehmen. Zuerst verschob er diese Abschaffung in die Zukunft. Später wurde jedoch offensichtlich, dass kein Sozialismus, auch in der Zukunft nicht, in der Lage ist, diese Warenbeziehungen abzuschaffen. Damit aber kann er auch den Warenfetischismus nicht abschaffen, sondern ihm nur neue Formen verleihen. Folglich muss die Fetischismuskritik weiterhin geleistet werden, denn mit jeder Warenproduktion geht die Produktion dieses Fetischismus, also die Schaffung falscher Götter, notwendig weiter. Folglich darf auch die Religionskritik nicht aufhören, selbst wenn alle Menschen Atheisten würden. Der Atheismus ist ein Problem himmlischer Götter. Die irdischen Götter kann man nicht dadurch abschaffen, dass man aufhört, an sie zu glauben. Sie sind Fetische des Handelns innerhalb einer Gesellschaft der Warenproduktion. Sie betrügen, aber man kann sie nicht betrügen. Man versteht sie allerdings immer, wenn man die Sprache der Fetische versteht.

Damit verändert sich das Verhältnis auch zum Atheismus in seiner Beziehung zu den himmlischen Göttern. Es wird klar, dass irgendeine Forderung des Atheismus nur in Bezug auf die himmlischen Götter möglich ist und Sinn macht. Den irdischen Göttern gegenüber kann es keinen Atheismus geben. Die irdischen Götter *sind*.

Sie haben natürlich nicht etwa eine sinnliche Existenz, also auch keine ontologische oder metaphysische. Auch irdische Götter sind unsichtbar, aber sie sind unsichtbar im selben Sinn, wie alle Institutionen unsichtbar sind. Institutionen sind unsichtbar, aber sie *sind*. Sie können daher sogar als *objektiver Geist* angesehen werden, wie dies etwa Hegel tut. Wir leben in einer unsichtbaren Welt, welche die sichtbare sinnliche und materielle Welt ordnet. Sie ist wirklich da, aber sie ist eben unsichtbar. Es verhält sich wie mit dem Hauptmann von Köpenick: Man kann ihm nicht ansehen, ob er Hauptmann ist. Man kann daher auch nicht sehen, ob er es nicht ist. Seine Uniform zeigt nicht, ob er tatsächlich ein Hauptmann ist.

Die irdischen Götter setzen sich in dieser Sphäre der unsichtbaren Wirklichkeit gegenwärtig. Sie sind daher keine Gespenster, an die ja auch viele glauben und die verschwinden, wenn man nicht mehr an sie glaubt. Die irdischen Götter sind wie die gesamte unsichtbare Welt, in der wir leben. Mercedes ist eine Unternehmung, folglich eine Institution. Die Unternehmung Mercedes kann man nicht sehen, und niemand hat sie je gesehen, nicht einmal der Präsident des Aufsichtsrats. Was man sieht, sind die Fabriken, die Eigentum der Unternehmung «Mercedes» sind. Aber dass sie Eigentum von Mercedes sind, kann man auch diesen Fabriken nicht ansehen. Man kann es nur erschließen. Das ist stets wie im Falle des Hauptmanns von Köpenick. Würde die Unternehmung Mercedes alle sichtbaren Fabriken verlieren, die sie als Eigentum hat, würde sie selbst weiterhin existieren können. Der Beweis für ihre Existenz wäre dann Mercedes als juristische Person, die es geben kann, ohne dass sie irgendein sinnlich sichtbares Eigentum hätte.

2. Die Verdoppelung der Welt

Daraus ergibt sich eine Verdoppelung der Welt, die mit der traditionell religiösen Verdoppelung von Himmel und Erde direkt nichts zu tun hat. Marx hat diese Verdoppelung zuerst angesprochen: die Verdoppelung der Ware in Gebrauchswert und Tauschwert. Der Gebrauchswert ist eine sinnlich erfassbare Größe, der Warencharakter hingegen eine unsichtbare Größe, deren Existenz nur erschlossen werden kann. Betrachtet man den Warencharakter der Ware, so ist die Ware voller Grillen, voller Zufälle, voller Abenteuer. Die Ware wird nicht produziert, sondern nur ihr Gebrauchswert. Alles, was nicht Gebrauchswert ist, ist Produkt des Marktes, das nur sehr beschränkt vorhersehbar ist. Als Produkt des Marktes ist es Produkt einer unsichtbaren Institution, die von Menschen nur beschränkt erkennbar ist und auch nur beschränkt behandelt werden kann. An diesem Charakter macht Marx den Warenfetischismus fest. In der Logik dieser Wirklichkeit ergibt sich dann eine Verdopplung der Welt, in der die Verdopplung der Ware nur ein – allerdings begründendes – Element ist. Diese Verdopplung der Welt erleben wir ständig, obwohl wir uns ihrer nur selten bewusst werden. Es handelt sich um ein Problem des Bewusstseins, das man nur dann lösen kann, wenn man sich dieses Bewusstsein auch tatsächlich schaffen will. Deshalb ist es stets notwendig, sich dieses Bewusstseins bewusst zu werden und dabei Klarheit zu bewahren darüber, dass diese gesamte unbewusste Wirklichkeit Teil unserer gelebten Wirklichkeit ist. Sie ist keineswegs «gespenstisch». Wir erfahren die Gegenwart dieser unsichtbaren Welt. Diese Welt ist und bleibt weitgehend unkontrollierbar. Alles wird von einem scheinbaren Spielcharakter durchzogen, der aber in Wirklichkeit ein Risikocharakter ist. Keine Spieltheorie kann darüber hinausgehen, denn sie ist selbst Teil des Spiels. Die wissenschaftlichen Theorien pflegen Begriffe zu bilden, die von dieser unsichtbaren Wirklichkeit abstrahieren. So etwa ist dies im Fall der Wirtschaftstheorie das Modell der vollkommenen Konkurrenz, ebenso das Modell der vollkommenen Planung und die gegenwärtige Theorie der Firma. Ganz ähnlich verhält es sich in der klassischen Physik mit dem Trägheitsgesetz. Es handelt sich faktisch um transzendentale, d. h. die Bedingung der Möglichkeit betreffende Konzepte. In der Philosophie unternimmt eine solche Abstraktion von dieser unsichtbaren Welt besonders scharf die analytische Philosophie. Ich behaupte nicht, dass diese Art Abstraktionen als solche unwissenschaftlich sind. Ich behaupte aber, dass sie keine zwingende Erkenntnis unserer Wirklichkeit beinhalten. Für die Wirklichkeitserkenntnis können sie nur eine untergeordnete Bedeutung haben.

Wittgenstein zeigt uns die Konsequenz. In seinem Vortrag über die Ethik[2] kommt er zum Schluss: Es gibt keinen Unterschied zwi-

---

2   Vgl. Ludwig Wittgenstein, Vortrag über Ethik und andere kleine Schriften, Herausgegeben und übersetzt von Joachim Schulte, Frankfurt am Mai 1989, 9–19, hier: 12 f. Wittgenstein erklärte in seinem zwischen September 1929 und Dezember 1930 in Cambridge (vgl. ebd. 141) gehaltenen Vortrag: «Wenn wir z. B. in unserem Welt-Buch die Schilderung eines Mordes mit sämtlichen physischen und psychischen Einzelheiten lesen, wird die bloße Beschreibung

schen einem Mord und dem Fallen eines Steins. Man kann dieser Aussage eine wirklich skandalöse Form geben: Es gibt keinen Unterschied zwischen Auschwitz und dem Fallen eines Steins. Der Schluss ist einfach das Ergebnis einer Abstraktion, nämlich der Abstraktion von dieser unsichtbaren Wirklichkeit, die aber durchaus objektive Existenz hat. Genauso gut könnte man sagen: Es gibt keinen Unterschied zwischen einem Atomkrieg und dem Fallen eines Steins. Der Unterschied, den Wittgenstein nicht beleuchtet, ergibt sich auf der Ebene dieser unsichtbaren Welt. Abstrahiert man von dieser Welt, ist der Schluss, den Wittgenstein zieht, völlig richtig. Aber eben tautologisch. Wenn man von einem Aspekt der Wirklichkeit abstrahiert, existiert dieser Aspekt der Wirklichkeit scheinbar nicht, d. h. er wird selbst unsichtbar. Diese Position von Wittgenstein überlebt heute in fast allen empirischen Wissenschaften. Direkt übernimmt sie der Begründer der sogenannten Theorie des Humankapitals, Gary Becker. Von Gary Becker übernahmen sie Michel Foucault und sehr viele andere. Auf dem Gebiet der Sozialwissenschaften vertritt Max Weber die gleichen Thesen.

Mit dieser Sicht der Welt kann man Atombomben bauen, aber nicht Atomkriege verhindern. Um sie zu verhindern, muss man die unsichtbare Welt in ihrer ganzen Komplexität ernst nehmen. Die Fähigkeit, eine Atombombe zu bauen, setzt die Abstraktion von der Komplexität der Wirklichkeit selbst voraus. Die sich daraus ergebende reduzierte Wirklichkeit nennen wir Empirie. Um Atombomben zu bauen, muss man sich in diese abstrakte Wirklichkeit der Welt begeben und Atomphysiker werden. Aber wenn es darum geht, Atomkriege zu vermeiden, müssen wir uns der komplexen Wirklichkeit zuwenden. Ein Atomphysiker kann das nicht besser als irgendein anderer Mensch. Die Argumente sind nämlich völlig andere als diejenigen, die helfen, die Atombombe zu bauen. Es braucht dazu Ethik und ebenso Weisheit. Diese kann man aber nur entwickeln in der Auseinandersetzung mit der gesamten komplexen Wirklichkeit. Ein Rückgriff auf die abstrakte Wirklichkeit der Empirie ist in dieser Situation nur störend.

Die Negation der Komplexität der Welt ist im Neoliberalismus allgemein. Friedrich August von Hayek, einer der wichtigsten Gurus

---

dieser Fakten nichts enthalten, was wir als *ethischen* Satz bezeichnen könnten. Der Mord wird auf genau derselben Ebene stehen wie jedes sonstige Ereignis, etwa das Fallen eines Steins (ebd. 12 f., Hervorhebung im Original).

des Neoliberalismus, sagte in einem Interview in Chile nach dem Militärpusch:

> Eine freie Gesellschaft braucht Moral, die sich in letzter Instanz auf die Erhaltung von Leben reduzieren lässt: nicht auf die Erhaltung allen Lebens, denn es könnte notwendig sein, individuelles Leben zu opfern, um eine größere Zahl anderer Leben zu retten. Daher sind die einzigen Regeln der Moral diejenigen, die zu einem «Kalkül des Lebens» führen: das Eigentum und der Vertrag.[3]

Von der ganzen Komplexität des Marktes ist nichts übrig geblieben. Alles ist reduziert auf zwei simple Prinzipien. Schon jedes sechsjährige Kind kann bereits eine einwandfreie Wirtschaftspolitik betreiben, sofern es nur diese beiden Prinzipien kennt: das Eigentum und den Vertrag. Man versteht vor diesem Hintergrund auch Wolfgang Schäuble und seine Behandlung Griechenlands. Komplexität gibt es da nicht, und Schäuble wird begleitet von der Europäischen Union, von Frau Merkel und allen Neoliberalen der Welt. Aus Griechenland hat er eine Halb-Kolonie gemacht, die fast keine Souveränität mehr kennt. Was herauskommt ist das, was in Griechenland bereits gemacht wird und jetzt der ganzen Welt droht, nämlich die Alleszerstörung durch diese schrecklichen Vereinfacher, die überall an die Regierungsmacht zu kommen drohen.

Aber die Wirklichkeit ernst zu nehmen bedeutet nicht, dass man eine transparente Welt herstellen kann. Vor diesem Hintergrund entstand in Lateinamerika während der letzten Jahrzehnte die Vorstellung einer anderen Welt, die nicht auf der Verwirklichung der Utopie einer völligen Transparenz basiert; es geht nämlich darum, eine Welt zu schaffen, in der alle Platz haben, einschließlich der Natur.[4] Diese Vorstellung stammt aus den noch verbliebenen vorkolumbianischen Kulturen, sei es dem mexikanischen Kulturraum wie auch dem Kulturraum der Anden. Ganz ähnliche Vorstellungen entstanden in Afrika mit dem *Ubuntu* in der Tradition der Bantu. Sie drücken es so aus: Ich bin, wenn du bist. Natürlich sind sie auch gegenwärtig, wenngleich nur als Reste, in den darauf folgenden großen Kulturen der Menschheit, in der jüdisch-christlichen Tradition, der buddhistischen, muslimischen und auch der taoistischen Kultur.

---

3   Friedrich August von Hayek, Interview in der Tageszeitung Mercurio Santiago de Chile vom 19.4.1981 (Übersetzung F. H.).
4   Vgl. https://www.chiapas.eu.

In dieser Vorstellung wird nicht optimiert; es gibt keine endlosen Wachstumsvorstellungen mit ihrer unendlichen Perspektive und ihrer grenzenlosen Maximierung. Es geht darum, ob etwas möglich ist, ob man damit leben kann und ob dieses Leben das Leben aller einschließt. Nichts wird rücksichtslos «optimiert». Aber auch diese Vorstellung darf nicht ein Ideal werden, dem man sich durch irgendeine asymptotische unendliche Bewegung annähert.

Sie ist eine allgemeine Friedenserklärung: Frieden mit allen Menschen und mit der Natur. Und sie muss unsere allgemeine Kriegserklärung ablösen, die besagt: Frieden, damit der Krieg auf dem Markt sich voll entwickeln kann. Dieser Krieg auf dem Markt ist inzwischen zu einem Teil eines Dritten Weltkriegs geworden, der – selbst nach dem Verständnis des gegenwärtigen Papstes Franziskus – heute in Raten abläuft und jederzeit zu einer neuen Endlösung drängen kann. Diesen katastrophalen Tendenzen entgegenzutreten schließt nicht als solches den Wettbewerb aus. Aber es begrenzt ihn auf eine Weise, dass niemand sein Leben oder seine Verelendung riskieren muss.

Der Wettbewerb ebenso wie die Maximierung und die Optimierung dürfen nicht zum tödlichen Krieg werden, wie wir ihn gegenwärtig erleben müssen. Dieser tödliche Wettbewerbskrieg ist der Ausgangspunkt für die meisten anderen unserer Kriege und für den Terrorismus. Es ist die Politik der sogenannten freien Welt, die verantwortlich ist für die meisten Kriege und Formen des Terrorismus heute. Gleichzeitig verdienen die Länder der sogenannten freien Welt damit viel Geld. Für sie lohnt es sich, zumindest für ihre herrschenden Klassen.

Dies alles kann man als die Religion des Marktes zusammenfassen, die unser ganzes Leben durchdringt. Es handelt sich nicht um den Materialismus, sondern um den schändlichsten aller Idealismen – die Transformation des Geldes in einen Gott, in einen Fetischismus, wie Papst Franziskus sagt (vgl. *Evangelii Gaudium* 55), oder – wenn man so will – in den Mammon. Die Religion des Marktes ist der absolute Übergang zu einer bestimmten Form von Idealismus. Deshalb sind gerade diejenigen, die diesem Gott *Geld* bedingungslos anhängen, häufig so fromm. Sie sind geldfromm.

3. Die Kritik an den Göttern

Wohin führt uns die Kritik am Gott Geld und seiner Religion? Sie führt gerade nicht zum Glauben an irgendeinen wahren Gott. Das ist ein aufschlussreicher Sachverhalt, der gerade von Marx entdeckt oder vielmehr wiederentdeckt und erneuert wird. Marx sagt es mit folgenden Worten:

> Die Kritik der Religion endet mit der Lehre, dass der *Mensch das höchste Wesen für den Menschen* sei, also mit dem *kategorischen Imperativ, alle Verhältnisse umzuwerfen*, in denen der Mensch ein erniedrigtes, ein geknechtetes, ein verlassenes, ein verächtliches Wesen ist.[5]

Das Zitat stammt aus einem der ersten theoretischen Aufsätze, die Marx bereits 1844 in den Deutsch-Französischen Jahrbüchern veröffentlichte. Es gibt gleichzeitig eine Position wieder, die Marx sein gesamtes Leben beibehält, obwohl er sie später mit anderen Worten ausdrücken wird. Dieser Umstand hängt damit zusammen, dass Marx die in diesem Zitat genannte Kritik der Religion später unter dem Namen der «Kritik des Fetischismus» weiterführt. Die Aussage selber ist ein zwingendes Resultat seiner Religionskritik: Das höchste Wesen für den Menschen ist nicht Gott, sondern der Mensch. Der zweite Teil des Satzes bezieht sich darauf, was jener Mensch tut, für den der Mensch das höchste Wesen ist. Sein Tun besteht darin, alle Verhältnisse umzuwerfen, in denen der Mensch ein erniedrigtes, ein geknechtetes, ein verlassenes, ein verächtliches Wesen ist. Ein Handeln hiernach bezeichnet Marx als Handeln gemäß dem kategorischen Imperativ. Darin zeigt sich seine Kritik an Kant. Dessen kategorischer Imperativ ist ein Gesetzeskriterium, das sich an der Erfüllung des Gesetzes als Pflicht orientiert. Der kategorische Imperativ, den Marx dem entgegenhält, ist derjenige eines Handelns, das den Menschen befreit. Es ist ein Handeln, das über alle Gesetze gestellt wird und diese Gesetze selbst begrenzt oder außer Kraft setzt, wenn das menschliche Leben es erfordert. Marx spricht also eine bestimmte Gesetzeskritik aus.

Das Zitat von Marx ist zugleich ein Aufruf. Es fällt auf, dass dieser Aufruf in unserer Geschichte in ähnlicher Form in bestimmten Situationen bereits ergangen ist. Es ist der Aufruf, der als messiani-

---

5 Karl Marx, Zur Kritik der Hegelschen Rechtsphilosophie. Einleitung, in: Karl Marx/Friedrich Engels Werke, Band 1, Berlin 1988, 385 (Hervorhebung im Original).

scher Aufruf bekannt ist. Gemäß der jüdischen Bibel wird er zuerst formuliert nach dem Ende der Babylonischen Gefangenschaft im Text des Propheten Jesaja:

> Der Geist des Herrn Jahwe ruht auf mir; denn Jahwe hat mich gesalbt. Er hat mich gesandt, den Armen die Frohe Botschaft zu bringen, zu heilen, die gebrochenen Herzens sind, den Gefangenen Befreiung und den Gefesselten Erlösung anzukündigen, auszurufen ein Gnadenjahr von Jahwe, einen Tag der Rache für unseren Gott, alle Betrübten zu trösten und ihnen die Asche mit einem Diadem, das Trauerkleid mit Freudenöl und den verzagten Geist mit Festgesang zu vertauschen (Jes 61,1–3).

Hier wird nicht gesagt, wer der Messias ist, sondern worin das messianische Tun in einer bestimmten historischen Situation besteht. Der biblische Aufruf hat ganz wie der Marx'sche zwei Teile. Der erste sagt aus, wer den Aufruf erlässt, und der zweite erklärt, wozu aufgerufen wird. Der erste Teil lautet: Der Geist des Herrn Jahwe ruht auf mir; denn Jahwe hat mich gesalbt. Darauf folgt der zweite Teil, worin gesagt wird, zu welchem Handeln aufgerufen wird. Es fällt sofort auf, dass der zweite Teil des messianischen Aufrufs von Jesaja faktisch mit dem Inhalt des Marx'schen Appells übereinstimmt. Es wird allerdings in anderen Worten formuliert.

Es gibt eine weitere berühmte Stelle, an der ein sehr ähnlicher Aufruf ergeht. Es handelt sich um einen Aufruf von Jesus gemäß dem Evangelium des Lukas:

> Der Geist des Herrn ruht auf mir, weil er mich gesalbt hat: er hat mich gesandt, den Armen die Frohe Botschaft zu bringen, den Gefangenen Befreiung zu verkünden und den Blinden das Augenlicht, die Unterdrückten in Freiheit zu entlassen, auszurufen ein Gnadenjahr des Herrn (Lk 4,18–19).

Hier ist es wiederum der erste Teil, in dem sich der Aufrufende vorstellt: Der Geist des Herrn ruht auf mir, weil er mich gesalbt hat. Dieser erste Teil ist mit dem ersten Teil des Aufrufs von Jesaja identisch. Darauf folgt der zweite Teil des Aufrufs, und es zeigt sich, dass dieser zweite Teil in allen drei zitierten Fällen des Aufrufs ebenfalls identisch ist.

Es handelt sich daher um Appelle, die zu etwas aufrufen, das in allen drei Fällen identisch ist. Aber es besteht ein bedeutender Unterschied in Bezug auf denjenigen, der aufruft. In den beiden ersten Fällen ist der Aufruf religiös: Es sind religiöse Aufrufe an eine sich religiös verstehende Welt. Daher sind es Aufrufe im Namen Gottes.

Der dritte Aufruf hingegen – derjenige von Marx – geschieht nicht in einer religiösen, sondern in einer profanen Welt. Der Aufruf geschieht daher im Namen des Humanen, im Namen der Menschlichkeit, im Namen des Menschen. Die anderen Aufrufe geschehen im Namen Gottes. Im Marx'schen Aufruf wird man im Namen eines Humanismus der Praxis aufgefordert, alle Verhältnisse umzuwerfen. In den beiden anderen Aufrufen geschieht es im Namen Gottes, für den derjenige, der aufruft, ein Gesalbter Gottes ist, genauer: ein Gesalbter des Gottes Jahwe.

Man könnte diesen Unterschied mit einem Ausdruck von Dietrich Bonhoeffer beschreiben: Im Marx'schen Aufruf geschieht der Aufruf in einer *mündigen Welt* und richtet sich an *mündige Menschen*. Die Welt, in der dies geschieht, ist eine andere als die vorherige. Daher kann der Aufruf, wie ihn Marx darstellt, definitiv universal sein. Jeder kann sich von ihm ansprechen lassen, ohne Unterschied der Religion, aber auch wenn er religionslos ist. Es gibt keinen definitiven Unterschied zwischen Religionen und Atheismus. Mich beeindruckt die Position von Dietrich Bonhoeffer in seinen Briefen aus dem Gefängnis, veröffentlicht unter dem Titel *Widerstand und Ergebung*. Er sagt dort:

> Ich arbeite mich erst allmählich an die nicht-religiöse Interpretation der biblischen Begriffe heran. Ich sehe mehr die Aufgabe, als dass ich sie schon zu lösen vermöchte.[6]

Mir scheint offensichtlich, dass die Marx'sche Formulierung gerade im Sinne von Bonhoeffer eine *nicht-religiöse Interpretation* eines biblischen Begriffes ist. Letzterer nennt diese *mündige Welt* denn auch eine Welt *etsi deus non daretur* (als ob es keinen Gott gäbe) und fügt hinzu:

> Insofern kann man sagen, dass die beschriebene Entwicklung zur Mündigkeit der Welt, durch die mit einer falschen Gottesvorstellung aufgeräumt wird, den Blick frei macht für den Gott der Bibel, der durch seine Ohnmacht in der Welt Macht und Raum gewinnt. Hier wird wohl die «weltliche Interpretation» einzusetzen haben.[7]

---

6 Dietrich Bonhoeffer, Widerstand und Ergebung. Briefe und Aufzeichnungen aus der Haft, Herausgegeben von Christian Gremmels, Eberhard Bethge und Renate Bethge in Zusammenarbeit mit Ilse Tödt, Gütersloh 1998, 529. Norbert Arntz gab mir die Idee für die folgende Erweiterung der Analyse der Meinung von Dietrich Bonhoeffer.
7 Ebd. 535.

Bonhoeffer fügt hinzu: «Ich glaube, dass Luther in dieser Diesseitigkeit gelebt hat.»[8] – Es handelt sich offenbar um die Diesseitigkeit eines Humanismus der Praxis. Er ist für Bonhoeffer offensichtlich der wirkliche Zugang zu Gott. Es handelt sich um eine Diesseitigkeit, die den transzendentalen Kern der Immanenz (den himmlischen Kern des Irdischen) sichtbar macht. Das Außerordentliche seiner Analyse scheint mir zu sein, dass Bonhoeffer zu dieser Perspektive noch keinen Zugang entdeckt hat, dieser Zugang sich jedoch gerade bei Marx und seiner Formulierung des messianischen Aufrufs findet. Es ist die Marx'sche Formulierung einer Diesseitigkeit, die die Sicht auf die Welt erlaubt, die Bonhoeffer durch das *etsi deus non daretur* beschreibt.

Damit ist der Marx'sche Aufruf die geeignetste Formulierung, durch welche Idolatrien wie die neoliberale Religion des Marktes als falsche Religion oder als Religion falscher Götter entlarvt werden können. Es handelt sich um jene Religionen, für die der Mensch nicht das höchste Wesen für den Menschen ist. Man sieht sofort, warum das Kriterium der Idolatriekritik auch nicht-religiös sein kann und daher nicht religiös sein muss. Sie geschieht nicht im Namen eines wahren Gottes gegenüber irgendeinem falschen Gott. Das Kriterium ist kein Gott, sondern der Mensch (als höchstes Wesen für den Menschen).

4. *Der Vorrang des Menschen*

Was dieser Marx'sche Aufruf formuliert, ergibt sich ebenfalls in ganz ähnlicher Form aus einem anderen Ausdruck, der eine lange Geschichte hat. Deutlich wurde dies in einer Meinungsäußerung der deutschen Kanzlerin Angela Merkel, als sie sagte, dass die Demokratie marktkonform sein muss:

> Wir leben ja in einer Demokratie und sind auch froh darüber. Das ist eine parlamentarische Demokratie. Deshalb ist das Budgetrecht ein Kernrecht des Parlaments. Insofern werden wir Wege finden, die parlamentarische Mitbestimmung so zu gestalten, dass sie trotzdem auch marktkonform ist, also dass sich auf den Märkten die entsprechenden Signale ergeben.[9]

---

8 Ebd. 541.
9 Frankfurter Allgemeine Zeitung vom 21.12.2016.

Merkels Äußerung führte zu Protesten, die fragten, ob denn nicht der Markt demokratiekonform sein müsste. Diese Position können wir auch ausdrücken, wenn wir sagen: Der Mensch ist nicht für den Markt da, sondern der Markt ist für den Menschen da. Frau Merkel stellte klar, dass ihrer Meinung nach der Mensch für den Markt da sein muss. Dies entspricht ganz den Forderungen der neoliberalen Marktreligion.

Aber nicht nur Frau Merkel vertritt diese Position. Die Parteibürokraten der republikanischen Partei der USA formulierten im Jahre 1980 eine Erklärung in Vorbereitung der dann folgenden Regierung Reagan, die den Namen «Erklärung von Santa Fe» trug. Um ihr diesen Namen geben zu können, versammelten sie sich in einer Stadt in den USA, die Santa Fe heißt. Die Erklärung ist tatsächlich eine Glaubenserklärung der neoliberalen Religion des Marktes und nennt sich auch so, auch wenn sie es vermeidet, diesen Namen zu legitimieren. Die Glaubenserklärung lautet folgendermaßen:

> Leider haben die marxistisch-leninistischen Kräfte die Kirche als politische Waffe gegen den Privatbesitz und das kapitalistische Produktionssystem benutzt und die religiöse Gemeinde mit Ideen durchsetzt, die weniger christlich als kommunistisch sind.[10]

Wieder geht es darum, dass der Mensch für den Markt da ist. Dies wird dadurch ausgedrückt, dass sich die Erklärung auf *Privatbesitz und das kapitalistische Produktionssystem* bezieht, die hier als das wahre Christentum gepriesen werden. So schwingen sich die Parteibürokratie Reagans und dahinter der CIA zur höchsten Autorität auf dem Gebiet der Theologie auf. Sie verteidigen das Christentum, aber nur unter der Bedingung, dass es sich auf die Religion des Marktes und den Kapitalismus gründet. Wenn nicht, hat der CIA seine eigene Theologie, die selbst Christinnen und Christen dazu verurteilt, so unmenschlich behandelt zu werden, wie man es mit den Kommunisten tut. Die Marktreligion wird zum Wahrheitskriterium für jede christliche Religion, die nur wahr sein kann, wenn sie mit den grundlegenden Aussagen der Marktreligion übereinstimmt. Eine Diskussion mit der Theologie ist unnötig, in Wirklichkeit aber auch unmöglich. Auf jeden Fall gilt: Der wahre Gott ist der Warengott. Analog

---

10 Antiimperialistisches Solidaritätskomitee für Afrika, Asien und Lateinamerika (Hrsg.), Geheimdokument des Komitees von Santa Fe. Eine neue interamerikanische Politik für die 8oer Jahre, Frankfurt am Main o. J., 12.

zum mittelalterlichen Prinzip *Extra ecclesiam nulla salus – Außerhalb der Kirche kein Heil* gilt jetzt: *Außerhalb des Marktes kein Heil.*

Aber bereits früher gelangte Nelson Rockefeller, der US-Vizepräsident der Regierung Nixon, im Verlaufe einer Reise durch Lateinamerika im Jahre 1969 zu einem ganz ähnlichen Ergebnis. In seiner Erklärung zog er das Fazit, dass die Befreiungstheologie eine Bedrohung für die Sicherheit der USA sei. Das Ergebnis war katastrophal. Von dieser Reise Rockefellers an fand eine der großen Christenverfolgungen unserer Geschichte statt. Tausende von Christinnen und Christen wurden ermordet, viele davon zu Tode gefoltert. Nonnen wurden vergewaltigt, zahlreiche Priester getötet. Es wurden sogar mehrere Bischöfe umgebracht. Eine der letzten Aktionen dieser Verfolgung war die Ermordung einer ganzen Gruppe von Jesuiten in San Salvador im Jahre 1989. Es wurden sechs Jesuiten und zwei angestellte Frauen ermordet.[11] Die Verantwortung für diese Verfolgungen liegt sowohl bei der US-Regierung als auch bei den Regierungen der betroffenen Länder, die in ihrer Mehrheit totalitäre Militärdiktaturen der Nationalen Sicherheit waren. Es handelt sich um Märtyrerinnen und Märtyrer, deren Martyrium gleichzeitig von der neoliberalen Religion des Marktes her gerechtfertigt wurde. Aber selbst das Christentum spaltete sich: Ein großer Teil seiner Anhänger unterstützte diese Christenverfolgung. Aufs Neue erfüllte sich ein Jesuswort, das besagt: «[E]s kommt die Stunde, in der jeder, der euch tötet, meint, Gott einen heiligen Dienst zu leisten» (Joh 16,2).

Die Konflikte drückten sich auch auf eher theoretische Weise aus. Die Bedeutung des Menschen als höchstes Wesen für den Menschen erschien dann in einer besonderen Form: Der Mensch ist nicht für den Markt da, sondern der Markt ist für den Menschen da. Man erkennt sofort, dass es sich um einen Ausdruck handelt, der ebenfalls Jahrtausende alt ist. Dies zeigt ein Jesuswort, das sagt: Der Mensch ist nicht für den Sabbat da, sondern der Sabbat ist für den Menschen da (vgl. Mk 2,27). Statt Sabbat können wir auch Sonntag sagen, und statt Sonntag «Tag des Herrn». Dann verwandelt sich das Jesuswort etwas. Es sagt jetzt, der Mensch ist nicht für den Tag des Herrn da, sondern der Tag des Herrn ist für den Menschen da. Ich nehme an, dass Jesus bereits diese Bedeutung des Satzes gegenwärtig hatte. Der Satz sagt dann natürlich auch: Gott ist Mensch geworden. Er bein-

---

11 Vgl. Jon Sobrino, Sterben muss, wer an Götzen rührt. Das Zeugnis der ermordeten Jesuiten in San Salvador: Fakten und Überlegungen. Mit einem Hintergrundbericht von Roger Peltzer, Fribourg/Brig 1990.

haltet so eine ganz radikale Kritik der Autoritäten einschließlich der Autorität der Götter.

Aber in der Geschichte des Christentums ist diese Kritik an den Autoritäten nicht sichtbar geworden. Das ist verständlich, wenn man bedenkt, dass die Christianisierung des Imperiums gleichzeitig eine Imperialisierung des Christentums war. Das Christentum wurde mit dem konstantinischen Zeitalter die Religion der Autoritäten. Daraus folgte, dass man den autoritätskritischen Inhalt des Wortes Jesu über den Sabbat nicht entwickelte, sondern eher unterdrückte. Eine Weiterentwicklung kann anscheinend erst heute stattfinden.

Aber weder das Marx'sche Denken noch der daraus entstehende Marxismus hat diese Argumentation aufgenommen oder weitergeführt. Die Diskussion der Gründe ist wichtig, denn sie zeigt einen Mangel der vorangegangenen Marx'schen Argumentation selbst an.

5. Das Scheitern des Projekts der Abschaffung der Warenbeziehungen

Für diese Marx'sche Argumentation macht es keinen Sinn, eine – wenn auch konfliktgeladene – Zusammenarbeit mit dem Markt zu entwickeln, da es ja in Wirklichkeit um seine Abschaffung geht. Man muss daher Anstrengungen entwickeln, um den Markt abzuschaffen. Vom Markt auszugehen, um auf ihm zu intervenieren, scheint dann ein zu bekämpfender falscher Reformismus zu sein. Ich glaube, dass diese Haltung der sozialistischen Bewegung enormen Schaden zugefügt hat. Aber sie ist heute weitgehend überwunden, da die Unmöglichkeit der Überwindung der Marktbeziehungen selbst auch eine Erfahrung der Geschichte dieser Bewegungen ist. Man muss daher eine Form der Praxis entwickeln, die in jedem Moment davon ausgeht, dass die Warenbeziehungen sich zwar verändern lassen, aber eben nicht abgeschafft werden können. Es gibt inzwischen viele auch theoretische Entwicklungen in dieser Richtung.

Die Vorstellung des Kommunismus, die Marx 1844 in seinen ökonomisch-philosophischen Manuskripten ausführt, verwandelt sich hierdurch in eine transzendentale Vorstellung. Sie wird keineswegs überflüssig, aber sie verwandelt sich in einen Horizont, den man gegenwärtig machen, aber nicht verwirklichen kann. Er definiert Grundwerte, die immer nur in jedem Moment neu innerhalb der Institutionen Markt und Staat angestrebt werden können. Dies ist ein transzendentaler Kern der Immanenz. Man könnte diesen Begriff auch den himmlischen Kern des Irdischen nennen.

Diese Überzeugung von der Machbarkeit der Vorstellungen des Kommunismus hat offensichtlich die ganze sozialistische Bewegung sehr geschwächt. Es handelt sich allerdings um einen Mythos von Machbarkeitsvorstellungen, der die gesamte Moderne beherrscht hat. Er ist heute im marxistischen Denken nicht mehr die vorherrschende Vorstellung und damit weitgehend überwunden. In unserer Gesellschaft ist aber diese Art von Machbarkeitsmythen immer noch dominant, und zwar gerade im Neoliberalismus und seinem Grundmythos über den Automatismus des Marktes und seiner Selbstregulierung. Dies ist einer der Gründe seiner absoluten Gefährlichkeit. Die Neoliberalen verfügen nicht über die Idee einer Kritik ihrer eigenen utopischen Vernunft, die heute gerade gegenüber diesem Neoliberalismus nötig wäre.[12] Es handelt sich um das Phänomen, das Kant in einem anderen Zusammenhang eine *transzendentale Illusion* nennt.

In der deutschen Linkspartei sind Vorstellungen entstanden, die unter diesem Gesichtspunkt entwickelt werden. Eine wichtige Rolle hat dabei die Abgeordnete Sarah Wagenknecht gespielt. Es wurde klar, dass eine Alternative zu unserem herrschenden verwilderten Kapitalismus nicht mehr die Abschaffung der Warenbeziehungen und eine allgemeine Planwirtschaft sein kann, sondern heute eine systematische Intervention im Markt und in den Märkten sein muss. Dies führte natürlich zu einem neuen Interesse daran, wie sich die Interventionen in den Märkten im Kapitalismus entwickelt haben. Damit kam es zu derjenigen Periode des Kapitalismus, in welcher der Kapitalismus selbst systematische Interventionen in den Märkten realisiert hat. Dies war zweifellos die Zeit nach dem Zweiten Weltkrieg bis in die 70er-Jahre des vergangenen Jahrhunderts. Man diskutierte daher gerade in der Linken wieder die Bedeutung von Walter Eucken (1891–1950), dem wichtigsten Wirtschaftstheoretiker zur Intervention in den Märkten. Darüber hinaus natürlich die Wirtschaftspolitiker, die die Form dieser Organisation der Wirtschaft in diesen Jahrzehnten durchsetzten. Es handelt sich insbesondere um den Minister Ludwig Erhard und um Alfred Müller-Armack, der sein bedeutendster Mitarbeiter war. Es ist im modernen Kapitalis-

---

12 Ich habe dazu folgendes Buch geschrieben: Franz J. Hinkelammert, Kritik der utopischen Vernunft. Eine Auseinandersetzung mit den Hauptströmungen der modernen Gesellschaftstheorie, Luzern/Mainz 1994.

mus die erfolgreichste Periode einer wirtschaftlichen Entwicklung mit hohen Wachstumsraten und einer gleichzeitigen schnellen Entwicklung eines bedeutenden Sozialstaats. Dies fand jetzt Eingang in die Diskussion. Es handelte sich nicht etwa darum, die damalige Politik zu kopieren oder als Modell zu benutzen, sondern darum, jede weitere politische Alternative im Sinne einer solchen Politik der systematischen Intervention in den Markt zu begründen. Heute geht es sehr häufig um andere Interventionen, die notwendig sind, wie z. B. um eine Neuorientierung in allem, was mit der Politik des Wirtschaftswachstums zu geschehen hat.

Seit dem Ende der 1970er-Jahre definierte sich der Kapitalismus aufs Neue als wilder Kapitalismus. Die Rückkehr dieses Kapitalismus begann mit dem Militärputsch in Chile 1973 und der Entwicklung der totalitären Regime der Nationalen Sicherheit sowohl in Chile wie auch in vielen anderen Ländern Lateinamerikas. Darauf folgte die Neudefinition des Kapitalismus durch Margret Thatcher in England und dann durch Ronald Reagan 1980 in den USA. Dies führte zu dem, was man den «Konsens von Washington» sowie später die Politik der Globalisierung nannte, die heute weltweit in eine Krise des Gesamtsystems umschlägt.

In dieser Zeit kam es auch zu einer weitgehenden Neudefinition der politischen Parteien, die in Deutschland und in Europa die Politik der systematischen Intervention in den Markt betrieben hatten, insbesondere der christdemokratischen und der sozialdemokratischen Parteien. In Deutschland transformierte sich die Christdemokratie grundlegend. Ihr Name «christlich» verwandelte sich in eine Art von Gotteslästerung. Heute könnte kein Politiker der Christdemokraten noch eine Wirtschaftspolitik vorschlagen, wie sie Erhard durchgesetzt hatte.[13] Er würde als extremer Linker angesehen und angefeindet werden. Fast dasselbe geschah in der Sozialdemokratie. Das Dogma der neoliberalen Religion des Marktes schluckte alles.

Eine solche Veränderung musste natürlich Konsequenzen haben für die Marx'sche Religionskritik, die ja Teil des gesamten Marx'schen Denkens ist. Man muss sich in diesem Zusammenhang daran erinnern, dass der Atheismus von Marx kein metaphysischer

---

13 Ich habe in dieser Zeit ein kleines Buch veröffentlicht über diese Veränderung der deutschen Christdemokratie vor allem seit den 1960er-Jahren: Franz J. Hinkelammert, Die Radikalisierung der Christdemokraten. Vom parlamentarischen Konservatismus zum Rechtsradikalismus, Berlin 1976. Dieses Buch ist zugänglich auf der Internetseite www.pensamientocritico.info.

oder dogmatischer Atheismus ist, wie er später, nach dem Zweiten Weltkrieg, in den sozialistischen Ländern üblich wurde. Für Marx gibt es auch keinen Zweifel: Wenn man die Existenz Gottes nicht beweisen kann, kann man seine Inexistenz genauso wenig beweisen.

Die Religionskritik von Marx ist, ebenso wie die Religionskritik von Feuerbach, eine Kritik der Selbstentfremdung, für welche die Religion ein Ergebnis dieser Selbstentfremdung ist. Bei Marx tritt später an die Stelle der Selbstentfremdung der Fetischcharakter. Daher gilt auch jede religiöse Ethik – jeder Sinai – als heteronome Ethik, an deren Stelle eine autonome Ethik treten muss. Hieraus folgt, dass Marx als Ergebnis der Überwindung der Selbstentfremdung, die er vom Sozialismus erwartet, das Absterben der Religion erwartet. Marx will die Warenproduktion abschaffen, nicht jedoch die Religion. Er geht vielmehr davon aus, dass mit der Abschaffung der Warenproduktion das Absterben der Religion eingeleitet wird. Er wehrt sich daher, zusammen mit Engels, gegen Vorschläge, den Eintritt in die Sozialdemokratische Partei davon abhängig zu machen, dass die eintretende Person Atheist sein müsse. Diese Atheismus-Erklärung wird erst sehr viel später nach dem Tod von Marx und Engels in vielen sozialistischen Parteien gefordert.

Das Ergebnis, das daraus folgt, besteht darin, dass die Marx'sche Religionskritik sich in ihrer Dimension verändert. Als Ergebnis der Erfahrungen des Sozialismus im 20. Jahrhundert wird gerade das, was Marx an der Religion kritisiert, zu einem Gegner, der nicht abgeschafft werden kann. Es handelt sich um das, was Marx zuerst die Selbstentfremdung und später den Fetischismus der Ware nennt. Die Marx'sche Religionskritik kann nicht mehr einfach antireligiös bleiben, sondern muss selbst in der Geschichte der Religionen die vielen religiösen Auseinandersetzungen mit eben diesen religiösen Phänomenen jener irdischen Götter entdecken, die nicht absterben und auch nicht absterben werden. Es ist jetzt die Marx'sche Religionskritik selbst, die dies fordert. Sie ist gerade nicht widerlegt, aber sie ist neu zu interpretieren. In dieser Form aber wird ihre Gültigkeit gerade bestätigt. Und es zeigt sich, dass sie das Ergebnis einer Jahrtausende langen Geschichte der Idolatriekritik ist, die nicht nur, aber weitgehend, von der jüdisch-christlichen Tradition herkommt. Es handelt sich allerdings um eine Tradition, die außerordentlich oft in dieser Geschichte unterbrochen wurde und die sehr häufig als schlechterdings häretisch betrachtet wurde und wird. Sie wurde von

Marx faktisch wiederentdeckt und in unsere moderne Gesellschaft in einer völlig neuen Breite ihrer Geltung eingeführt. Und ich bin überzeugt, dass sie gerade heute wieder notwendig wird als eines der grundlegenden Elemente eines möglichen und notwendigen Übergangs zur Transmodernität, wie sie Enrique Dussel charakterisiert hat. Diese Religionskritik ist, wie wir gesehen haben, nicht etwa widerlegt, sondern, im Gegenteil, heute in ihrer Geltung bestätigt. In ihrer gegenwärtigen Form führt diese Marx'sche Religionskritik daher zur Bestätigung der Aussage, die wir vorher bereits in Erinnerung gerufen haben: «Der Mensch ist nicht für den Markt da, sondern der Markt ist für den Menschen da.»

Dies gilt nicht nur für den Markt, sondern ebenso für das Geld und das Kapital. Es handelt sich wiederum um eine universale Forderung. Da gegenwärtig der Markt die höchste strukturierende Institution der Weltgesellschaft ist, muss diese Forderung eine Grundforderung jeder menschlichen Ordnung heute sein. Diese universale Forderung tritt neben die zuvor entwickelte Forderung, wonach der Mensch das höchste Wesen für den Menschen ist.[14] Dies gilt für alle Religionsformen – und auch über die Religion an sich hinaus. Man sieht sehr rasch die große Nähe, die diese Universalität der Forderungen hat, zu jenem Konzept, das im Mittelalter als aristotelisch-thomistisches Naturrecht vorgestellt wurde. Aber dieses Naturrecht hatte noch nicht den Grad jenes Universalismus, den die hier auf der Basis des Marx'schen Denkens entwickelten und universalen strukturierenden Forderungen der Freiheit haben, die in der Gegenwart anstehen. Heute ergibt sich daraus ein Humanismus der Praxis, der universal ist.

6. Die Freie Entwicklung aller

Im kommunistischen Manifest führt Marx einen Begriff ein, der alle diese bisher erwähnten Marx'schen Vorstellungen – nämlich die universalistischen Konzepte, wonach der Mensch das höchste Wesen für

---

14 Aber es gilt, davon abgeleitet, auch für alle einzelnen Fälle wie z. B.: «Der Mensch ist nicht für den Fußball da, sondern der Fußball ist für den Menschen da.» Dies Beispiel soll nur zeigen, dass dieses Prinzip auch auf jede einzelne Institution anwendbar ist. Es ergibt sich allerdings keine universale Religion, wie dies im Fall des Marktes geschieht. Die universale Religion folgt immer dann, wenn man von einer universalen Institution wie dem Markt, aber auch wie dem Staat ausgeht.

den Menschen ist, wie auch die Forderung, dass der Mensch nicht für den Markt da ist, sondern der Markt für den Menschen – in einer Synthese zusammenfasst. Er sagt:

> An die Stelle der alten bürgerlichen Gesellschaft mit ihren Klassen und Klassengegensätzen tritt eine Assoziation, worin die freie Entwicklung eines jeden die Bedingung für die freie Entwicklung aller ist.[15]

Diese Assoziation, worin die freie Entwicklung eines jeden die freie Entwicklung aller ist, setzt die Gültigkeit der vorherigen universalistischen Vorstellungen der menschlichen Gesellschaft schlechterdings voraus und impliziert sie. Man kann daher nicht die Aussagen von Marx aus dem Jahre 1844 einfach als Aussagen des jungen Marx abtun, der noch nicht «Marxist» ist, wie dies etwa Louis Althusser tut. Es ist derselbe Althusser, der die spätere Marx'sche Fetischismustheorie einfach als «Ideologie» abtut und behauptet: Der Marxismus ist kein Humanismus. Daher bestehen wir darauf, dass Marx einen neuen Humanismus der Praxis konstituiert.

7. Der Brudermord als Gründungsmord

Die humanistische Seite allen Marx'schen Argumentierens erscheint bei Marx an einer bezeichnenden Stelle, nämlich am Schluss der von ihm selbst betreuten ersten Ausgabe des *Kapitals* aus dem Jahre 1867. Zu dieser Zeit umfasst das Buch nur einen einzigen Band. Erst nach dem Tode von Marx fügt Friedrich Engels nicht veröffentlichte Manuskripte von Marx hinzu und erweitert dadurch *Das Kapital* auf drei Bände. Ich zitiere hier den Text, der sich am Ende dieser ersten Edition des *Kapitals* findet. Diese Ausgabe umfasst 25 Kapitel, aber die Kapitel 24 und 25 stellen nur einen Anhang zur Geschichte des Kapitalismus dar, insbesondere zur sogenannten *ursprünglichen Akkumulation*. Mit dem Kapitel 23 schließt Marx also seine Kritik der politischen Ökonomie eigentlich ab. Das Zitat, das mich hier interessiert, umfasst die letzten Sätze, mit denen Marx seine Hauptanalyse im Kapitel 23 beendet. Es lässt sich also nicht übersehen, dass der Ort, an dem das Zitat zu finden ist, nämlich der Schlussabschnitt der theoretischen Analyse im wichtigsten Werk, das Marx noch persön-

---

[15] Karl Marx/Friedrich Engels, Das kommunistische Manifest, MEW Band 4, 482.

lich editiert hat, eine höchst symbolische Bedeutung besitzt. Marx schreibt hier:

> Und gegenüber der alten Seekönigin erhebt sich drohend und drohender die junge Riesenrepublik: «Acerba fata Romanos agunt, Scelusque fraternae necis.»[16]

Marx selbst übersetzt das lateinische Horaz-Zitat nicht ins Deutsche. Spätere Fehlübersetzungen haben nur Verwirrung hervorgerufen. Richtig übersetzt müsste das Zitat lauten: «Bitteres Verhängnis treibt die Römer um: die Missetat des Brudermords.» Wenn wir aus dem Horaz-Gedicht zwei weitere Zeilen hinzufügen, die Marx nicht erwähnt, wird unsere Übersetzung bestätigt: «Ut inmerentis fluxit in terram Remi sacer nepotibus cruor. » – «Und übers Haupt der Enkel kommt des Remus Blut, das schuldlos einst zur Erde floss.»

Während Horaz im ersten Satz vom bitteren Verhängnis spricht, macht er hier im zweiten Satz daraus einen Fluch für die Nachkommen. Marx greift diesen Gedanken von Horaz auf, um den Brudermord aufzudecken. Aber er denkt erheblich weiter, als es Horaz wahrscheinlich im Sinne hatte. Horaz bezieht sich auf Romulus und Remus und verweist damit auf den römischen Bürgerkrieg, den er gerade erlebt. Horaz grenzt den Begriff des Bruders auf die Volkszugehörigkeit ein, für ihn also auf das römische Volk. Damit wird der Mord an einem Römer zum Brudermord, während die Ermordung eines Galliers oder eines Germanen kein Brudermord ist. Demgegenüber entgrenzt Marx den Begriff des Bruders, weil er zweifellos alle Menschen als Brüder (und Schwestern) betrachtet und deshalb jeden Mord als Brudermord denunziert. Diesen universalen Bruderbegriff unterstellt nun Marx auch dem Horaz. In unserer abendländischen Tradition beziehen wir uns beim Gedanken an den Brudermord eher auf den Mythos von Kain und Abel. Wir können also jetzt auch den Schluss daraus ziehen, dass Marx den Horaz-Text im Licht des Mythos von Kain und Abel deutet. Oder anders gesagt: im Licht des universalen Brudermords, der in unserer Tradition üblicherweise im Mythos von Kain und Abel dargestellt wird.

Marx spricht also vom Brudermord, verwendet jedoch den Text von Horaz, um den Brudermord zu deuten. Dieses wichtige Ergebnis gilt es festzuhalten. Es beweist, dass Marx die menschliche Gesell-

---

16 MEW 23, 740.

schaft anklagt, sie sei auf dem Brudermord als Gründungsmord aufgebaut und stehe daher unter einem Fluch. Darüber hinaus beweist die Einordnung dieser Anklage am Ende seines Hauptwerkes *Das Kapital*, dass er sein ganzes Denken und Werk aus der Sicht der Anklage des Brudermords als eines Gründungsmordes gedeutet wissen will. Also müssen auch wir das Werk im Licht der kulturellen Tradition des Judentums deuten. Diese Deutung steht im offenen Konflikt zu jener Interpretation, mit der Sigmund Freud die okzidentale Gesellschaft deutet, wenn er ihr den Vatermord als Gründungsmord unterstellt. Freud lässt in seiner Analyse die Tradition des Judentums und deren Deutung des Gründungsmordes vollständig beiseite. Deshalb kennt Freud eben auch keinen Vater Abraham, der die jüdische Form verkörpert, den Vater zu denken. Stattdessen unterstellt Freud der jüdischen Tradition Mose als Vater, was für die ursprüngliche jüdische Position einfach nicht stimmt. Dort ist Abraham der Vater, und der Brudermord ist der Gründungsmord, der überwunden werden muss.

Marx bezieht sich nur indirekt auf Kain, und zwar weil er sich nicht, wie ich vermute, nur an eine bestimmte Tradition gebunden wissen möchte und weil er auch Imperium bzw. Herrschaft mitbedenken möchte, die zwar ihrerseits den Brudermord beklagen, aber ihn zugleich begehen, indem sie jeden Brudermord mit einem neuen Brudermord verfolgen, um einen angeblichen Vatermord zu beenden, den Freud als den ursprünglichen Gründungsmord ansieht. Das spielt bereits vor Freuds Zeiten eine Rolle.[17] Auffällig jedoch ist, dass Herbert Marcuse diesen Zusammenhang nicht erkennt, wenn er Psychoanalyse und Marxismus miteinander in Verbindung bringen will. Ebenso wenig Erich Fromm, während Marx ihn klar zu erkennen scheint. Er will wirklich ein mündiger Mensch in einer mündigen Welt sein. Aber ebenso auffällig ist, dass Pinochet nach dem Militärputsch in Chile behauptete, dass alle Subversiven Vatermörder seien.

Interessant ist ferner, dass Marx im obigen Zitat *die alte Seekönigin* (in der Antike Rom, zu Lebzeiten von Marx England, für uns heute die USA) und die *junge Riesenrepublik* gegeneinander stellt. In der *jungen Riesenrepublik* erkennt er die von unten her organisierte Zivilgesellschaft, die sich aber nur als Republik konstituieren kann,

---

17 Zum Beispiel im Drama von Friedrich Schiller: Wilhelm Tell. Da geht es um die Problematik von Vatermord und Sohnesmord.

wenn sie den Brudermord und seine Überwindung als ihren Gründungsmythos übernimmt. Nur darum handelt es sich um Emanzipationsbewegungen. Hier wird der Marx'sche Humanismus völlig offensichtlich. Und es zeigt sich ebenfalls, dass es nicht einfach um einen Humanismus der schönen Gefühle geht, sondern um einen Humanismus der Praxis. Es ist nicht nur die Neunte von Beethoven, die hier anklingt.

8. Kann es für die Marx'sche Religionskritik einen Gott geben, der kein falscher Gott ist?

Wir können nun weiter ausgehen vom Marx'schen Begriff der *Assoziation, worin die freie Entwicklung eines jeden die freie Entwicklung aller ist.* Wie wir bereits gesehen haben, handelt es sich um die synthetische Zusammenfassung dessen, was die vorher aufgezeigten universalen Forderungen eines Humanismus der Praxis beinhalten. Jetzt geht es um die ganze Menschheit, die aus allen individuellen Menschen in Zeit und Raum besteht. Die freie Entwicklung aller ist nur möglich, wenn die freie Entwicklung eines jeden gesichert ist.

Dieses Handeln als Handeln der Menschheit wird bei Marx mit der Selbstverwirklichung verbunden. Darum kann es bei Marx heißen: Die freie Entwicklung eines jeden ist die Bedingung für die freie Entwicklung aller. Dies heißt: Die freie Entwicklung aller ist nur möglich, wenn die freie Entwicklung eines jeden gesichert ist. Dies bedeutet dann: Ich bin, wenn du bist. Oder: Ich kann mich frei entwickeln, wenn alle sich frei entwickeln können. Die freie Entwicklung einiger auf Kosten anderer macht die freie Entwicklung aller unmöglich. Das gilt auch und gerade, wenn sie auf dem freien Markt geschieht. Der freie Markt unterdrückt die freie Entwicklung eines Teils, so dass alle unfrei sind (auch jene, die glauben, sich frei entwickeln zu können). Selbst der Besitzer von Sklaven glaubt derjenige zu sein, der frei ist. Er beweist seine Freiheit dadurch, dass er auf seine Sklaven hinweist. Aber das beweist gerade seine Unfreiheit. Er wird erst Mensch, wenn er die Sklaven befreit. Auch das bedeutet: Ich bin, wenn du bist. Seinen Sklaven zu befreien, das ist Selbstverwirklichung, die gleichzeitig Selbstverwirklichung des andern ist. Die Selbstverwirklichung des befreiten Sklaven kann nur vollständig sein, wenn auch der Sklavenbesitzer seine Selbstverwirklichung in der Befreiung seines Sklaven findet. Wenn man in der US-Geschichte irgend etwas aufzeigen kann, so ist es dies. Heute kommen die Sklavenhalter zurück, die keine Sklaven mehr haben, dies aber als Unrecht ansehen, da es angeblich ihre Freiheit beschränkt. Selbst Milton Friedman hielt ja die Sklavenbefreiung für ein Unrecht, weil sie eine illegitime staatliche Intervention in den freien Markt ist.

Dies aber impliziert das Thema, dass der Mensch das höchste Wesen für den Menschen ist. Dieses höchste Wesen ist eben nicht Caligula oder Nero, sondern das Gegenteil davon. Es ist überhaupt kein despotischer Gott, da der Mensch das höchste Wesen ist, und nicht Gott. Schafft man nun einen Gott gemäß dem Bild vom Menschen als höchstem Wesen für den Menschen, so ist dieser Gott eben ein Gott, dessen Wille es ist, dass der Mensch das höchste Wesen für den Menschen ist. Hier wird tatsächlich Gott Mensch, nicht nur im religiösen, sondern ebenso sehr im anthropologischen Sinne. Dies ist der einzige Gott, der kein falscher Gott ist in der Sicht der Religionskritik von Marx – dies ist bereits, obwohl sehr viel weniger entwickelt, auch in der Religionskritik von Feuerbach der Fall. Bei Feuerbach ist die Referenz Spinoza. Falsche Götter sind alle jene Götter, die das höchste Wesen für den Menschen sein wollen. Sie sind Götter, welche die Selbstentfremdung des Menschen fordern und verewigen wollen. Feuerbach sagt über Spinoza:

> Spinozas Philosophie war Religion; er selbst ein Charakter. Nicht stand bei ihm, wie bei unzähligen anderen, der Materialismus im Widerspruch mit der Vorstellung eines immateriellen, antimaterialistischen Gottes, der konsequent auch nur *antimaterialistische, himmlische Tendenzen* und *Beschäftigungen* dem Menschen zur *Pflicht* macht; denn Gott ist nichts anderes als das Ur- und Vorbild des Menschen: *wie* und *was* Gott ist, so und das *soll*, so und das *will* der Mensch sein oder hofft er wenigstens einst zu werden. Aber nur, wo die Theorie nicht die Praxis, die Praxis nicht die Theorie verleugnet, ist Charakter, Wahrheit und Religion. Spinoza ist der Moses der modernen Freigeister und Materialisten.[18]

Die Argumentation Feuerbachs ist sehr anders, als es die Argumentation der Religionskritik vor allem im 18. Jahrhundert in der Zeit der Aufklärung war. Man fragte in dieser Epoche danach, ob es einen Gott gibt oder nicht. Die Religion – vor allem die christliche – wurde als Antwort darauf im extremsten Fall als Herren- und Priesterbe-

---

18 Ludwig Feuerbach, Grundsätze der Philosophie der Zukunft und andere Schriften, Berlin ⁴2016, 20 (Hervorhebungen im Original).

trug angesehen. Die Religionskritik war daher vor allem und in den meisten Fällen atheistisch und glaubte damit, die wesentlichen Fragen beantwortet zu haben.

Für Feuerbach ist die Frage, ob es Gott gibt oder nicht, einfach irrelevant, obwohl er seine Existenz durchaus leugnet. Aber was schon Feuerbach zentral interessiert und bei Marx weitergeführt wird, ist die Frage nach dem menschlichen Subjekt der Religion gegenüber. Ob Gott existiert oder nicht, ändert nichts an der Frage, ob er ein falscher Gott ist oder nicht. Und er ist für Feuerbach immer dann ein falscher Gott, wenn er den Menschen von sich selbst entfremdet. Das sieht er als das Problem an: ob der Mensch sich in der Religion seiner selbst entfremdet oder möglicherweise auch nicht. In diesem Zusammenhang zitiert er Spinoza. Gemäß Feuerbach steht der Gott Spinozas nicht im Konflikt mit der Überwindung der menschlichen Selbstentfremdung. Feuerbach feiert ihn sogar: Spinoza ist der Mose der modernen Freigeister und Materialisten. Er sieht also den christlichen Gott als falschen Gott an, während der Gott Spinozas kein falscher Gott ist. Der Gott Spinozas steht auf der Seite des Menschen in seinem Bemühen, seine Selbstentfremdung zu überwinden. Er ist kein Hindernis für die Selbstverwirklichung des Menschen als Menschen. Er kann sogar hilfreich sein. Dies heißt, dass das Kriterium zur Unterscheidung der Götter die Möglichkeit der Selbstverwirklichung des Menschen ist.

Aber dieser Gott, der kein falscher Gott ist, ist nicht etwa der wahre Gott. Für den Menschen kann es keinen wahren Gott geben, ganz so wie es Bonhoeffer sagt: «Einen Gott, den ‹es gibt›, gibt es nicht.»[19] Ein Gott, den es gibt, setzt die Endlichkeit Gottes voraus. Wie Buddha sagte, als man ihn fragte, ob es Gott gibt. Er antwortete: Dass es Gott gibt, ist falsch. Aber dass es Gott nicht gibt, ist auch falsch. (Die buddhistische Frage *Mu*. Die Frage *Mu* ist eine Frage, auf die sowohl die Antwort Ja wie auch die Antwort Nein falsch ist.) Die Vorstellung des wahren Gottes geht über die Vorstellung eines Gottes, der kein falscher Gott ist, hinaus. Den Gott, der kein falscher Gott ist, kann es jedenfalls geben. Aber nicht den wahren Gott. Die Katastrophe der Eroberung Amerikas fand statt im Namen des «wahren Gottes». Auch hier galt: «Der wahre Gott ist der Warengott.» Dies sah schon Bartolomé de Las Casas sehr klar und

---

19 Dietrich Bonhoeffer, Akt und Sein. Transzendentalphilosophie und Ontologie in der systematischen Theologie, Herausgegeben von Hans-Richard Reuter, Gütersloh ³2008, 112.

ging dagegen an. Er erkennt bereits, dass die Kritik der Idolatrie im Namen des Menschen geschehen muss und niemals im Namen eines wahren Gottes. Dies bedeutet: sie muss geschehen im Namen des Menschen als dem höchsten Wesen für den Menschen.[20]

Es ist interessant, dass auch Hannah Arendt einen solchen Gesichtspunkt bereits bei Johannes Duns Scotus, dem mittelalterlichen Philosophen und Theologen, erkennt. Sie gibt die Meinung des Duns Scotus folgendermaßen wieder:

> Das Wunder des menschlichen Geistes besteht darin, dass er vermittels des Willens alles transzendieren kann («voluntas transcendit omne creatum», wie Olivi sagte), und das ist das Zeichen dessen, dass der Mensch nach Gottes Bild geschaffen wurde. Die biblische Vorstellung, Gott habe ihm [dem Menschen, F. H.] seine Bevorzugung dadurch erwiesen, dass er ihn über alle Werke seiner Hände setzte (Psalm 8), würde ihn lediglich zum Höchsten unter allem Geschaffenen machen, aber nicht von ihm absolut unterscheiden. Wenn das wollende Ich in seiner höchsten Äußerung sagt: «Amo: volo ut sis», «Ich liebe dich, ich möchte dass du bist» – und nicht: «Ich möchte dich haben» oder «Ich möchte dich beherrschen» – so zeigt es sich der Liebe fähig, mit der Gott offenbar die Menschen liebt, die er nur schuf, weil er wollte, dass sie existieren, und die er *liebt, ohne sie zu begehren.*[21]

Dieses *volo ut sis* – ich will, dass du bist – kann man auch übersetzen: Ich will, dass du Du bist. Dann wird sehr klar, dass jeder Gott, der das nicht akzeptiert, ein falscher Gott ist. Dies geht schon bei Duns Scotus in eine solche Richtung, die bei Las Casas wieder auftaucht und auch von Feuerbach und Marx weitergeführt werden wird.

Duns Scotus stellt einen Gott vor, der Jahwe nahe ist, ganz anders als der Gott des Thomas von Aquin, der aus der aristotelischen Metaphysik entwickelt wurde und der eine entsprechende Gotteskonstruktion von Augustinus weiterführte. Der Gott des Duns Scotus steht dem Gott Jahwe sehr viel näher als diesem metaphysischen Gott, obwohl er auch verschieden ist vom klassischen Jahwe.

Der Gott des Thomas dominiert das ganze Mittelalter und ist auch heute noch in jedem konservativen Christentum dominant. Dieser Gott ist eher so etwas wie ein legitimer Despot, der eine ewige Hölle verwaltet. Ein solches Gottesbild ist heute weitgehend zusammen-

---

20 Vgl. Gustavo Gutiérrez, En busca de los pobres de Jesucristo. El pensamiento de Bartolomé de Las Casas, Lima 1992.
21 Hannah Arendt, Vom Leben des Geistes. Das Denken. Das Wollen, Herausgegeben von Mary McCarthy, Aus dem Amerikanischen von Hermann Vetter, München/Berlin/Zürich ⁹2016, 366 f.

gebrochen. Was Hannah Arendt spürt, ist der Umstand, dass heute jenes Gottesbild, das auch Duns Scotus vertritt, die Aufmerksamkeit auf sich konzentriert. Es ist das Gottesbild, das in den ersten christlichen Jahrhunderten vorherrscht und ebenfalls bei Jesus und Paulus dominant ist. Es ist gleichzeitig gegenwärtig in der *apokatastasis* (Allversöhnung) des Origenes im 3. Jahrhundert. Dieser Allversöhnung zufolge sollen alle Kreaturen, sogar der Teufel, erneut von Gott im Sinne einer «Wiedereinbringung aller» in den Schöpfungskreislauf aufgenommen werden. Dieses Gottesbild hat seit Beginn des Mittelalters immer unter Häresieverdacht gestanden, obwohl es nie völlig verschwand.

Das Gottesbild von Duns Scotus enthält einen Aspekt, den unsere heutige Ideologie kaum erträgt. Es ist der Aufruf, wie Gott zu sein. Nicht nur Gott soll dieses *volo ut sis* aussprechen, sondern, so wie Gott, soll es jeder aussprechen gegenüber jedem. Das «wie Gott sein» wird zur Erklärung der Würde des Menschen. Auch dieser Aspekt ist von Duns Scotus natürlich nicht einfach erfunden worden, sondern schreibt sich in eine Tradition ein.

Der Name «Michael», die Bezeichnung des zentralen Engels der Apokalyptik, heißt in unsere Sprache übersetzt: «Wer ist wie Gott?». Die Antwort ist sehr einfach. Sie lautet: alle! Alle sind wie Gott, auch die Sklaven, die Frauen, alle Nationen. Kurz nach dem Auftreten des Erzengels Michael tritt in der Apokalypse das Tier auf, das die Gegenwart des Antichristus verkörpert. Der Text sagt, dass die Anhänger des Tieres vor dem Tier niederknien und rufen: Wer ist wie das Tier (vgl. Offb 13)?

Der Text formuliert zwar, dass sie vor dem Tier niederknien. Aber es ist klar, dass für sie das Tier Gott ist und dass sie es nicht etwa Tier nennen. Sie nennen es Gott. Sie fragen folglich genau dasselbe, wie vorher der Erzengel Michael gefragt hatte: Wer ist wie Gott? Aber sie geben eine ganz andere Antwort, die das genaue Gegenteil besagt. Es ist die Antwort der Autorität: Keiner.

Damit dreht sich alles um. Keiner ist wie Gott, keiner ist wie das Tier. Niemand darf wie Gott sein wollen. Es wird jedoch rasch klar, dass es eine Ausnahme gibt. Es ist die Autorität des Kaisers. Der Kaiser und seine Stellvertreter sind die Autorität, die wie Gott ist. Daraus folgt: Wer wie Gott sein will, will an die Stelle der herrschenden Autorität treten, will die absolute Macht, will das Chaos, will Despot sein. Gemäß Camus will er ein neuer Caligula sein.

9. Das Marx'sche Denken und das höchste Wesen für den Menschen bei Camus

Sowohl bei Goethe als auch bei Feuerbach schien der Mensch, der das höchste Wesen für den Menschen ist, eine eindeutige Vorstellung von Menschlichkeit zu sein. Marx weist darauf hin, dass sie dies nicht ist. Sie kann ebenfalls die Vorstellung einer Unmenschlichkeit des Menschen sein und diese zum Bild haben.[22] Aber in jedem Falle ist dieser Mensch als höchstes Wesen für den Menschen das Bild des Menschen, in dem sich der Mensch in irgendeiner Form wiedererkennen kann. Camus zeigt für dieses Problem das entsprechende radikale Unverständnis. Er sagt:

> Der marxistische Atheismus ist absolut. Aber er setzt doch das höchste Wesen auf der Ebene des Menschen wieder ein. «Die Kritik der Religion endet mit der Lehre, dass der Mensch das höchste Wesen für den Menschen sei» [MEW, I, S. 385, F. H.]. Unter diesem Gesichtspunkt ist der Sozialismus somit ein Unternehmen zur Vergöttlichung des Menschen und hat einige Merkmale der traditionellen Religionen angenommen.[23]

Ich möchte mich etwas ausführlicher mit diesem Camus-Zitat auseinandersetzen. Es geht hierbei nicht einfach um eine Meinung von Camus, sondern Camus macht sich vielmehr zum Exponenten einer weitverbreiteten Marx-Kritik, die gleichzeitig die Tendenz fast jeder heute noch herrschenden Kritik am Sozialismus widerspiegelt. Marx ist für diese Kritik schlechterdings eine «Unperson». Es handelt sich um die antikommunistische Marxkritik.

Dies beginnt mit der Behauptung, dass die Marx'sche Reflexion über den Menschen als höchstes Wesen für den Menschen ein *Un-*

---

22 Um zu zeigen, dass es sich bei Marx hierum handelt, möchte ich folgendes Zitat anführen: «Man muss dies Zeug im Detail studieren, um zu sehn, wozu der Bourgeois sich selbst und den Arbeiter macht, wo er die Welt ungeniert nach seinem Bilde modeln kann» (Das Kapital, Band 1, 779, Anm. 241). Hier ist das Wort «Bild» in diesem Sinne benutzt, als Sicht von den wirklichen Lebensverhältnissen her, die in diesem Fall die des Bourgeois sind. Man kann verstehen, welchen Gott sich dieser Bourgeois schafft, wenn er sich einen himmlischen Gott ausdenkt.

23 Albert Camus, Der Mensch in der Revolte. Essays, Aus dem Französischen von Justus Streller, bearbeitet von Georges Schlocker unter Mitarbeit von François Bondy, Hamburg ³¹2016, 252. In dieser Ausgabe des Buches von Camus wird Marx nicht wirklich auf Deutsch zitiert, sondern es wird das ins Französische übersetzte Marxzitat einfach ins Deutsche zurückübersetzt. Ich habe dies korrigiert. In der Buchübersetzung hingegen heißt es: «Die Kritik der Religion mündet in die Lehre ein, wonach der Mensch dem Menschen das höchste Wesen ist.»

ternehmen zur Vergöttlichung des Menschen ist und dabei *Merkmale der traditionellen Religionen* angenommen habe.

Der Text von Marx hingegen sagt genau das Gegenteil. Danach ist für Marx das höchste Wesen für den Menschen gerade nicht Gott, sondern der Mensch. Aber es ist nicht irgendeine menschliche oder göttliche Person, die hier das höchste Wesen darstellt, sondern jeder Mensch, sofern er eben «menschlich» ist. Alles ist ein Aufruf zum Humanismus und das bedeutet hier: ein Aufruf für den Menschen, menschlich zu werden. Dann entsteht natürlich die Frage: Was ist die Menschlichkeit des Menschen für Marx? Camus stellt diese Frage nicht einmal. Wir werden sie aber stellen müssen. Statt diese Frage zu stellen, geht Camus völlig dogmatisch vor. Er sagt einfach, dass Marx den Menschen vergöttlichen will. Er sagt uns aber zumindest hier und in seinem ganzen Buch nicht, was für einen Gott er Marx unterstellt. Er stellt nicht einmal die Frage, warum er es denn so kritisch sieht, dass jemand wie Gott sein will, wenn dieser gar nichts dazu sagt, wie er welcher Gott sein will: der Gott Napoleons, der Gott Hitlers, der Gott Reagans, der Gott von Befreiungstheologen, der Gott von Dietrich Bonhoeffer, von Karl Barth oder ein indischer Gott oder welcher Gott auch immer. Er tut so, als wären alle diese Götter gleich. Camus veröffentlichte das Buch, das wir hier besprechen, im Jahre 1951. Einige Jahre vorher veröffentlichte er ein Theaterstück unter dem Titel *Caligula*, dem Namen eines der grausamsten und perversesten römischen Kaiser. Ich nehme an, Camus glaubt ebenfalls, dass Caligula das wurde, was er war, weil er wie Gott sein wollte, und als römischer Kaiser wurde er ja auch als Gott angesehen und verehrt. Ja, ich bin überzeugt, Camus scheint andeuten zu wollen, dass Marx in Wirklichkeit hier seine Absicht kundtut, wie Gott zu werden, und folglich irgendeine Art von Caligula zur Welt bringen will. Dies entspricht durchaus einer sehr verbreiteten Meinungsmache von Seiten der Rechten. Am Ende seines Buches sagt er über die russischen Anarchisten, gegen die sich Iwan Kaliayew und seine Brüder aussprechen:

> Mangels Besserem haben sie sich vergöttlicht, und ihr Elend begann: diese Götter haben blinde Augen. Kaliayew und seine Brüder auf der ganzen Welt verwerfen im Gegenteil die Göttlichkeit, denn sie weisen die unbegrenzte Macht, den Tod zu geben, von sich. Sie erwählen und geben uns damit ein

Beispiel, die einzige Richtschnur, die heute originell ist: Leben und Sterben lernen und, um Mensch zu sein, sich weigern, Gott zu sein.[24]

Jetzt stellt er eine Behauptung auf, die überhaupt nicht zu begründen ist. Er sagt: Man wird Mensch dadurch, dass man sich weigert, Gott zu sein. Wieder stellt er nicht die Frage, um welchen Gott es sich denn handelt. Ganz gleich welcher, immer ist er gemäß Camus ein Gott, der ein Despot ist und dessen Despotie als legitim gilt. Welcher Gott das ist? Es ist immer der gleiche, und jetzt erwähnt er ein bestimmtes Kriterium für das, was Gott ausmacht: Er hat die unbegrenzte Macht, den Tod zu geben. Diesen Gott konstruiert er so, dass diese Macht, den Tod zu geben, automatisch Willkür impliziert. Gott ist dann ein absolut willkürlicher Despot, der auf absolut willkürliche Weise über Leben und Tod entscheidet. Einen anderen Gott erwähnt er nicht einmal als – zumindest theoretische – Möglichkeit. Gott ist das und nichts anderes. Und er zieht den Schluss in Bezug auf die Unperson Marx, dass dieser ein solches Wesen sein will und es als höchstes Wesen für den Menschen postuliert. Das ist Philosophie mit dem Hammer, die er unter anderem auch bei Nietzsche kennen gelernt hat.

Aber die ganze Argumentation von Camus geht völlig an Marx vorbei. Marx hat überhaupt keinen Gott als Referenz, er hat dies nicht einmal indirekt. Marx sagt sehr ausdrücklich, was er meint, wenn er davon spricht, dass der Mensch das höchste Wesen für den Menschen ist. Er sagt es sogar im selben Satz, den Camus zitiert. Camus aber verfälscht den Satz praktisch, indem er seine zweite Hälfte übergeht. Der gesamte Satz, dessen ersten Teil Camus bloß zitiert, wodurch er die besprochene Interpretation als möglich darstellt, lautet folgendermaßen:

> Die Kritik der Religion endet mit der Lehre, dass *der Mensch das höchste Wesen für den Menschen sei*, also mit dem *kategorischen Imperativ, alle Verhältnisse umzuwerfen*, in denen der Mensch ein erniedrigtes, ein geknechtetes, ein verlassenes, ein verächtliches Wesen ist.[25]

Marx definiert, was dieses höchste Wesen ist, das der Mensch für den Menschen ist. Es ist nicht irgendein spezifischer Mensch, sondern es ist der Anspruch einem jeden Menschen gegenüber, den katego-

---

24 Ebd. 399.
25 MEW, Band 1, 385 (Hervorhebung im Original).

rischen Imperativ, wie Marx ihn definiert, anzunehmen und daher alle Verhältnisse umzuwerfen, in denen der Mensch ein erniedrigtes, ein geknechtetes, ein verlassenes, ein verächtliches Wesen ist. Der Mensch unterstellt sich also dem Menschen als höchstem Wesen für den Menschen immer dann, wenn er sich auf die Seite derjenigen Menschen stellt, die erniedrigt, geknechtet, verlassen und verachtet sind. Sicher, Camus könnte jetzt einen Gott postulieren, der gerade dies vom Menschen verlangt, weil er als Gott selbst diese Position einnimmt. Dann könnte er behaupten, dass es sich um eine Vergöttlichung des Menschen handelt. Aber diese Vergöttlichung wäre gerade gleichzeitig die Vermenschlichung, um die es Marx geht. Camus sieht diese mögliche Dimension nicht einmal.

Dies ist der Inhalt des Humanismus, wie Marx ihn vorstellt. Diesen Inhalt unterdrückt Camus, um die Möglichkeit zu haben, Marx als potenziellen Caligula zu denunzieren. Es handelt sich faktisch um eine Fälschung der ausdrücklichen Meinung von Marx. Camus erblindet in Folge seines absoluten Antikommunismus. Er bestätigt schließlich nur, was schon Thomas Mann sagte, wenn er den Antikommunismus die größte Torheit des zwanzigsten Jahrhunderts nennt.

Allerdings nimmt Camus, wenn er dann über die Perspektiven des Handelns von der Rebellion aus spricht, eine Position ein, die wiederum der Position von Marx außerordentlich ähnlich ist. Für mich ist Camus ein großer Denker, außer wenn er über den Kommunismus oder über das Marx'sche Denken spricht. Genau dies ist wohl auch der Grund für seinen Konflikt mit Sartre.

10. Die Offenheit der Marx'schen Religionskritik

So ergibt sich, dass die Marx'sche Religionskritik durchaus offen ist. Sie ist eindeutig, was ihre Analyse des universalen Freiheitsbegriffes und des Humanismus der Praxis ist. Ob dieser aber in eine Gottesvorstellung einmündet oder nicht, kann sie nicht vorentscheiden. Da gibt es die verschiedensten Optionen. Das Ergebnis kann sowohl Atheismus als auch Gottesglaube sein. Aber in beiden Fällen gibt sie das Kriterium an die Hand, das falsche Götter, aber auch falsche Atheismen unterscheiden kann. Ob sie falsch sind oder nicht, hängt von ihrem Standpunkt gegenüber diesem universalen Freiheitsbegriff und dem entsprechenden Humanismus der Praxis ab. Das

Wahrheitskriterium muss immer der Mensch sein. Es kann weder Gott noch irgendeine Wissenschaft sein. Aber beide laufen darauf hinaus, dass der Mensch dieses Wahrheitskriterium ist. Die Überzeugungskraft der Konzeption einer Gottesvorstellung, die von der Marx'schen Religionskritik her nicht verurteilt werden kann, ist ganz klar das Ergebnis der Tatsache, dass die Kontingenz der Welt nicht änderbar ist. Es handelt sich vor allem um die Tatsache, dass transzendentale Vorstellungen (wie der Kommunismus der sozialistischen oder das Reich Gottes der christlichen Tradition) grundsätzlich nicht verwirklicht werden können und dass der Mensch sterblich ist.

Es ergibt sich dann folgende Vorstellung: Gott ist von seiner eigenen Schöpfung gefangen genommen und wird von dieser noch gefangen gehalten. Aber es gilt auch: Gott ist die Möglichkeit, dass die transzendentalen Vorstellungen des Typs «Kommunismus», «Reich Gottes», «messianisches Reich», die durch menschliches, notwendig instrumentelles Handeln nicht verwirklicht werden können und immer nur Orientierungen bleiben, letztlich jedoch möglich sind, wenn Gott diese Macht zurückgewinnt und es eine neue Schöpfung gibt. Navid Kermani macht dazu eine durchaus treffende Reflexion:

> *El Schaddaj* nennt Hiob (6,14) den Gott, den er für das erlittene Unrecht verantwortlich macht – der dem Menschen Gewalt antut (10,3), ihm wie der Henker den Fuß in den Block schließt (13,27) und sich überhaupt wie ein Tyrann verhält (19,11, 30,21 ff.). Wo in der Hebräischen Bibel also die Allmacht Gottes angedeutet ist, geht sie in der Regel gerade nicht mit Güte einher (so auch in Jes 13,6; Joel 1,15; Ruth 1,20). Gott kann nicht einfach das Reich der Liebe beginnen lassen; die Durchsetzung seiner Herrschaft ist abhängig davon, ob die Menschen diese Herrschaft wollen, wie es das jüdische Wort von den 36 Gerechten, auf die Gott warten müsse, ausdrückt. Die gute Schöpfung reicht so weit, wie Gott sie geschaffen hat; aber an vielen Stellen und immer wieder kommt die naturgegebene Unordnung, wie sie vor der Schöpfung herrschte, zum Vorschein. «Am Anfang schuf Gott Himmel und Erde, und die Erde war wüst und leer.» (1. Mose 1,1 f.) Das hebräische Wort für «wüst und leer» heißt *tohuwabohou* und bezeichnet unter anderem die Unwirtlichkeit der Wüste. Die Ausleger sprachen von dem Chaos als dem Zustand, in den hinein Gottes Schöpfung geschah. Da in dieser Sicht Gottes Schöpfung noch nicht beendet ist, erstaunt nicht das Chaos oder das Böse, sondern Gottes Eingriff, auf den das Gute zurückzuführen ist.[26]

---

26 Navid Kermani: Der Schrecken Gottes. Attar, Hiob und die metaphysische Revolte, Mit sechs Kalligraphien von Karl Schlamminger, München ²2015, 124.

11. Schlussbemerkung

Die Schlüsse, die Marx aus seiner Religionskritik zieht, setzen voraus, dass seine Vorstellung des Kommunismus verwirklicht werden kann. Daraus folgt das Absterben der Religion durch die Verwirklichung des Kommunismus. Stellt sich aber die Vorstellung des Kommunismus als nicht realisierbar heraus, ändern sich die Folgerungen, die sich aus der Marx'schen Religionskritik ableiten. Deshalb geht es nicht um eine Widerlegung der Marx'schen Religionskritik, sondern um eine Veränderung des Urteils über jene Wirklichkeit, die in ihr impliziert ist. Wir können ein anderes Beispiel nehmen. Nehmen wir an, das im Christentum erwartete Reich Gottes wäre menschlich realisierbar. Dann wäre natürlich der christliche Gott, der dieses Ziel des Reiches Gottes vertritt, überflüssig. Der Glaube daran könnte also absterben. Gehen wir aber davon aus, dass es unmöglich ist, dieses Ziel zu verwirklichen, dann bleibt es dabei, dass es falsche irdische Götter gibt, die leugnen, dass der Mensch das höchste Wesen für den Menschen ist, so dass die Möglichkeit einer Gottesvorstellung bleibt, in der ein Gott vorgestellt wird, dessen Wille es ist, dass der Mensch das höchste Wesen für den Menschen ist. Dieser Gott wäre dann eben nicht ein falscher Gott. Die Bedingung für diese Argumentation ist, dass man die Religionskritik sowohl von Marx wie auch von Feuerbach wirklich versteht, was leider selten ist. Man erkennt dann auch, dass diese Religionskritik in eine Jahrtausende alte jüdisch-christliche Kultur integrierbar ist und tatsächlich ein großer, bedeutender und vielleicht entscheidender Beitrag zu dieser Kultur ist.

Walter Bochsler

DER THERMIDOR DES CHRISTENTUMS

Sozialgeschichtliche Aspekten seiner frühen
Entwicklung

1. Persönliche Erinnerungen

Vor rund fünfundzwanzig Jahren habe ich Zugang gefunden zu der Reflexions- und Forschungsgemeinschaft, die sich später den Namen *Collège de Brousse* gab. Dankbar bin ich meinen Studienfreunden Urs Eigenmann und Maria Klemm-Herbers, die mich animierten, den Einladungen zu den Studienwochen in La Roche (Kanton Freiburg) Folge zu leisten. Ich bin damit in eine Gemeinschaft aufgenommen worden, die sich nicht nur durch höchste Sachkompetenz ihrer Mitglieder auszeichnet, sondern auch durch den Versuch, die reale, uns umgebende Wirklichkeit zu analysieren und auf ihre Veränderbarkeit im Sinne von «diese Welt anders»[1] hin zu befragen und auch Möglichkeiten der Veränderung aufzuzeigen. Und dies in einer Atmosphäre des gegenseitigen Respekts und der Bestärkung, wie ich es nie an einem meiner Studienorte in der Schweiz, in Deutschland, in Italien und zuletzt in Frankreich erlebt habe. Dass ich in dieser Gemeinschaft so wunderbare Menschen kennengelernt habe wie Kuno Füssel, Franz Hinkelammert und Joseph Thali, das sei mit Freude hinzugefügt. Mein Aufenthalt in Paris und der Besuch der Veranstaltungen am *Collège de France* haben dann auch den Anstoß gegeben für den Namen *Collège de Brousse*, was der Kombination von *Collège de France* und École de Brousse (Buschschule) entspricht. Damit sollte zum Ausdruck gebracht werden, dass diese Forschungs- und Freundesgemeinschaft äußerst hohe Anforderungen an ihre Mitglieder stellt und gleichzeitig mit einem Minimum an organisatorischer und finanzieller Struktur auskommen will.

---

1 So der Titel eines Buches: Ton Veerkamp, Die Welt anders. Politische Geschichte der Großen Erzählung, Berlin 2013.

Viele Anregungen habe ich in unseren jährlichen Kurswochen und den damit verbundenen sogenannten Dienstagstreffen im Lauf des Jahres erhalten. Ohne diese Gemeinschaft hätte ich wohl kaum in den Jahren 2002 bis 2004 meinen Studienaufenthalt in Paris angetreten. Die erhaltenen Anregungen und auch Herausforderungen haben mich immer mehr zu eigenen Überlegungen gebracht und mir Richtungen aufgezeigt, die mir wohl sonst verschlossen geblieben wären. Schon allein die Erkenntnis von Louis Althusser, dass wir einen gesellschaftlichen Sachverhalt nicht wirklich verstehen, wenn wir nicht die drei Ebenen Politik, Ökonomie und Ideologie (Kultur/Religion) in die Analyse einbeziehen, verdient, in der Erinnerung festgehalten zu werden. Die Einführungen in das Denken von Louis Althusser, Pierre Bourdieu und Michel Foucault werden mir unvergesslich bleiben.[2] Sie im Kopf immer wieder zu reaktivieren, trägt nach wie vor zu einem Erkenntnisgewinn und zur Klarheit von gesellschaftlichen Analysen bei.

2. (Fehl-)Entwicklungen im frühen Christentum

Ein Problem, das mich seit Jahren beschäftigt, ist die Entwicklung des frühen Christentums von einer innerjüdischen messianischen Strömung bis hin zu einer vom Kaisertum anerkannten Religion und später gar zur Staatsreligion. Franz Hinkelammert bezeichnet diesen Prozess als Christianisierung des Imperiums bei gleichzeitiger Imperialisierung des Christentums,[3] ein Prozess, zu dem uns Urs Eigenmann ganz grundlegende Einsichten vermittelt hat.[4] In einem umfangreichen Beitrag geht Franz Hinkelammert dieser Frage nach unter dem Titel *Der Thermidor des Christentums*.[5] Er bezieht sich dabei auf Karl Marx, der den Begriff Thermidor verwendet, um einen Prozess in der Französischen Revolution zu kennzeichnen: Zu Beginn eine Volkserhebung, am Ende eine bürgerliche Revolution

2   Diese drei waren Schwerpunktthemen einiger Kurswochen des *Collège de Brousse* in La Roche.
3   Vgl. Franz Hinkelammert, Der Thermidor des Christentums als Ursprung der christlichen Orthodoxie. Die christlichen Wurzeln des Kapitalismus in der Moderne, in: Ulrich Duchrow/Carsten Jochum-Bortfeld (Hrsg./Eds.), Befreiung zur Gerechtigkeit – Liberation towards Justice, Münster 2015, 147–196, hier: 148; vgl. ders., Der Fluch, der auf dem Gesetz lastet. Paulus von Tarsus und das kritische Denken, Luzern 2011, 234.
4   Vgl. Urs Eigenmann, *Das Reich Gottes und seine Gerechtigkeit als himmlischer Kern des Irdischen. Das Christentum als pauperozentrischer Humanismus der Praxis* in diesem Band.
5   Vgl. Hinkelammert, Der Thermidor des Christentums als Ursprung der christlichen Orthodoxie.

mit einem Kaiser an der Spitze und der Herrschaft des Bürgertums über die eigentlich an ihrem Ort verbliebenen Untertanen. Trotzki verwendet den gleichen Begriff Thermidor und wendet ihn auf die Russische Revolution an: Zu Beginn eine zwar durch eine Elite gesteuerte, aber immerhin volksähnliche Erhebung, am Ende die Planungsmaschinerie des Stalinismus. Die unten bleiben letztlich unten. Deswegen formuliert Trotzki die Forderung nach einer *révolution permanente*.

Diese Anstöße nahm im letzten Jahrhundert Crane Brinton auf mit seinem Werk *Anatomy of Revolution*[6] (Anatomie der Revolution). Er analysiert vier verschiedene Revolutionen: Die englische, die amerikanische, die französische und die russische und entdeckt in allen vier Gemeinsamkeiten. Brinton hält erstens fest, dass diese Revolutionen in ihrem Verlauf nicht identisch sind, dass es aber analoge Strukturmerkmale gibt. Er schreibt in der Einleitung, dass es zum einen etwas vom Schwierigsten in dieser Welt sei, Menschen und Institutionen zu beschreiben, ohne diese verändern zu wollen, und zum andern, dass eine sogenannte Objektivität unmöglich sei.[7] Er trägt zweitens einige Elemente zusammen, die eine Erhebung bzw. Revolution auslösen und stellt fest, dass das, was Menschen dazu bringt, die Machteliten anzugreifen, nicht bloß ein Zustand von Ausbeutung und Elend ist, sondern der nicht überbrückbare Gegensatz zwischen dem, was Menschen wünschen und dem, was sie erreichen. Revolutionen beginnen häufig in Zeiten wirtschaftlicher Depression, die auf eine Periode prosperierender Lebensverhältnisse folgen.[8] Hier muss beigefügt werden, dass verbesserte Lebensbedingungen nicht zwingend zu mehr Gerechtigkeit führten bzw. führen, sondern im Gegenteil die Klassengegensätze verschärfen können. Brinton schreibt: «Der Sachverhalt von Klassengegensätzen ist ohnehin ein Faktum, auch wenn es den Interessen der herrschenden Klasse oder Klassen entspricht, diesen Sachverhalt dauernd abzustreiten.»[9] Zudem schreibt Trotzki: «In der realen Welt genügt das reine Vorhandensein von Entbehrung nicht, um Aufstände auszulösen; wenn es

---

6 Vgl. Crane Brinton, Anatomy of Revolution, New York 1965.
7 Vgl. ebd. 20.
8 Vgl. ebd. 30.
9 Übersetzung von Kevin Collins, Basel, dem ich hier dafür danke. «The existence of antagonisms among classes is fact, however much it may be to the interest of the ruling class or classes to deny it» (ebd. 57).

anders wäre, befänden sich die Massen dauernd im Aufruhr.»[10] Dann stellt Brinton fest, dass alle Erhebungen ausgelöst werden durch finanzielle Ursachen, insbesondere durch das Eintreiben und die Erhöhung von Steuern.[11] So war es auch beim jüdischen Aufstand des 1. Jahrhunderts, wo als erstes die Steuerbüros überfallen und die Unterlagen der Steuererhebungen verbrannt wurden. Drittens hält Brinton mit Marx fest, dass das Lumpenproletariat nicht aus sich heraus revolutionär ist[12] und dass die Anführer von Erhebungen tendenziell aus den gebildeteren Klassen stammen und diese häufig eine kleine Minderheit in der Bewegung darstellen. «Massen machen keine Revolutionen.»[13] Brinton konstatiert: «Alle unsere Revolutionen hatten ihren Thermidor.»[14] Diverse alte Herrschaften wurden wieder hergestellt oder durch neue ersetzt, doch das Verhältnis von Herrschenden und Beherrschten blieb letztlich unangetastet, auch wenn nicht zwingend die alten Eliten rehabilitiert, sondern durch andere Eliten ersetzt wurden.[15] Auch Trotzki drang mit der Forderung nach einer permanenten Revolution nicht durch. Der Thermidor ist also nichts Einzigartiges, sondern der revolutionäre Prozess scheint fast unausweichlich bestimmt durch Reaktion und Restauration.[16] Trotzdem lässt sich nicht behaupten, durch eine Erhebung habe sich generell nichts verändert. Doch die Frage bleibt, was genau es dann gewesen ist.[17]

Dass sich durch Revolutionen nichts verändert habe, wird zwar immer wieder behauptet. Dem ist allerdings nicht so. Darauf weist Brinton hin, wenn er festhält, dass sich durch revolutionäre Bewegungen Institutionen, Gesetze (z. B. der *Code Napoléon*) und menschliche Verhaltensweisen verändern. Vieles geschieht zwar nicht sogleich, aber es gibt Entwicklungen, die nicht aufzuhalten sind. So wäre es wichtiger, auf das hinzuweisen, was sich verändert hat, und nicht nur festzuhalten, was unverändert geblieben ist.[18] Sosehr dies gilt, sosehr trifft zu, dass es nicht gelang, den absoluten Vorrang des

---

10 Übersetzung K. C. «In reality, the mere existence of privations is not enough to cause an insurrection; if it were, the masses would always be in revolt» (Leo Trotzki, zit. in: ebd. 33).
11 Vgl. ebd. 36.
12 Vgl. ebd. 101.
13 Übersetzung K. C. «The masses do not make revolutions» (ebd. 154).
14 Ebd. 205.
15 Vgl. ebd. 235.
16 Vgl. ebd. 235 f.
17 Vgl. ebd. 236.
18 Vgl. ebd. 237.

Privateigentums zu eliminieren und die Idee des für alle zugänglichen Gemeinsamen zu institutionalisieren.

Für Franz Hinkelammert liegt es nahe, das gesamte Konzept von Brinton auf die Entwicklung des Christentums von einer innerjüdischen Bewegung auf dem Boden der Tora bis hin zur imperialisierten Christenheit unter Konstantin und seinen Nachfolgern anzuwenden.[19] Schon Brinton weist darauf hin, dass die Bibel selbst voll ist von revolutionären und widerständigen Texten und es wichtig ist festzuhalten, dass es eine Entwicklung des organisierten Christentums bzw. der Christenheiten gibt, die dem entspricht, was der organisierte Kommunismus mit den Schriften von Karl Marx und Friedrich Engels gemacht hat.[20]

Brinton weist auch darauf hin, dass Ideen, die aus dem Christentum stammen und oft nicht von organisierten christlichen Gruppierungen vertreten wurden, wesentlich dazu beigetragen haben, dass sich widerständige und revolutionäre Situationen entwickelt haben. Sie waren dadurch bestimmt, dass sich die Menschen des Widerspruchs bewusst wurden zwischen dem, was sie sind, und dem, was sie sein möchten, nämlich frei und nicht den Herrschenden ausgeliefert.[21] Nicht zwingend mussten sie sich dabei in den verschiedensten historischen Phasen an klaren theistischen Kulten wie etwa jenen des Christentums festmachen; aber ein Bezug auf ein gewisses Übernatürliches war vorhanden, das von Brinton allerdings nicht näher bestimmt wird. Der Bezug auf das Übernatürliche trägt zum klaren Willen einer Veränderung von Institutionen, Gesetzen (besonders auch ökonomischen) und Strukturen bei und nicht bloß von Menschen. Ziel aber ist die prinzipielle Gleichheit der Menschen, die es aufgrund der Idee dieser Gleichheit, konkret zu realisieren gilt.

Vor dem Hintergrund dieser Ausführungen von Brinton wird deutlich: Wer diese Absicht und ihre mögliche Realisierung in den biblischen Grundlagentexten in Abrede stellt, hat sie nicht verstanden. Aber gerade die postulierte und angestrebte Gleichheit und Gleichwertigkeit aller Menschen – bei Paulus die der Juden und der Gojim – führt zu einem häufig tödlichen Konflikt mit den Herrschenden, die davon nichts wissen wollen. Alle Versuche messianischer Bewegungen im ersten Jahrhundert im Raum Palästina

---

19 Vgl. Hinkelammert, Der Thermidor des Christentums als Ursprung der christlichen Orthodoxie 148.
20 Vgl. Brinton, Anatomy of Revolution 248.
21 Vgl. ebd. 184.

beispielsweise wurden von der Besatzungsmacht in einem Meer von Blut ertränkt und ihre Anführer liquidiert. Erstaunlicherweise überlebte nur eine dieser messianischen Bewegungen die Reaktion des Imperiums, die Bewegung Jesu von Nazareth. Aber um welchen Preis? Um den Preis, dass – wie Franz Hinkelammert festhält – nicht der römische Staat christianisiert, sondern das Christentum imperialisiert wurde. Das bezeichnet er als den wirklichen Thermidor des Christentums.[22] Dass neben den von Brinton untersuchten vier Revolutionen auch unzählige andere Erhebungen das Schicksal des Thermidors erlitten haben, sei der Vollständigkeit halber wenigstens erwähnt. Ich denke an die Entwicklung von Rhodesien zu Simbabwe unter Robert Mugabe, an die Revolution der Sandinisten in Nicaragua bis hin zur heutigen Sandinisten-Regierung. Die Liste ließe sich wohl beliebig verlängern.

Ich versuche in der allergrößten Knappheit, einige Momente dieses Thermidors aufzuzeichnen.[23]

Der Ausgangspunkt: Um das Jahr 30 n. Chr. tritt ein junger Mann aus dem Schatten seines Meisters Johannes nach dessen gewaltsamem Tod und beginnt seine Verkündigung vom Anbrechen des Reiches Gottes und seiner Gerechtigkeit. «Als der Täufer Johannes gefangengesetzt wurde, ging Jesus zurück nach Galiläa und verkündete: Die Zeit (*chronos*) ist erfüllt (*peplerotai*). Das Reich Gottes (*basileia tou theou*) ist nahe herbeigekommen. Kehret (*metanoiete*) um und setzet eure ganze Hoffnung (*pisteuete*) auf diese froh- und freimachende Botschaft (*euangelion*)» (Mk 1,14-15, Übersetzung W. B.). Diesen Satz kann man als Überschrift und Inhaltsangabe des ganzen Markusevangeliums verstehen. Diese Verkündigung in Wort und Tat führte zu Jesu gewaltsamem Tod durch einen Präfekten, der als Statthalter des Imperiums diente. Schon vor und besonders nach seinem Tod bildeten Jesu Anhänger und Anhängerinnen eine Strömung innerhalb des Judentums, zuerst in Palästina mit seiner mehrheitlich jüdischen Bevölkerung.[24] Es gilt festzuhalten, dass Jesus als

---

[22] Vgl. Hinkelammert, Der Thermidor des Christentums als Ursprung der christlichen Orthodoxie 148.

[23] Vgl. Eigenmann, *Das Reich Gottes und seine Gerechtigkeit als himmlischer Kern des Irdischen* in diesem Band.

[24] Vgl. Ekkehard W. Stegemann/Wolfgang Stegemann, Urchristliche Sozialgeschichte. Die Anfänge im Judentum und die Christengemeinden in der mediterranen Welt, Stuttgart 1995, 13–15.

Jude geboren ist, als Jude gelebt hat und als Jude von einem Vertreter des Kaisers von Rom hingerichtet wurde.[25]

Jesus wandte sich wohl (fast) ausschließlich an die verlorenen Schafe des Hauses Israel, seine ersten Anhänger und Anhängerinnen entstammten dem Judentum in seiner äußerst vielseitigen und komplexen Gestalt. Unter Paulus entwickelte sich die Grenzüberschreitung in Richtung der Gojim, was von Alain Badiou als Begründung des Universalismus verstanden wird.[26] Soweit der Anfang. Am Ende stehen die Einstellung der Verfolgung und die faktische Anerkennung des Christentums als *religio licita*[27] (erlaubte Religion) durch das Toleranzedikt des Kaisers Galerius im Jahre 311, die Gleichstellung des Christentums mit allen anderen Kulten in der Mailänderkonvention der Kaiser Konstantin und Licinius im Jahre 313 und die Erhebung zur Staatsreligion unter Kaiser Theodosius im Jahre 380.[28] Was war in der Zwischenzeit geschehen?

(1) Der Begriff *pistis* wird von einem «Sein-ganzes-Vertrauen-setzen auf» zu einem »Für-wahr-Halten von». Die Apostolischen Väter brauchten für das Für-wahr-Halten den Begriff *gnosis*, nicht *pistis*.[29] Aus einer Bewegung für das Reich Gottes wird eine Philosophenschule (*skolè*)[30] bzw. ein Kultverein.[31]

(2) Die *pistis* Jesu wird ersetzt durch die *pistis* an Jesus, die Vermittlung durch den Vermittler.[32] Der Mensch Jesus wird versehen mit dem Titel Messias – ein Titel, den sich der historische Jesus mit größerer Wahrscheinlichkeit nicht zugelegt hat, der ihm aber möglicherweise von seinen Anhängern gegeben wurde – und der Messias

---

25 Dieser Sachverhalt wird heute von keinem ernstzunehmenden Bibelgelehrten mehr bestritten. Dasselbe gilt für Paulus. Vgl. dazu Pamela Eisenbaum, Paul was not a Christian. The Original Message of a misunderstood Apostle, New York 2009.

26 Vgl. Alain Badiou, Saint Paul. La fondation de l'universalisme, Paris 1997.

27 *Religio licita* scheint zwar «[...] keine rechtsverbindliche Größe zu sein» (Görge K. Hasselhoff/Meret Strothmann (Hrsg.), «Religio licita?» Rom und die Juden, Gütersloh 2017, 6), konnte aber mit Privilegien wie der Befreiung vom Kaiserkult verbunden sein (vgl. Christoph Elsas, Art. Herrscherkult, in: Hubert Cancik/Burkhard Gladigow/Karl-Heinz Kohl (Hrsg.), Handbuch religionsgeschichtlicher Grundbegriffe, Band III, Stuttgart 1993, 115–122, hier: 120).

28 Vgl. Eigenmann, *Das Reich Gottes und seine Gerechtigkeit als himmlischer Kern des Irdischen* in diesem Band; vgl. ders., Von der Christenheit zum Reich Gottes. Beiträge zur Unterscheidung von prophetisch-messianischem Christentum und imperial-kolonisierender Christenheit, Luzern 2014, 17–43.

29 Vgl. Giorgio Agamben, Die Zeit, die bleibt. Ein Kommentar zum Römerbrief, Frankfurt am Main 2006, 131–133.

30 Vgl. Maurice Sachot, L'invention du Christ. Genèse d'une religion, Paris 1998, 133–162.

31 Vgl. Gerd Theißen, Die Jesusbewegung. Sozialgeschichte einer Revolution der Werte, Gütersloh 2004, 293–305.

32 Vgl. Jon Sobrino, Messias und Messianismus. Überlegungen aus El Salvador, in: Concilium 29 (1993) 79–81; vgl. ders., Christologie der Befreiung, Band 1, Mainz 1998, 156 f.

wird zum *Christos*, einer Bezeichnung, die im Judentum mit Messias gemeint und auch so verstanden wurde, in der hellenistischen Welt aber immer mehr mit «Gottessohn» verschmolz, was zu dem Prozess führt, den man als zunehmende Divinisierung bezeichnet.[33] Mimouni legt uns übrigens nahe, den Begriff Judenchristen nicht für das erste Jahrhundert zu verwenden, sondern die Bezeichnung Christen, die aus dem Judentum stammen, denn die Judenchristen seien jene, die an der Messianität Jesu festgehalten, seine Divinisierung aber nicht mitgemacht haben, da sie darin einen Verstoß gegen den Glauben an den einen Gott sahen. Diese Gruppen werden als *Nozri/Nazarener*, *Ebioniten* und *Elkasaiten* bezeichnet, die historisch bis ins achte Jahrhundert nachzuweisen sind.[34]

(3) Das Reich Gottes wird auf dessen endzeitlich verheißene Vollendung reduziert, mit der Person Jesu identifiziert (Lehre von der *autobasileia*) und verschwindet in einer abstrakten Christologie. Es spielt keine zentrale Rolle mehr. Im Reichskonzil von Nicäa 325 ist vom Reich Gottes nicht die Rede, wie auch nicht in den kommenden ökumenischen und späteren Konzilien bis zum Vatikanum II, wo der Begriff seine zentrale Stellung wieder erlangt.[35] Dass Kaiser Konstantin als *Pontifex Maximus* das Konzil von Nicäa einberief, mit der kaiserlichen Post die Konzilsteilnehmer zur Versammlung transportierte, den Vorsitz im Konzil hatte und erst mit seiner Unterschrift unter die Dokumente diese in den Status der Reichsrechtskodifizierung versetzte, sei der Vollständigkeit halber erwähnt.

(4) Judentum und Christentum trennen sich zunehmend. Beide ehemaligen Strömungen innerhalb des Judentums entstehen in Abgrenzung voneinander als je eigene Religion. Die Auseinanderentwicklung dauerte nach Ansicht vieler Fachleute erheblich länger, als weitgehend angenommen wird, und scheint bis zum Konzil von Ephesus 431 nicht definitiv entschieden gewesen zu sein. Die Auseinandersetzungen um die *Christokos* (Christusgebärerin) und die *Theodokos* (Gottesgebärerin) sind eigentlich nicht Kennzeichen eines marianischen, sondern eines christologischen Dogmas, da zur Debatte stand, ob Maria die Mutter des Messias oder eines Gottes sei,

---

33 Vgl. Simon Claude Mimouni, Le judéo-christianisme ancien. Essais historiques, Préface par André Caquot membre de l'Institut, Paris 1998, 15.
34 Vgl. ebd. 89.
35 Vgl. Eigenmann, *Das Reich Gottes und seine Gerechtigkeit als himmlischer Kern des Irdischen* in diesem Band; vgl. ders. Von der Christenheit zum Reich Gottes 75–82.

so die Meinung von Simon C. Mimouni.³⁶ Die Bezeichnung Gottessohn bedeutete für einen Juden des ersten Jahrhunderts, dass es um eine Person geht, die sich mit aller Kraft für ein Leben nach der Tora einsetzt. Dabei handelte es sich nicht um eine Anmaßung und schon gar nicht um eine Blasphemie.³⁷

(5) Es entsteht eine Zwei-Klassenkirche von Laien und Klerikern. Der sich durchsetzende Begriff *ordo* bezeichnet einen Sachverhalt, der in der römischen Gesellschaft verwendet wurde und klare Klassenunterschiede bezeichnete. Für die Zugehörigkeit zum *ordo* der Senatoren war ein Vermögen von einer Million Sesterzen verlangt, und die Angehörigen waren durch einen breiten Purpurstreifen an der Toga gekennzeichnet. Für die Zugehörigkeit zum *ordo* der Ritter war ein Vermögen von 400'000 Sesterzen erforderlich, und die Mitglieder trugen einen schmalen Purpurstreifen an der Toga.³⁸

(6) Die Frauen werden aus Leitungsfunktionen verdrängt, die bei Paulus noch klar erkennbar sind und in der späteren Entwicklung zur Großkirche unterschlagen wurden (vgl. Röm 16,7, wo Junia zum Junias wurde).³⁹

(7) Es wird eine Orthodoxie entwickelt als Folge der Umfunktionierung von *pistis* als Hoffnung und Hingabe in *pistis* als Für-wahr-Halten. Sie wird gebraucht, um die neu entstandenen Machtverhältnisse zu legitimieren. Die Orthodoxie wird von den herrschenden Klassen mit Macht und Gewalt durchgesetzt, Andersdenkende werden als Häretiker ausgegliedert, verfolgt und, wenn es die Machtverhältnisse zulassen, vernichtet.⁴⁰ Das praktizierte Bekenntnis und die Arbeit am Reich Gottes gelten nichts, es zählt nur ein Lippenbekenntnis des Glaubens an Gott, Kaiser und Imperium.

(8) Aus dem gewaltsam hingerichteten Jesus (*victima*) durch den Präfekten Judäas wird ein kultisches Opfer (*sacrificium*), das Gott für die Sünden der Menschheit dargebracht wird. Aus dem befreienden Gott der Tora wird ein Gott, der mit den Menschen versöhnt wer-

---

36 Mimouni in einem persönlichen Gespräch an der École pratique des hautes Études in Paris im April 2004.
37 Ebenfalls in diesem Gespräch geäußert.
38 Vgl. Stegemann/Stegemann, Urchristliche Sozialgeschichte 67 und 75.
39 Vgl. Luise Schottroff, Lydias ungeduldige Schwestern. Feministische Sozialgeschichte des frühen Christentums, Gütersloh 1994, 315.
40 Vgl. Hinkelammert, Der Thermidor des Christentums als Ursprung der christlichen Orthodoxie 148. Hinkelammert weist darauf hin, dass Brinton «[d]as Legitimationsdenken, das die jeweils neue Macht definiert und rechtfertigt [...], als das orthodoxe Denken [bezeichnet]» (ebd.).

den muss und daher seinen eigenen Sohn opfert.[41] Der befreiende und alle Schuld(en) vergebende Gott wird zu einem Gott, der die Schulden der Menschen gnadenlos eintreiben lässt, selbst wenn sie unbezahlbar sind. Der Mensch wird gerecht, wenn er die Schulden gnadenlos einfordert und sie niemals erlässt. In der Botschaft Jesu ist noch derjenige gerecht, der die Schulden erlässt, so wie Gott sie erlässt.[42]

Es ist mir klar, dass die Liste nicht vollständig ist. Das Angeführte soll genügen, um den Sachverhalt des Thermidors zu belegen. Ebenso gilt es festzuhalten, dass die Orthodoxie, die gegen die Volksreligion gerichtet ist, sich nie vollständig durchgesetzt hat und die Impulse der jesuanischen innerjüdischen Erneuerungsbewegung auf dem Boden der Tora und des Bundes zwischen Gott und seinem Volk, wie auch zwischen Volk und seinem Gott,[43] nie total eliminiert und aus der Erinnerung der Menschen getilgt werden konnten. Gruppierungen, die im messianischen Geist Jesu immer wieder versucht haben, alle Herrschafts- und Ausbeutungsverhältnisse abzuschaffen – nach dem Beispiel des Paulus (vgl. Gal 3,26–28) zwischen Völkern, Klassen und zwischen Mann und Frau – hat es im Verlauf der Kirchengeschichte immer gegeben, trotz massivster Unterdrückung und Verfolgung. Diese Traditionen freizulegen und die Perspektive der Analyse auch der biblischen Texte gänzlich zu revidieren, sie aus der Perspektive einer imperialisierten Religion zu befreien und sie als Texte einer Widerstandskultur zu erkennen,[44] das ist eine bleibende, wohl nie endende Aufgabe. Auch wenn die Versuche, dies zu leisten, von der europäischen Theologie meist bewusst nicht zur Kenntnis genommen werden, so gibt es doch konkrete Aufbrüche in der Befreiungstheologie und in der imperiumskritischen Theologie in den USA. Brigitte Kahl hat mir jüngst bestätigt, dass diese an den europäischen Universitäten nicht oder nur zögerlich und nur von wenigen Vertretern wie etwa Ulrich Duchrow zur Kenntnis genommen werden und sie der Meinung ist, dass dies bewusst geschieht, weil

---

41 Vgl. Bernd Jankowski und Michael Welker, Einleitung. Theologische und kulturelle Kontexte des Opfers, in: dies. (Hrsg.), Opfer. Theologische und kulturelle Kontexte, Frankfurt am Main, 9–20, hier: 9.
42 Vgl. Hinkelammert, Der Thermidor des Christentums als Ursprung der christlichen Orthodoxie 176, 149 f.
43 Vgl. Agamben, Die Zeit, die bleibt 131 f.
44 Brigitte Kahl in einem längeren persönlichen Gespräch an der Tagung *Solidarisch leben in ‹apokalyptischen› Zeiten* im Romerohaus in Luzern am 24. November 2017.

man den Einsturz ganzer (idealistischer) Denkgebäude befürchte, wo kein Stein auf dem andern bleiben könnte.[45]

3. Herrschaft und die Kunst des Widerstands

Wichtige Anregungen habe ich in einem bemerkenswerten Buch aus den USA gefunden, einem Buch des Sozialwissenschaftlers James C. Scott mit dem Titel *Domination and the Arts of Resistance. Hidden Transcripts*[46] (Herrschaft und die Kunst des Widerstands. Versteckte Protokolle). Scott führt in sein Werk ein mit einem Sprichwort aus Eritrea, das so lautet: «Wenn der große Herr vorübergeht, verbeugt sich der weise Bauer tief und furzt lautlos.»[47] Dies ist zwar nicht der Titel des Buchs, aber eine Art Präskript, das es im Auge zu behalten gilt, bei dem Scott in seinen Ausführungen allerdings nicht stehen bleibt.

Was sind *transcripts*? Im Wörterbuch Englisch – Deutsch steht: Abschrift, Kopie, Protokoll. Was meint Scott mit diesen *Transcripts*, *Public* und *Hidden*, den öffentlichen bzw. den versteckten Protokollen?[48] Sie werden im Folgenden mit PT und HT wiedergegeben. Scott geht vom Sachverhalt existierender Klassengesellschaften und von einer weltweit bestehenden Aufteilung in Herrschende und Machthaber auf der einen und Beherrschte und Machtlose auf der anderen Seite aus. Er macht keinen Hehl daraus, dass seine Sympathie bei den Beherrschten liegt, was schon seine Publikation *Weapons of the Weak. Everyday Forms of Peasant Resistance*[49] (Die Waffen der Schwachen. Alltägliche Formen bäuerlichen Widerstandes) zeigt. Seine Untersuchungen machen auch deutlich, dass er eine weltweite Veränderung des Sachverhaltes von Herrschenden und Beherrschten durchaus für wünschenswert hält und der Aussage von Crane Brinton folgt, dass es etwas vom Schwierigsten sei, Menschen und Zustände zu beschreiben, ohne sie verändern zu wollen. Das Verhältnis von Herrschenden und

45 Ebenfalls in diesem Gespräch geäußert.
46 Vgl. James C. Scott, Domination and the Arts of Resistance. Hidden transcripts, New Haven/London 1990.
47 Übersetzung W. B. «When the great Lord passes the wise peasant bows deeply and silently farts» (ebd. V).
48 Zur Übersetzung von *Transcripts* mit *Protokolle* vgl. Stefan Trenkel, Vom Hühnerdieb zum Revolutionär. Zu James C. Scotts «Domination and the Arts of Resistance: Hidden Transcripts» (http://copyriot.com/bewegr/scott.html, zuletzt abgerufen am 25. 2. 2018).
49 Vgl. James C. Scott, Weapons of the Weak. Everyday Forms of Peasant Resistance, New Haven 1985.

Beherrschten macht Scott zum Ausgangspunkt seiner Überlegungen. Was können wir erkennen unter den Stichworten: Macht, Vorherrschaft, Widerstand und Unterordnung?[50] Jede Machtausübung und jede Beherrschung erzeugt Widerstand, der eine Sachverhalt existiert nicht ohne den andern. Die Relationen zwischen Macht und Widerstand sind überall vorhanden, zwar nicht überall gleich ausgeformt, niemals aber abwesend.[51] Schon 1977 nimmt Scott Bezug auf das Schema von Großer und Kleiner Tradition.[52] 1990 führt er das Schema *Public and Hidden transcripts* (Öffentliche und Versteckte Protokolle) als Bezeichnungen ein, welche die einander entgegenstehenden Wirklichkeiten von Macht und Widerstand bestimmen sollen. Das Verhältnis zwischen beiden ist dialektisch. Dass beide Bezeichnungen in der Einzahl verwendet werden, weist darauf hin, dass Scott die beiden Realitäten als ein System untereinander verbundener Beziehungen versteht,[53] vergleichbar mit Paulus, der die lebensfeindliche Sündenmacht als *hamartia*, als ein System versteht und nicht einzelne Vergehen (*hamartiai*) meint. Das PT meint die Wirklichkeit, gesehen durch die Augen der Mächtigen, eine Art von Selbstporträt, wie die dominierenden Eliten selbst sich sehen und auch gesehen werden wollen.[54] Dieses PT bestimmt die Interaktion zwischen den Machthabern und den Beherrschten. Das HT besteht aus all jenen Reden, Gesten und Praktiken, die nicht auf der großen Bühne der Öffentlichkeit erscheinen, sondern hinter dem Rücken der Machthaber bleiben. Das HT wandelt alles ab und bestreitet, was das PT bestimmt. Es ist das, was die Unterdrückten zueinander sagen, und sie hüten sich davor, es in der Öffentlichkeit zu tun. Es sind dies die Orte, die sich dem direkten Zugriff der Machthaber entziehen, und es ist das, was oft in verschlüsselter Form geäußert wird.[55] Scott bezeichnet die HT auch als Diskurs der Würde, um der beständigen Erfahrung von Beherrschung und Entmenschlichung entgegenzutreten.[56] Herrschaftsideologie ruft nach Gegenideologie, die einen Widerstand gegen die Beherrschung unterstützt als Form der Selbstverteidigung.[57] So wird die HT zu einer

---

50 Scott, Domination and the Arts of Resistance X.
51 Vgl. Scott, Weapons of the Weak 26.
52 Vgl. Scott, Protest and Profanation. Agrarian Revolt and the Little Tradition, in: Theory and Society 4, 1977, 1–38, 211–246, hier: 211.
53 Vgl. ebd. 25.
54 Vgl. ebd. 18.
55 Vgl. Kuno Füssel, Im Zeichen des Monstrums. Zur Staatskritik der Johannes-Apokalypse, Freiburg/Schweiz 1986, 54.
56 Vgl. Scott, Weapons of the Weak 114.
57 Vgl. ebd. 118.

eigenen Kategorie der Erniedrigten und immer als Form von widerständiger Subkultur ein Produkt von Gegenseitigkeit.[58] Wie bestimmte Formen der einer herrschenden Kultur und Meinung kritisch begegnenden Volkskultur verwirklicht sich das HT nicht als reiner Gedanke, als Idee, sondern findet eine Fortsetzung und Realisierung, wenn es regelmäßig zum Ausdruck gebracht, verbreitet und in Kraft gesetzt wird in abgesicherten Orten weitab der großen Bühne.[59] Machteliten haben ein vitales Interesse daran, den Schein für die Rechtmäßigkeit ihrer Macht aufrecht zu erhalten. Die Unterdrückten ihrerseits haben ein Interesse, diesen Schein wahren zu helfen oder ihm zumindest nicht zu widersprechen. Die Frage ist, ob es sich dabei um ein falsches Bewusstsein der Beherrschten handelt oder um eine Anpassung an reale Gegebenheiten aufgrund von dominierenden Machtverhältnissen, die offenen Widerstand aussichtslos erscheinen lassen.[60] Diese Frage gibt auch immer wieder zu Diskussionen Anlass in den Reflexionen über das Verhalten Jesu, seiner Bewegung und insbesondere auch über das Verhalten der paulinischen Gemeinden innerhalb des Machtsystems *Imperium Romanum*.

Eine besondere Strategie der Herrschenden, die Unterdrückten still zu halten, besteht darin, diese zu überzeugen, dass die soziale Ordnung, in der sie leben (müssen), natürlich und somit unvermeidlich sei.[61] Ohne Solidarität und Zusammenstehen der Unterdrückten ist das, was man oft als falsches Bewusstsein behauptet und als Anpassung und Stillhalten durchgesetzt werden kann, leichter zu bewerkstelligen gemäß der Aussage von Michel Foucault: «Vereinsamung ist die erste Ermöglichung von totaler Unterwerfung.»[62] Aus vielen Gründen aber wird in den meisten Fällen eine offene Konfrontation mit den Herrschenden vermieden,[63] Widerstand also in verschleierter, versteckter Form geleistet.[64] Die Verwundbarkeit der Unterdrückten erlaubt ihnen den Luxus einer offenen Konfrontation meist nicht[65] und lässt sie Formen der politischen Verkleidung finden. Sie müssen kunstvolle Strategien entwickeln, um ihre Botschaft (HT) unter scheinbarer Wahrung des bestehenden Rechts und der bestehenden

---

58 Vgl. ebd. 119.
59 Vgl. ebd.
60 Vgl. ebd. 70.
61 Vgl. ebd. 72.
62 Übersetzung W. B. «Solitude is the primary condition of total submission», zit. in: ebd. 83.
63 Vgl. ebd. 86.
64 Vgl. ebd. 96.
65 Vgl. ebd. 136.

Ordnung verbreiten zu können. Dabei gibt es Strategien, die einerseits die Botschaft und andererseits die Träger der Botschaft verschleiern.[66] Wenn beide intensiv miteinander verbunden sind – Bote und Botschaft –, dann erhöht sich die Tendenz zur offenen Konfrontation. In der Analyse der gesellschaftlichen Wirklichkeit ist es unabdingbar, die Diskrepanz, ja den Gegensatz zwischen PT und HT sicherzustellen.[67] Auseinandersetzungen zwischen Mächtigen und Machtlosen sind durch Täuschungen und Vorgaben bestimmt. Die Machtlosen täuschen Unterwerfung vor, und die Mächtigen machen auf offene und subtile Weise ihre Überlegenheit geltend. Es ist nicht wirklich erstaunlich, dass die Ausführungen Scotts und sein Konzept des PT und des HT rasch aufgegriffen und insbesondere auch für die Bibelexegese fruchtbar gemacht wurden. Dabei ist es ebenso wenig erstaunlich, dass vor allem Vertreter und Vertreterinnen einer imperiumskritischen Bibelauslegung Scotts Erkenntnisse aufgenommen haben. Es sind Gelehrte, die erkennen und davon ausgehen, dass die Wirklichkeit, in der Jesus gelebt, gewirkt und verkündet hat, durch die allumfassende, alles strukturierende Realität des *Imperium Romanum* dominiert war und diese Realität ebenso die Nachfolgegemeinschaften Jesu und zweifellos auch die Gemeinden des Paulus bestimmte. Sie gehen davon aus, dass das *Imperium* nicht einer fernen Vergangenheit angehört, sondern zu verstehen ist als eine heutige Realität, die nach Aussage der Generalversammlung des Reformierten Weltbundes von Accra (2004) verstanden wird als «Konzentration wirtschaftlicher, kultureller, politischer und militärischer Macht zu einem Herrschaftssystem unter der Führung mächtiger Nationen, die ihre eigenen Interessen schützen und verteidigen wollen»[68].

Aufgegriffen wurden Scotts Forschungsergebnisse u. a. von Richard A. Horsley,[69] John D. Crossan,[70] Brigitte Kahl[71] und William

66 Vgl. ebd. 139.
67 Vgl. Allen Dwight Callahan, The Arts of Resistance in an Age of Revolt, in: Richard A. Horsley (Ed.), Hidden Transcripts and the Art of Resistance. Applying the Work of James C. Scott to Jesus and Paul, Atlanta 2004, 29.
68 Zit. in: Ulrich Duchrow, Mit Luther, Marx & Papst, Hamburg 2017, 126.
69 Vgl. Richard A. Horsley, The Politics of Disguise and Public Declaration of the Hidden Transcript. Broadening Our Approach to the Historical Jesus with Scotts' «Arts of Resistance» Theory, in: Horsley (Ed.), Hidden Transcripts and Art of Resistance 61–80.
70 Vgl. John Dominic Crossan, Der historische Jesus, München 1994, 70, 113–115, 186 f., 355 f.; ders., Jesus. Ein revolutionäres Leben, München 1996, 101 f., 138, 141; ders., The Birth of Christianity. Discovering what happened in the years immediately after the execution of Jesus, San Francisco 1998.
71 Vgl. Brigitte Kahl, Galatiens Re-imagined. Reading with the Eyes of the Vanquished, Minneapolis 2010.

R. Herzog II.[72] William Herzog II weist im Anschluss an Scott darauf hin, dass die Große Tradition auf die städtischen Zentren mit ihren urbanen, des Schreibens meist kundigen Eliten konzentriert war und von dort auf die dörflich strukturierte Umgebung mit deren normalerweise illiteraten Kultur ausgriff.[73] Die Verschriftlichung verstärkte ihre Wirkung. Sie propagierte eine soziale Ideologie der Patronage und verfestigte die Vorstellung von der Rechtmäßigkeit sozialer Ungleichheiten sowie den Wert und die Legitimität von unterschiedlichen Klassen.[74] Je weiter entfernt von den urbanen Zentren, desto schwächer die Wirkung der Großen Tradition. Die Kleine Tradition zeigt die unterschiedlichen Muster von Glauben und Verhalten der Bauernschaft in Agrargesellschaften. Sie drückt ihre Werte aus und verleibt sich ein Verständnis der Großen Tradition ein durch eine selektive Aneignung, die ihr Leben, ihre Werte und ihre Kultur unterstützt. So wird die Kleine Tradition zur Quelle des Widerstands gegen die Auferlegung der Großen Tradition durch die Machteliten. Den Herrschenden gelingt es so oft nicht, trotz aller Bemühungen, die Bestimmungen über die reale Wirklichkeit in der bäuerlichen Welt vollends durchzusetzen.[75] Scott bezeichnet dies als Entstehen einer Widerstand leistenden Schattengesellschaft.[76] Jesus operierte in einem Feld zwischen Anpassung und Revolte, indem er das HT der Galiläer und anderer Dörfler vertrat, und an der Kampflinie zwischen der Anonymität und der Verschleierung einerseits und der mutigen Deklaration des HT ins Angesicht der Mächtigen andererseits.[77] Nach Horsley ist Jesus fundamental zu verorten in den Dorfgemeinschaften Galiläas, wo die Bauern in ihren überschaubaren Gemeinschaften es noch gewohnt sind, einander in Notlagen beizustehen, weil sonst im schlimmsten Fall ihr kollektives Überleben gefährdet ist.[78] Für Horsley betonen vor allem Markus und die Quelle Q die Verwurzelung Jesu in der Agrargesellschaft Galiläas.[79]

---

72 Vgl. William Herzog II, Onstage and Offstage with Jesus of Nazareth. Public Transcripts, Hidden Transcripts and Gospel Texts, in: Horsley (Ed.), Hidden Transcripts and the Arts of Resistance, 41–60.
73 Vgl. ebd. 42.
74 Vgl. James C. Scott, Protest and Profanation. Agrarian Revolt and the Little Tradition, in: Theory and Society 4, 1977, 1–38, 211–246, hier: 14.
75 Vgl. Herzog II, Onstage and Offstage with Jesus of Nazareth 43.
76 Vgl. Scott, Protest and Profanation 211.
77 Vgl. Horsley, The Politics of Disguise and Public Declaration of the Hidden Transcripts 63.
78 Vgl. Richard A. Horsley, Jesus and the Powers. Conflict, Covenant and the Hope of the Poor, Minneapolis 2011, 152 f.
79 Vgl. ebd. 92.

Scott schreibt dazu: «In vergleichbarer Weise fördern Isolation, Einheitlichkeit von Bedingungen und gegenseitige Abhängigkeit von Untergebenen die Entwicklung einer unverkennbaren Subkultur – häufig mit einer stark ausgeprägten sozialen Vorstellung von ‹wir gegen die andern›. Sobald dies auftritt, wird die unverkennbare Subkultur ihrerseits natürlich zu einer mächtigen Triebfeder für den sozialen Zusammenhalt, weil alle nachfolgenden Erfahrungen (nun) über ein gemeinsames Weltbild (eine gemeinsame Sicht der Dinge) vermittelt werden. Das HT wird hingegen nie zu einer gemeinsamen Sprache.»[80] Dies gilt ohne Zweifel auch für die kleinen Gemeinden des Paulus im Schatten des Imperiums, die er als *ekklesiai* bezeichnet, und für die von Paulus für diese Gemeinden verfassten und wohl auch teils in ihnen entstandenen Schriften, die nur begründet verstanden werden können als Widerstandsliteratur (Kahl[81]), als Ausdruck des Widerstands und ebenso als Ermutigung zu solchem Widerstand.

Ich stimme Horsley zu, wenn er zeigt, dass die Reich-Gottes-Botschaft Jesu in der Erneuerung des Bundes Gottes mit den Menschen und der Menschen mit Gott wurzelt und dass die Tora Ausdruck dieses Bundes ist. Jesus wollte das Judentum reformieren auf der Basis der Einlösung und Realisierung des Gottesbundes. Das bezeichnete er *als Reich Gottes und dessen Gerechtigkeit*. Eine Lektüre der biblischen Texte aus der Sicht eines imperialisiert-verkehrten Christentums verunmöglicht die Wahrnehmung eines solchen Sachverhaltes. Wohl zu Recht hält Horsley fest, dass der Inhalt der Botschaft Jesu als Ökonomie des Bundes («Economy of the Covenant») zu verstehen ist.[82] Und diese Ökonomie des Bundes steht im diametralen Gegensatz zu Politik und Ökonomie des Imperiums. Mit Hilfe von Scotts Überlegungen von den PT und den HT, übertragen auf die Verkündigung Jesu, ist es möglich, dahinterzukommen, dass diese in ein Feld des politischen Widerstandes zwischen Anpassung und Revolte gehört und dass viele häufig zur Sprache gebrachten Inhalte Jesu als Aspekte des Widerstandes gegen alle

---

80 Übersetzung K. C. «In a similar fashion, isolation, homogeneity of conditions, and mutual dependence among subordinates favor the development of a distinctive subculture – often one with a strong ‹us vs. them› social imagery. Once this occurs, of course, the distinctive subculture itself becomes a powerful force for social unity as all subsequent experiences are mediated by a shared way of looking at the world. The hidden transcript, however, never becomes a language apart» (Scott, Domination and the Arts of Resistance 135).
81 Im Gespräch s. oben Anm. 45.
82 Vgl. Richard A. Horsley, Covenant Economics. A biblical Vision of Justice for All, Louisville 2009, v. a. 17–32.

Formen der Beherrschung, gegen alle Formen von Gewaltanwendung von Menschen über Menschen verstanden werden müssen. Es sei hinzugefügt, dass nicht nur die Verkündigung, sondern auch die ihr entsprechende Praxis den Widerstand gegen die Beherrschung zum Ausdruck bringen. «Ein mächtiges und unterdrücktes Verlangen nach Befreiung von den Lasten des Daseins in Unterordnung scheint nicht nur das autonome religiöse Leben der Unterdrückten zu durchdringen, sondern auch ihre Deutung der Ereignisse stark zu färben.»[83] Übertragen auf Texte der Bibel kann man das verstehen als Hinweis auf das Vertrauen Jesu (*pistis*), das Erkennen des richtigen Zeitpunkts (*kairos*) und die veränderte Sehweise, eine neue Art zu sehen und zu verstehen. Oder wie es bei Markus heißt. «So haben wir etwas noch nie gesehen» und nicht «so etwas haben wir noch nie gesehen» (Mk 2,12).[84]

Wir können Jesus und seine Verkündigung nicht verstehen ohne die Wahrnehmung seiner Einbindung in das Volk, das auf ihn reagierte. Scott kann uns helfen zu verstehen, dass die Interaktion zwischen Jesus und dem Volk zum Tragen kam auf Grund der Volkstradition Israels auf dem Boden der galiläischen Dorfgemeinschaften. Doch die Proklamation des Reiches Gottes und seiner Gerechtigkeit und deren Realisierung in Heilungen und Exorzismen konnten nicht beschränkt bleiben auf gesicherte Rückzugsorte. Der Rückgriff auf die zentralen Bestimmungen der israelitischen Bundestradition brachte es mit sich, dass die HT einen politischen Ausdruck fanden und ans Licht der Öffentlichkeit, in die öffentliche Wahrnehmung kamen.[85] Die Verkündigung Jesu wäre folgenlos geblieben, wäre Jesus nicht in der Öffentlichkeit den Machthabern entgegengetreten, was Scott die Erklärung des HT im Angesicht der Macht nennt. Das ist nur möglich durch eine Verwurzelung in Kreisen, die durch die HT miteinander verbunden sind und die eine gemeinsame Empörung teilen. Ein öffentliches Auftreten mit Wirkung bedarf eines politisch aufgeladenen Zeitpunkts.[86] Jesu Auftritt im Tempel während der Tage des Pessach, wo die kollektive Erinnerung an die Befreiung aus Ägypten (und wohl auch aus Babylonien) und der Zustrom der Pilger aus al-

---

83 Übersetzung K.C. «A powerful and suppressed desire for relief from the burdens of subordination seems not only to infuse the autonomous religious life of the oppressed but also to strongly color their interpretation of events» (Scott, Domination and the Arts of Resistance 147).
84 So Kuno Füssel in seinen mündlichen Ausführungen zur materialistischen Bibellektüre im Kurs des Dekanats Oberbaselbiet in Freiburg i. B. im September 2017.
85 Vgl. Horsley, The Politics of Disguise and Public Declaration of the Hidden Transcripts 63.
86 Vgl. Scott, Domination and the Arts of Resistance 207.

ler Welt die Atmosphäre in Jerusalem gefährlich aufheizten, wird so zum Auftritt als Herausforderung der Machthaber auf letztlich allen Ebenen. Dieser Auftritt war mehr als die Verweigerung eines Grußes oder einer Verbeugung. Diese Herausforderung war nicht zurückzunehmen, es war eine offene Herausforderung der jüdischen Tempelaristokratie wie auch der römischen Machthaber, gekennzeichnet durch den goldenen Adler im Tempel.[87] Diese Herausforderung von Tempel und Imperium war offensichtlich auch nach Jesu gewaltsamem Tod nicht kleinzukriegen und wurde zum Hintergrund der Verbreitung der Botschaft vom Reich Gottes gegen das Antireich des Imperiums.[88] Der Auftritt Jesu im Tempel, der wohl historisch auch zu seiner Verhaftung geführt hat, war der Durchbruch des HT in der Öffentlichkeit (PT). Scott schreibt: «Der auslösende Akt, der öffentlich die Oberfläche der allgemeinen Übereinstimmung aufbricht, verdankt einen Teil seiner dramatischen Kraft dem Umstand, dass dies normalerweise ein unwiderruflicher Schritt ist. Ein Untergeordneter, der solch einen Schritt wagt, bricht symbolisch gesprochen alle Brücken hinter sich ab [es gibt für ihn also kein Zurück, Anm. d. Übersetzers].»[89] Es kam nicht aus dem Nichts, sondern wurde vorbereitet hinter dem Rücken der Machthaber, an Orten, wo das HT kultiviert wurde. Als Hintergrund festzuhalten bleibt das Klima von messianischen Bewegungen und Aufbrüchen im Raum Palästina, die Simon Mimouni als Bewegungen mit oder auch ohne Messias beschreibt[90] und die immer wieder angeregt wurden durch Gruppierungen, die bei Flavius Josephus aufgeführt und von Horsley und Hanson hinreichend beschrieben sind.[91]

Wie gesagt, forderte Jesus nicht nur einzelne Autoritäten heraus, sondern das gesamte ökonomisch-politisch-ideologische System. Im Gegensatz zu allen anderen messianischen Bewegungen, die ausnahmslos durch die römischen Behörden verfolgt und zumindest

---

87 Kahl im Gespräch s. oben Anm. 45.
88 Vgl. Eigenmann, Von der Christenheit zum Reich Gottes 247; vgl. Jon Sobrino, Die zentrale Stellung des Reiches Gottes in der Theologie der Befreiung, in: Ignacio Ellacuría/Jon Sobrino (Hrsg.), Mysterium Liberationis. Grundbegriffe der Theologie der Befreiung, Band 1, Luzern 1995, 461–504, hier: 478 f.
89 Übersetzung K. C. «The initial act that publicly breaks the surface of consent owes a part of its dramatic force to the fact that is usually an irrevocable step. A subordinate who takes such a step has, symbolically speaking, burned his bridges» (Scott, Domination and the Arts of Resistance 215).
90 Vgl. Simon Claude Mimouni, Le judaïsme ancien du VIe siècle avant notre ère au IIIe siècle de notre ère: Des prêtres aux rabbins, Paris 2012, 224–226.
91 Vgl. Richard A. Horsley/John S. Hanson, Bandits, Prophets and Messiahs. Popular Movements in the Time of Jesus, San Francisco 1985.

deren Anführer vernichtet wurden, war Jesu Erneuerungsbewegung nach seinem gewaltsamen Tod nicht am Ende und wurde nicht ausgelöscht. Die bei Markus beschriebene Rückkehr der Vertrauten Jesu nach Galiläa nach dem Tod Jesu zeigt, wo das HT seinen Hintergrund und seine Basis hatte, in der bäuerlichen Gesellschaft Galiläas, wo die Menschen noch unmittelbarer in der Tradition des Mosebundes lebten und ihr Leben teilten, dort, wo das Ethos Jesu seine Nahrung fand.[92] «Erst wenn das HT öffentlich bekannt gemacht wird, können die Untergeordneten voll erkennen, in welchem Ausmaß ihre Forderungen (oder Klagen), ihre Träume und ihre Wut, von anderen Untergeordneten, mit denen sie (bislang) keinen direkten Kontakt hatten, geteilt werden.»[93] Die Erkenntnis, die uns Scott durch sein Konzept von PT und HT vermittelt, kann uns helfen, von der Vorstellung, Jesus sei ein Offenbarer und religiöser Lehrer von Einzelpersonen, wegzukommen und uns hinzuwenden zu einem Verständnis Jesu als eines Menschen, der mit andern Galiläern in einer leidvollen, die Menschen erniedrigenden Situation in Verbindung tritt auf der Ebene der überlieferten und geteilten israelitischen Tradition des Gottesbundes, das heißt der Tora mit allen ihren politischen und sozialen Implikationen. Mit ihnen zusammen verfolgt er ein Projekt zur Erneuerung Israels auf eben diesem Hintergrund mit einem Handeln, das beides ausdrückt, die Würde und auch die Empörung. Mit sehr gutem Recht kann man dieses Projekt als himmlischen Kern des Irdischen bezeichnen und bestimmen, wie es Urs Eigenmann im Anschluss an Franz Hinkelammert dargelegt hat.[94] Scotts Ausführungen können uns helfen, die Zeit, in der Jesus lebte und wirkte, und ebenso die Zeit, in der sich die ersten messianischen Gemeinden in und um Palästina bildeten, genauer zu verstehen und so die Kategorien eines vor-imperialisierten Christentums näher zu bestimmen. Ausgehend von diesen Bestimmungen ist es auch leichter, die Entwicklung des Christentums von einer Reich-Gottes-Bewegung hin zu einer imperialisierten Religion, oder anders gesagt, die Entwicklung einer Imperialisierung des Christentums bei gleichzeitiger Christianisierung des Imperiums klarer zu erkennen.

92 Vgl. Horsley, The Politics of Disguise and Public Declaration of the Hidden Transcript 64.
93 Übersetzung K. C. «It is only when the hidden transcript is openly declared that the subordinates can fully recognize the full extent to which their claims, their dreams, their anger is shared by other subordinates with whom they have not been in direct touch» (Scott, Domination and the Arts of Resistance 223).
94 Vgl. Eigenmann, *Das Reich Gottes und seine Gerechtigkeit als himmlischer Kern des Irdischen* in diesem Band.

So ist auch festzustellen, worin der Thermidor des Christentums besteht und wie weit sich das entstehende Christentum verkehrt hat. Vor diesem Hintergrund sind Strategien zu entwerfen, wie der Weg zurück zu den Anfängen aussehen und auch gestaltet werden kann. In Papst Franziskus[95] haben wir einen Fürsprecher und Beistand, der uns in solchen Bemühungen begleiten und bestärken kann.

4. Dank

Mir bleibt nur zu danken allen meinen Freundinnen und Freunden im *Collège de Brousse*, die mir nicht nur zu entscheidenden Erkenntnisgewinnen verholfen, sondern auch Menschen sind, die die Hoffnung auf *diese Welt anders* nie aufgegeben und die Kategorien entwickelt haben, die den Widerstand gegen die Mächte des Todes beinhalten und die Würde der Menschen verteidigen. Es sind Menschen, die nicht die Asche der Bosheit der Menschen und der Ungerechtigkeit in der Welt beklagen, sondern die Glut der Hoffnung auf eine Welt in sich tragen, in der es für jeden und jede einen menschenwürdigen Platz gibt. Ihnen werde ich auf immer verbunden sein.

---

95 Vgl. Sekretariat der Deutschen Bischofskonferenz (Hrsg.), Apostolisches Schreiben *Evangelii gaudium* des Heiligen Vaters Papst Franziskus an die Bischöfe, an die Priester und Diakone, an die Personen des geweihten Lebens und an die christgläubigen Laien über die Verkündigung des Evangeliums in der Welt von heute 24. November 2013 (Verlautbarungen des Apostolischen Stuhls Nr. 194), Bonn 2013.

Urs Eigenmann

DAS REICH GOTTES UND SEINE GERECHTIGKEIT ALS HIMMLISCHER KERN DES IRDISCHEN

Das Christentum als pauperozentrischer Humanismus der Praxis[1]

Einleitung

Im Titel dieses Textes sind drei Momente eines kategorialen Rahmens genannt, mit dem eine Kurzfassung[2] des Christentums[3] entwickelt werden soll. Die historisch gewachsene konfessionelle Vielfalt des Christentums[4] wird hier nicht eigens thematisiert; denn deren

1 Dieser Text geht auf ein Referat zurück, das ich an der vom Zürcher Institut für interreligiösen Dialog (ZIID) und der Religiös-Sozialistischen Vereinigung der Deutschschweiz (RESOS) organisierten interreligiösen Tagung vom 22./23. Mai 2016 in Zürich *Welche Religion für welche Gesellschaft?* gehalten habe; vgl. eine kürzere Fassung: Urs Eigenmann, Das Reich Gottes und seine Gerechtigkeit als himmlischer Kern des Irdischen. Ein Beitrag zur religionskritischen Unterscheidung der Geister, Münster 2017, in: Franz J. Hinkelammert/Urs Eigenmann/Kuno Füssel/Michael Ramminger, Die Kritik der Religion. Der Kampf für das Diesseits der Wahrheit, Münster 2017, 92–127.
2 Das Anliegen, das Wesentliche des christlichen Glaubens mehr oder weniger kurz zu formulieren, wie es Karl Rahner gefordert hatte, leitete mich bereits bei meiner bei Prof. Herbert Vorgrimler an der Theologischen Fakultät Luzern im Wintersemester 1971/1972 verfassten Diplomarbeit: Kurzformeln des Glaubens. Diskussion und Theorien (vgl. masch. Manuskript im Schweizerischen Sozialarchiv in Zürich, Vorlass Urs Eigenmann, Signatur A 192). Auf Anregung des damaligen Leiters des Kanisius Verlags, Martin Stieger, veröffentlichte ich später als meine erste Publikation: Urs Eigenmann, Kurzformel des Glaubens, Freiburg Schweiz 1978.
3 Der Ausdruck Christentum findet sich zum ersten Mal bei Ignatius von Antiochien (vgl. Adolf Köberle, Art. Christentum, in: Theologische Realenzyklopädie, Band VIII, Berlin/New York 1981, 13–23, hier: 13).
4 Vgl. ebd. 13 f.; vgl. Max Seckler, Art. Christentum, in: Lexikon für Theologie und Kirche, Zweiter Band, Freiburg im Breisgau ³1994, 1105–1117, wo vier große Gruppen unterschieden werden: das katholische, das ostkirchliche, das evangelische und das anglikanische Christentum und zudem auf weitere religiöse Gemeinschaften, Sekten und individualistische Fassungen hingewiesen wird (vgl. ebd. 1113); vgl. Peter Neuner, Art. Christentum, III. Konfessionskundlich, 1. Katholisches Christentum, in: Hans Dieter Betz/Don S. Browning/Bernd Janowski/Eberhard Jüngel (Hrsg.), Religion in Geschichte und Gegenwart. Handwörterbuch für Theologie und Religionswissenschaft, Vierte, völlig neu bearbeitete Auflage, Tübingen 1999, 210–212; vgl. Karl Christian Felmy, Art. Christentum, III. Konfessionskundlich, 2. Orthodoxes Christentum, in: ebd. 212 f.; vgl. Christoph Schwöbel, Art. Christentum, III. Konfessionskundlich, 3. Evangelisches Christentum, in: ebd. 213–218; vgl. E. Glenn Hinson, Art. Christentum, III. Konfessionskundlich, 4. Vorreformatorische und nachreformatorische Kirchen, in: ebd. 218–220.

Darlegung ist für das Verständnis des Christentums gegenüber dem im Folgenden aufgezeigten kategorialen Rahmen sekundär, weil dieser einen die konfessionelle Vielfalt des Christentums übergreifenden analytischen Raster enthält.

Das Reich Gottes und seine Gerechtigkeit für die Erde als Thema der ganzen Bibel

Als erstes Moment des kategorialen Rahmens zur Darstellung des Christentums ist vom *Reich Gottes und seiner Gerechtigkeit* die Rede. Das weist auf die Mitte der Sendung des Jesus von Nazaret hin. Unbestritten ist: Jesus verkündete weder sich selbst noch einen abstrakten Gott, sondern das Reich Gottes. Dieses ist, wie der Reich-Gottes-Theologe und religiöse Sozialist Leonhard Ragaz (1868–1945) festgestellt hat, nicht nur das Zentrum von Botschaft und Praxis Jesu, sondern das Thema der ganzen Bibel, angefangen beim Buch Genesis bis zur Geheimen Offenbarung des Johannes. Auf die Frage, was Jesus gelehrt und gewollt habe, antwortet Ragaz zunächst: «[D] a s R e i c h G o t t e s u n d s e i n e G e r e c h t i g k e i t f ü r d i e E r d e.»[5] Dann betont er dieses *für die Erde*, wenn er festhält: «So hat ‹Himmelreich› nichts mit dem Jenseits zu tun, sondern heißt einfach: Reich Gottes, und zwar für d i e E r d e.»[6] Ragaz spricht vom «[...] Sinn der Bibel [...], die Botschaft vom Reiche des lebendigen Gottes und seines Christus [...]»[7]. Er ist überzeugt, «[...] dass die Botschaft vom Reiche Gottes [...] den Inhalt der Bibel und in Vollendung den des Evangeliums Christi bildet»[8]. Im Vorwort[9] zu seinem siebenbändigen Alterswerk *Die Bibel. Eine Deutung*, das «[...] eine [...] imponierend geschlossene Gesamtinterpretation des Alten und Neuen Testaments»[10] darstellt, bestimmt Ragaz «[...] den wesentlichen In-

---

5   Leonhard Ragaz, Die Botschaft vom Reiche Gottes. Ein Katechismus für Erwachsene, Bern 1945, 10 (Hervorhebung im Original); vgl. ebd. 190. Ragaz schloss dieses Buch im September 1941 ab (vgl. ebd. 8).
6   Ebd. 11 (Hervorhebung im Original); vgl. ebd. 13.
7   Leonhard Ragaz, Die Geschichte der Sache Christi. Ein Versuch, Bern 1945, 7. Ragaz schloss diese Schrift im August 1945 ab (vgl. ebd. 10).
8   Ebd. 10.
9   Leonhard Ragaz, Die Bibel. Eine Deutung, 7 Bände, Zürich 1947–1950, Band 1, Die Ur-Geschichte 7–12.
10 Ekkehard Stegemann, Klappentext zu: Leonhard Ragaz, Die Bibel. Eine Deutung. Neuauflage der siebenbändigen Originalausgabe in vier Bänden. Herausgegeben unter dem Patronat von Ernst Ludwig Ehrlich, Markus Mattmüller und Johann Baptist Metz in Verbindung mit dem Leonhard-Ragaz-Institut, Darmstadt, Fribourg/Brig 1990. Dieses Werk wird nach der Band-

halt der ganzen Bibel und den Schlüssel zu deren Verständnis [...] [als] *die Botschaft vom Reiche Gottes und seiner Gerechtigkeit für die Erde*»[11]. Er erklärt zu seiner Sicht und Darstellung der Botschaft vom Reiche Gottes als Sinn der Bibel: «Sie bedeutet einen revolutionären Vorstoß in Neuland des Denkens und Schauens hinein.»[12] Das gilt bis heute; denn das Reich Gottes als «[...] die ‹Sache Christi› [...] sprengt nicht nur den Rahmen der Kirche, sondern auch des ‹Christentums› [...]. Das ist ein revolutionärer Gesichtspunkt [...]»[13].

Der himmlische Kern des Irdischen und die Kritik der mythischen Vernunft

Als zweites Moment des kategorialen Rahmens zur Darstellung des Christentums ist vom *himmlischen Kern des Irdischen* und der *Kritik der mythischen Vernunft* die Rede. Der himmlische Kern des Irdischen bezieht sich auf Franz Hinkelammerts Umkehrung einer Formulierung von Karl Marx. Dieser sprach in dem «[...] vergessene[n] Text im ‹Kapital›»[14] vom «[...] irdischen Kern der religiösen Nebelbildungen [...]»[15], der seines Erachtens durch Analyse gefunden werden

---

nummerierung und Paginierung der Originalausgabe zitiert, die in der Neuauflage beibehalten wurden. Ragaz schrieb dieses Werk zwischen Mitte 1941 und Ende 1943, und es erschien postum 1947–1950 (vgl. ebd. Vorbemerkung zu allen vier Bänden; vgl. Markus Mattmüller, Die Bibel als politisches Buch – das Bibelwerk des späten Ragaz, in: Kirchenblatt für die reformierte Schweiz 141 (1985) 370–379, hier: 373). Ragaz schrieb über die Vorarbeiten zu seinem Alterswerk von seinem «[...] Drang [...], diese Bibel den Menschen nahezubringen. Aus diesem Drange heraus hat der Verfasser seit mehr als zwei Jahrzehnten an den Samstagabenden, in einem Kreise von Menschen, die sich aus allen Schichten der zürcherischen und schweizerischen Bevölkerung zusammensetzte, die Bibel besprochen» (ebd. I, 9). Wie mir Pater Mario von Galli SJ (1904–1987) mündlich sagte, hatte er heimlich, d. h. ohne Wissen seiner Ordensoberen, die von Ragaz erwähnten Samstagabende an der Gartenhofstraße 7 in Zürich regelmäßig besucht. Zum ganzen Werk von Ragaz vgl. Urs Eigenmann, Leonhard Ragaz (1968-1945) als Zeuge einer am Reich Gottes orientierten Gemeinde und Theologie. Einführung in sein Werk «Die Bibel – eine Deutung», in: ders., Von der Christenheit zum Reich Gottes. Beiträge zur Unterscheidung von prophetisch-messianischem Christentum und imperial-kolonisierender Christenheit, Luzern 2014, 145–152.

11 Ragaz, Die Bibel I, 8 (Hervorhebung im Original).
12 Ragaz, Die Geschichte der Sache Christi 8.
13 Ebd. 9.
14 Per Frostin, Materialismus, Ideologie, Religion. Die materialistische Religionskritik bei Karl Marx, München 1978, 30. In diesem vergessenen Text heißt es u. a.: «Es ist in der Tat viel leichter, durch Analyse den irdischen Kern der religiösen Nebelbildungen zu finden, als umgekehrt, aus den jedesmaligen wirklichen Lebensverhältnissen ihre verhimmelten Formen zu entwickeln» (Karl Marx, Das Kapital. Kritik der politischen Ökonomie, Erster Band, MEW Band 23, Berlin 1981, 393, Anm. 89).
15 Ebd.

könne. Hinkelammert geht davon aus, «[...] dass es im christlichen Ursprung der Moderne gar nicht um einen Himmel geht, dessen irdischer Kern zu entdecken wäre. Es ging von Anfang an um den himmlischen Kern des Irdischen. [...] Es handelt sich um das, was die Welt ‹im Innersten zusammenhält›.»[16] «Dieser himmlische Kern des Irdischen ist [das] Reich Gottes.»[17] Die Rede vom himmlischen Kern des Irdischen weist auf das hin, was als «Kritik der mythischen Vernunft»[18] umschrieben werden kann. Diese geht davon aus, «[...] dass mythisches Denken niemals als irrational begriffen werden darf. Mythisches Denken ist vielmehr rational, arbeitet jedoch nicht mit Begriffen. [...] Das begriffliche Denken ersetzt also nicht das mythische Denken, sondern setzt es voraus.»[19] Bei der Kritik der mythischen Vernunft geht es um die fundamentaltheologisch-kritische Reflexion von Status und Funktion mythischer Rede und Kategorien. In Bezug auf deren *wissenschafts- und erkenntnistheoretischen Status* geht es darum, dass diese sich nicht auf eine eigene, supranatural-jenseitige Wirklichkeit beziehen, sondern dass sie eine eigene Weise darstellen, sich über die kosmologische und bio-sozio-historische Wirklichkeit zu äußern. In diesem Sinn gilt vor dem Hintergrund der Erkenntnis, dass es nur *eine* Wirklichkeit gibt, mit Franz Hinkelammert: «Wenn jemand über den Himmel spricht, spricht er nicht über den Himmel. In der Form des Himmels spricht er über die Erde. [...] In himmlischen Vorstellungen wird immer etwas über die Erde ausgesagt.»[20] Dieser wissenschafts- und erkenntnistheoretische Status mythischer Rede und Kategorien ist einem Verständnis von Theologie verpflichtet, wonach diese «[...] als eine Reflexion [verstanden wird], welche die menschliche Wirklichkeit zum Gegenstand hat»[21]. In Bezug auf die *gesellschaftliche Funktion* mythischer Rede und mythischer Kategorien geht es um die Frage, ob diese die herrschenden Verhältnisse stabilisieren oder ob sie im Dienst von deren Veränderung stehen. Damit ist mit Franz Hinkelammert gemeint: «Der Himmel kann vertrösten, sogar paralysieren. Er kann aber auch zur Rebellion füh-

---

16 Franz J. Hinkelammert, Das Subjekt und das Gesetz. Die Rückkehr des verdrängten Subjekts, Münster 2007, 430 f.
17 Ebd. 430; vgl. ders., Der Fluch, der auf dem Gesetz lastet. Paulus von Tarsus und das kritische Denken, Luzern 2011, 211 f.
18 Hinkelammert, Das Subjekt und das Gesetz 439.
19 Ebd. 333.
20 Franz J. Hinkelammert, Der Schrei des Subjekts. Vom Welttheater des Johannesevangeliums zu den Hundejahren der Globalisierung, Luzern 2001, 10.
21 Ebd.

ren. Es hängt davon ab, was man sich unter dem Himmel vorstellt, denn immer gilt: wie im Himmel, so auf Erden. Die Antizipation des Himmels ist der Kern der irdischen Praxis.»[22] In diesem Sinne geht für Leonhard Ragaz «von der Revolution des Himmels [...] die Revolution der Erde aus [...]»[23]. Die hier vertretene Kritik der mythischen Vernunft hebt sich von zwei – bis heute in Kirche und Theologie vertretenen – Gegenpositionen ab. Zum einen stellt sie sich gegen die Skylla einer naiv-aufklärerischen Totalentmythologisierung, die meint, die ganze Wirklichkeit wissenschaftlich-rational erfassen und durchdringen zu können. Zum anderen lehnt sie die Charybdis einer naiv-realistischen Vergegenständlichung ab, die meint, mythische Rede und mythische Kategorien dadurch ernst zu nehmen, dass sie diesen eine eigene, supranatural-jenseitige, Wirklichkeit zuordnet. In diesem Sinn hat Dietrich Bonhoeffer im Zusammenhang mit seinen Überlegungen zu einem nichtgegenständlichen Offenbarungs- und Gottesverständnis[24] festgestellt: «Einen Gott, den ‹es gibt›, gibt es nicht.»[25]

Die Kritik der mythischen Vernunft nimmt die biblischen Texte ernst statt wörtlich, wie der jüdische Theologe und Religionswissenschaftler Pinchas Lapide fordert, wenn er feststellt: «Es gibt im Grunde nur zwei Arten des Umgangs mit der Bibel: man kann sie wörtlich nehmen oder man nimmt sie ernst. Beides zusammen verträgt sich nur schlecht.»[26]

---

22 Hinkelammert, Der Fluch, der auf dem Gesetz lastet 203.
23 Ragaz, Die Geschichte der Sache Christi 23.
24 Vgl. Dietrich Bonhoeffer, Akt und Sein. Transzendentalphilosophie und Ontologie in der systematischen Theologie, Herausgegeben von Hans-Richard Reuter, Gütersloh/München ³2008, 86 f.
25 Ebd. 112. Für Bonhoeffer ist es ebenso falsch, «[...] Offenbarung rein als Seiendes festzulegen wie als Nicht-seiendes zu verflüchtigen» (ebd. 103). Seines Erachtens ist die «[...] dem Offenbarungssein [...] zukommen[de] [...] Seinsart [...] die Person und die Gemeinschaft» (ebd. 111). Vor diesem Hintergrund versteht er «[...] das Sein der Offenbarung [als] der ‹Christus als Gemeinde existierend›. [...] Das Außen der personenhaften Offenbarung stellt sich dar als in Korrelation zu meiner ganzen Existenz, d. h. in soziologischen Kategorien» (ebd. 111 f.). Kritisch müsste zu diesem Offenbarungsverständnis von Bonhoeffer angemerkt werden: Es stellt eine Enthistorisierung «[...] des Geschehens der Offenbarung in Kreuz und Auferstehung [dar]» (ebd. 106). In der Kreuzigung Jesu wurde offenbar, dass die Logik des Reiches Gottes und seiner Gerechtigkeit unvereinbar ist mit der Logik der *Pax Romana* und ihrem Herrschaftsanspruch. Das Außen der Offenbarung (vgl. ebd. 112) ist nicht ein prinzipielles Außen der erfahrbaren Wirklichkeit, sondern ein historisches Außen der hegemonialen Ordnung der *Pax Romana*. Bonhoeffers Verständnis der «[...] Gemeinde als die letzte Offenbarung Gottes als ‹Christus als Gemeinde existierend›» (ebd. 108) vermag das nicht zu erfassen und auszudrücken.
26 Pinchas Lapide, Ist die Bibel richtig übersetzt?, Gütersloh ⁴1992, 12.

Authentisches Christentum, verkehrte Christenheit und der pauperozentrische Humanismus der Praxis

Als drittes Moment des kategorialen Rahmens zur Darstellung des Christentums ist von der Unterscheidung zwischen *authentischem Christentum* und *verkehrter Christenheit* sowie vom Christentum als *pauperozentrischem Humanismus der Praxis* die Rede. Das bezieht sich auf die von Franz Hinkelammert formulierte Erkenntnis, dass die im Zuge der Konstantinischen Wende im 4. Jahrhundert erfolgte «[...] Christianisierung des Imperiums [...] in Wirklichkeit eine Imperialisierung des Christentums [war]»[27]. Es fand eine Verkehrung statt.[28] Diese bestand darin, dass aus Jesu biblisch bezeugter «Königreich- [bzw. Reich-Gottes, U. E.]Bewegung»[29], die ein von der Option für die Armen geleiteter, pauperozentrischer Humanismus der Praxis ohne Elemente einer traditionellen Religion war, jene imperiale Christenheit wurde, die zentrale Elemente traditioneller Religion übernahm und sich als Staatsreligion der *Pax Romana* vereinnahmen ließ. Wie Enrique Dussel aufgezeigt hat, folgte dieser ersten «[...]

---

27 Hinkelammert, Der Fluch, der auf dem Gesetz lastet 234; vgl. ders., Der Schrei des Subjekts 212.

28 Vgl. ebd. 270. Den Begriff *Verkehrung* zur Qualifizierung der Übernahme der griechischen Logoslehre durch die Apologeten verwendete bereits Friedrich Loofs (1858–1928) im Jahre 1890. Harnack zitiert seinen Schüler und Freund ohne Quellenangabe: «Die Apologeten haben den Grund gelegt zur Verkehrung des Christenthums [sic!] in eine offenbarte Lehre. Im Speziellen hat ihre Christologie die Entwicklung verhängnisvoll beeinflusst. Sie haben, die Übertragung des Sohnesbegriffs auf den p r ä e x i s t e n t e n Christus als selbstverständlich betrachtend, die Entstehung des christologischen Problems des 4. Jahrhunderts ermöglicht; sie haben den Ausgangspunkt des christologischen Denkens verschoben (von dem historischen Christus weg in die Präexistenz), Jesu Leben der Menschwerdung gegenüber in den Schatten gerückt; sie haben die Christologie mit der Kosmologie verbunden, mit der Soteriologie sie nicht zu verknüpfen vermocht. Ihre Logoslehre ist nicht eine «höhere» Christologie als üblich war; sie bleibt vielmehr hinter der genuin christlichen Schätzung Christi zurück: nicht Gott offenbart sich in Christus, sondern der Logos, der depotenzirte [sic!] Gott, ein Gott, der als Gott untergeordnet ist dem höchsten Gott» (zit. in: D. Adolf Harnack, Dogmengeschichte, Vierte und verbesserte Auflage, Tübingen ⁴1905, 110 [Hervorhebung im Original]). Das Zitat stammt aus: Friedrich Loofs, Leitfaden zum Studium der Dogmengeschichte, Zunächst für seine Vorlesungen, zweite verbesserte und vermehrte Auflage, Halle a. S. 1890, 73 f. Die erste Auflage gelangte nicht «auf [den] gewöhnliche[n] buchhändlerische[n] Weg» (ebd. V) und in ihr wurden «[d]ie ersten drei Jahrhunderte [...] noch nicht für die Öffentlichkeit bearbeitet» (ebd. VI); vgl. jetzt Friedrich Loofs, Leitfaden zum Studium der Dogmengeschichte, 1. und 2. Teil: Alte Kirche, Mittelalter und Katholizismus bis zur Gegenwart, Herausgegeben von Kurt Aland, 7., ergänzte Auflage, Tübingen 1968, 97. Zu Leben und Werk von Loofs vgl. Friedrich Loofs, in: ders., Patristica. Ausgewählte Aufsätze zur Alten Kirche, Herausgegeben von Hanns Christof Brennecke und Jörg Ulrich, Berlin/New York 1999, 393–431.

29 John Dominic Crossan, Was Jesus wirklich lehrte. Die authentischen Worte des historischen Jesus, Aus dem Englischen von Peter Hahlbrock, München 1997, 185.

Verkehrung des ursprünglichen *messianischen* Christentums [...]»[30] ab Ende des 15. Jahrhunderts eine zweite, die darin bestand «[...] dass die europäische Christenheit eine beherrschte Welt schuf, die in selbstwidersprüchlicher Weise eine *koloniale* Christenheit sein sollte»[31]. Vor diesem Hintergrund muss in Bezug auf Bewegungen und Institutionen, die sich auf Jesus Christus bzw. dessen Reich-Gottes-Zeugnis berufen, zwischen dem vorkonstantinisch-authentischen, *prophetisch-messianischen Christentum* und der nachkonstantinisch-verkehrten, *imperial-kolonisierenden Christenheit* unterschieden werden.[32] Das Selbstverständnis des prophetisch-messianischen Christentums ist im Kanon der biblischen Schriften enthalten. Das Selbstverständnis der imperial-kolonisierenden Christenheit ist ab dem Konzil von Nicäa 325 in den Beschlüssen der (nach römisch-katholischer Zählung bis zum Vatikanum I zwanzig) ökumenischen Konzilien und in der darauf basierenden römischen Lehramtstheologie ausgedrückt. In den ersten Jahrhunderten wurden also in der sich auf den gekreuzigt-auferstandenen Jesus Christus berufenden Bewegung zwei verschiedene Selbstverständnisse entwickelt, ein biblisches und ein lehramtliches, ein *scripturales* und ein *magisteriales*. Da diese unterschiedlichen bzw. sich gegenseitig ausschließenden kategorialen Rahmen verpflichtet sind, lassen sie sich nicht problemlos harmonisieren, sondern stehen in einem widersprüchlich-antagonistischen Verhältnis zueinander.[33] «Ganz allgemein kann man sagen, dass für die christliche Orthodoxie alle Evangelien häretisch sind. [...] Dieser Orthodoxie fällt niemals die Frage ein, ob nicht in Wirklichkeit sie eine Häresie sein könnte. [...] So entsteht das Christentum, die vielleicht einzige Weltreligion, deren Orthodoxie sich bestimmt durch die Negation ihrer eigenen Ursprünge.»[34]

Das historisch gewachsene janusköpfige Doppelgesicht von Christentum bzw. Christenheit wurde im Laufe der Geschichte ikonografisch dargestellt im leidenden Schmerzensmann bzw. im herrschenden Pantokrator. Ohne die Unterscheidung zwischen dem prophetisch-messianischen Christentum und der imperial-kolonisierenden Christenheit können die zentralen Konflikte in der Ge-

---

30 Enrique Dussel, Erkenntnistheoretische Entkolonisierung der Theologie, in: Concilium 49 (2013) 142–152, hier: 146 (Hervorhebungen im Original).
31 Ebd. (Hervorhebung im Original).
32 Vgl. Eigenmann, Von der Christenheit zum Reich Gottes 15–68.
33 Vgl. unten den *Exkurs 3: Zur Rezeption griechischer Philosophie und deren Implikationen.*
34 Hinkelammert, Der Schrei des Subjekts 213.

schichte des Christentums nicht wirklich theologisch eingeordnet und verstanden werden: nicht die heftige Konfrontation zwischen der radikalen Reformation eines Thomas Müntzer und der magistralen von Martin Luther;[35] nicht die anhaltenden Auseinandersetzungen in der römisch-katholischen Kirche um das Zweite Vatikanische Konzil; nicht die Konflikte um die und in den von diesem angeregten vor allem lateinamerikanischen Theologien der Befreiung; nicht die in Lateinamerika in den 1960er- bis 1980er-Jahren betriebene Christenverfolgung als historisch wohl einmalige Verfolgung von Christen durch Christen.[36] Diese Unterscheidung ist einem kategorialen Rahmen verpflichtet, der die besonders in der römisch-katholischen Kirche ausgeprägte binnenkirchliche Oben-Unten-Relation von Hierarchen und Laien transzendiert. Sie ermöglicht mittels der Ursprungs-Verkehrungs-Kategorie, den Herrschaftsanspruch des vatikanischen Lehramts zu dekonstruieren; denn das Zweite Vatikanum hat erklärt, «[...] das Studium der Heiligen Schrift [...] [soll] die Seele der Heiligen Theologie sein» (DV 24), und es «[...] steht [...] nicht über dem Wort Gottes, sondern dient ihm, indem es nur lehrt, was überliefert ist [...]» (DV 10,2). Ist das Lehramt aber dem Wort Gottes untergeordnet, wird die binnenkirchliche Oben-Unten-Relation daraufhin überschritten, dass sich alle in der Kirche dem biblisch bezeugten Ursprung unterordnen müssen; denn der eschatologisch letzte Horizont ist nicht die Kirche und deren hierarchische Ordnung, sondern das Reich Gottes und dessen Gerechtigkeit. Würde das ernst genommen, könnte die Theologie aus ihrer lehramtskirchlichen Gefangenschaft befreit werden. Insofern diese konstitutives Moment ihrer bürgerlichen Gefangenschaft darstellt, wäre die Befreiung aus der kirchlichen auch eine solche aus der bürgerlichen, zumindest ansatzweise; denn aufgrund der doppelten Einbindung der Theologie in Kirche und Universität als ideologische Staatsapparate kann sie nur eine relative sein.[37]

Die Unterscheidung zwischen authentischem Christentum und verkehrter Christenheit bezieht sich auf alle konfessionellen Er-

---

35 Vgl. Thomas Kaufmann, Erlöste und Verdammte. Eine Geschichte der Reformation, München 22016, 174.
36 Vgl. Eigenmann, Von der Christenheit zum Reich Gottes 9. Diese Unterscheidung übergreift jene der von mir vorgeschlagenen *zwei idealtypischen Ansätze institutionsbezogen* und *Reich-Gottes-orientiert* und enthält diese (vgl. Urs Eigenmann, Kirche in der Welt dieser Zeit. Praktische Theologie, Zürich 2010, 90–111).
37 Vgl. Kuno Füssel, *Die bürgerliche Gefangenschaft der Theologie* in diesem Band.

scheinungsformen und stellt kein Kriterium für die theologische Beurteilung einzelner Konfessionen oder Kirchen dar.

Vor dem Hintergrund dieser drei Momente eines kategorialen Rahmens soll im Folgenden das Verständnis des Christentums in fünf Thesen dargelegt werden.

1. These: Der Gott des Juden Jesus von Nazaret war der Gott des Exodus

Der Gott des Juden Jesus von Nazaret war der Gott des Exodus. Dieser offenbarte sich außerhalb der Pax Aegyptica als befreiender Gott der Geschichte. Seine Offenbarung geschah als Offenlegung der Verhältnisse in der Welt. Im Namen des Exodusgottes wurden Regelungen für das gesellschaftliche Zusammenleben erlassen.

1.1 Das Erste Testament als Bibel des Juden Jesus von Nazaret

Spätestens seit der als «The ‹third quest› for the historical Jesus»[38] bezeichneten fünften Phase der Leben-Jesu-Forschung ist davon auszugehen, dass Jesus von Nazaret als Jude geboren wurde, als Jude gelebt hat und als Jude gekreuzigt worden ist. Neben dem für diese Phase charakteristischen sozialgeschichtlichen Interesse und der Berücksichtigung nicht-kanonischer Quellen gilt «[f]ür alle Strömungen innerhalb der ‹third quest› [...]: Die Jesusforschung löst sich eindeutig vom ‹Differenzkriterium› [wonach Jesus vor allem im Kontrast zu Judentum und Urchristentum wahrgenommen wird,[39] U. E.] [...] [und] tendiert zu einem *historischen Plausibilitätskriterium*: Was im jüdischen Kontext plausibel ist und die Entstehung des Urchristentums verständlich macht, dürfte historisch sein.»[40] Für den Juden Jesus von Nazaret bildeten jene Schriften die verbindliche Bibel,

---

38 Vgl. Gerd Theißen/Annette Merz, Der historische Jesus. Ein Lehrbuch, Göttingen 1996, 28 f.; vgl. Sean Freyne, Die Frage nach dem historischen Jesus. Eine theologische Reflexion, in: Concilium 33 (1997) 32–46.
39 Vgl. Theißen/Merz, Der historische Jesus 26.
40 Ebd. 29 (Hervorhebung im Original). Die von Theißen/Merz in diesem Zusammenhang polemisch formulierte (Ab)qualifizierung der Jesusdeutung John Dominic Crossans als «[...] mehr kalifornisches als galiläisches Lokalkolorit zu haben» (ebd.) ist angesichts von Publikationen Crossans (vgl. John Dominic Crossan, Der historische Jesus, Aus dem Englischen von Peter Hahlbrock, München ²1995; ders., Jesus. Ein revolutionäres Leben, Aus dem Englischen von Peter Hahlbrock, München 1996) wohl wenig angemessen.

die heute als Erstes Testament[41] (Erich Zenger) bezeichnet wird.[42] Dieses ist deshalb integraler Bestandteil des Christentums.[43] Innerhalb des Ersten Testaments ist der Exodus die zentral-verbindliche Referenzgröße und dessen «[...] strukturierender Mittelpunkt [...]»[44] sowohl für das Verständnis des Glaubens an und der Rede von Gott als auch für deren Bedeutung für die Gestaltung von Gesellschaft und Welt.

1.2 Die Exoduserzählung als befreiungstheologische Botschaft

Um im Sinne von Pinchas Lapide die «befreiungstheologische Botschaft»[45] der Exodusüberlieferung ernst und nicht wörtlich zu nehmen, kann mit dem Ägyptologen Jan Assmann Folgendes festgehalten werden: Zum einen: «Nicht ‹was ist eigentlich geschehen beim Auszug aus Ägypten?› und ‹Wer war Mose wirklich?› sind die Fragen, die sich an die Exodus-und-Mose-Tradition sinnvoll stellen lassen, sondern: ‹Warum wird die Geschichte erzählt, in welcher

---

41 Vgl. Erich Zenger, Das Erste Testament. Die jüdische Bibel und die Christen, Düsseldorf 1991.
42 Vgl. Eigenmann, Kirche in der Welt dieser Zeit 59 f. Dort weitere Belege.
43 Vgl. André Paul, Entstehung und Aufkommen der christlichen «Heiligen Schrift», in: Jean-Marie Mayeur/Charles und Luce Pietri/André Vauchez/Marc Venard (Hrsg.), Die Geschichte des Christentums. Religion, Politik, Kultur, Deutsche Ausgabe herausgegeben von Norbert Brox/Odilo Engels/Georg Kretschmar/Kurt Meier/Heribert Smolinsky, Band 1, Die Zeit des Anfangs (bis 250), Freiburg im Breisgau 2005, 717–807; zum «‹radikalen Evangelium› des Reformers Markion», der «die gesamten ‹alten› heiligen Schriften [verwarf]» (ebd. 784; vgl. 783–785). In Bezug auf das Verhältnis von Judentum und Christentum spricht Johann Ev. Hafner vor dem Hintergrund einer in der Die Zeit veröffentlichten Grafik von «[...] eine[m] alten Fehler: Das Judentum wird als dünne gerade Linie dargestellt, aus der im Jahr 30 ein Zweig, das Christentum, sprosst, welcher sich bald zu einem mächtigen Ast verbreitert [...]. Die Graphik wiederholt die landläufige Vorstellung, dass das Christentum vom Judentum abstamme [...]» (Johann Ev. Hafner, Geleitwort, in: Daniel Boyarin, Die jüdische Evangelien. Die Geschichte des jüdischen Christus. Mit einem Geleitwort für die deutsche Ausgabe von Johann Ev. Hafner und einem Vorwort von Jack Miles, Übersetzung von Armin Wolf, Würzburg 2015, 11–16, hier: 11). Dann weist Hafner auf Daniel Boyarin hin, der seines Erachtens «[...] zu den Forschern [gehört], die mit ihren Untersuchungen dafür gesorgt haben, dass die religionsgeschichtlichen Abstammungsverhältnisse sachgemäßer gedacht werden. Das rabbinische Judentum und das paulinische Christentum sind zwei Bewegungen, die auf den Trümmern der von den Römern zerstörten Tempel-Religion Israels zwei neue, konkurrierende Interpretationsweisen aufgebaut haben. Wenn man im Bild bleiben möchte, dann sollte man von einer Astgabel und nicht von einer Ab-Stammung sprechen. Die Gabelung begann mit Jesus und v. a. Paulus und dauerte Boyarin zufolge mindestens zwei Jahrhunderte, bis sich beide Schulen eigene semantische und organisatorische Traditionen aufgebaut hatten, die einander mit Polemik bzw. Verschweigung ausgrenzten» (ebd.).
44 Rubem Alves, zit. in: Enrique Dussel, Das Exodus-Paradigma in der Theologie der Befreiung, in: Concilium 23 (1987) 54–60, hier: 54.
45 Jan Assmann, Exodus. Die Revolution der Alten Welt, München 2015, 101.

Beleuchtung und Bewertung?»[46] Zum anderen: «So wenig man der Exodus-Erzählung in allen Einzelheiten [...] schlichte historische Wahrheit zusprechen möchte, so verfehlt wäre es gewiss, ihr andererseits jeden wahren Kern abzusprechen [...]. Ein besonderes Ereignis wird es gegeben haben, das von den Betroffenen als rettende Intervention JHWHs erfahren wurde [...].»[47] Thomas Staubli konkretisiert das so: «Zum Ende der ägyptischen Vorherrschaft in Vorderasien hin rebellieren hebräische Gruppen gegen die ägyptische Unterdrückung. In dieser Opposition gewinnen sie Profil und Identität. Jahwe, der Gott der Midianiter, wird dabei als befreiender Schutzgott erfahren. Die Erfahrung der HebräerInnen wird zu einem prägenden Bestandteil der späteren israelitischen Religion und Kultur.»[48] Zum Dritten: «Ägypten war die klarste Ausprägung der Welt, aus der ausgezogen werden musste, um in die Welt der Bibel mit ihren vollkommen neuen Vorstellungen von Gott und Welt, Mensch und Gesellschaft, Zeit und Geschichte einziehen zu können.»[49] Assmann folgert daraus: «Damit entsteht ein Begriff von Religion, der sich in der Welt durchgesetzt und die Welt verändert hat. Religion als eine auf Offenbarung gegründete, gegen das Gegebene und Gewachsene durchzusetzende Wahrheit und Verpflichtung, die sich nicht – wie bis anhin üblich – auf Kult, den Umgang mit dem Heiligen, beschränkt, sondern sich auf alles, insbesondere die Sphäre der Gerechtigkeit, auf Lebensform und Lebensweise, Fest und Alltag, Staat und Familie erstreckt.»[50] Für Staubli ist «[d]er Auszug aus Ägypten [...] ein Ereignis der israelitischen Geschichte, das sich im strikt historischen Sinn kaum mehr dingfest machen, aber auch nicht bestreiten lässt. Darüber hinaus und vor allem ist es *das* Symbol des Sieges der Schwachen über die Starken, der Unterdrückten über die Herrschenden, der Kleinen über die Großen,

---

46 Ebd. 54.
47 Ebd. 71.
48 Thomas Staubli, Begleiter durch das Erste Testament, Düsseldorf 1997, 167. Zur Frage nach historischen Fakten und literarischer Fiktion im Zusammenhang mit dem Exodus vgl. Christoph Dohmen, Exodus 1–18, Freiburg im Breisgau 2015, 71–78. Dohmen geht davon aus, «[...] dass Verhältnisse aus anderen Zeiten und damit ganz andere Erfahrungen den Anstoß zur (Re)Konstruktion einer Exoduserinnerung gegeben habe[n]. In den Exoduserzählungen lassen sich Elemente finden, die in die assyrische oder babylonische (exilische) oder auch in die persische Zeit weisen. Entsprechend liegen Hypothesen vor, die die Exoduserzählung bzw. Teile von ihr als Auseinandersetzung mit den Verhältnissen der salomonischen, assyrischen, exilischen oder auch persischen Zeit deuten» (ebd. 75 f.).
49 Assmann, Exodus 397; vgl. zu den unterschiedlich akzentuierten Auslegungen des Exodus: Dohmen, Exodus 61; vgl. Michael Walzer, Exodus und Revolution, Berlin 1988.
50 Assmann, Exodus 402.

kurz: der Befreiung.»⁵¹ Mit Michael Walzer gilt: «Wir können den Exodus als zielgerichtete Bewegung, als die entscheidende Alternative zu allen mythischen Vorstellungen von ewiger Wiederkehr begreifen [...].»⁵²

Vor dem Hintergrund dieser Einschätzung der Bedeutung der Exoduserzählung wird verständlich, dass der lateinamerikanische Befreiungstheologe Enrique Dussel – wie er selbst erklärt – «[...] seit 1967 [s]eine Vorlesungen im IPAL *Instituto Pastoral Latinoamericano* des CELAM in Quito mit der Exegese von *Exodus* begann; hier waren die wesentlichen Begriffe der Theologie der Befreiung entfaltet»⁵³. Zur Erläuterung des *Exodus-Paradigmas* entwickelte Dussel in seinen Vorlesungen ein Schema. Ohne hier alle Einzelheiten dieses Schemas⁵⁴ wiederzugeben, soll zumindest dessen Grundstruktur aufgezeigt werden (vgl. das Schema *Pax Aegyptica*⁵⁵ im Anhang).

In dem vom Pharao beherrschten Ägypten rebelliert der am pharaonischen Hof aufgewachsene Mose gegen die Unterdrückung der Hebräerinnen und Hebräer. Wie er sieht, dass ein Ägypter einen Hebräer schlägt, erschlägt er seinerseits den Ägypter (vgl. Ex 2,11 f.). Weil dies ruchbar wird, muss er Ägypten verlassen und geht nach Midian (vgl. Ex 3,14.15).⁵⁶ Dort – außerhalb Ägyptens – offenbart sich ihm der Herr⁵⁷ (vgl. Ex 3,7–14). Dieser kann sich erst außerhalb Ägyptens offenbaren, weil dieses vom Pharao als Totalität beherrscht wird und ein System der Sünde ist.⁵⁸

---

51 Staubli, Begleiter durch das Erste Testament 172 (Hervorhebung im Original).
52 Walzer, Exodus und Revolution 22.
53 Dussel, Das Exodus-Paradigma in der Theologie der Befreiung 54 (Hervorhebung im Original). So hielt es Enrique Dussel auch zu Beginn seiner Gastprofessur an der Universität Fribourg im Sommersemester 1981. Damals war ich Assistent am Pastoraltheologischen Institut bei Prof. Guido Schüepp und hörte Dussels Vorlesung über den Exodus. Sie eröffnete mir nach meiner von Karl Rahner inspirierten transzendentaltheologischen Phase theologischen Denkens neue Perspektiven des Verständnisses, wie im biblischen Denken historische Erfahrung und theologische Reflexion zusammenhängen (vgl. Urs Eigenmann, Von der Transzendentaltheologie zur Theologie der Befreiung als Reich-Gottes-Theologie. Eine biografische Skizze, in: ders., von der Christenheit zum Reich Gottes, 433–438).
54 Vgl. Dussel, Das Exodus-Paradigma in der Theologie der Befreiung 55. Dussel zeigt im «[v]ereinfacht[n] Schema des Exodus-‹Paradigmas›» sechs Kategorien und acht Beziehungen aufgrund dieser Kategorien auf.
55 Diese Darstellung des Schemas hat Dussel in seinen Vorlesungen verwendet. Die Bezeichnung *Pax Aegyptica* stammt von mir.
56 Vgl. Dohmen, Exodus 121–123.
57 Vgl. unten Anm. 60.
58 Vgl. Dussel, Das Exodus-Paradigma in der Theologie der Befreiung 55.

1.3 Zur Offenbarung des Herrn in Ex 3,7–14 und deren Implikationen

Die Offenbarung des Herrn zu Beginn des Buches Exodus ist weit mehr als nur eine – wie es Assmann formuliert – Namens- und Machtoffenbarung.[59] Zumindest die folgenden fünf Aspekte sind bei der Offenbarung des Herrn im Buch Exodus auszumachen.

1.3.1 Die Offenbarung des Herrn geschieht als Offenlegung der Verhältnisse in der Welt

Zunächst fällt auf, dass im Buch Exodus bei der ersten Erwähnung Gottes dieser nicht von sich spricht, sondern dass von ihm gesagt wird: «Gott hörte ihr [der Israeliten, U. E.] Stöhnen und Gott gedachte seines Bundes mit Abraham, Isaak und Jakob» (Ex 2,24).[60] Auch in seiner Offenbarung dem Mose gegenüber ist das erste Wort des Herrn nicht ein Wort über sich selbst, sondern eines über die Lage seines Volkes, wenn es heißt: «Der HERR sprach: Ich habe das Elend meines Volkes in Ägypten gesehen und ihre laute Klage über ihre Antreiber habe ich gehört. Ich kenne sein Leid» (Ex 3,7). Dies macht deutlich: Die Offenbarung des Herrn über sich und das Offenlegen der sozio-historischen Verhältnisse sind wie die zwei Seiten einer Medaille. Die Offenbarung des Herrn geschieht als Offenlegung der Weltverhältnisse. Offenbarung des Herrn und Offenlegung der Weltverhältnisse sind konstitutiv aneinander gebunden.

1.3.2 Der Herr offenbart seine solidarisch-befreiende Wo-Identität in einem historischen Kontext

Im Anschluss an die ersten Worte über Elend, Klage und Leid seines Volkes erklärt der Herr: «Ich bin herabgestiegen, um sie der Hand der Ägypter zu entreißen und aus jenem Land hinaufzuführen in ein schönes, weites Land, in ein Land, in dem Milch und Honig fließen» (Ex 3,8). Damit offenbart der Herr seine Parteilichkeit und seine be-

---

59 Vgl. Assmann, Exodus 32–35 bzw. 35–39.
60 Die Bibel wird nach der neuen Einheitsübersetzung zitiert. Damit ist verbunden, das Tetragramm JHWH mit dem in Kapitälchen gesetzten HERR wiederzugeben (vgl. Thomas Söding, Die Bibel für alle. Kurze Einführung in die neue Einheitsübersetzung, Freiburg im Breisgau 2017, 46–49).

freiende Absicht. In der Offenbarung gegenüber dem Mose bestimmt er sich über eine solidarische Wo-Identität[61] auf der Seite seines leidenden Volkes und nicht über eine abgrenzende Wer-Identität. In seiner historischen Verortung offenbart er sein solidarisch-befreiendes Wesen. Das drückt er auch aus in seiner Antwort auf die Frage des Mose, wie er denn heiße, nämlich: «Ich bin, der ich bin. [...] Der Ich-bin hat mich zu euch gesandt» (Ex 3,14).[62] Thomas Staubli übersetzt dies mit – «Ich werde dasein, als der ich dasein werde (Ex 3,14)» und legt es so aus: «Ihr könnt euch darauf verlassen, dass ich da bin, wenn Not ist. [...] Ich bin so da, wie ich es will, und nicht, wie ihr es gerne hättet. [...] Ich bin ich und kein anderer [...]. Ihr könnt mir keine Schranken setzen, auch nicht die des Todes.»[63] Vor dem Hintergrund dieses Verständnisses laufen die ontologisierenden Versuche,[64] «[...] Gott als das (absolute) Sein jenseits des Seienden [...] mit dem Gott der Philosophen in Verbindung [zu bringen], dem Geist der Erzählung strikt zuwider [...].»[65]

1.3.3 Der Exodusgott ist nicht Garant bestehender Verhältnisse und deshalb vor allem ein Gott des Lebens und nicht des Kultes

Der Gott, der sich dem Mose offenbarte, ist kein Staatsgott auf der Seite irdischer Machthaber zur Stabilisierung der bestehenden Verhältnisse, er ist auch kein Naturgott als Ursache und Garant einer kosmischen Ordnung, und er ist kein Gott bloß privater Innerlichkeit in (ver)tröstender Absicht. Er ist vielmehr ein Gott der Geschichte, der sich dem Mose zwar persönlich, aber in einem ökonomisch-politi-

---

61 Vgl. Christian Duquoc, Von der Frage «Wer ist Gott?» zur Frage «Wo ist Gott?», in: Concilium 28 (1992) 282–288. Duquoc erklärt: «Es ist wichtiger, den Ort, wo Gott handelt, zu erkennen, als zu wissen, wer Er ist» (ebd. 284). «Gott ist dort, wo der Arme, der Ausgeschlossene, der Verachtete lebt» (ebd. 286). «Der vornehmste Zeuge für Gott in der Welt ist, wer in ihr keinen Platz hat» (ebd.).
62 Diese neue Übersetzung – in der alten hieß es «Ich bin der ‹Ich-bin-da›» leistet einem ontologischen (Miss)verständnis eher Vorschub als die alte. Die neue Zürcher Bibel und die revidierte Lutherbibel übersetzen die Stelle übereinstimmend mit: «Ich werde sein, der ich sein werde.»
63 Staubli, Begleiter durch das Erste Testament 169.
64 Vgl. Thomas von Aquin, Gottes Dasein und Wesen, in: Die Deutsche Thomasausgabe, Vollständige, ungekürzte deutsch-lateinische Ausgabe der Summa Theologica, Übersetzt von Dominikanern und Benediktinern Deutschlands und Österreichs, Band 1, Salzburg/Leipzig ³1934. Im Anschluss an das Zitat Ex 3,13 f. heißt es: «Der Name ‹Der Seiende› ist [...] der eigentliche Eigenname Gottes. [...] Er bezeichnet nämlich nicht irgendeine Form, sondern das Sein selbst. Nun ist das Sein die Wesenheit Gottes selbst [...]; also ist dieser Name der bezeichnendste Name für Gott [...]» (Ia q. 13 a. 11).
65 Assmann, Exodus 173.

schen Zusammenhang als parteiisch-befreiender Gott offenbarte. Der Herr offenbart sich im Buch Exodus zunächst und vor allem als ein befreiender Gott des Lebens und der Geschichte und deshalb nicht als ein zu verehrender Gott des Kultes. Erst nach seiner Offenbarung ist von einem Kult die Rede, wenn der Herr dem Mose aufträgt, mit den Ältesten Israels zum König von Ägypten zu gehen und diesem zu erklären: «Der HERR, der Gott der Hebräer, ist uns begegnet. Und jetzt wollen wir drei Tagesmärsche weit in die Wüste ziehen und dem HERRN, unserem Gott, Schlachtopfer darbringen» (Ex 3,18).

1.3.4 Der Glaube an Gott ist keine Welterklärungsformel, sondern konstitutiv mit einer Weltgestaltungsvision verbunden

Der Gott des Exodus ist keine Welterklärungsformel zur Beantwortung irgendwelcher Rätsel der Natur, des Lebens oder der Geschichte, sondern der Glaube an ihn ist mit einer praktisch zu bezeugenden befreienden Weltgestaltungsvision für ein gutes Leben aller und deshalb mit einem Projekt der Befreiung aus Ausbeutung und Unterdrückung verbunden. Der Glaube an diesen Gott hat selbstverpflichtende – *autoobligative* – Qualität oder es ist nicht der Glaube an den Gott des Exodus. In diesem Sinne werden die vielfältigen Regelungen des Zusammenlebens zum Schutz der Schwachen und zum Erhalt des gesellschaftlichen Zusammenhangs jeweils mit dem befreienden Handeln des Herrn begründet: «Ich bin der HERR, dein Gott, der dich aus dem Land Ägypten geführt hat, aus dem Sklavenhaus. Du sollst neben mir keine anderen Götter haben» (Ex 20,2 f.); «Eure Waagen müssen stimmen, eure Gewichtsteine, euer Efa und euer Hin müssen stimmen. Ich bin der HERR, euer Gott, der euch aus Ägypten geführt hat» (Lev 19,36); «Denk daran: Als du in Ägypten Sklave warst, hat der HERR, dein Gott, dich freigekauft. Darum verpflichte ich dich heute auf dieses Gebot» (Dtn 15,15).

1.3.5 In der Gottesoffenbarung des Exodus ist der methodische Dreischritt Sehen – Urteilen – Handeln enthalten

In der Offenbarungserzählung des Exodus ist der methodische Dreischritt von Sehen – Urteilen – Handeln enthalten. Der Herr sieht, hört und erkennt die Lage seines Volks. Er beginnt mit der Analyse der Zeichen der Zeit, d. h. mit der kritischen Sicht der Situation seines Volkes im Sklavenhaus Ägyptens, wenn er vom Elend, von der Klage und vom Leid seines Volkes spricht (vgl. Ex 3,7): erster Schritt Sehen. Es ist dies keine neutral-feststellende, sondern eine parteiisch-wertende Sicht, die ein Urteil impliziert, wenn der Herr herabsteigt, um sein Volk der Hand der Ägypter zu entreißen (vgl. Ex 3,8): zweiter Schritt Urteilen. Der Herr sendet Mose zum Pharao, damit er das Volk aus Ägypten herausführe (vgl. Ex 3,10): dritter Schritt Handeln.[66]

2. These: Jesus bezeugte das Reich Gottes und seine Gerechtigkeit für die Erde

Im Namen des Exodusgottes bezeugte Jesus das Reich Gottes. Dieses meint eine säkular-universale, egalitär-solidarische Vision des Zusammenlebens. Es beinhaltet eine historisch-utopische Doppelstruktur und ist der himmlische Kern des Irdischen. Das Reich-Gottes-Zeugnis Jesu führte zu dessen Kreuzigung durch die Pax Romana.

2.1 Die Mitte der Sendung Jesu war das Reich Gottes und dessen Gerechtigkeit für die Erde[67]

Aufgrund des biblischen Befundes im Zweiten Testament steht zweifelsfrei fest und wird von niemandem ernsthaft bestritten, selbst

---

66 Dieser Dreischritt geht in der römisch-katholischen Kirche und Theologie auf die vom nachmaligen Kardinal Joseph Cardijn am 18. April 1925 gegründete spezialisierte Katholische Aktion zurück, wurde von Papst Johannes XXIII. in der Enzyklika *Mater et magistra* (vgl. MM 261) empfohlen, war leitend bei der Zuordnung von Zeichen der Zeit und Licht des Evangeliums in der Pastoralkonstitution über die Kirche in der Welt dieser Zeit *Gaudium et spes* des Zweiten Vatikanischen Konzils (vgl. GS 4), wurde von der lateinamerikanischen Theologie der Befreiung zur sozial-analytischen, hermeneutischen und praktischen Vermittlung des Glaubens kritisch weiterentwickelt (vgl. Eigenmann, Kirche in der Welt dieser Zeit 42–46. Dort weitere Belege) und mit dem Bistum Basel als wohl einzigem im deutschen Sprachraum in einem praktisch-theologischen Arbeitsinstrument rezipiert und methodisch detailliert entfaltet (vgl. Pastoralamt des Bistums Basel [Hrsg.], «Suchet zuerst das Reich Gottes und seine Gerechtigkeit ... » Ein Arbeitsinstrument für pastorales Handeln im Bistum Basel, Solothurn 1993, ³1995). «In der reformierten Kirche ging – ohne dies begrifflich so zu benennen – Leonhard Ragaz bereits in seinem für die Entwicklung des religiösen Sozialismus wichtigen Vortrag vor der Schweizerischen Predigergesellschaft im September 1906 *Das Evangelium und der soziale Kampf der Gegenwart* (vgl. Leonhard Ragaz, Das Evangelium und der soziale Kampf der Gegenwart, Basel ²1907) nach dem Dreischritt vor (Sehen: vgl. ebd. 2–19; Urteilen: vgl. ebd. 20–60; Handeln: vgl. ebd. 60–66)» (Eigenmann, Kirche in der Welt dieser Zeit 45).
67 Ausführlich zum Reich Gottes vgl. Urs Eigenmann, «Das Reich Gottes und seine Gerechtigkeit für die Erde.» Die andere Vision vom Leben, Luzern 1998.

von solchen nicht, die die Zentralsetzung des Reiches Gottes heute diffamieren wie Joseph Ratzinger/Benedikt XVI.[68]: Jener Jesus aus Nazaret, auf den sich das Christentum beruft und dem sich dieses als seinem Ursprung verpflichtet weiß, hat nicht sich selbst, kein neues Gesetz und nicht einen abstrakten Gott verkündet. Vielmehr war die Mitte seiner Sendung das, was er als Reich Gottes und dessen Gerechtigkeit bezeichnet hat.[69] So heißt es im Summarium zu Beginn des ältesten Evangeliums nach Markus von Jesus: «[E]r verkündete das Evangelium Gottes und sprach: Die Zeit ist erfüllt, das Reich Gottes ist nahe. Kehrt um und glaubt an das Evangelium» (Mk 1,14 f.)! In der Bergpredigt des Matthäusevangeliums hält Jesus die Seinen dazu an: «Sucht aber zuerst sein [Gottes, U. E.] Reich und seine Gerechtigkeit; dann wird euch alles andere dazugegeben» (Mt 6,33). In diesem Sinn lässt Jesus seine Jüngerinnen und Jünger in dem Gebet, das er ihnen zu beten hinterlassen hat, bitten: «Unser Vater im Himmel, geheiligt werde dein Name, dein Reich komme, dein Wille geschehe wie im Himmel, so auf der Erde» (Mt 6,9 f.). In seinem Buch *Die Bergpredigt Jesu* kommentiert Leonhard Ragaz diese Bitte so: «*Sein* Reich soll kommen: zu *uns*, auf die *Erde*, nicht wir zu seinem Reich in einem fernen *Jenseits* und nicht erst nach dem ‹jüngsten Gericht› nach der ‹Auferstehung der Toten›, sondern auch schon jetzt. Sein Wille soll auf *Erden* geschehen, nicht im Himmel, wo er schon erfüllt ist, aber er soll auf Erden so vollkommen geschehen wie im Himmel. Nicht soll die Erde in den Himmel hinaufgezogen werden, sondern der Himmel auf die Erde herab. *Alle* Wirklichkeit soll Gottes Willen gehorchen und ihm zum Ausdruck dienen, selbstverständlich auch die *politische* und *soziale*.»[70] Dieser biblisch bezeugten Grundrichtung der Bewegung *vom Himmel* als der Vision Gottes für die Welt *zur Erde* entspricht auch die Sicht der Geheimen Of-

---

68 Er stellt fest: «Das Thema ‹Reich Gottes› durchzieht die ganze Verkündigung Jesu» (Joseph Ratzinger/Benedikt XVI., Jesus von Nazareth. Erster Teil, Von der Taufe im Jordan bis zur Verklärung, Freiburg im Breisgau ²2007, 92). Zum Umgang von Ratzinger/Benedikt XVI. mit der Zentralsetzung des Reiches Gottes heute s. unten den *Exkurs 4: Das Reich Gottes zwischen Verteufelung bei Ratzinger/Benedikt XVI. und zentraler Stellung bei Papst Franziskus*.

69 Vgl. Helmut Merklein, Jesu Botschaft von der Gottesherrschaft. Eine Skizze, 3., überarbeitete Auflage, Stuttgart 1989. Nach Merklein muss man «[...] behaupten [...], dass die ‹‹basileia› Gottes» den zentralen Inhalt der Verkündigung Jesu bezeichnet. [...] [I]n der synoptischen Tradition [wird] kein anderes Thema [als die ‹basileia-Predigt, U. E.] der Verkündigung Jesu – weder die Umkehrpredigt noch eine sittliche Forderung (Feindesliebe, Liebesgebot) noch die Botschaft vom ‹Vater› in vergleichbarer Weise zum zusammenfassenden Inbegriff der Botschaft Jesu erhoben» (ebd. 25).

70 Leonhard Ragaz, Die Bergpredigt Jesu, Bern 1945, 123 (Hervorhebungen im Original); vgl. ders., Die Botschaft vom Reiche Gottes 316.

fenbarung nach Johannes, wenn da steht: «Ich sah die heilige Stadt, das neue Jerusalem, von Gott her aus dem Himmel herabkommen» (Offb 21,2) und: «[E]s kam einer von den sieben Engeln [...] und zeigte mir die heilige Stadt Jerusalem, wie sie von Gott her aus dem Himmel herabkam» (Offb 21,9 f.).

Die zentrale Stellung des Reiches Gottes war der ersten Christengemeinde noch bewusst. Das bezeugt die Apostelgeschichte. Deren semantische Klammer ist das Reich Gottes. Zu Beginn heißt es von Jesus vor seiner Himmelfahrt: «[V]ierzig Tage hindurch ist er ihnen [den Aposteln, U. E.] erschienen und hat vom Reich Gottes gesprochen» (Apg 1,3). Am Ende der Apostelgeschichte wird selbst von Paulus, der in seinen Briefen kaum vom Reich Gottes spricht, gesagt: «Vom Morgen bis in den Abend hinein erklärte und bezeugte er ihnen [den führenden Männern der Juden in Rom, U. E.] das Reich Gottes [...]» (Apg 28,23). Der letzte Vers der Apostelgeschichte lautet: «Er [Paulus, U. E.] verkündete das Reich Gottes und lehrte über Jesus Christus, den Herrn – mit allem Freimut, ungehindert» (Apg 28,30).

Bevor auf Inhalt, Struktur und Status des Reiches Gottes näher eingegangen wird, sei auf ein Dreifaches hingewiesen. Erstens: Jesu Reich-Gottes-Zeugnis muss im Horizont seines apokalyptischen Bewusstseins gesehen werden. Dieses ist in einem wohl auf ihn selbst zurückgehenden Einzellogion ausgedrückt, wenn er sagt: «Ich sah den Satan wie einen Blitz aus dem Himmel fallen» (Lk 10,18). Im Sinne der Kritik der mythischen Vernunft drückt Jesus damit aus: Wenn der Satan als Fürst der Welt aus dem Himmel als der Vision Gottes für die Welt verstoßen worden ist, dann hat er keine Macht mehr. Jesus war überzeugt, dass der gegenwärtige Äon zu Ende ist und ein neuer beginnt. Auf die historische Situation bezogen heißt das: Die Weltordnung der *Pax Romana* ist zu Ende. Sie wird abgelöst von jener des Reiches Gottes als *Pax Regni Dei*. «Das Charakteristische an Lk 10,18 besteht nun darin, dass das, was das apokalyptische Denken für die Zukunft der Endzeit erwartet, für Jesus bereits geschehen ist. Der himmlische Entscheidungskampf ist entschieden, Satan ist entmachtet.»[71] Zweitens: «Nirgends in der frühjüdischen Literatur steht die Herrschaft Gottes [...] so im Zen-

---

[71] Merklein, Jesu Botschaft von der Gottesherrschaft 61; vgl. Hermann-Josef Venetz, Jesus von Nazaret: Prophet der angebrochenen Gottesherrschaft. Grundlegende Reich-Gottes-Texte der synoptischen Evangelien, in: Bibel und Kirche 62 (2007) 78–84, hier: 78 f.

trum der Verkündigung wie bei Jesus.»[72] Jesus gebraucht im Zusammenhang mit dem Reich Gottes Wendungen, die ohne Parallele in der Literatur seiner Umwelt sind.[73] Drittens: Jesus hat sich zwar ganz mit dem Reich Gottes identifiziert, dieses aber nicht mit sich selbst gleichgesetzt. Vielmehr sandte er seine Jünger aus, das Reich Gottes zu bezeugen (vgl. Lk 9,2) und verhieß dessen Vollendung als künftiges Geschenk Gottes (vgl. Lk 22,16.18.29 f.). Zur Kennzeichnung dieses Sachverhalts unterscheidet Jon Sobrino zwischen *Mittler* und *Vermittlung*. Jesus ist zwar der *endgültige Mittler* und Zeuge des Reiches Gottes, nicht aber bereits dessen *endgültige Vermittlung* im Sinne der Realisierung.[74] Aufgrund dieses biblischen Befundes darf das Reich Gottes und seine Gerechtigkeit nicht mit der Person Jesu gleichgesetzt werden, wie dies später Origenes (um 180–254) wohl als erster im 3. Jahrhundert in seiner das Reich Gottes personal-verkürzenden und zugleich enthistorisierenden *Autobasileialehre*[75] vornahm. Danach ist das ganze Reich Gottes in Jesus Christus bereits gegenwärtig. Es ist aufgehoben in der Christologie. Insofern diese aber eine abstrakte, weil von Jesu Leben, Reich-Gottes-Zeugnis und Schicksal absehende Christologie ist, ist sie eine Christologie, in der das Reich Gottes aufgehoben ist. Aufgehoben allerdings nicht in dem Sinn, dass es darin als eigene Größe aufbewahrt oder auf eine höhere Ebene gehoben wäre, sondern in dem Sinn, dass es darin verschwindet. «Auf diese Weise wird eine bedeutsame Veränderung im formalen Begriff dessen, was das *Reich Gottes* ist, bewirkt: Von einer historisch-sozial-kollektiven Wirklichkeit, die Jesus verkündet hat, wird es zu einer anderen, jetzt personalen Wirklichkeit und damit nicht mehr als eigene Wirklichkeit gedacht. Zentral – und utopisch – ist jetzt nur noch die *Person* Jesu.»[76]

---

72 Odo Camponovo, Königtum, Königsherrschaft und Reich Gottes in den frühjüdischen Schriften, Freiburg/Göttingen 1984, 444; vgl. Joachim Jeremias, Neutestamentliche Theologie. Erster Teil. Die Verkündigung Jesu, Gütersloh 1971, 100.
73 Vgl. ebd.
74 Vgl. Jon Sobrino, Christologie der Befreiung. Band 1, Mainz 1998, 156 f.
75 Vgl. Jon Sobrino, Der Glaube an Jesus Christus. Eine Christologie aus der Perspektive der Opfer, Herausgegeben und mit einer Einführung versehen von Knut Wenzel, Übersetzt von Ludger Weckel, Ostfildern 2007, 361, 498.
76 Ebd. 498 (Hervorhebungen im Original).

2.2 Zu Inhalt, Struktur und historisch-utopischer Doppeldimension des Reiches Gottes[77]

2.2.1 Inhaltliche Fülle

Ein erster Zugang zu dem, was inhaltlich mit dem Reich Gottes gemeint ist, eröffnet Jesu Gleichnis vom großen Festmahl im Lukasevangelium (vgl. Lk 14,15–24). Es ist das wohl umfassendste und dichteste Bild für das Reich Gottes. Der Vergleich des Reiches Gottes mit einem Fest ist schon deswegen bedeutsam, weil auf einem guten Fest verdichtet all das vorhanden ist, was es zu einem Leben in Würde und Fülle braucht: genug zu Essen und zu Trinken für alle, und dies meist im Überfluss, so karg auch sonst das Leben sein mag; alle haben Platz und niemand wird ausgeschlossen; gemeinsam wird angesichts nicht-idealer Verhältnisse an der Vision eines guten Lebens für alle festgehalten. Das Fest als eine Weise unproduktiver Verausgabung ist das eigentliche Gegenüber zur produktiven Arbeit. Es ist etwas anderes als die bloße Erholung von den Mühen der Arbeit und stellt mehr dar als eine Abwechslung zum grauen Alltag im Sinne von Goethes Schatzgräberballade, wo es heißt: «Tages Arbeit! Abends Gäste!/Saure Wochen! Frohe Feste!»

Darüber hinaus ist das lukanische Festmahlgleichnis für das Verständnis des Reiches Gottes deshalb bedeutsam, weil es sich beim geschilderten Fest um ein Fest der besonderen Art handelt. Diesem bleiben die zuerst Geladenen fern. An deren Stelle werden zunächst die Armen, Krüppel, Blinden und Lahmen von den Straßen und Gassen der Stadt und schließlich jedwede Leute von der Landstraße vor der Stadt herbeigeholt. Vor dem Hintergrund der Erkenntnisse der kulturübergreifenden Sozialanthropologie stellt der amerikanische Exeget John Dominic Crossan fest: «Was Jesu Gleichnis vorstellt und in Aussicht stellt, ist [...] eine offene Kommensalität [von lat. *con* = mit und *mensa* = Tisch, U. E.], ein gemeinsames Mahl, bei dem die Tischordnung nicht im Kleinen die große Gesellschaftsordnung mit ihren vertikalen Diskriminierungen und lateralen Trennungen widerspiegelt. Die soziale Herausforderung einer solchen egalitären Kommensalität ist das eigentlich Bedrohliche dieses Gleichnisses. [...] Und da Jesus überdies praktizierte, was er mit diesem Gleichnis predigte, beschimpfte man ihn als Fresser und Säufer, als Freund von

---

[77] Vgl. für diesen Abschnitt: Eigenmann, Von der Christenheit zum Reich Gottes 247–254.

Sündern und Zöllnern [vgl. Lk 7,34, U. E.]. [...] [D]enen, die die eigene Identität nur in den Augen von Ihresgleichen zu finden wussten, [musste] die Zumutung, sich bei Tisch und im Leben mit jedem Hergelaufenen gemein zu machen und dabei von allen Unterschieden des Standes, Ranges und Geschlechts abzusehen, notwendig fast unvernünftig und absurd erscheinen.»[78] Crossan hält fest: «Die offene Kommensalität und der radikale Egalitarismus des Gottesreichs, von dem Jesus sprach, ist erschreckender als alles, was wir uns vorgestellt haben, und selbst wenn wir es nie annehmen können, sollten wir doch nicht versuchen, es wegzuerklären und als etwas anderes, als es ist, auszugeben.»[79] Zusammenfassend erklärt Crossan: «Jesu offene Kommensalität oder sein *Mahl mit den Lebenden* negierte in der Praxis die Unterschiede, Unterscheidungen, Rangordnungen und diskriminierenden Wertungen, die uns voneinander trennen.»[80]

Die inhaltliche Fülle des Reiches Gottes kann noch genauer umschrieben werden. Dies geschieht, indem die fünfundneunzig Stellen in den synoptischen Evangelien nach Matthäus, Markus und Lukas, in denen ausdrücklich ein Zusammenhang zwischen dem Reich Gottes bzw. dem Himmelreich und Jesu Reden und Handeln hergestellt wird, als synchroner Textkorpus verstanden und bearbeitet werden. Dazu sind zwei Konzepte des französischen Philosophen Louis Althusser hilfreich. Zum einen sein Verständnis von *theoretischer Praxis*. Diese meint, ein Phänomen – hier die fünfundneunzig Stellen in den synoptischen Evangelien – wird mit einer Fragestellung bearbeitet, um über den Inhalt dieser Stellen zu einer neuen Erkenntnis zu gelangen.[81] Zum andern besteht die Fragestellung darin, die Stellen mit den *Kategorien der Gesellschaftsformationstheorie* zu befragen. Althusser begreift eine Gesellschaftsformation als komplex strukturiertes Ganzes der drei relativ autonomen Instanzen *Ökonomie/[Ökologie]*, *Politik* und *[Kultur/Religion]/Ideologie*.[82] Diese sind dazu da, das physische Leben der Mitglieder einer Gesellschaft zu sichern, deren Zusammenleben zu regeln und Ideen und Normen

---

78 Crossan, Jesus 98 f.
79 Ebd. 103.
80 Crossan, Was Jesus wirklich lehrte 33 (Hervorhebung im Original).
81 Vgl. Eigenmann, Kirche in der Welt dieser Zeit 62–65. Dort weitere Belege; vgl. Kuno Füssel, *Die bürgerliche Gefangenschaft der Theologie* in diesem Band; ders., Zeichen und Strukturen. Einführung in Grundbegriffe, Positionen und Tendenzen des Strukturalismus, Münster 1983, 73–92.
82 Vgl. Eigenmann, Kirche in der Welt dieser Zeit 21–25. Dort weitere Belege; vgl. Füssel, *Die bürgerliche Gefangenschaft der Theologie*.

für ein sinnvolles Leben bereitzustellen. Im Sinne der theoretischen Praxis von Althusser werden die fünfundneunzig Stellen daraufhin befragt, welcher Umgang mit den wirtschaftlichen Gütern, welche Regelung des gesellschaftlichen Zusammenlebens und welche Sicht eines sinnvollen Lebens mit dem Reich Gottes in der Verkündigung und Praxis Jesu verbunden wird.

Ökonomische Aspekte: In ökonomischer Hinsicht zur Sicherung des physischen Lebens der Mitglieder einer Gesellschaft zeigt sich Folgendes: Das Reich Gottes wird zuerst und vor allem den Bettelarmen verheißen (vgl. Lk 6,20; Mt 5,3), wogegen die Reichen nur schwer oder gar nicht Zugang zu ihm haben (vgl. Mk 10,23–25). Mit dem Reich Gottes ist der Verzicht auf Besitz verbunden (vgl. Mt 19,29; Mk 10,29). Im Gleichnis von den Arbeitern im Weinberg erhalten alle unabhängig von der geleisteten Arbeitszeit das an finanzieller Entlöhnung, was sie – im Sinn eines Subsistenzlohnes – zur Deckung des täglichen Bedarfs brauchen (vgl. Mt 20,1–16). Im Reich Gottes werden alle Schulden – persönliche und ökonomische – erlassen (vgl. Mt 18,32–25). Eine Ökonomie der Bereicherung, wie sie der reiche Kornbauer anstrebt, ist tödlich (vgl. Lk 12,15–32). Mehrfach bezeugt ist die Praxis Jesu, unter Umgehung einer monetären Logik durch Teilen des Vorhandenen alle zu sättigen (vgl. Mk 6,30–44; Lk 9,11–17). Die ökonomischen Aspekte des Reiches Gottes zusammenfassend, kann dieses so umschrieben werden: «Als Reich der Armen ist das Reich Gottes die Vision einer Gesellschaft und Welt, in der niemand bangen muss ums tägliche Brot, in der alle satt werden und in der alle das an materiellen Gütern und finanziellen Mitteln erhalten, was sie zu einem ökonomisch abgesicherten Leben in Würde und Fülle brauchen.»[83]

Politische Aspekte: In politischer Hinsicht zur Regelung des Zusammenlebens in der *polis* als einem Gemeinwesen zeigt sich für das Verständnis des Reiches Gottes Folgendes: Es meint im Sinne des lukanischen Festmahlgleichnisses (vgl. Lk 14,15–24) die Überwindung von lateralen Trennungen und vertikalen Diskriminierungen. Die betrügerischen Zöllner und geächteten Dirnen kommen eher hinein als die Hohenpriester und Ältesten (vgl. Mt 21,31). In ihm werden die familiären Bande und verwandtschaftlichen Verhältnisse relativiert bzw. gesprengt (vgl. Lk 18,29f.). Entgegen der weit verbreiteten Abwertung der Kinder in der Trias *Taubstumme, Schwachsinnige*

---

83 Eigenmann, «Das Reich Gottes und seine Gerechtigkeit für die Erde» 93.

und Minderjährige wird erklärt, wer ins Himmelreich kommen wolle, müsse an den Kindern Maß nehmen (vgl. Mt 18,2–5). Die Frauen werden gewürdigt, wenn deren alltägliche Arbeit, Sauerteig unter das Mehl zu mischen, als Bild für das Reich Gottes gebraucht wird (vgl. Mt 13,33). Mehrmals wird auf den Zusammenhang von Krankenheilung und Reich Gottes hingewiesen (vgl. Mt 4,32; Lk 9,1 f.). In ihm soll es nicht so zugehen wie in der Welt, wo die Herrscher die Völker unterdrücken und die Mächtigen ihre Macht über die Menschen missbrauchen (vgl. Mk 10,42–44). Es stellt die Umkehr der Verhältnisse dar, wenn in ihm derjenige Diener sein soll, der groß sein will, derjenige Sklave, der der Erste sein will (vgl. Mt 20,16) und Erste Letzte und Letzte Erste sein werden (vgl. Mt 19,30). Die politischen Aspekte des Reiches Gottes zusammenfassend, kann dieses so umschrieben werden: «Als Reich der gesellschaftlichen Niemande ist das Reich Gottes die Vision einer solidarischen Gesellschaft und Welt, in der niemand verachtet, diskriminiert oder ausgeschlossen wird, in der alle Platz haben und all das an menschlicher Zuwendung, sozialer Anerkennung und vorbehaltloser Vergebung erhalten, was sie zu einem Leben in Würde und Fülle brauchen.»[84]

Religiöse Aspekte: In religiöser[85] Hinsicht im Sinne der leitenden Normen für ein sinnvolles Leben zeigt sich Folgendes: Umkehr ist die andere Seite des Glaubens an das Evangelium vom Reich Gottes (vgl. Mk 1,15). Um-kehr meint Ab-kehr von den Anti-Reichen der Welt und Hin-kehr zum Reich Gottes. Es wird ausdrücklich eine Verbindung hergestellt zwischen der Befreiung von Dämonen und dem Reich Gottes (vgl. Lk 11,20). In zwei Zusammenhängen wird es in einen Bezug zum Gesetz und zu den Geboten gebracht. Das Gesetz gilt auch im Himmelreich (vgl. Mt 5,19). Das Doppelgebot der Gottes- und Nächstenliebe wird zu seinem Grundgesetz erklärt (vgl. Mk 12,28–34). Das Reich Gottes und seine Gerechtigkeit ist die letztlich alles bestimmende Größe, nach der zuerst getrachtet werden soll (vgl. Mt 6,33) und der sogar die physische Integrität unterzuordnen ist, weil es besser ist, einäugig ins Reich Gottes zu kommen als mit zwei Augen in die Hölle geworfen zu werden (vgl. Mk 9,47). In allen Evangelien wird von einem Angriff Jesu auf den Tempel in

---

84 Ebd. 94.
85 Es kann von *religiösen* Aspekten im Sinne des Gebrauchs religiöser Begriffe wie *Glaube* und *Gott* die Rede sein, obwohl das Reich Gottes nach dem biblischen Zeugnis eine säkulare Größe darstellt ohne Elemente einer traditionellen Religion wie ausdrückliches Bekenntnis, heilsabhängige Liturgie oder priesterliche Vermittlung.

Jerusalem berichtet. Jesus zerstörte den Tempel symbolisch,[86] indem er die Tische der Geldwechsler und der Taubenhändler umstieß (vgl. Mk 11,15) und dem Tempel die göttliche Legitimation entzog, wenn er erklärte, aus dem Haus seines Vaters sei eine Räuberhöhle (vgl. Mk 11,17) oder – schlimmer noch, weil legal – eine Markthalle (vgl. Joh 2,16) geworden. Der Tempel bildete als nicht nur religiöses, sondern auch ökonomisches und politisches Zentrum der Gesellschaftsformation Palästinas, die strukturell-organisatorische Grundlage wirtschaftlicher Benachteiligung, politischer Beherrschung und religiöser Bevormundung. Insofern die strukturelle Grundlage jener Diskriminierungen und Trennungen angegriffen wird, deren Opfern das Reich Gottes verheißen wird, stellt der Angriff auf den Tempel ein zentrales Moment der Bezeugung des Reiches Gottes dar. Die religiösen Aspekte des Reiches Gottes zusammenfassend, kann dieses so umschrieben werden: «Als Reich, das Gottes Reich ist, in dem der Wille des Vaters erfüllt wird, ist das Reich Gottes die Vision einer Gesellschaft und Welt, in der niemand von Dämonen drangsaliert wird, in der nichts und niemand an die Stelle Gottes tritt, in der das Grundgesetz der Einheit von Gottes- und Nächstenliebe gilt und in der über alle weltanschaulichen Grenzen hinweg im Suchen des Reiches Gottes und seiner Gerechtigkeit die Hoffnung auf ein sinnvolles Leben in Würde und Fülle aller Menschen praktisch bezeugt wird.»[87]

2.2.2 Komplexe Struktur[88]

Das biblisch bezeugte Reich Gottes «[...] umfasst mehrere Spannungsfelder, deren Pole weder unverbunden dual nebeneinanderstehen, noch sich dualistisch gegenseitig ausschließen, sondern dialektisch aufeinander bezogen sind. Die Pole konkurrenzieren sich nicht, sondern erhellen sich wechselseitig und machen miteinander die Vielschichtigkeit und Komplexität des Reiches Gottes aus.»[89]

Verpflichtendes Geschenk: Das Reich Gottes ist unverdientes Geschenk (vgl. Lk 12,32) und sein Kommen an keine Vorleistungen gebunden. So sehr es Geschenk ist, so sehr nimmt es die Beschenkten in die Pflicht (vgl. Mk 1,15; Mt 5,20), in seinem Sinn zu handeln.

---

86 Vgl. Crossan, Der historische Jesus 473.
87 Eigenmann, «Das Reich Gottes und seine Gerechtigkeit für die Erde» 94.
88 Vgl. ebd. 95–116.
89 Ebd. 98.

In Jesus gegenwärtig, die verheißene Vollendung steht noch aus: Das Reich Gottes ist in Jesus angebrochen und gegenwärtig. Seine Vollendung aber steht als Tat Gottes noch aus (vgl. Lk 22,16.18). Das Reich Gottes ist da, wenn Jesus durch den Finger Gottes Dämonen austreibt (vgl. Lk 11,20). Es ist «mitten unter euch» (Lk 17,21) wie der Sauerteig das Mehl durchdringt (vgl. Mt 13,33).

Nicht von dieser Welt, aber in ihr soll es Gestalt annehmen: Das Reich Gottes ist zwar nicht von dieser Welt (vgl. Joh 18,36), weil es nicht die religiöse Verklärung der bestehenden Verhältnisse darstellt. Es ist aber auch nicht so verschieden von der Welt, dass es nichts mit ihr zu tun hätte. Vielmehr soll Gottes Reich als Reich des Lebens inmitten der Anti-Reiche der Welt und deren Todeslogik bezeugt werden und Gestalt annehmen.

Persönlich-existentielle und politisch-strukturelle Dimension: Das Reich Gottes hat eine persönliche und eine politische Dimension, indem es sowohl zur Umkehr der Einzelnen (vgl. Mk 1,15) einlädt als auch die Umgestaltung der Verhältnisse meint, wenn in ihm Letzte Erste und Erste Letzte sein werden (vgl. Mt 20,16) und dem Tempel als Zentrum der Gesellschaftsformation Palästinas die göttliche Legitimation entzogen wird (vgl. Mk 11,15–17; Joh 2,13–22).

Symbolisch gegenwärtig, aber auch praktisch zu bezeugen: Das Reich Gottes ist symbolisch gegenwärtig, soll aber auch praktisch bezeugt werden. Jesus hat das Reich Gottes weder bloß in Bildern und Gleichnissen verkündet und angesagt, noch es ausschließlich in seiner Praxis bezeugt. Vielmehr: Was er verkündete, praktizierte er, und was er praktizierte, erläuterte und rechtfertigte er in seiner Verkündigung.

2.2.3 Historisch-utopische Doppeldimension[90]

Das Reich Gottes hat neben seiner inhaltlichen Fülle und komplexen Struktur eine historisch-utopische Doppeldimension. Es enthält – wie die inhaltliche Fülle zeigt – sowohl Kriterien für die Realisierung eines historischen Projekts und meint zugleich seine von Gott verheißene Vollendung. Im Sinne der von Franz Hinkelammert entwickelten *Kritik der utopischen Vernunft*[91] geht es zentral darum, kein historisches Projekt mit dem utopischen Horizont zu identifizieren,

---

90 Vgl. ebd. 143–145.
91 Vgl. Franz J. Hinkelammert, Kritik der utopischen Vernunft. Eine Auseinandersetzung mit den Hauptströmungen der modernen Gesellschaftstheorien, Luzern/Mainz 1994.

weil dieser damit besetzt und so jegliche Utopie ausgeschlossen würde. Bei der Gestaltung einer Gesellschaftsformation sind utopische Vorstellungen leitend. Die utopischen Vorstellungen vollständiger Egalität und Herrschaftsfreiheit, vollkommener Planung oder völlig freier Marktmechanismen sind zur Gestaltung historischer Projekte zwar notwendig, können aber selbst nicht historisch realisiert werden, da sie – als Bedingung der Möglichkeit historischer Projekte – transzendentaler Natur sind.

In der traditionellen Theologie wird diese Differenz als eschatologischer Vorbehalt bezeichnet. Nichts und niemand ist unter den Bedingungen der *conditio humana* das *Eschaton*, das Ganze – das *Totum* – oder das Letzte – das *Ultimum*. Dieser eschatologische Vorbehalt wurde in der lateinamerikanischen Theologie der Befreiung kritisch weiterentwickelt. Vor allem Jon Sobrino hat darauf hingewiesen, dass nicht nur alles auf dieser Erde *noch nicht* das Reich Gottes in seiner Vollendung ist, sondern dass vieles in der herrschenden Weltordnung *in striktem Gegensatz* zum Reich Gottes und seiner Gerechtigkeit steht. Jesus wurde wegen seines Reich-Gottes-Zeugnisses von den Exponenten der alles andere als friedlichen *Pax Romana*[92] am Kreuz hingerichtet. Dies entlarvt die *Pax Romana* als Anti-Reich[93] zum Reich Gottes (vgl. das Schema *Pax Romana* im Anhang).

2.3 Das Reich Gottes als himmlischer Kern des Irdischen

Das matthäische Doppelgleichnis vom Schatz im Acker, für den jemand alles herzugeben bereit ist, und vom Kaufmann, der für eine kostbare Perle alles verkauft (vgl. Mt 13,44–66) weist auf das Kostbare des Reiches Gottes hin. Zu dessen Illustration hat Franz Hinkelammert eine Geschichte gefunden, die auf den indischen Jesuiten Anthony de Mello zurückgeht. Vor dem Hintergrund dessen, was über Inhalt, Struktur und Doppeldimension des Reiches Gottes ausgeführt wurde, lässt sie etwas von dem erahnen, was die Rede vom Reich Gottes als himmlischem Kern des Irdischen meint. Und dies ist die Geschichte:

---

92 Vgl. Klaus Wengst, Pax Romana. Anspruch und Wirklichkeit. Erfahrungen und Wahrnehmungen des Friedens bei Jesus und im Urchristentum, München 1986.
93 Ragaz sprach vom *Gegenreich* zum Reich Gottes; vgl. Ragaz, Die Botschaft vom Reiche Gottes 301, 25.

Ein Bettelmönch sah eines Tages auf seinem Weg einen Edelstein, fand ihn schön und steckte ihn in seinen Beutel. Eines Tages traf er einen anderen Reisenden, der hungrig war und ihn um Hilfe bat. Um ihm von dem, was er hatte, abzugeben, öffnete er seinen Beutel. Da sah der Reisende den Edelstein und bat ihn, ihn ihm zu schenken. Ohne weiteres schenkte der Mönch ihm den Edelstein. Der Reisende bedankte sich und entfernte sich hochzufrieden, denn jetzt hatte er Reichtum und Sicherheit für sein ganzes weiteres Leben. Aber am nächsten Tag kam der Reisende aufs Neue zum Bettelmönch, gab ihm den Edelstein zurück und bat ihn: Gib mir bitte etwas, das mehr wert ist als dieser wertvolle Stein. Der Mönch sagte ihm, dass er nichts Wertvolleres habe. Da fügte der Reisende hinzu: Gib mir dasjenige, was es dir möglich machte, mir den Edelstein zu schenken.[94]

Diesem *dasjenige, das es dir möglich machte, mir den Edelstein zu geben* in der Geschichte entspricht die Bereitschaft, sich im Sinne des Doppelgleichnisses vom Schatz im Acker und der kostbaren Perle ganz auf das Reich Gottes einzulassen. Das kann als himmlischer Kern des Irdischen bezeichnet werden. Dieser himmlische Kern ist dasjenige, das uns dazu bringt, die irdischen Verhältnisse im Sinne der Gerechtigkeit des Reiches Gottes zu gestalten. Dieser himmlische Kern ist ein Bezugspunkt, der quer zu allen Formen monetärer, politischer oder ideologischer Nutzenkalküle steht.[95] In diesem Sinn stellt Helmut Merklein fest: «Die Gottesherrschaft, die Jesus proklamiert und als bereits gegenwärtiges Geschehen verkündet und praktiziert, ist letztlich die Perspektive, der Orientierungsrahmen, der Sinnhorizont, auf den hin und von dem her sich menschliches Handeln zu bestimmen hat.»[96] In der Terminologie von Karl Rahner kann das Reich Gottes als *innerstes Wovonher* und *äußerstes Woraufhin* menschlicher Existenz und Geschichte verstanden werden.[97]

Der himmlische Kern des Irdischen ist so wenig ein religiöses Phänomen, so wenig das Reich Gottes eine religiöse Größe darstellt. Jesus bezeugte das Reich Gottes als säkular-universale, egalitär-solidarische Vision gesellschaftlichen Zusammenlebens. «Der Begriff ‹Reich Gottes› ist [...] nicht in einem kultischen Kontext begriffen worden, sondern ist primär ein geschichtstheologischer und gesellschaftlicher Begriff.»[98] Mit dem Reich Gottes wird nach dem biblischen Zeugnis

---

94 Hinkelammert, Das Subjekt und das Gesetz 429 f.
95 Vgl. ebd. 431.
96 Merklein, Jesu Botschaft von der Gottesherrschaft 122.
97 Vgl. Eigenmann, Von der Christenheit zum Reich Gottes 257.
98 Franz Schupp, Glaube – Kultur – Symbol. Versuch einer kritischen Theorie sakramentaler Praxis, Düsseldorf 1974, 44 f.

in keiner Weise ein religiös-gläubiges Bekenntnis, eine kultisch-liturgische Handlung oder eine priesterlich-institutionelle Vermittlung verbunden. Das Reich Gottes orientiert sich ganz an den säkularen leiblichen Werken der Barmherzigkeit in der matthäischen Gerichtsrede: «Denn ich war hungrig und ihr habt mir zu essen gegeben; ich war durstig und ihr habt mir zu trinken gegeben; ich war fremd und ihr habt mich aufgenommen; ich war nackt und ihr habt mir Kleidung gegeben; ich war krank und ihr habt mich besucht; ich war im Gefängnis und ihr seid zu mir gekommen» (Mt 25,35 f.).

Franz Hinkelammert stellt das Verständnis des Reiches Gottes als himmlischen Kern des Irdischen dem antiutopischen und – in einer Welt, in der Hunderten von Millionen Menschen als Folge von struktureller Gewalt das Notwendigste zum Leben vorenthalten wird – zudem antihumanen Diktum von Karl Popper gegenüber. Dieser erklärte: «Wie andere vor mir gelangte auch ich zu dem Resultat, dass die Idee einer utopischen und sozialen Planung großen Stils ein Irrlicht ist, das uns in einen Sumpf lockt. Die Hybris, die uns versuchen lässt, das Himmelreich auf Erden zu verwirklichen, verführt uns dazu, unsere gute Erde in eine Hölle zu verwandeln – eine Hölle, wie sie nur Menschen für ihre Mitmenschen verwirklichen können.»[99] Noch stärker drückt Popper die Tendenz zu einem universalen Antiutopismus[100] so aus: «Wir alle haben das sichere Gefühl, dass jedermann in der schönen, der vollkommenen Gemeinschaft unserer Träume glücklich sein würde. Und zweifellos wäre eine Welt, in der wir uns alle lieben, der Himmel auf Erden. Aber ... der Versuch, den Himmel auf Erden einzurichten, produziert stets die Hölle. Dieser Versuch führt zu religiösen Kriegen und zur Rettung der Seelen durch die Inquisition.»[101] Popper verkehrt den Himmel in

---

99 Zit. in: Hinkelammert, Kritik der utopischen Vernunft 182.
100 Vgl. Hinkelammert, Der Schrei des Subjekts 304.
101 Zit. in: ebd. Die in den beiden Zitaten von Popper dokumentierte Denkweise impliziert jene ebenso falsche wie gefährliche Totalisierung, die Theodor W. Adorno in seinem berühmten Diktum so formuliert hat: «Es gibt kein richtiges Leben im falschen» (Theodor W. Adorno, Minima Moralia. Reflexionen aus dem beschädigten Leben, Frankfurt am Main 1969, 42; vgl. Jochen Hörisch, Es gibt (k)ein richtiges Leben im falschen, Frankfurt am Main 2003, 9–37). Adornos Position ist zumindest in zweierlei Hinsicht falsch und zudem gefährlich. Sie ist erkenntnistheoretisch falsch; denn in einem *total* falschen Leben gäbe es auch *total* keine richtige Erkenntnis und das falsche Leben könnte gar nicht als solches erkannt werden. Sie ist sachlich falsch; denn unter den Bedingungen der *conditio humana* ist nichts und niemand bereits das Letzte – das *Ultimum* – oder das Ganze – das *Totum*, auch kein noch so falsches Leben. Alles ist vorläufig und enthält Lücken und Brüche. Selbst unter den Bedingungen eines Konzentrationslagers als dem wohl denkbar falschesten Leben im Sinne falscher Lebensbedingungen gab es die Möglichkeit, sich hassend und zerstörerisch oder mit einem Rest von

die Hölle. Dagegen gilt das genaue Gegenteil: «[W]er den Himmel auf Erden nicht will, [schafft] die Hölle auf Erden. Wir leben die Hölle. Sie ist von denen geschaffen, die all diejenigen denunzieren, die aufgebrochen sind, den Himmel auf Erden zu schaffen.»[102] Ein Christentum aber, das sich dem das Reich Gottes bezeugt habenden Jesus von Nazaret verpflichtet weiß, hält gegen Poppers Verkehrung des Himmels in die Hölle an jener Bitte fest, die Jesus den Seinen zu beten aufgetragen hatte: «[D]ein Reich komme, dein Wille geschehe wie im Himmel, so auf der Erde» (Mt 6,10).

Exkurs 1: Das ursprüngliche Christentum ist keine Religion, sondern ein pauperozentrischer Humanismus der Praxis

Eine säkulare Praxis als letztes Kriterium

Im Anfang entwickelte die auf Jesus von Nazaret zurückgehende Reich-Gottes-Bewegung durch die Kanonbildung des Zweiten Testaments ein *scripturales* Selbstverständnis. Für dieses sind konstitutiv: die Orientierung am säkularen Reich Gottes ohne Elemente einer traditionellen Religion; der Primat der Praxis gegenüber dem Bekenntnis entsprechend dem Wort Jesu: «Nicht jeder, der zu mir sagt: Herr! Herr!, wird in das Himmelreich kommen, sondern wer den Willen des Vaters tut» (Mt 7,21), und der Frage im Jakobusbrief: «Wenn ein Bruder oder eine Schwester ohne Kleidung sind und ohne das tägliche Brot und einer von euch zu ihnen sagt: Geht in Frieden, wärmt und sättigt euch!, ihr gebt ihnen aber nicht, was sie zum Leben brauchen – was nützt das» (Jak 2,15 f.)?; Anerkennung des Tuns der leiblichen Werke der Barmherzigkeit als einziges Kriterium der Nachfolge Jesu (vgl. Mt 25,31–46). Biblisch bezeugt ist das letzte Kriterium zur Beurteilung eines Lebens kein religiöses Bekenntnis, kein liturgischer Vollzug und nicht die Unterwerfung unter eine institutionell-priesterliche Vermittlung der Beziehung zu Jesus und zu Gott. Vielmehr ist das einzige Kriterium eine solida-

---

Menschenwürde zu verhalten, wie Viktor Frankl aufgrund eigener KZ-Erfahrungen bezeugt hat (vgl. Viktor E. Frankl, ... trotzdem Ja zum Leben sagen. Ein Psychologe erlebt das Konzentrationslager, München ⁴1979). Sie ist politisch gefährlich; denn wenn es im *total* falschen Leben kein *total* richtiges gibt, muss das falsche *total* vernichtet werden, um ein richtiges Leben zu ermöglichen. Das kann – wie in der Geschichte mehrfach bezeugt – zu totalitären politischen Programmen und Praktiken führen.
102 Hinkelammert, Das Subjekt und das Gesetz 435.

risch-heilend-befreiende Praxis. Dies im Sinne der radikalen Einheit von Nächsten-, Selbst- und Gottesliebe (vgl. Lk 10,27; Lev 19,18; Mt 22,37–39; Mk 12,30 f.).

Nicht kultische Verehrung, sondern Nachfolgepraxis

Die nichtreligiös-säkulare Antwort auf die Frage, wie es nach dem Tod Jesu weiter gehen soll, ist im ursprünglichen Schluss des Evangeliums nach Markus dokumentiert (vgl. Mk 16,1–8). Nach der Kreuzigung Jesu (vgl. Mk 15,37) und der Bestattung seines Leichnams in einem Felsengrab (vgl. Mk 15,46) wollten drei Frauen diesen salben (vgl. Mk 16,1). Das war ihnen aber nicht möglich, weil der Leichnam nicht mehr da war. Trotzdem war das Grab nicht leer; denn ein junger Mann in weißem Gewand saß darin (vgl. Mk 16,5). Statt den Leichnam Jesu vorzufinden, vernehmen sie die Doppelbotschaft des jungen Mannes: «Erschreckt nicht! Ihr sucht Jesus von Nazaret, den Gekreuzigten. Er ist auferstanden; er ist nicht hier [...]. Nun aber geht und sagt seinen Jüngern und dem Petrus: Er geht euch voraus nach Galiläa; dort werdet ihr ihn sehen, wie er es euch gesagt hat» (Mk 16,6 f.). Mit Michel de Certeau kann von einem Gründungsverschwinden gesprochen werden. «Das Christentum baut [...] auf *dem Verlust eines Körpers* auf – auf dem Verlust des Körpers Jesu [...]. In der Tat: ein Gründungsverschwinden.»[103] Dieses begründet die Unmöglichkeit kultischer Verehrung des Gekreuzigten durch Salbung seines Leichnams. An deren Stelle tritt die Aufforderung, die Praxis Jesu weiterzuführen; denn Galiläa ist keine bloß geografische Bezeichnung, sondern steht für den Beginn des Weges Jesu. «Galiläa ist Metapher für (messianische) Praxis, ein ‹Ort›, der eine Praxis ist.»[104] Weil diese Praxis Jesus ans Kreuz gebracht hat, werden Schrecken, Entsetzen und Furcht der drei Frauen (vgl. Mk 16,8) verständlich.

---

[103] Zit. in: Marian Füssel, Zur Aktualität von Michel de Certeau. Einführung in sein Werk, Wiesbaden 2018, 142; vgl. Michel de Certeau, GlaubensSchwachheit, Herausgegeben von Luce Giard, Stuttgart 2009, 177.
[104] Kuno Füssel/Eva Füssel, Der verschwundene Körper. Neuzugänge zum Markusevangelium, Luzern 2001, 123.

Keine kultischen Ämter- und Versammlungsbezeichnungen

Das nichtreligiöse Selbstverständnis der ersten Christinnen und Christen drückt sich auch darin aus, dass sie die Ämter in ihren Gemeinden konsequent mit nicht-kultischen Begriffen benannten. Stattdessen ist säkular von *diakonoi* – Helfern, Dienern – (vgl. 1 Tim 3,12), von *presbyteroi* – Ältesten – (vgl. 1 Tim 5,17; Apg 20,17; 1 Petr 5,1) und *episkopoi* – Aufseher, Leiter – (vgl. 1 Tim 3,2; Tit 1,7) die Rede.[105] Auch ihre Versammlungen bezeichneten sie nicht mit kultischen Begriffen. Die Jünger von Emmaus erkannten Jesus am Brotbrechen im Rahmen eines gewöhnlichen Abendessens (vgl. Lk 24,30 f.). Von der Jerusalemer Gemeinde heißt es: «Sie [...] brachen in ihren Häusern das Brot und hielten miteinander Mahl» (vgl. Apg 2,46). Die im Judasbrief erwähnten (vgl. Jud 12) und bis ins 4. Jahrhundert gehaltenen Agapen oder Liebesmähler waren keine kultische Feiern.

Die ersten Christen wurden als subversive Atheisten verfolgt

Die ersten Christinnen und Christen wurden als Atheistinnen und Atheisten beschimpft und verfolgt. «Eine erste Ursache lag in der *religiösen Differenz* und Fremdartigkeit, in der die Christen sich den Zeitgenossen darstellten. Ihre Andersartigkeit zog ihnen den gefährlichen Vorwurf der *Gottlosigkeit* zu, der zweierlei beinhaltete: Zum einen lastete er ihnen [...] an, die Götter der Gesellschaft (der Polis) verlassen zu haben und damit die stabilisierende und schützende Ordnung der Gesellschaft gefährlich zu stören. Die Christen bekannten sich offen zu diesem ‹Atheismus›. Zum anderen hieß der Atheismus-Vorwurf im Fall der Christen auch, dass man ihnen wegen ihrer abweichenden religiösen Praxis den Status einer Religion bestritt, weil sie nämlich weder Bilder noch Tempel und Altäre hatten, wozu sie sich ebenfalls bekannten. [...] Der Gott der Christen bzw. seine Verehrung unterschied sich tatsächlich qualitativ vom heidnischen Kult- und Religionsverständnis.»[106] Zu Recht erklärt Michel de Certeau, dass es den Christen nicht darum ging «[...] eine Religion durch eine andere zu ersetzen»[107].

---

105 Vgl. Edward Schillebeeckx, Das kirchliche Amt, Düsseldorf 1981, 30.
106 Norbert Brox, Kirchengeschichte des Altertums, Düsseldorf 1983, 43.
107 Zit. in: Füssel/Füssel, Der verschwundene Körper 38.

Keine traditionelle Religion, sondern ein pauperozentrischer Humanismus der Praxis

Vor diesem Hintergrund wird offensichtlich: Am Ursprung des Christentums steht keine Religion im traditionellen Sinn. Leonhard Ragaz sagte es so: «Jesus lehrt nicht Religion [...]. Er bekämpft die Religion und wird von ihr bekämpft, ja sie hat ihn getötet.»[108] Dietrich Bonhoeffer schrieb in seinen Briefen aus der Haft: «Jesus ruft nicht zu einer neuen Religion auf, sondern zum Leben.»[109] Der französische Jesuit Joseph Moingt stellt fest: «Jesus hat das Heil entsakralisiert, das früher an religiöse Riten gebunden war.»[110] «Jesus selbst hat [...] das Heilige säkularisiert.»[111] «Wenn wir [...] das Evangelium betrachten, finden wir darin nicht viel Religion, vielleicht finden wir darin gar keine Religion.»[112]

Wenn das ursprüngliche Christentum keine Religion im traditionellen Sinn darstellt, als was soll es dann bezeichnet werden? Dass es sich beim Christentum um einen Humanismus handelt, ist keine neue Erkenntnis, wie etwa das Werk *Christlicher Humanismus* von Jac-

---

108 Ragaz, Die Botschaft vom Reiche Gottes 10. «Es ist nicht eine R e l i g i o n, was Jesus verkündet [...], sondern eine W e l t: die Welt der Gerechtigkeit Gottes» (Ragaz, Die Geschichte der Sache Christi 11 [Hervorhebungen im Original]).

109 Dietrich Bonhoeffer, Widerstand und Ergebung. Briefe und Aufzeichnungen aus der Haft, Herausgegeben von Christian Gremmels, Eberhard Bethge und Renate Bethge in Zusammenarbeit mit Ilse Tödt, München 1998, 537. Das ist – soweit ich sehe – die einzige Stelle, wo sich Bonhoeffer ausdrücklich auf den nichtreligiösen *Ursprung* des Christentums bezieht. Immerhin fragt er: «Ist nicht die Gerechtigkeit und das Reich Gottes auf Erden der Mittelpunkt von allem» (ebd. 415)? Seine Fragen nach dem «religionslosen Christentum» (ebd. 408) und einer «nicht-religiösen Interpretation biblischer Begriff» (ebd. 509; vgl. 546) sind aber vor allem *rezeptionsmotiviert* und kaum *ursprungsbegründet*. Weil wir seines Erachtens einer «völlig religionslosen Zeit entgegen[gehen]» (ebd. 403; vgl. 529) und «die Menschen wirklich radikal religionslos werden» (ebd. 403) fragt er nach dem «religionslosen Christentum» bzw. dessen nicht-religiöser Interpretation (vgl. Ernst Feil, Die Theologie Dietrich Bonhoeffers. Hermeneutik, Christologie, Weltverständnis, Mainz 1971, 380–396). Ohne den theologischen Verdiensten Bonhoeffers schmälern zu wollen, sei auf Zweierlei hingewiesen: Zum einen kennt Bonhoeffer – im Unterschied zu Loofs und Ragaz – die historische Verkehrung des Christentums in der Konstantinischen Wende nicht und meint zum anderen in Bezug auf die «religionslose Zeit» lediglich die Abwesenheit eines himmlischen Gottes, ohne mit der Anwesenheit irdischer Götter zu rechnen.

110 Übersetzung U. E. «Jésus [...] a *désacralisé* le salut, auparavant lié à des rites religieux [...] (Joseph Moingt, L'Évangile sauvera l'Église, Présentation de Guy de Longeaux, Paris 2013, 61 [Hervorhebung im Original]).

111 Übersetzung U. E. «Jesus a [...] sécularisé lui-même le sacré (Joseph Moingt, L'humanisme évangélique, in: ders., Faire bouger l'Église catholique, Paris 2012, 81–131, hier: 102).

112 Übersetzung U. E. «[...] quand nous regardons l'Évangile, nous n'y trouvons pas beaucoup de religion, peut-être même n'y trouvons-nous aucune religion [...] (ebd. 96); vgl. Moingt, L'Évangile sauvera l'église 216; vgl. Ragaz, Die Geschichte der Sache Christi 11. Franz Hinkelammert stellt fest: «Das Christentum begreift sich am Anfang als eine nicht-sakrifizielle Bewegung, die die Welt verändern will» (Hinkelammert, Das Subjekt und das Gesetz 380).

ques Maritain belegt.[113] Für Dietrich Bonhoeffer hieß «Christsein [...] nicht in einer bestimmten Weise religiös sein, [...] sondern es heißt Menschsein»[114]. Dom Helder Camara erklärte: «Also wenn man mich fragt: ‹Mein Vater, betreiben Sie in Ihrer Diözese Evangelisierung oder Humanisierung›, hat diese Frage für mich keinen Sinn.»[115]

Jacques Maritain unterschied mehr als ein Dutzend Humanismen.[116] Seines Erachtens ist der christliche, integrale Humanismus ein theozentrischer und kein anthropozentrischer.[117] Aber von dieser Gegenüberstellung auszugehen, macht keinen Sinn angesichts der biblisch bezeugten Doppelinkarnation, wonach Gott in Jesus Mensch wurde und dieser gegenwärtig ist in den vielfältig Not leidenden Armen, mit denen er sich identifiziert (vgl. Mt 25,40.46). Biblisch gibt es aufgrund der Inkarnation Gottes in Jesus von Nazaret keinen Gegensatz zwischen Gott und Mensch. Die Bibel geht von der Option für die Armen (vgl. Mt 5,3 passim) und dem Wehe über die Reichen (vgl. Lk 6,24) aus; sie proklamiert den Sturz der Mächtigen und die Erhöhung der Niedrigen (vgl. Lk 1,52); sie will die Umkehr der Verhältnisse, indem Letzte Erste und Erste Letzte sein werden (vgl. Mt 20,16); sie bezeugt, dass Gott das Törichte, Schwache, Niedrige, Verachtete und das, was nichts ist, erwählt hat (vgl. 1 Kor 27 f.); sie schließt aus, Gott und dem Mammon zugleich dienen zu können (vgl. Mt 6,24; Lk 16,13). Vor diesem Hintergrund ist das *scripturale* Selbstverständnis des ursprünglichen Christentums ein an den Armen orientierter, *pauperozentrischer Humanismus der Praxis*. *Paupero*zentrisch ist er, weil für ihn die Armen und deren Schicksal

---

113 Vgl. Jacques Maritain, Christlicher Humanismus. Politische und geistige Fragen einer neuen Christenheit, Heidelberg 1950; das franz. Original (Jacques Maritain, Humanisme intégral. Problèmes temporels et spirituel d'une nouvelle chrétienté, Paris 1936) geht auf Vorträge zurück, die Maritain u. a. 1936 in Rio de Janeiro gehalten hat und durch die Helder Camara nach seiner integralistischen Phase die neue Konzeption eines sozial engagierten Katholizismus kennenlernte (vgl. Urs Eigenmann, Politische Praxis des Glaubens. Dom Hélder Câmaras Weg zum Anwalt der Armen und seine Reden an die Reichen, Freiburg [Schweiz]/Münster 1984, 33; vgl. ders., Dom Hélder Câmara. Sein Weg zum prophetischen Anwalt der Armen, Kevelaer/Luzern 2016, 41).
114 Bonhoeffer, Widerstand und Ergebung 535.
115 Übersetzung U. E. »Alors quand on me demande: ‹Mon Père, dans votre diocèse, est-ce que vous faites de l'évangélisation ou de l'humanisation?›, cette question pour moi n'a pas de sens» (zit. in: Eigenmann, Politische Praxis des Glaubens 446).
116 *Heroischer* (vgl. Maritain, Christlicher Humanismus 3), *sakral-christlicher* (vgl. ebd. 4), *abendländischer* (vgl. ebd.), *integraler* (vgl. ebd. 6), *neuer* (vgl. ebd.), *liberal-bürgerlicher* (vgl. ebd. 5 passim), *moderner* (vgl. ebd. 7 passim), *theozentrischer* (vgl. ebd. 22 passim), *christlicher* (vgl. ebd. passim), *anthropozentrischer* (vgl. ebd. passim), *unhumaner* (vgl. ebd. 23), *marxistischer* (vgl. ebd. 41), *sozialistischer* (ebd. 45 passim) und *mystischer* (vgl. ebd. 215).
117 Vgl. ebd. 22.

zentral sind, da sich die Logik von Verhältnissen im Schicksal ihrer Opfer offenbart.[118] Davon ging auch Erzbischof Oscar Arnulfo Romero aus, wenn «[e]r [...] unaufhörlich [wiederholte], dass für Gott nichts wichtiger ist als das Leben der Armen»[119]. Im Sinne des pauperozentrischen Humanismus der Praxis konkretisierte er die Aussage von Irenäus von Lyon «Gloria Dei, vivens homo, das heißt: Die Ehre Gottes ist der lebende Mensch»[120] so: «Gloria Dei, vivens pauper; Gott wird dann geehrt, wenn wir dem Armen würdiges Leben ermöglichen.»[121]

Insofern am Ursprung des Christentums keine Religion im traditionellen Sinn, sondern ein pauperozentrischer Humanismus der Praxis steht, muss sich – wie in der folgenden These aufgezeigt wird – die im Zuge der Konstantinischen Wende entstandene Christenheit als Religion an diesem Humanismus orientieren und dieser darf nicht von der Religion normiert werden; denn der pauperozentrische Humanismus der Praxis kann als himmlischer Kern des Irdischen bezeichnet werden.[122]

3. These: Verkehrung des biblisch bezeugten Ursprungs in die imperiale Christenheit

Komplexe soziale und philosophische Austauschprozesse mit der antiken Umwelt verkehrten die prophetisch-messianische Jesu- bzw. Reich-Gottesbewegung in die imperiale Christenheit. In der Konstantinischen Wende wurde aus Jesus, dem das Reich Gottes verkündenden Opfer der Pax

---

118 Der indische Befreiungstheologe Felix Wilfred weist darauf hin, dass die herkömmlichen *Armuts*-Ansätze durch das *Verwundbarkeits*konzept erweitert wurden (vgl. Felix Wilfred, Theologie vom Rand der Gesellschaft. Eine indische Vision, Aus dem Englischen übersetzt von Ulrike Kaps, Freiburg im Breisgau 2006, 44. «Vulnerabel: verletzlich, verwundbar, schutzlos, angreifbar. Vulnerabilität (zu lateinisch *vulnus*, Wunde) heißt in der gehobenen Umgangssprache ‹Verwundbarkeit› oder ‹Verletzbarkeit›» (ebd. Anm. 9, Hervorhebung im Original). Von daher könnte auch von einem *vulnerablozentrischen* Humanismus der Praxis gesprochen werden.
119 Jon Sobrino, Meine Erinnerungen an Bischof Romero, in: Giancarlo Collet/Justin Rechsteiner (Hrsg.), Vergessen heißt verraten. Erinnerungen an Oscar A. Romero zum 10. Todestag, Wuppertal 1990, 31–88, hier: 46.
120 Zit. in: ebd.; vgl. Hinkelammert, Das Subjekt und das Gesetz 447 f.; ders., Der Fluch, der auf dem Gesetz lastet 199. Bei Irenäus heißt es: «Denn Gottes Ruhm ist der lebendige Mensch, das Leben des Menschen aber ist die Anschauung Gottes» (Bibliothek der Kirchenväter. Des heiligen Irenäus fünf Bücher gegen die Häresien, Übersetzt von Dr. Ernst Klebba, Gymnasialprofessor in Neumark (Westpr.) Buch IV–V, München 1912, 66.
121 Sobrino, Meine Erinnerungen an Bischof Romero 46.
122 Vgl. unten den *Exkurs 7: Zum Antikommunismus der imperial-kolonisierenden Christenheit.*

Romana, der verkündigte Christus ohne Reich Gottes, der als Pantokrator Garant herrschender Imperien wurde.

3.1 Von der jüdischen Jesusbewegung zur christlichen Reichskirche

Am Anfang dessen, was sich im Laufe der ersten vier Jahrhunderte zum Christentum bzw. zur Christenheit entwickelt hat, standen das Schicksal Jesu und die von diesem ausgehende innerjüdische Bewegung, die eine grundlegende Veränderung der Weltordnung im Sinne des Reiches Gottes anstrebte. Trotz der Verwerfung Jesu durch die *Pax Romana* bekannten seine Jüngerinnen und Jünger, Gott stehe auf seiner Seite und führten seine prophetisch-messianische Befreiungspraxis weiter. Die Anhänger der Reich-Gottes-Bewegung waren im Römischen Reich als Fremdlinge ohne Bürgerrecht (*paroikoi*) sozial marginalisiert, als Unruhestifter und Atheisten gesellschaftlich geächtet und wurden zeitweise in Pogromen oder aufgrund staatlicher Verordnungen blutig verfolgt.[123] Trotzdem «[...] entwickelten die ersten Christinnen und Christen keinen Minderwertigkeitskomplex, sondern eine erstaunlich selbstbewusste Erwählungstheologie, die in der Parteilichkeit Jesu für Randständige als zentrales Moment seines Reich-Gottes-Zeugnisses wurzelte»[124]. Nachdem die von Kaiser Diokletian zwischen 303 und 305 angestrebte vollständige Vernichtung des Christentums[125] ihr Ziel nicht erreicht hatte und die Verfolgung der Christen und Christinnen unter seinem Nachfolger Kaiser Galerius zunächst weitergegangen war, kam es im Jahre 311 zur eigentlichen Wende. Sie stand im Zusammenhang mit einer schweren Erkrankung von Galerius, der als vom Tod Gezeichneter am 30. April in einem Edikt die Einstellung der Verfolgung anordnete. Darin knüpfte Galerius das Ende der Verfolgung an die Staatsloyalität der Christen, wenn er über sie sagte: «Sie sollen also wiederum Christen sein und die Häuser, in denen sie sich versammelten,

---

123 Vgl. Eigenmann, Von der Christenheit zum Reich Gottes 18 f. Dort weitere Belege.
124 Ebd. 19.
125 Vgl. Luce Piétri/Gunther Gottlieb, Christenverfolgung zwischen Decius und Diokletian – das Toleranzedikt des Galerius, in: Jean-Marie Mayeur/Charles und Luce Pietri/André Vauchez/ Marc Venard (Hrsg.), Die Geschichte des Christentums. Religion – Politik – Kultur, Deutsche Ausgabe herausgegeben von Norbert Brox/Odilo Engels/Georg Kretschmar/Kurt Meier/ Heribert Smolinsky, Band 2, Das Entstehen der einen Christenheit (250–430), Freiburg im Breisgau 2005, 156–190, hier: 181 und 185.

wieder herstellen, jedoch unter der Bedingung, dass sie in keiner Weise gegen die Staatsverfassung handeln.»[126] Zur Begründung führte Galerius aus: «In Ansehung dieses unseres Gnadenerlasses sollen sie [die Christen und Christinnen, U. E.] daher zu ihrem Gott für unser Wohlergehen, für das des Volkes und ihr eigenes flehen, damit das Staatswesen in jeder Beziehung unversehrt bleibe und sie sorgenlos in ihren Wohnungen leben können.»[127] Nach dem Toleranzedikt des Galerius von 311 sollen die staatsloyalen Christen und Christinnen die das Reich religiös stabilisierende Funktion der früheren Staatsgottheiten übernehmen. «Das Edikt des Galerius war ein Dokument von höchster Tragweite. [...] Von jetzt ab waren die Christen der quälenden Rechtsunsicherheit der vergangenen Zeiten enthoben, zum ersten Mal erkannte sie ein Reichsedikt ausdrücklich an, ihr Glaube war nicht mehr *superstitio* [Aberglaube, U. E.] und *religio illicita* [unerlaubte Religion, U. E.], sondern durch reichsrechtlich ausgesprochene Duldung den anderen Kulten gleichgestellt.»[128]

Unter den Kaisern Konstantin und Licinius kam es dann in der Mailänder Konvention von 313 zu einer vollen Anerkennung, Gleichstellung und Förderung des Christentums als *religio licita*.[129] Zur Begründung erklärten die beiden Kaiser: «Und so glaubten wir in heilsamer und vernünftiger Erwägung den Entschluss fassen zu müssen, durchaus keinem die Erlaubnis zu versagen, der entweder der Religionsübung der Christen oder jener Religion sich zuwenden wollte, die er für sich als die geeignetste erachtete, auf dass die höchste Gottheit, deren Verehrung wir aus freiem Herzen ergeben sind, uns in allem die gewohnte Huld und Gnade erweisen könne.»[130] Wie im Toleranzedikt von 311 wurde in der Mailänder Konvention von 313 den Christen und Christinnen die den Staat

---

126 Zit. in: Eusebius von Cäsarea, Kirchengeschichte, Bibliothek der Kirchenväter, Zweite Reihe, Band 1, München 1932, 404 f.
127 Zit. in: ebd. 405.
128 Karl Baus, Von der Urgemeinde zur frühchristlichen Großkirche, Handbuch der Kirchengeschichte, Herausgegeben von Hubert Jedin, Band I, Freiburg im Breisgau 1985, 449; vgl. Piétri/Gottlieb, Christenverfolgung zwischen Decius und Diokletian – das Toleranzedikt des Galerius 187–189.
129 Vgl. Brox, Kirchengeschichte des Altertums 59; vgl. Charles Piétri, Christianisierung der kaiserlichen Repräsentation, der staatlichen Gesetzgebung und der römischen Gesellschaft, in: Piétri (Hrsg.), Das Entstehen der einen Christenheit 193–241, hier: 207–209, wo von der «Konferenz von Mailand» (ebd. 207) die Rede ist.
130 Des Lucius Caelius Firmianus Lactantius Schriften, Bibliothek der Kirchenväter, Erste Reihe, Band 36, München 1919, 58.

stabilisierende religiöse Funktion zugewiesen. Vor diesem Hintergrund ist die Sonntagsgesetzgebung von Kaiser Konstantin zu sehen. Am 3. März und am 3. Juli des Jahres 321 erließ er je ein Gesetz zum Sonntag. Im ersten Gesetz wurde verfügt: «Alle Richter, die Bevölkerung der Städte und die gesamte Erwerbstätigkeit [...] sollen am verehrungswürdigen Tag der Sonne ruhen. Die Bauern allerdings sollen frei und ungehindert der Bestellung der Felder nachgehen [...].»[131] Mit diesem ersten Gesetz hat Konstantin «[...] die römische Ferialgesetzgebung auf den Sonntag übertragen»[132]. Dass die Feldarbeit von der Sonntagsruhe ausgenommen wurde, zeigt, dass sich die konstantinische Sonntagsgesetzgebung nicht an der ersttestamentlichen Sabbatregelung orientierte. «Möglicherweise hat [...] Konstantin den Sonntag als gesetzlichen Ruhetag eingeführt, um das Reich unter einer monotheistischen Sonnenreligion zu einigen.»[133] Im zweiten Gesetz hieß es: «So wie es sehr unangebracht schien, den durch die ihm gezollte Verehrung ausgezeichneten Sonnentag mit Gerichtsstreitigkeiten und schädlichen Parteikämpfen zuzubringen, so ist es (dagegen) schön und erfreulich, an diesem Tage vor allem ‹votiva› [Gelübde Versprechen oder Gebete, U. E.] zu erfüllen. Und darum sollen alle die Erlaubnis haben, am Feiertag (Sklaven) abzutreten und freizulassen [...].»[134] Diese «[...] staatliche Sonntagsgesetzgebung [hatte] zuerst offenbar überhaupt nicht vorwiegend christliche Hintergründe [...], sondern [war] das Produkt politischer und sozialer Überlegungen [...]. Eine staatliche Regelung der Arbeits- und Freizeit war ohnehin notwendig; Konstantin traf sie durch geschickte Benützung und Kombination der heidnischen und christlichen Auszeichnung des Sonntags.»[135] Die Sonntagsgesetzgebung von Konstantin «[...] war von einschneidender Bedeutung [...]»[136] für den Weg der Reich-Gottes-Bewegung zur Reichskirche.

Der Höhepunkt der ganzen Entwicklung hin zum Christentum bzw. der Christenheit als Staatsreligion «[...] ist darin zu sehen, dass unter Kaiser *Theodosius I.* (379–395) das Christentum als

---

131 Zit. in: Willy Rordorf, Der Sonntag. Geschichte des Ruhe- und Gottesdiensttages im ältesten Christentum, Zürich 1962, 160.
132 Ebd.
133 Ebd. 161.
134 Zit. in: ebd. 162.
135 Ebd. 164.
136 Baus, Von der Urgemeinde zur frühchristlichen Großkirche 468.

Reichskirche tatsächlich die Rolle der Staatsreligion zugewiesen bekam. In einem Edikt vom 28. Februar 380 verpflichtete dieser Kaiser alle Untertanen im Reich auf das Christentum.»[137] Die «[...] vollständige Unterdrückung des Heidentums»[138] erfolgte durch die Konstitution vom 8. November 392: Von jetzt an waren alle nichtchristlichen Kulte verboten.[139] Bereits wenige Jahre nach der Etablierung des Christentums als Staatsreligion erfolgten im Namen des neuen Bündnisses zwischen Kirche und Römischem Reich die ersten Hinrichtungen. Es handelte sich um die antihierarchische Asketengruppe um den spanischen Bischof Priscillian von Avila.[140] Dieser wurde der Magie und des Manichäismus beschuldigt. Obwohl Bischof Martin von Tours gegen eine blutige Strafe war, wurde «das Todesurteil [...] über Priszillian selbst, über die Kleriker Felicissimus und Armenius sowie über Euchrotia und den Dichter Latronianus verhängt»[141] Priscillian und seine Anhänger wurden» 385 in Trier hingerichtet.[142]

Aus der marginalisierten, diffamierten und zeitweise blutig verfolgten Reich-Gottes-Bewegung war am Ende des 4. Jahrhunderts die mit dem Römischen Reich verbündete Staatskirche geworden, die sich auf einen abstrakten Christus ohne Reich Gottes berief und in dessen Namen zur religiösen Stabilisierung jener *Pax Romana* beizutragen bereit war, deren Opfer Jesus von Nazaret geworden war. Damit wurde aus der nichtreligiösen Reich-Gottes-Bewegung, die ein pauperozentrischer Humanismus der Praxis war, die «christliche Religion»[143]. Der biblisch bezeugte Ursprung des prophetisch-

---

137 Brox, Kirchengeschichte des Altertums 63 f. (Hervorhebung im Original).
138 Charles Pietri, Die Erfolge: Unterdrückung des Heidentums und Sieg des Staatskirchentums, in: Piétri (Hrsg.), Das Entstehen der einen Christenheit (250–430) 462–506, hier 465.
139 Vgl. ebd. 467.
140 Vgl. Hanns Christof Brennecke, Art. Priscillian, in: LThK, Band 8, Freiburg im Breisgau ³2006, 599–601, hier: 600.
141 Charles Pietri, Die Erfolge: Unterdrückung des Heidentums und Sieg des Staatskirchentums, in: Piétri (Hrsg.), Das Entstehen der einen Christenheit (250–430) 462–506, hier: 493.
142 Vgl. Brennecke, Priscillian 599.
143 Adolf von Harnack, Die Mission und Ausbreitung des Christentums in den ersten drei Jahrhunderten, Vierte verbesserte und vermehrte Auflage mit elf Karten, Leipzig o. J. [Unveränderter Nachdruck der Originalausgabe 1924], 2). Für Harnack ist «[...] die christliche Religion zum Siege im römischen Kaiserreiche gekommen» (ebd. 1). Er würdigt diese Entwicklung unter allgemein-religiöser Perspektive, analysiert aber deren problematische Implikationen nicht kritisch und lässt nichts mehr von dem von ihm selbst noch in seiner Dogmengeschichte von 1905 zitierten *Verkehrung des Christenthums in eine offenbarte Lehre* (Friedrich Loofs) erkennen, sondern fragt: «Unter welchem Titel ist die Erscheinung der christlichen Religion in die Weltgeschichte einzustellen» (ebd. 1)? Seines Erachtens ist eine vierfache Antwort nötig: «(1) Die christliche Religion samt ihrer Kirche erscheint als die entschränkte und dadurch

messianischen Christentums war Ende des 4. Jahrhunderts in die imperiale Christenheit verkehrt worden, deren Kritiker blutig verfolgt wurden.

3.2 Die Konstantinische Wende als Thermidor des Christentums

Die kurz skizzierte Entwicklung[144] wird aufgrund der unter Konstantin erfolgten Neupositionierung des Christentums im Römischen Reich als Konstantinische Wende bezeichnet. Dass in ihr etwas Entscheidendes für das Christentum geschehen ist, wird nicht bestritten. Höchst umstritten ist und kontrovers diskutiert wird die Qualifizierung der Konstantinischen Wende. Da gibt es die triumphalistisch-apologetische Einschätzung in der Tradition des Eusebius von Caesarea,[145] die u. a. von Hugo Rahner,[146] Jean Daniélou[147] und Joseph Ratzinger/Benedikt XVI.[148] vertreten wird. Da gibt

vollendete jüdische Religion – diese war die wertvollste Religion, die es damals gab –, zugleich aber als die scharfe Antithese zu ihr. (2) [Sie] erscheint als die Vollendung und Objektivierung des orientalisch-griechischen Synkretismus, zugleich aber als die Aufhebung desselben (neben ihr) und damit des gesamten Polytheismus und des heidnischen Opferwesens zugunsten der Aufrichtung des überweltlichen Monotheismus. Sie erscheint aber auch als Vollendung der griechischen Religionsphilosophie [...]. (3) [Sie] ist die große sittliche Bewegung, welche die ethische Arbeit des Spätjudentums und der Griechen und Römer abschließt, demokratisiert, popularisiert und die strenge und zarte, über die Natur und Politik erhabene und an ewigen Gütern orientierte Moral zur Richtschnur des privaten und öffentlichen Lebens der Menschheit macht. Eben durch diese Haltung aber, die zum Zweck der Kontrolle eine dauernde und feste Gemeinschaft verlangte, wurde sie eine sozial-politische Macht [...]. (4) [Sie] ist die Gemeinschaft, in welcher die allgemein-menschliche religiöse Idee einer Offenbarung der Gottheit in Menschengestalt ihre h i s t o r i s c h f a s s b a r e Verwirklichung fand (ebd. 2 [Hervorhebung im Original]).

144 Vgl. ausführlicher dazu: Eigenmann, Von der Christenheit zum Reich Gottes 17–25; vgl. Rudolf Hernegger, Volkskirche oder Kirche der Gläubigen?, Nürnberg 1959; vgl. ders., Macht ohne Auftrag. Die Entstehung der Staats- und Volkskirche, Olten/Freiburg im Breisgau 1963.
145 Vgl. Eusebius von Cäsarea, Kirchengeschichte; vgl. Eduardo Hoornaert, Die Anfänge der Kirche in der Erinnerung des christlichen Volkes, Düsseldorf 1987, 18–23.
146 Vgl. Hugo Rahner, Konstantinische Wende? Eine Reflexion über Kirchengeschichte und Kirchenzukunft, in: Stimmen der Zeit 167 (1960/61) 419–428. Unter dem Titel *Die Konstantinische Wende* wurde dieser Artikel unverändert abgedruckt in: Theologisches. Beilage der «Offerten-Zeitung für die kath. Geistlichkeit Deutschlands», Dezember 1976 – Nr. 80, 2171–2180. Darin findet sich – in Ergänzung der Anmerkung 2 von Hugo Rahner – der Hinweis «Vgl. jetzt auch die ausführliche Darstellung der gleichen Problematik bei *R. Hernegger*, Macht ohne Auftrag. Die Entstehung der Staats- und Volkskirche (Olten 1963).» Durch diesen Hinweis wurde ich auf Rudolf Hernegger und seine Publikationen aufmerksam; vgl. auch den *Exkurs 3: Zur Rezeption griechischer Philosophie und deren Implikationen*.
147 Vgl. Hoornaert, Die Anfänge der Kirche in der Erinnerung des christlichen Volkes 24.
148 Bereits in seiner *Einführung in das Christentum* erklärte Joseph Ratzinger: «Ich bin der Überzeugung, dass es im tiefsten kein bloßer Zufall war, dass die christliche Botschaft bei ihrer Gestaltwerdung zuerst in die griechische Welt eintrat und sich hier mit der Frage nach

es eine verhalten kritische Bewertung von Jean-Marie Salamito.[149] Da gibt es differenziert-abwägend-kritische Beurteilungen u. a. von Karl Baus, Franz Schupp, Jon Sobrino und Irmgard Bruns.[150] Da gibt es aber auch die ganz grundsätzliche Kritik der Konstantinischen Wende, die in ihr die Imperialisierung des Christentums als dessen Thermidor[151] sieht, die u. a. Friedrich Loofs, Leonhard Ragaz, Peter

    dem Verstehen, nach der Wahrheit verschmolzen hat» (Joseph Ratzinger, Einführung in das Christentum. Vorlesungen über das Apostolische Glaubensbekenntnis, München ³1968, 51). Hermann Häring stellt dazu fest: Für Ratzinger hat «[...] das Christentum seine für die Wahrheit tragfähige, seine entscheidende Gestalt [...] erst im Kontakt mit der *griechischen* – einer faktisch platonischen – Metaphysik [...] erhalten» (Hermann Häring, Theologie und Ideologie bei Joseph Ratzinger, Düsseldorf 2001, 52 [Hervorhebung im Original]). Wenn in der zwar von Papst Franziskus veröffentlichten, aber auf Vorarbeiten seines Vorgängers Benedikt XVI. zurückgehenden Enzyklika *Lumen fidei* behauptet wird, «[...] ein Dialog mit der hellenistischen Kultur [gehört] [...] zum Eigentlichen der Schrift» (LF 29), dann geht das wohl auf Benedikt XVI. zurück. Franziskus bestätigt dies indirekt, indem er sich von dieser Position distanziert, wenn er in dem von ihm allein verantworteten Apostolischen Schreiben *Evangelii Gaudium* festhält: «[D]ie offenbarte Botschaft [identifiziert sich] mit keiner von ihnen [Kulturen, die eng mit der Entwicklung des christlichen Denkens verbunden waren, U. E.] [...]. Darum kann man bei der Evangelisierung neuer Kulturen [...] darauf verzichten, zusammen mit dem Angebot des Evangeliums eine bestimmte Kulturform durchsetzen zu wollen, so schön und so alt sie auch sein mag» (EG 117). Zu Papst Franziskus vgl. Eigenmann, Von der Christenheit zum Reich Gottes 228–241.
149 Vgl. Jean-Marie Salamito, Christianisierung und Neuordnung des gesellschaftlichen Lebens, in: Piétri (Hrsg.), Das Entstehen der einen Christenheit (250–430) 768–815. Salamito hält fest: «Dass es der Kirche nicht in erster Linie darum ging, die Gesellschaft zu verändern, sondern darum, unter den Menschen die christlich eschatologische Verheißung zu proklamieren, ist wohl unbestritten. [...] Die offizielle Anerkennung der Kirche, ihre Etablierung und ihr zahlenmäßiges Wachstum ermöglichten die Organisation von Wohltätigkeit auf allgemeiner Basis und in der Gemeinde eine Bußdisziplin, durch die der Druck der sozialen Kontrolle noch verstärkt wurde. Durch die Gesetzgebung der christlichen Kaiser wurden in manchen Bereichen (Familie, Sklaverei, Schauspiel, Strafrecht) eher Aspekte festgeschrieben, die dem Geist der Zeit entsprachen, anstatt dass hier der Grund gelegt worden wäre für ein neues Verhältnis zwischen Mächtigen und Schwachen oder für eine Umverteilung der Güter» (ebd. 811 f.).
150 Vgl. Eigenmann, Von der Christenheit zum Reich Gottes 28 f.
151 «Den Namen ‹Thermidor› [ursprünglich der 11. Monat (Hitzemonat) des Kalenders der Französischen Revolution, U. E.] erfindet Marx für seine Analyse der Französischen Revolution. Er verwendet den Begriff für die Übernahme der Macht durch das Direktorium und dann durch Napoleon. Später benutzt Trotzki den Begriff, um Stalin und den Stalinismus als Thermidor der Russischen Revolution zu bezeichnen. Inzwischen wird der Begriff auch auf die Englische Revolution angewendet, deren Thermidor Cromwell und John Locke sind. Der christliche Thermidor ist der erste. Die folgenden Thermidore sind nur schwer zu verstehen ohne diesen christlichen Thermidor» (Hinkelammert, Der Fluch, der auf dem Gesetz lastet 38 f.; vgl. 234). «Die Kirche des Zweiten Vatikanischen Konzils erlebt ihren Thermidor in der Zeit der Päpste Johannes Paul II. und Benedikt XVI.» (Franz Hinkelammert, Der Thermidor des Christentums als Ursprung der christlichen Orthodoxie. Die christlichen Wurzeln des Kapitalismus der Moderne, in: Ulrich Duchrow/Carsten Jochum-Bortfeld (Hrsg./Eds.), Die Befreiung zur Gerechtigkeit – Liberation towards Justice, Münster 2015, 147–196, hier: 158)

Giloth,[152] Rudolf Hernegger,[153] Giulio Girardi, Franz Hinkelammert und Enrique Dussel vertreten.[154]

Hier wird von dieser grundsätzlichen Kritik aus Gründen ausgegangen, die sich aus dem Folgenden ergeben werden. Zunächst aber sei festgehalten: «Diese Kritik darf weder in der Weise missverstanden werden, dass davon ausgegangen würde, ein ganz anderer Weg wäre möglich gewesen, noch so, als ob einzelne Akteure direkt dafür verantwortlich gemacht werden könnten. Für ein solches Verständnis der Kritik waren die Verhältnisse innerhalb der Jesusbewegung und die Austauschbeziehungen zwischen dieser und dem römischen Reich zu komplex. Die radikale Kritik ergibt sich aus der Gegenüberstellung des biblisch bezeugten Ursprungs und dem, was am

---

152 Vgl. Eigenmann, Von der Christenheit zum Reich Gottes 29–31.
153 Vgl. Hernegger, Volkskirche oder Kirche der Gläubigen? In diesem Band legt Hernegger «[...] die biblisch-theologische Grundlage vor, die gleichsam als christliches ‹Bezugssystem› und als Maßstab dient, mit dem dann im zweiten Teil die geschichtlich-konkrete Gestalt der Kirche und die von ihr hervorgebrachte Ideologie konfrontiert wird» (ebd. 7). Mit dem zweiten Teil meint er den Band: Hernegger, Macht ohne Auftrag. Hernegger unterscheidet zwischen der ursprünglichen «Pilgerkirche» (Hernegger, Volkskirche oder Kirche der Gläubigen? 8 passim) und der nachkonstantinischen «sogenannten ‹Volkskirche› (besser Volkstumskirche)» (ebd. 153 passim). Seines Erachtens «[...] stehen [wir] immer vor der Aufgabe, die geschichtliche Verwirklichung des Christentums mit der Botschaft der Apostel zu konfrontieren. Wir können uns nicht auf die Geschichte gegen die apostolische Botschaft berufen» (ebd. 601). Er stellt fest: «Die urchristliche Botschaft war ganz auf das ‹Reich Gottes› und auf die Ankunft der Gottesherrschaft ausgerichtet. [...] Der Aufstieg der Kirche zur politischen Macht war also nicht einfach die immanente Entfaltung von ursprünglich angelegten Keimen [...]. Tatsächlich führt von der Botschaft Jesu keine Linie zur Hinmordung der Häretiker, zur Verbrennung der Ketzer, zu den Kreuzzügen, zur Christianisierung mit dem Schwert und der Gewalt [...]» (Hernegger, Macht ohne Auftrag 17 f.). Hernegger stand in der römisch-katholischen Theologie der 1950er- und 1960er-Jahre mit seiner fundamentalen Kritik der Konstantinischen Wende ziemlich allein da. Zum Anlass seiner kritischen, wissenschaftlich gründlich und breit abgestützten Forschungen erklärt er: «Eine der furchtbarsten Wunden am Leib der Kirche ist das beinahe vollständige Fehlen brüderlicher Gemeinschaft in unseren Gemeinden mit allen jenen Lebensfunktionen, die uns im N. T. beschrieben werden. Diese Feststellung war für mich der eigentliche Anlass zur erwähnten Fragestellung [ob das geschichtliche Erscheinungsbild der Kirche von der Botschaft des Herrn oder von menschlichen Vorstellungen bestimmt ist, U. E.] und für die folgende Arbeit» (Hernegger, Volkskirche oder Kirche der Gläubigen 10). Zum Autor, der für mich eine überraschende Entdeckung darstellt, konnte so viel in Erfahrung gebracht werden: Er wurde am 2. Februar 1919 in Franzenfeste (Südtirol) geboren, trat in den Franziskanerorden ein und nahm den Namen Beda an, verließ den Orden in den 1950er-Jahren, war danach als Wissenschaftsjournalist im Bereich von Kulturanthropologie, Neurowissenschaft sowie Wahrnehmungs- und Bewusstseinsforschung tätig und starb am 10. Februar 2012 in München (vgl. Wikipedia, Rudolf Hernegger, abgerufen am 11. August 2016). Für die im Jahre 1934 von Prälaten Johannes Kalán in Leibach mit Gutheißung Pius' XII. gegründete Arbeitsgemeinschaft «REGNUM CHRISTI», die die Einigkeit der Katholiken fördern wollte, verfasste er als Ordensmann zwei Schriften: Beda Hernegger, Katholische Solidarität. Ein Ruf zur Einheit und Gemeinschaft, Mödling bei Wien 1948; ders., Gemeinschaft aus der Kraft des Evangeliums, Salzburg 1950.
154 Vgl. Eigenmann, Von der Christenheit zum Reich Gottes 32–36. Dort weitere Belege.

Ende des 4. Jahrhunderts daraus geworden ist. Diese Kritik ist deswegen radikal, weil sie eine theologische ist. Für sie ist der biblisch bezeugte Ursprung im Sinne der Heiligen Schrift als ‹Norma normans non normata, als normierende, nicht normierte Norm›[155] durch alle Zeiten hindurch in der Weise normativ, dass er nicht durch die Normativität einer griechisch-römischen oder irgend einer anderen Form der Inkulturation ersetzt werden darf. Die biblisch geforderte Um-kehr als Ab-kehr von den Anti-Reichen der Welt und deren Logik der Sünde und der Hin-kehr zum Reich Gottes und dessen Logik eines erfüllten Lebens für alle ist an keine zuvor geforderte Bekehrung zu irgendeiner bestimmten Kultur, Denkweise oder Philosophie gebunden. Der Weg von der diffamiert-verfolgten Reich-Gottes-Bewegung zur hegemonial-herrschenden Reichskirche und die damit verbundenen theologischen Verschiebungen bzw. Verkehrungen sind historische Fakten, denen aber aufgrund des Verständnisses der Heiligen Schrift als *Norma normans non normata* in keiner Weise normierende Bedeutung zugemessen werden darf.»[156]

Vor diesem Hintergrund muss seit der Konstantinischen Wende zwischen dem vorkonstantinisch-authentischen, prophetisch-messianischen Christentum und der nachkonstantinisch-verkehrten, imperial-kolonisierenden Christenheit unterschieden werden. Das Selbstverständnis des prophetisch-messianischen Christentums ist in jenen Schriften enthalten, die die Kirche in den Kanon der Bibel aufgenommen hat, womit diese Bibel zur *norma normans non normata* wurde. Es kann als biblisches – *scripturales* – Selbstverständnis bezeichnet werden. Das Selbstverständnis der imperial-kolonisierenden Christenheit ist zunächst in den Beschlüssen der Konzilien der ersten Jahrhunderte enthalten und wurde später durch das römische Lehramt formuliert. Es kann als lehramtliches – *magisteriales* – Selbstverständnis bezeichnet werden. In der sich auf Jesus von Nazaret berufenden Bewegung wurden in den ersten Jahrhunderten also zwei sich in grundlegenden Positionen unterscheidende Selbstverständnisse ausgebildet. Von daher ist eine unkritisch-univoke Rede von Gemeinde und Kirche problematisch. Stattdessen müsste jeweils genauer gefragt werden, ob sich eine Gemeinde und Kirche am *scripturalen* oder am *magisterialen* Selbstverständnis orientiert.

---

155 Jürgen Werbick, Prolegomena, in: Theodor Schneider u. a. (Hrsg.), Handbuch der Dogmatik, Band 1, Düsseldorf 42009, 1–48, hier: 19.
156 Eigenmann, Von der Christenheit zum Reich Gottes 36.

Für die imperial-kolonisierende Christenheit ist das prophetisch-messianische Christentum so lange verbindlich, als sie sich nicht ausdrücklich von diesem ihrem Ursprung distanziert. Dabei ist zu beachten, dass die Unterscheidung zwischen dem prophetisch-messianischen Christentum und der imperial-kolonisierenden Christenheit eine grundsätzliche und keine absolute ist.[157] Zwar wurde die imperial-kolonisierende Christenheit hegemonial und wurde in deren Namen die kirchliche Orthodoxie ohne Reich Gottes lehramtlich formuliert, doch gilt, was Leonhard Ragaz feststellt: «*Die Linie des Reiches Gottes ist doch nie ganz verschwunden*»[158]. Die Träger der Revolution im Sinne des Reiches Gotte sind seines Erachtens überwiegend Ketzer wie die Waldenser, Wycliff, Hus, Savonarola.[159] Für Ragaz ist «[d]ie Geschichte des Ketzertums [...] *die eigentliche Geschichte Jesu, die eigentliche Geschichte der Sache Christi selbst [...]. Sie ist zwar quantitativ unwichtiger als die offizielle Geschichte, aber sie ist vielleicht qualitativ wichtiger.*»[160]

Exkurs 2: Wahrheiten in Häresien bei Leonhard Ragaz und Hans Urs von Balthasar

Ragaz sagt von sich als «[...] Schreibende[m], [...] dass ihm einige Formen dieser Ketzerbewegung Christus sehr viel näher zu stehen scheinen, als die offizielle Revolution (die ihr selbst k e i n e scheint) des sechzehnten Jahrhunderts. Er ist der Meinung, dass eine an der wirklichen und ursprünglichen Sache Christi orientierte Geschichtsschreibung nicht, wie das bisher geschehen ist, von der offiziellen und kirchlichen Linie ausgehen und die Ketzerlinie als sekundär, wenn nicht gar als Irrtum, betrachten sollte, sondern umgekehrt von dieser Ketzerlinie als der Vertretung und steten Erneuerung der Sache Christi ausgehen und die a n d e r e als sekundär, als Irrtum und zum Teil als Abfall darstellen müsste. Denn das Reich ist schließlich auch in dieser Geschichte die Hauptsache, nicht die Kirche.»[161]

Auf römisch-katholischer Seite gibt es zu dieser Einschätzung eine nicht uninteressante Teilanalogie. Hans Urs von Balthasar

---

157 Vgl. Ragaz, Die Botschaft vom Reiche Gottes 247.
158 Ragaz, Die Geschichte der Sache Christi 129 (Hervorhebung im Original).
159 Vgl. ebd. 131 f.
160 Ebd. 133 (Hervorhebungen im Original).
161 Ebd. 133 f. (Hervorhebungen im Original).

erklärt zur Kirche: «Die Kirche bleibt jederzeit, was sie war: der Hort und die Verwalterin aller Wahrheit, denn in Christus sind alle Schätze der Weisheit und Wissenschaft verborgen, und zu diesen Schätzen Christi hat niemand Zugang, es sei denn durch die Kirche.»[162] Vor dem Hintergrund dieser Sicht der Kirche als *Hort aller Wahrheit, Weisheit und Wissenschaft* und einzigem *Zugang zu den Schätzen Christi* erstaunt Balthasars Feststellung, wonach die Kirche eigene Wahrheitssubstanz an die Häresien abgegeben habe, wenn er erklärt, es scheine «[...] beinahe nachrechenbar [...], wieviel eigene Substanz die Kirche etwa an die Häresien abgegeben hat, die ganze Teile der Wahrheit aus ihr hinausgeschleppt haben [...]»[163]. Balthasar gesteht ein, dass es trotz seiner Sicht der Kirche als *Hort aller Wahrheit* auch *eigene Substanz* außerhalb von ihr gibt. Dann aber vollzieht er eine Verkehrung, indem er von den Häresien behauptet, sie hätten «[...] ganze Teile der Wahrheit aus ihr [der Kirche, U. E.] hinausgeschleppt»[164]. Nicht die Kirche selbst ist also an ihrem Substanzverlust schuld, sondern die Häresien, obwohl es ja gerade die Kirche war, die die Häresien zu solchen erklärt hat, wiewohl diese substantielle Wahrheiten enthalten. Das kommt einer ersten – theologischen – Verkehrung gleich: Häresien enthalten substantielle Wahrheiten und dürften also eigentlich nicht mehr undifferenziert als Häresien bezeichnet und verworfen werden. Die zweite – ekklesiologische – Verkehrung besteht darin, dass die Kirche, die die Häresien identifiziert hat und also Täterin ist, zu deren Opfer erklärt wird und umgekehrt die Häresien, die Opfer der Kirche waren, zu Tätern gemacht werden, weil sie «Teile der Wahrheit aus ihr [der Kirche, U. E.] hinausgeschleppt haben»[165]. Balthasar konkretisiert diese seine Sicht in Bezug auf die Reformatoren mit einem hochdramatischen Organvergleich, wenn er formuliert: «Etwas vom innersten Eingeweide der Kirche war von den Reformatoren aus der Kirche herausgezerrt worden, etwas von ihrem Herzen schlug fürderhin außerhalb ihres Herzens [...].»[166] Im Anschluss daran vermengt er den exzessiven, kirchlich-juristischen Wahrheits- und Geltungsanspruch der (römisch-)katholischen Kirche mit einem

---

162 Hans Urs von Balthasar, Schleifung der Bastionen. Von der Kirche in dieser Zeit, Einsiedeln ²1952, 54.
163 Ebd. 49.
164 Ebd.
165 Ebd.
166 Ebd. 41.

Bild rubens-barocker Opulenz für die (Mutter) Kirche als leidendgequältes Opfer, wenn er schreibt: «Nicht nur sind alle außerhalb der katholischen Kirche gültig Getauften in Wahrheit ihre Kinder, die ihr rechtens gehören, die sie bitter vermisst, weil ihre Brüste starren für sie und der Schmerz der ungesogenen Milch sie quält.»[167]

3.3 Kennzeichen der imperial-kolonisierenden Christenheit als Religion

Aus dem biblisch bezeugten pauperozentrischen Humanismus der Praxis, der keine Religion im traditionellen Sinn war, wurde im 4. Jahrhundert eine solche Religion. Die aus der Verkehrung ihres eigenen Ursprungs hervorgegangene und hegemonial gewordene kirchliche Orthodoxie ist als Religion u. a. durch folgende Charakteristika gekennzeichnet.[168]

3.3.1 Lehramtliche Orthodoxie ohne Reich Gottes

Ihre Theo- und Christologie ist eine solche ohne Reich Gottes. Kein einziges der nach römisch-katholischer Zählung zwanzig ökumenischen Konzilien vor dem Zweiten Vatikanum (1962–1965) hat das Reich Gottes erwähnt.[169] Auch im Apostolischen und im Nizäno-Konstantinopolitanischen Glaubensbekenntnis fehlt es. In ihnen geht es von *geboren von der Jungfrau Maria* bzw. *hat Fleisch angenommen durch den Heiligen Geist von der Jungfrau Maria* unter Absehung von Jesu Lebensweg und seines Reich-Gottes-Zeugnisses unmittelbar zu *gelitten unter Pontius Pilatus* bzw. *er wurde für uns gekreuzigt unter Pontius Pilatus* über. Die Entwicklung zur Marginalisierung und zum Verschwinden des Reiches Gottes beginnt bereits bei den Apostolischen Vätern.[170] In deren zehn Schriften werden das Reich

---

167 Ebd.
168 Vgl. den Beitrag von Walter Bochsler *Zum Thermidor des Christentums und zu sozialgeschichtlichen Aspekten seiner frühen Entwicklung* in diesem Band.
169 Vgl. Joseph Wohlmuth (Hrsg.), Conciliorum Oecumenicorum Decreta, 3 Bände, Paderborn 1998–2002.
170 Vgl. Joseph A. Fischer (Hrsg.), Die Apostolischen Väter (Schriften des Urchristentums, Erster Teil), Darmstadt 1966; vgl. Klaus Wengst (Hrsg.), Didache (Apostellehre), Barnabasbrief, Zweiter Klemensbrief, Schrift an Diognet (Schriften des Urchristentums, Zweiter Teil), Darmstadt 1984; vgl. Ulrich H. J. Körtner/Martin Leutzsch (Hrsg.), Papiasfragmente, Hirt des Hermas (Schriften des Urchristentums, Dritter Teil), Darmstadt 1998.

Gottes, das Reich Christi oder das Himmelreich zwar rund dreißig Mal erwähnt, wobei vor allem von der verheißenen Vollendung des Reiches Gottes und von den Einlassbedingungen in dieses die Rede ist, aber das Reich Gottes und dessen Gerechtigkeit ist bereits in ihnen keine zentrale Bezugsgröße mehr wie noch in den synoptischen Evangelien bezeugt.[171] «So ist schon in der Zeit der apostolischen Väter der Reich-Gottes-Begriff formal zurückgedrängt und auf das Gebiet der Zukunftshoffnung beschränkt, inhaltlich entleert [...].»[172] Der Apologet Justin der Märtyrer (um 100–165) erwähnt in seiner ersten Apologie zwar vier Mal das Reich Gottes bzw. das Himmelreich,[173] dieses ist aber auch bei ihm nicht mehr zentral. Im Dialog mit dem Juden Tryphon erwähnt er u. a. Jesu Ankündigung des nahe gekommenen Himmelreichs[174] und zitiert mehrmals die verheißene Tischgemeinschaft im Himmelreich (vgl. Mt 8,11 f.).[175]

So steht fest: Das Reich Gottes als Mitte der Sendung Jesu wurde von den Apostolischen Vätern zwar noch mehrfach genannt, aber bereits vom bedeutendsten der Apologeten Justin Mitte des 2. Jahrhunderts lediglich einige Male erwähnt und ab dem 4. Jahrhundert von der kirchenamtlichen Orthodoxie ganz verschwiegen. Das Reich Gottes verschwand mit der *Autobasileialehre*[176] des Origenes im 3. Jahrhundert in einer abstrakten Christologie. Das Reich Gottes wurde, beginnend mit dem Hirt des Hermas, in die Nähe der Kirche gerückt.[177] «Die ideale und die empirische Kirche fallen für Hermas am Anfang und prinzipiell zusammen, ebenso am Schluss,

---

171 Vgl. Klemensbrief 42,3; 50,3; Ignatius an die Philadelphier 3,3; 16,1; Polykarp 2 Phil 2,3; 5,3; Didache 8,2; 9,4; 10,5; Barnabasbrief 4,13; 7,11; 8,5 f.; 21,1; Schrift an Diognet 10,2; Zweiter Klemensbrief 5,5; 6,9; 9,6; 11,7; 12,1.6; Papiasfragment 1; 5,12; 18; Hirt des Hermas sim IX 12,3–5; 15,2 f.; 16,4, 29,2; 20,2 f.; 31,2. Zu den Apostolischen Vätern vgl. Robert Frick, Die Geschichte des Reich-Gottes-Gedankens in der alten Kirche bis zu Origenes und Augustinus, Gießen 1928, 27–35.
172 Ebd. 34.
173 Vgl. Justin der Märtyrer, Erste Apologie, Bibliothek der Kirchenväter, 1. Band, Kempten/München 1913, 11–84. In 1 Apol. 11 betont er, die Christen würden kein irdisches Reich, sondern dasjenige bei Gott erwarten; in 1 Apol. 15 zitiert er Mt 6,33, zuerst das Himmelreich zu suchen; in 1 Apol. 16 zitiert er Mt 7,21, nur wer den Willen des Vaters erfülle, könne in das Himmelreich eingehen; in 1 Apol. 61 zitiert er Joh 3,3, nur wer wiedergeboren wird, könne in das Himmelreich eingehen.
174 Vgl. Justinus, Dialog mit dem Juden Tryphon. Übersetzt von Philipp Haeuser, Neu herausgeben von Katharina Greschat und Michael Tilly, Wiesbaden 2005, 116 (Dial. LI, 1).
175 Vgl. ebd. 162 (Dial. LXXVI, 4); 235 (Dial. CXX, 6); 267 (Dial. CXL, 4).
176 S. oben 2.1. Origenes «[...] kann [...] das feine Wort prägen: Christus die aútobasileía! Und doch bedeutet auch seine Lehre eine Verkürzung der Botschaft Jesu. Der Verinnerlichung entspricht auf der anderen Seite eine Entwertung der Geschichte» (Frick, Die Geschichte des Reich-Gottes-Gedankens in der alten Kirche bis zu Origenes und Augustinus 101).
177 Vgl. ebd. 32.

wo die Kirche vollendet, eben das Reich Gottes ist.»¹⁷⁸ Bei Origenes (um 185–254) wurde «[z]um ersten Mal [...] die Idee von der Kirche als dem irdischen Gottesstaat, der seinen Anspruch gegenüber dem weltlichen Staat erhebt, und der sich mehr und mehr auf Erden durchsetzen wird, deutlich ausgesprochen.»¹⁷⁹ Bei Augustinus (354–430) ist dann «[m]it der Gleichsetzung von Gottesreich und Kirche [...] die Entwicklung des Reich-Gottes-Begriffs grundsätzlich zu ihrem Abschluss gelangt.»¹⁸⁰ Die Kirche hat nicht mehr das Ziel, sich selbst abzuschaffen, sondern erhebt den «[...] Anspruch, Heilsmittler zu sein, und maßt sich damit ‹ewige› Bedeutung an und macht sich zum Ziel der Entwicklung – ecclesia visibilis und invisibilis, Kirche und Gottesreich rücken nahe zusammen, ja gehen ineinander auf»¹⁸¹.

3.3.2 Von dem das Reich Gottes bezeugenden Jesus zum verkündigten Christus ohne Reich Gottes

Aus dem das Reich Gottes bezeugenden Jesus von Nazaret wurde der verkündigte Christus ohne Reich-Gottes-Zeugnis. Es entstand die Lehre über einen abstrakten Christus, der für unterschiedlichste Interessen in Dienst genommen werden kann. Der Glaube *des* Jesus wurde in den Glauben *an* einen Christus verkehrt, der nicht Jesus ist.¹⁸² Der Glaube *des* Jesus ist nicht mehr Kriterium für den Glauben *an* Christus.

3.3.3 Von der Kreuzigung Jesu als Gründungsmartyrium zum Gründungsmord

Aus der historischen Kreuzigung des Jesus, der Opfer – im Sinn von *victime* – der römischen Staatsgewalt war, wurde ein Opfer – im Sinn

---

178 Ebd.
179 Ebd. 103.
180 Ebd. 152.
181 Ebd. 154 f.
182 Vgl. Jon Sobrino, Wenn der Christus Jesus ist. Essay über die Orthodoxie: Geschichte, Frohe Botschaft und Parteilichkeit, in: Concilium 50 (2014) 179–189. Jon Sobrino stellt fest: «Innerhalb der Orthodoxie der christlichen Kirchen wurden seit den ökumenischen Konzilien der ersten Jahrhunderte *transzendente* Wahrheiten formuliert. Doch das hat die *historischen* Wahrheiten keineswegs relativiert. Dies ist aufgrund des Neuen Testaments auch geboten, denn ohne diese historischen Wahrheiten sind die transzendenten Wahrheiten nichtssagend. Die historischen Wahrheiten verliehen den transzendenten zudem den Charakter einer frohen Botschaft und Parteilichkeit. Der Grund dafür liegt darin, dass am Ursprung Jesus von Nazaret steht» (ebd. 179 [Hervorhebungen im Original]).

von *sacrifice* –, das Gott dem Vater dargebracht wird. Aus Jesus als einem *viktimischen* Opfer der Gewalt wurde ein *sakrifizielles* Opfer des Kultes. Die kultische Verehrung Christi trat an die Stelle der gelebten Nachfolge des Jesus von Nazaret. Der Kreuzestod Jesu, von den ersten Jüngerinnen und Jüngern noch als Gründungs*martyrium* verstanden, wurde nun zum Gründungs*mord* umgedeutet. Die Kreuzigung Jesu motivierte nicht mehr als Gründungs*martyrium* zur Nachfolge Jesu, sondern begründete als Gründungs*mord* die Verfolgung der Juden als Gottesmörder und gemeinsame Feinde des neuen Bündnisses von Imperium und Reichskirche. Im Namen des Gekreuzigten wurden von jetzt an jene gekreuzigt, die diese Verkehrung nicht mitzumachen bereit waren. Es entstanden der christliche Antijudaismus und eine antijüdische Lektüre der innerjüdischen Auseinandersetzungen im Johannesevangelium.[183] Diese Umdeutung der Kreuzigung Jesu stellte nicht nur eine enthistorisierende Verkultung der Beziehung zu Jesus dar, sondern setzte – wie die Geschichte zeigen sollte – ein unglaubliches Maß an Gewalt frei, und zwar im Namen des gewaltsam zu Tode gekommenen Galiläers.

3.3.4 Vom Opfer der Staatsgewalt zum Garant weltlicher Imperien

Aus Jesus, dem Opfer der römischen Staatsmacht, wurde der zum göttlichen Pantokrator umgedeutete und erhobene Christus, der als All- und Weltenherrscher Garant weltlicher Imperien ist. Der Höhepunkt dieser Verkehrung geschah im Mittelalter bei Bernhard von Clairvaux (1090–1153) in zwei miteinander verbundenen Formen. Zum einen wurde aus *Luzifer*, einer Bezeichnung für Jesus Christus, einem christlichen Taufnamen und dem Namen eines Bischofs von Cagliari noch zu Beginn des 4. Jahrhunderts, nun die Bezeichnung eines neuen Teufels. Dieser ist nicht *Satan* als Fürst und Garant der Reiche dieser Welt, sondern steht für eine im Sinne des Reiches Gottes angestrebte Umgestaltung der Welt, die nun aber verteufelt wird.[184] Bernhard von Clairvaux erklärte: «O Luzifer (Lichtbringer), der du am Morgen aufstrahltest, nein, nicht mehr Lichtbringer, sondern Nachtbringer oder auch Todesbringer! ...»[185] Wenn der Lichtbrin-

---

183 Vgl. Hinkelammert, Der Schrei des Subjekts 285–289.
184 Vgl. Franz J. Hinkelammert, Luzifer und die Bestie. Eine fundamentale Kritik jeder Opferideologie, Luzern 2009, 110, 181 f., 231, f.; ders., Der Schrei des Subjekts 256, 294; ders., Der Fluch, der auf dem Gesetz lastet 218.
185 Bernhard von Clairvaux, Sämtliche Werke lateinisch/deutsch, Band 2, Innsbruck 1992, 99.

ger in einen Nacht- und Todesbringer verkehrt wird und *Luzifer* als
«[...] Beiname Jesu sich in den Namen des Teufels verwandelt, wird
auf mythische Weise offenbar, dass man Jesus selbst dämonisiert»[186].
Insofern Jesus sich ganz mit dem Reich Gottes identifiziert hat, wird
mit seiner Verteufelung auch jenes Reich Gottes dämonisiert, für das
er gelebt hat und wegen dessen Bezeugung gegen die *Pax Romana* er
von dieser am Kreuz hingerichtet worden ist.

Zum andern ist es die Legitimierung von Gewalt im Namen Jesu
als einem Opfer von Gewalt. Unter dem Titel *Das neue Rittertum* behauptete Bernhard von Clairvaux: «Die Ritter Christi aber kämpfen
mit gutem Gewissen die Kämpfe des Herrn und fürchten niemals
weder eine Sünde, weil sie Feinde erschlagen, noch die eigene Todesgefahr. Denn der Tod, den man für Christus erleidet oder verursacht, trägt keine Schuld an sich und verdient größten Ruhm. [...]
Ein Ritter Christi, sage ich, tötet mit gutem Gewissen, noch ruhiger
stirbt er. Wenn er stirbt, nützt er sich selber; wenn er tötet, nützt
er Christus. [...] Ja, wenn er einen Übeltäter umbringt, ist er nicht
ein Menschenmörder, sondern sozusagen ein Mörder der Bosheit,
und mit Recht wird er als Christi Rächer gegen Missetäter und als
Verteidiger der Christenheit angesehen. Wenn er aber selbst umgebracht wird, ist es klar, dass er nicht untergegangen, sondern ans Ziel
gelangt ist. Der Tod, den er verursacht, ist Christi Gewinn; wenn er
ihn erleidet, sein eigener.»[187] So weit Bernhard von Clairvaux, über
den – vor dem Hintergrund dieser Äußerungen verständlich – Franz
Hinkelammert sagt: «Er ist ein Heiliger und eine Bestie zugleich.»[188]

3.3.5 Vom Himmel als göttlicher Vision für die Welt zur Jenseitsvorstellung

Während bei den Griechen der Himmel für die Götter da ist,[189] «[...]
beginnt in unserer Kultur die Geschichte des Himmels, in den die
Menschen zu kommen hoffen, mit dem Christentum. [...] Mit dem
Christentum wird er ein Ort, der für alle bestimmt ist. Er heißt jetzt

---

186 Hinkelammert, Luzifer und die Bestie 110.
187 Bernhard von Clairvaux, Liber ad milites templi. De laude novae militiae – Buch an die Tempelritter. Lobrede auf das neue Rittertum, in: Bernhard von Clairvaux, Sämtliche Werke lateinisch/deutsch, Band 1, herausgegeben von Gerhard B. Winkler, Innsbruck 1990, 277.
188 Hinkelammert, Der Schrei des Subjekts 271.
189 Vgl. Hinkelammert, Der Fluch, der auf dem Gesetz lastet 203.

Himmelreich oder auch Reich Gottes. [...] Dieser Himmel ist [...] ein Himmel, der auf Erden antizipiert wird. In der Jesuspredigt ist das Himmelreich wie ein Gastmahl, zu dem alle, auch die Niedrigsten, geladen sind. [...] Wer an dieses große Fest im Himmel glaubt, will natürlich zumindest ein kleines Fest schon auf der Erde: wie im Himmel, so auf Erden.»[190] Nachdem das Christentum im 3. und 4. Jahrhundert eine Allianz mit dem Imperium eingegangen war, schaffte Augustinus (354–430) diesen für alle bestimmten Himmel ab.[191] Denn «[m]it einem Himmel, der ein Gastmahl ist, zu dem alle geladen sind, [...] kann man zwar die Bevölkerung, aber nicht den Kaiser und seinen Hof bekehren»[192]. Spätestens mit Augustinus entstand ein neuer Himmel. Dieser ist nicht mehr, wie in der Vater-Unser-Bitte um das Kommen des Reiches Gottes bezeugt (vgl. Mt 6,10), der mythische Ausdruck für Gottes Vision für die Umgestaltung der Welt. Vielmehr wurde der Himmel neben der Hölle und später dem Fegefeuer[193] Teil einer die irdischen Verhältnisse stabilisierenden Jenseitskonstruktion. Der biblisch bezeugte Himmel als Vision Gottes für die Erde wurde in eine jenseitige Belohnungsgröße verkehrt. Die geschichtstheologische Konzeption des biblischen Denkens mit der Abfolge historischer Äonen wurde durch eine abstrakt-ahistorische Diesseits-Jenseits-Spekulation ersetzt.[194] Leonhard Ragaz formulierte es so: «Aus der Hoffnung, dass das Reich Gottes in die Welt komme, um den Tod durch das Leben zu verdrängen, ist allmählich der griechische, speziell platonische Ausblick auf das J e n s e i t s geworden, nicht ganz zwar, aber zuletzt überwiegend. Die Erwartung des kommenden Reiches wurde an den fernen Horizont der Geschichte geschoben und bloß noch als Perspektive auf das J ü n g s t e G e r i c h t festgehalten.»[195]

3.3.6 Verkultung des Glaubens

Im Blick auf die Konstantinische Wende und die Einführung des Sonntagsgebots durch Kaiser Konstantin im Jahre 321 stellt Franz Schupp fest: «Der zentrale Ort der Präsenz des Christentums war

---

190 Ebd.
191 Vgl. ebd. 205 f.
192 Ebd.
193 Vgl. Jacques Le Goff, Die Geburt des Fegfeuers, Stuttgart 1984.
194 Vgl. Hinkelammert, Der Fluch, der auf dem Gesetz lastet 208 f.; vgl. ders., Der Schrei des Subjekts 252.
195 Ragaz, Die Geschichte der Sache Christi 115; vgl. ders., Die Botschaft vom Reiche Gottes 26.

kultischer Art geworden, er war durch sakrale Grenzziehungen von der übrigen Öffentlichkeit abgehoben oder über diese hinausgehoben. Das bedeutete nicht den Verlust des Politischen, wohl aber eine Umfunktionierung desselben.»[196] Zeichen der Verkultung des Glaubens und der Verkehrung der Reich-Gottes-Bewegung in eine traditionelle Religion waren im 4. Jahrhundert die aufkommende Verehrung des Bischofs und die Einführung der Kirchweihe. «Cyprian [...] verlangte als erster, dass man vor dem Bischof wie einst vor den heidnischen Götterbildern aufstand. Seit dem 4. Jahrhundert küsste man ihm die Hand und vollzog die Proskynese [Nieder- oder Unterwerfung, U. E.].»[197] Neben der Sakralisierung kirchlicher Amtsträger wurden bisher nicht gekannte sakrale Orte eingeführt. «Bis ins 4. Jahrhundert gab es keine Kirchweihe. Selbst der Altar war bis zu diesem Zeitpunkt nicht geweiht. Erst bei Ephraim dem Syrer [um 306–373, U. E.] findet sich ein Zeugnis über die Salbung als Weihe des Altars.»[198] Die im 4. Jahrhundert beginnende spiritualisierende Verkultung des Glaubens führte später zur institutionsbezogenen Verkirchlichung der Eucharistie und zur gesetzlichen Verrechtlichung der Liturgie.[199]

Zentral für den christlichen Glauben war seit der Konstantinischen Wende nicht mehr die alltäglich-praktisch gelebte Nachfolge des gekreuzigt-auferstandenen Jesus Christus, sondern die liturgisch-sakramentale Feier seines Schicksals. Die in der Verkündigung Jesu bezeugte «[...] Unterordnung des Kultischen unter das Ethische und Eschatologische [...]»[200] wurde in den Primat des Liturgisch-Spirituellen über das welthaft Gelebte verkehrt. Die kultische Verehrung Christi trat an die Stelle der gelebten Nachfolge Jesu.

3.3.7 Kirche der imperial-kolonisierenden Christenheit

Die Kirche der imperial-kolonisierenden Christenheit ist in zweifacher Hinsicht Moment der Imperialisierung des Christentums: *Ad extra* durch ihr Bündnis mit Imperien der Welt und *ad intra* durch den Aufbau autoritärer Binnenstrukturen. In ihr verlagert sich die

---

196 Schupp, Glaube – Kultur – Symbol 75.
197 Carl Schneider Geistesgeschichte der christlichen Antike, München 1978, 573.
198 Schupp, Glaube – Kultur – Symbol 71.
199 Vgl. Eigenmann, Von der Christenheit zum Reich Gottes 141–143.
200 Schupp, Glaube – Kultur – Symbol 74.

vorkonstantinische Auseinandersetzung zwischen dem Innen und dem Außen auf die interne Auseinandersetzung zwischen dem klerikalen Oben der lehrenden und herrschenden Hierarchie und dem laikalen Unten der hörenden und beherrschten Gläubigen.

3.3.8 Von der Orientierung am historischen Schicksal Jesu zu philosophischen Spekulationen

Mit Justin dem Märtyrer (um 100–165) begann eine Entwicklung, in deren Verlauf Kategorien griechischer Philosophien in einer Weise in den Dienst der Theologie gestellt wurden, dass nicht mehr die biblischen Zeugnisse und deren Vernunft bestimmend sind, sondern diese Philosophien und deren Vernunft. Justin setzte als erster Christus mit dem Logos des jüdischen Philosophen Philon von Alexandrien (gest. um 50 n. Chr.) gleich.[201] «Die christliche Botschaft ändert unter dem Einfluss dieser Vorstellungen ihren Charakter der im Auftrag Gottes erfolgenden Proklamation des Gottesreiches zur Vermittlung ewiger, unveränderlicher Wahrheiten, die dann aus einer inneren Logik möglichst in ein geschlossenes Wahrheitssystem zusammengefasst werden. Das dynamische Denken der Bibel wird durch das statische ersetzt.»[202] Auf diese Weise entstanden Theologien, die im Sinne des Warenfetischkritikers Karl Marx als «[...] aus den jedesmaligen wirklichen Lebensverhältnissen [...] [entwickelte] verhimmelte Formen [...]»[203] zu qualifizieren sind. Der als Opfer der *Pax Romana* bezeugte Jesus Christus und der aus der *Pax Aegyptica* befreiend herausführende Gott des Exodus wurden zu bloß dekorativen Illustrationen abstrakter Konstrukte griechischer Philosophien verkehrt. Der tödlich ausgegangene historische Konflikt zwischen Jesus und der *Pax Romana* und Jesus als deren *viktimisches* Opfer wurden durch z. T. abenteuerliche theologische Spekulationen über das innertrinitarische Verhältnis zwischen Gott Vater und Sohn und über das vom Sohn Gott dargebrachte *sakrifizielle* Opfer zum Verschwinden gebracht.

---

201 Vgl. Justin, Erste Apologie, 11–84, hier: 33 (Apol. 21); vgl. Herbert Vorgrimler, Neues Theologisches Wörterbuch, Freiburg im Breisgau ³2000, 397; vgl. Hernegger, Macht ohne Auftrag 37–43.
202 Ebd. 38.
203 Marx, Das Kapital 393, Anm. 89.

Exkurs 3: Zur Rezeption griechischer Philosophie und deren Implikationen

Verschiebung im Dienst der Verkehrung

Justin der Märtyrer sagt von sich selbst: «Sehr interessierte mich die Geistigkeit des Unkörperlichen, das Schauen der Ideen gab meinem Denken Flügel [...].»[204] Dementsprechend trug er auch nach seiner Bekehrung «[...] den Philosophenmantel in seiner Eigenschaft als christlicher Wanderprediger»[205]. In diesem Sinne griff er als bedeutendster der Apologeten bei seinen Reflexionen über Jesus Christus als Erster auf die mittelplatonische[206] Logoslehre des Philon von Alexandrien[207] zurück.[208] «Für Philon ist der Logos die eigentliche Offenbarung Gottes. Die platonischen Ideen werden von Philon als Gedanken Gottes aufgefasst und im Logos lokalisiert. [...] Faktisch sind Philons Logos-Spekulationen [...] mehr platonisch und stoisch als biblisch geprägt.»[209] In seiner Ersten Apologie bezeichnete Justin nicht nur Jesus Christus als Logos, sondern ging so weit, sich für die Richtigkeit der Lehre von dessen Himmelfahrt auf die heidnische Mythologie zu berufen: «Auch die Lehre von der Himmelfahrt Christi entspricht der heidnischen Mythologie. Wenn wir aber weiterhin behaupten, der Logos, welcher Gottes erste Hervorbringung ist, sei ohne Beiwohnung gezeugt worden, nämlich Jesus Christus, unser Lehrer, und er sei gekreuzigt worden, gestorben, wieder auf-

---

204 Justinus, Dialog mit dem Juden Tryphon 42 (Dial. II, 6).
205 Oskar Skarsaune, Art. Justin der Märtyrer, in: Theologische Realenzyklopädie, Band XVII, Berlin/New York 1988, 471–478, hier: 471.
206 «Unter dem Begriff ‹Mittelplatonismus› fasst man gewöhnlich die philosophische Entwicklung und die einzelnen Ausprägungen der platonischen Akademie von der Mitte des ersten Jahrhunderts v. Chr. bis zum Beginn des dritten Jahrhunderts n. Chr. zusammen» (Clemens Zintzen, Einleitung, in: ders. (Hrsg.), Der Mittelplatonismus, Darmstadt 1981, IX–XXV, hier: IX); vgl. Carl Andresen, Justin und der mittlere Platonismus, in: Zintzen (Hrsg.), Der Mittelplatonismus 319–368, hier: 334. «Justin ist philosophiegeschichtlich dem Mittleren Platonismus zuzuordnen. [...] Er gehört der sog. orthodoxen Richtung unter den Schulplatonikern an» (ebd. 350).
207 Vgl. Carsten Colpe, Von der Logoslehre des Philon zu der des Clemens von Alexandrien, in: Adolf Martin Ritter (Hrsg.), Kerygma und Logos. Beiträge zu den geistesgeschichtlichen Beziehungen zwischen Antike und Christentum (FS für Carl Andresen zum 70. Geburtstag), Göttingen 1979, 89–107.
208 Vgl. Basil Studer, Der apologetische Ansatz zur Logos-Christologie Justins des Märtyrer, in: Ritter (Hrsg.), Kerygma und Logos 435–448; vgl. Schneider, Geistesgeschichte der christlichen Antike 127, 146 f., 188, 219.
209 Franz Schupp, Geschichte der Philosophie im Überblick, Band 2, Christliche Antike, Mittelalter, Hamburg 2003, 14.

erstanden und in den Himmel aufgestiegen, so bringen wir im Vergleich mit euren Zeussöhnen nichts Befremdliches vor.»[210]

Im Unterschied zu den Justins Logos-Rezeption unkritisch referierenden Theologen[211] erkennen Friedrich Loofs,[212] Rudolf Hernegger[213] und Jon Sobrino[214] in ihr eine folgenschwere Verkehrung, Wandlung, Veränderung oder Verschiebung. Sobrino stellt fest: «[A]us der Frage ‹Wer ist Christus?› [wurde] [...] die Frage: Wie ist Christus?»[215] Dadurch wurde die Christologie «[...] in einem sehr speziellen Sinn spekulativ [...]. Das christologische Denken besteht nicht mehr darin, die Wirklichkeit Jesu Christi auf den theologischen Begriff zu bringen, sondern darin, eine theologische Vernunft zu pflegen und auf eine bestimmte Weise zu argumentieren, die im Wesentlichen von den Anforderungen eines Denkens bestimmt ist, das von Mal zu Mal mehr sich selbst zum Gegenstand hat.»[216] Ein Denken aber, das nur mehr *sich selbst zum Gegenstand hat*, müsste als Logologie bzw. – insofern es eine göttliche Dimension betrifft – als Logolatrie qualifiziert

---

210 Justin, 1 Apol. 21; vgl. ebd. 5, 22, 23, 46, 63, 66; vgl. 2 Apol. 5, 7, 10; vgl. Dial. CV, 1.
211 So stellt Alois Grillmeier fest: «Noch einen weiteren Schritt tut Justin als Theologe [...]. Er legt die ersten Fundamente zur Logostheologie und zur Logoschristologie [...]» (Alois Grillmeier, Jesus Christus im Glauben der Kirche, Band 1, Von der Apostolischen Zeit bis zum Konzil von Chalcedon 451, Freiburg im Breisgau 1979, 207). Grillmeier behauptet: «Justin baut diese Begriffe [Logos und Nomos, U. E.] aber in eine Theologie der Geschichte ein und formt sie dadurch um. [...] Die Logoslehre Justins hat also die beiden Hauptbegriffe Logos und Nomos der Griechen aufgegriffen, sie aber in eine geschichtstheologische Konzeption eingeordnet» (ebd. 203). Grillmeier spricht zwar von *Theologie der Geschichte* bei Justins Umformung der Begriffe *Logos und Nomos* und seiner *geschichtstheologische[n] Konzeption*; aber diese Rede von Geschichte ist offensichtlich idealistisch-abstrakt und meint nicht die wirkliche Geschichte; denn bei Justin ist weder das biblisch verbürgte Reich-Gottes-Zeugnis des historischen Jesus noch dessen tödlicher Konflikt mit den Exponenten der *Pax Romana* Ausgangspunkt und Gegenstand der theologischen Reflexion. Eine ebenso unkritische Sicht der Logosrezeption vertritt Joseph Ratzinger/Benedikt XVI. (vgl. Ratzinger/Benedikt XVI., Jesus von Nazareth, Erster Teil 189 f., 274, 313, 327, 329, 331). Eine nicht weniger unkritische Position in Bezug auf das generelle Verhältnis von griechischer Philosophie und Juden sowie Christen vertritt Gerd Theißen, wenn er erklärt: «Auch viele griechische Philosophen waren zur Annahme eines einzigen Gottes gekommen, ohne dass ihr Monotheismus kultische Konsequenzen in der gelebten Religion gehabt hatte. Hier konnten sich Juden und Christen als Vollender dessen verstehen, was die scharfsinnigsten Geister der paganen Antike begonnen hatten» (Gerd Theißen, Die Religion der ersten Christen. Eine Theorie des Urchristentums, Gütersloh ³2003, 408).
212 Für Loofs haben «[d]ie Apologeten [...] den Grund gelegt zur Verkehrung des Christentums in eine offenbarte Lehre» (Loofs, Leitfaden zum Studium der Dogmengeschichte 97).
213 Durch die Logosrezeption Justins wandelt sich für Hernegger «[d]ie ganze christliche Lehre [...] vom Heilshandeln Gottes in der Geschichte zu einem abstrakten System von ewigen Ideen, Substanzen, Naturen und metaphysischen Wesenheiten» (Hernegger, Macht ohne Auftrag 38).
214 Sobrino spricht von einer «[...] Veränderung in der ‹theoretischen Denkweise›» (Sobrino, Der Glaube an Jesus Christus 363).
215 Ebd. 366 (Hervorhebungen im Original).
216 Ebd.

werden. Justin sprach zwar öfters vom «Jesus Christus, der gekreuzigt wurde unter Pontius Pilatus»[217], aber das biblisch bezeugte historische Schicksal Jesu war nicht Ausgangspunkt und Gegenstand seiner Christologie. Vielmehr spekulierte er über Jesu Präexistenz und die Jungfrauengeburt.[218] Justin reflektierte nicht den tödlichen Konflikt zwischen dem das Reich Gottes bezeugenden Jesus von Nazaret und den Repräsentanten der *Pax Romana*. Nicht mehr das Reich Gottes mit seiner Logik eines Lebens in Fülle aller und das Anti-Reich der *Pax Romana* mit ihrer Gewalt- und Todeslogik standen einander gegenüber, sondern es wurden nun abstrakte binnentheologische Spekulationen angestellt. Dabei wird deutlich, dass die Verschiebung vom historischen Schicksal Jesu zu abstrakten Reflexionen nicht nur *formal* eine *Veränderung der ‹theoretischen Denkweise›* darstellt, sondern es in ihr auch *material* um eine Verschiebung der Inhalte geht. Im Zuge der enthistorisierenden Verschiebung bei Justin und später in seinem Gefolge wurden statt des historischen Schicksals Jesu im Kontext der *Pax Romana* u. a. folgende Konfliktlinien bzw. Spannungen bearbeitet: christologisch-*intrapersonal* das Problem von Menschlichkeit und Göttlichkeit Jesu Christi; trinitätstheologisch-*interpersonal* die Frage des Verhältnisses von Gott Vater, Sohn und Heiligem Geist; ekklesiologisch *ad intra* die Über- und Unterordnung von Bischöfen und Klerikern auf der einen und Laien auf der anderen Seite sowie das Verhältnis der kirchlichen Orthodoxie zu Häretikern und Schismatikern; ekklesiologisch *ad extra* die antijudaistische Abgrenzung zwischen Christen und Juden.[219]

Zusammen mit dem Verschwinden des Reiches Gottes[220] und dem ausgesprochenen Staatsloyalismus Justins[221] bildeten diese Verschiebungen die philosophisch-theologischen Voraussetzungen für die Verkehrungen im 3./4. bzw. 15. Jahrhundert.[222] Bereits der bedeutendste

---

217 Justin, 1 Apol 13; vgl. 21, 35 passim.; vgl. Justinus, Dial. XI, 4; XXXV, 2 passim.
218 Vgl. Justinus, Dial. XLVIII, 2 passim.
219 Justin vertritt einen ziemlich aggressiven Antijudaismus vgl. Justinus, Dial. XVII, 1; XCV, 4 CVIII, 2 passim.
220 Für Jon Sobrino ist dieses Verschwinden zentral, wenn er erklärt: «Das Christentum wurde zur offiziellen Religion des Imperiums. Oberflächlich gesehen war dieser Prozess unabhängig von der expliziten Christologie, wir meinen aber, dass er nur möglich wurde aufgrund des Verschwindens und der Umdeutung des Gottesreiches» (Sobrino, Der Glaube an Jesus Christus 374).
221 Vgl. Justin Apol. 17.
222 Für Rudolf Hernegger ist der von Justin vertretene griechische Vorstellungsstrom «[...] mit dem biblischen Denken nicht vereinbar [...]. Die christliche Botschaft ändert unter dem Einfluss dieser Vorstellungen ihren Charakter der im Auftrag Gottes erfolgenden Proklamation des Gottesreiches zur Vermittlung ewiger, unveränderlicher Wahrheiten, die dann aus einer

Apologet Justin verteidigte Mitte des 2. Jahrhunderts nicht mehr das biblisch bezeugte, prophetisch-messianische Christentum, sondern stellte in entscheidender Weise die Weichen für dessen Verkehrung in die zunächst imperiale und später zudem kolonisierende Christenheit. Die zentrale Stellung Justins auf dem Weg zu dieser Verkehrung zeigt sich auch darin, dass er der erste Häresiologe in der Geschichte des Christentums ist. «[B]ei Justin dem Märtyrer [finden wir] zum ersten Mal *hairesis* im Sinn von ‹Häresie› [statt in der Bedeutung von Gruppe von Leuten, Partei oder Sekte, U. E.] verwendet.»[223]

Austausch von kategorialen Rahmen

In der Verschiebung von der Reflexion des biblisch bezeugten historischen Schicksals Jesu zur Rezeption abstrakter Kategorien mittelplatonischer Philosophie wird nicht einfach dasselbe in bloß anderer Begrifflichkeit ausgedrückt. Diese Verschiebung impliziert vielmehr den Austausch des die *Wahrnehmung*, das *Denken* und das *Handeln* (Pierre Bourdieu[224]) leitend-bestimmenden kategorialen Rahmens.[225]

Der kategoriale Rahmen biblischen Denkens kann so umschrieben werden: Er verknüpft konstitutiv religiöse Rede und theologische Reflexion (Denken) in parteilicher Absicht mit der Analyse historischer Verhältnisse und Praktiken (Wahrnehmung) im Dienst der Gestaltung lebensdienlicher Verhältnisse für alle Menschen (Handeln), vor allem der Elenden, Klagenden und Leidenden (vgl. Ex 3,7), der Unterdrückten, Hungernden, Gefangenen, Blinden, Gebeugten, Fremden, Waisen und Witwen (vgl. Ps 146,7–9), der Armen, Gefan-

---

inneren Logik möglichst in ein geschlossenes Wahrheitssystem zusammengefasst werden. Das dynamische Denken der Bibel wird durch das statische ersetzt» (Hernegger, Macht ohne Auftrag 38). Joseph Moingt spricht von «[...] eine[r] kulturellen Verschiebung vom biblischen zum hellenistischen Denken» (Joseph Moingt, Die Christologie der jungen Kirche – und deren Preis für kulturelle Vermittlung, in: Concilium 33 (1997), 56–63, hier: 56). Seines Erachtens ließ man sich damals «[...] von all dem, was heute für uns die Historizität Jesu Christi, der Offenbarung und des Heils ausmacht, ablenken [...]: Hier liegt der echte ‹Preis› für diese Abtrift» (ebd. 61 f.).

223 Daniel Boyarin, Abgrenzungen. Die Aufspaltung des Judäo-Christentums, Dortmund 2009, 50; vgl. ebd. 4. Boayrin verdankt diese Entdeckung – wie er selbst erklärt – Alain Le Boulluec (vgl. ebd.).

224 Vgl. Markus Schwingel, Bourdieu zur Einführung, Hamburg 1995, 56–60.

225 Ragaz spricht davon, dass «Die Botschaft vom lebendigen Gott und seinem lebendigen Reiche [...] in der Statik des griechischen Denkens zur Ruhe [kommt]. Es entsteht eine Verbindung des lebendigen Gottes der Bibel mit dem unbewegten Gotte des Aristoteles, welche bis auf diesen Tag wirkt, und zwar verhängnisvoll, die Christuswahrheit entstellend und hemmend» (Ragaz, Die Geschichte der Sache Christi 88; vgl. ebd. 117).

genen, Blinden und Zerschlagenen (vgl. Lk 4,18) sowie der «Armen und Bedrängten aller Art» (GS 1,1). Der indische Befreiungstheologe Felix Wilfred spricht von der *semantischen Achse der Bibel*, zu der er erklärt: «Die semantische Achse der Bibel liefert uns die klare Botschaft von einer Option für die Unterdrückten, Entfremdeten und verlorenen Identitäten. [...] [D]iese [...] steht im Einklang mit der christlichen Offenbarung, dass die Stimme Gottes an den Rändern vernommen wird.»[226] Zentral für den kategorialen Rahmen der Bibel ist die mit dem Glauben an Gott konstitutiv verbundene Sorge um die Vulnerablen, um jene Menschen und Gruppen also, die «verletzlich, verwundbar, schutzlos und angreifbar [sind]»[227].

Der kategoriale Rahmen griechischer Philosophie kann so umschrieben werden: Unter Absehung sozio-historischer Verhältnisse wird entweder eine platonische Ideenkonzeption oder aristotelisch eine möglichst allgemeine (Seins)lehre über Menschen und Welt entwickelt. Leitend für Letztere sind u. a. Begriffe wie Seiendes und Sein, mit deren Hilfe eine abstrakte Ontologie konstruiert wird. Das Allgemeine wird dabei als dasjenige verstanden, was bleibt, wenn von allem Konkreten abgesehen wird. Und das ist das Sein. Je allgemeiner das Sein verstanden wird, desto leerer ist es. Eine solche Seinsphilosophie gipfelt in der Lehre über ein immer leereres Sein, das allen Seienden zukommt. Über allem steht das absolute, reine Sein, das mit Gott gleichgesetzt wird. Das defizitäre Profil solch eurozentrisch-griechischen Denkens über das leere Sein als das Allgemeine zeigt sich, wenn das Allgemeine nicht als Absehung von allem Konkreten, sondern als Fülle von allem Konkreten verstanden wird. Das geschieht z. B. in der indischen Philosophie. Diese begreift das Allgemeine nicht als etwas letztlich abstrakt Leeres, sondern konkret als Reichtum und Fülle von allem Konkreten.[228]

Vor diesem Hintergrund wird deutlich: Der kategoriale Rahmen griechischer Philosophie vermag nicht ein einziges Moment des kategorialen Rahmens der Bibel auch nur zu benennen:[229] nicht den so-

---

226 Wilfred, Theologie vom Rand der Gesellschaft 58.
227 Ebd. 44; vgl. 247 f. Mit Wilfred ist davon auszugehen, dass «[d]er moralische Fortschritt eines Landes und einer Gesellschaft [...] auf der Grundlage dessen bewertet werden [muss], wie die vulnerablen Gruppen und Völker behandelt werden» (ebd. 80).
228 «The universal is not the essence distilled from out of all particulars; the particular is an integral part of the universal, and even more is itself, in a way, the universal» (Felix Wilfred, From the dusty soil. Contextual Reinterpretation of Christianity, Madras 1995, 25).
229 Rudolf Hernegger stellt in diesem Sinn fest: «Unmittelbar wurde die von den Christen übernommene platonische Gotteslehre zur Grundlage des christlichen Wahrheitssystems, der Gott der Bibel mit seinem heilsgeschichtlichen und aus allgemeinen Prinzipien nicht dedu-

lidarischen Gott des Exodus und des Reiches; nicht die konstitutiv-praxisrelevante Verknüpfung von religiöser Rede und theologischer Reflexion mit einer Weltgestaltungsvision im Dienst der Vulnerablen; nicht den Konflikt zwischen dem das Reich-Gottes bezeugenden Jesus als *viktimischem* Opfer und den ihn kreuzigenden Exponenten der *Pax Romana* als Anti-Reich. Edward Schillebeeckx spricht vom «[...] ‹Exekutions›-Kriterium [...], das davon ausgeht, dass die tatsächliche Hinrichtung Jesu eine hermeneutische Bedeutung hat für das, was er [Jesus, U. E.] genau lehrte und tat»[230]. Seines Erachtens ist «[...] der irdische Jesus für sie [die Gemeinde, U. E.] in der Tat Norm und Kriterium [...]»[231]. Keine der griechischen Philosophien kann das Exekutions-Kriterium von Schillebeeckx adäquat benennen. Für Jon Sobrino «[...] stehen sich [in der Geschichte] – gegenseitig ausschließend und dualistisch – die *Vermittlungen* des Göttlichen (in der Zeit Jesu das Reich Gottes einerseits und *pax romana* und Tempelgesellschaft andererseits) und die *Mittler* (Jesus einerseits und der Hohepriester und Pilatus andererseits) gegenüber. Diese Dialektik durchzieht auch die Art und Weise, wie Gott sich offenbart. [...] Gott zeigt sich durch das Leben, indem er es gegen den Tod verteidigt; er zeigt sich durch Gerechtigkeit und gegen Ungerechtigkeit, durch die Befreiung und gegen die Sklaverei.»[232] Keine der griechischen Philosophien vermag diese von Sobrino im Schicksal Jesu aufgezeigte Dialektik von Reich Gottes und *Pax Romana* als Dialektik von Leben und Tod auch nur anzudeuten, geschweige denn kritisch zu reflektieren. So steht fest: Der kategoriale Rahmen der Bibel und der kategoriale Rahmen der griechischen Philosophien haben keine Schnittmenge. Die Übernahme griechischer Philosophie durch die christliche Theologie als *In*kulturation zu bezeichnen, ist irreführend. Es handelt sich vielmehr um eine *De-* oder *Ent*kulturation biblischen Denkens durch den hegemonial gewordenen kategorialen Rahmen griechischer Philosophie.

---

zierbaren Eingreifen in die Heilsgeschichte konnte nicht in ein logisches Gedankensystem eingefangen werden, wohl aber der abstrakte Gott des Platonismus» (Hernegger, Macht ohne Auftrag 40).
230 Edward Schillebeeckx, Jesus. Die Geschichte von einem Lebenden, Freiburg im Breisgau 1975, 84.
231 Ebd. 85.
232 Sobrino, Der Glaube an Jesus Christus 146 f. (Hervorhebungen im Original).

Griechische Philosophie als *domina theologiae*

Damit kommt die grundsätzliche Frage nach dem Verhältnis von Philosophie und Theologie in den Blick. Die Rede von der Philosophie als *domina theologiae* nimmt Bezug auf die Rede von der Philosophie als *ancilla theologiae*.[233] Diese meint, die Philosophie trage als Magd der Theologie dieser die Fackel der Vernunft voraus oder die Schleppe hinterher. Dabei wird mehr oder weniger ausdrücklich unterstellt, die Philosophie repräsentiere Vernunft, wogegen die Theologie keine solche hätte und also auf die Philosophie angewiesen sei. Dabei wird aber übersehen, dass die biblisch bezeugte religiöse Rede und deren theologische Reflexion nicht einfach irrational sind, sondern eine eigene Vernunft enthalten. Insofern diese Vernunft eine andere ist als die hegemoniale Denkweise einer Gesellschaftsformation ist sie nicht *ir*-rational, sondern *alter*-rational. Soll der Kanon der biblischen Schriften Ausgangs- und Referenzpunkt jeder Theologie im Sinne der Bibel als *norma normans non normata* sein, muss mit einer Philosophie Theologie getrieben werden, die das biblische Zeugnis formulieren kann und dem kategorialen Rahmen der Bibel entspricht und nicht diesen ersetzt. Genau das aber ist in nachbiblischer Zeit nicht geschehen, sondern verschiedene griechische Philosophien wurden in platonischer, stoischer oder aristotelischer Form so hegemonial, dass nicht mehr das biblische Zeugnis und dessen konkret-historische Vernunft bestimmend für die Theologie wurde, sondern griechische Philosophien und deren abstrakt-formale Vernunft. Griechische Philosophien erlangten so den Status einer *domina theologiae*. Die Entwicklung dazu begann – wie oben gezeigt – bereits Mitte des 2. Jahrhunderts mit Justin dem Märtyrer, einem der ersten und dem bedeutendsten Apologeten des Christentums. Dass er überzeugt war, auf diese Weise den Glauben an Jesus Christus der antiken Umwelt verständlich zu machen, sei nicht bestritten. Dies aber zu verstehen als «[...] eine Synthese von Antike und Christentum, [...] ist [...] als Formel ziemlich unscharf. [...] Es handelte sich

---

233 Vgl. Max Seckler, «Philosophia ancilla theologiae». Über die Ursprünge und den Sinn einer anstößig gewordenen Formel, in: Theologische Quartalschrift 171 (1991) 161–187. Seckler referiert zwar kenntnisreich über das philosophia-ancilla-theologiae-Motiv in der Geschichte, aber bei ihm kommt nicht jene zentrale Problematik in den Blick, die darin besteht, das Verhältnis von Philosophie und Theologie unter der Rücksicht der in diesen implizierten kategorialen Rahmen zu untersuchen und zu fragen, ob und inwieweit welche Philosophie mit welchem kategorialen Rahmen mit dem kategorialen Rahmen der Bibel und mit welcher Theologie zu vereinbaren ist.

eher um eine ‹Koalition›, also um ein interessegeleitetes Bündnis und um einen Verschmelzungsprozess, bei dem es ganz und gar nicht klar war, wie leistungsfähig das Resultat dieses Prozesses sein würde. [...] Schon etwas besser ist die Formel des Zusammengehens von Paulus und dem (späten) Platon bzw. Neuplatonismus. [...] Diese formelhafte Präzisierung ist erforderlich, da man sich schließlich auch ein Zusammengehen von Christentum und Antike in der Form von Markus und Aristoteles vorstellen könnte – dies hätte möglicherweise ein toleranteres, humaneres und rationaleres Europa ergeben. Ganz zu schweigen von einer Synthese von Sokrates und Jesus, die wir uns aber mangels genauer Nachrichten nur schwer vorstellen können. Faktisch hat sich indes eine Koalition von Platon und Paulus durchgesetzt, und dies war auch tatsächlich die zeitgeschichtlich gesehen attraktivste Koalition.»[234]

Rund 1100 Jahre nach Justins Rezeption mittelplatonischer Philosophie erfolgte durch Thomas von Aquin (1224/25–1274) eine strukturanaloge Rezeption aristotelischer Philosophie.[235] In seiner *Summa Theologica* erklärt er zunächst: «So war also neben den philosophischen Wissenschaften, die rein auf der Forschungsarbeit der menschlichen Vernunft beruhen, eine heilige Lehre notwendig, die auf göttlicher Offenbarung gründet.»[236] Seines Erachtens erhält die heilige Lehre «[...] ihre Prinzipien nicht von anderen Wissenschaften, sondern unmittelbar von Gott durch die Offenbarung»[237]. Die «[...] eigenen Autoritäten aber sind die kanonischen Schriftsteller, aus deren Aussprüchen sie ihre Lehre unumstößlich begründet. [...] Denn unser Glaube beruht auf der den Aposteln und Propheten gewordenen Offenbarung.»[238] Trotz mehrfacher Beteuerungen, seine Theologie auf die biblisch bezeugte Offenbarung zu gründen, beginnt Thomas seine Lehre über Gott mit philosophischen Erörterungen, die nichts mit der biblischen Offenbarung des Gottes des Exodus oder des Reiches zu tun haben. Auf die Frage «Ist es selbstverständlich, dass es einen Gott gibt?» antwortet er: «1. ‹Selbst-verständlich› ist uns dasjenige, dessen Erkenntnis uns von Natur gegeben ist [...]. Nun sagt aber Johannes von Damaskus: ‹Die Erkenntnis Gottes ist allen Menschen von Natur eingepflanzt.› Also ist es selbstverständ-

---

234 Schupp, Geschichte der Philosophie im Überblick, Band 2, 9 f.
235 Vgl. ebd. 387, 392, 393, 395, 397.
236 Thomas von Aquin, Summa Theologica Ia, q. 1, a. 1.
237 Ebd. Ia, q. 1, a. 5.
238 Ebd. Ia, q. 1, a. 8.

lich, dass es einen Gott gibt.»²³⁹ Zur Einleitung der fünf Wege zu Gott zitiert er zunächst Ex 3,14 in einem ontologisierenden Missverständnis: «Ich bin, der ich bin», erklärt danach: «Fünf Wege gibt es, das Dasein Gottes zu beweisen», und zählt auf: Gott als «ersten Bewegenden»; Gott als «erste Wirk- oder Entstehungsursache»; Gott als das «notwendige Sein»; Gott als «Ursache [des] Seins, [des] Gutseins und jedweder ihrer Seinsvollkommenheiten [...]»; Gott als «[...] ein geistig-erkennendes Wesen [...], von dem alle Naturdinge auf ihr Ziel hingeordnet werden»²⁴⁰. Wenn Thomas von Aquin auf die Daseinsweise und das Wesen Gottes zu sprechen kommt, erklärt er zunächst, wir könnten eher nicht wissen, wie Gott ist, sondern nur, wie er nicht ist.²⁴¹ Danach fragt er u. a. nach der Einfachheit Gottes, dessen Vollkommenheit, Gut-Sein, Unendlichkeit, Unveränderlichkeit, Ewigkeit und Einheit.²⁴² «Was Thomas [...] unternimmt, ist das folgende: Er versucht, verschiedene Ausdrücke eines *physikalischen* bzw. naturphilosophischen oder metaphysischen *Weltbildes* mit der dazugehörigen Sprache einem Ausdruck aus der *religiösen Sprache* zuzuordnen.»²⁴³ Auch die eingestreuten Bibelzitate²⁴⁴ vermögen nicht darüber hinwegzutäuschen, dass Thomas von Aquin entgegen seinem Anspruch, eine heilige Lehre aufgrund der göttlichen Offenbarung zu entwickeln, eine aristotelisch inspirierte Ontotheologie entwarf, die einem anderen kategorialen Rahmen verpflichtet ist als dem des biblischen Denkens.

Nicht die Rezeption griechischer Philosophien durch christliche Theologen in unterschiedlichen historisch-geistesgeschichtlichen Kontexten ist das Problem. Das eigentliche Problem besteht darin, dass diese Rezeption danach – im Wissen um deren vielfältige, das ursprüngliche Christentum verkehrende Implikationen – nicht fundamental kritisiert²⁴⁵ und deswegen nach Philosophien gesucht

---

239 Ebd. Ia, q. 2, a. 1.
240 Ebd. Ia, q. 2, a. 3.
241 Vgl. ebd. Ia, q. 3.
242 Vgl. ebd. Ia, q. 3, q. 4, q. 6, q. 7, q. 9, q. 10 und q. 11.
243 Schupp, Geschichte der Philosophie im Überblick, Band 2, 398.
244 Vgl. Thomas von Aquin, Summa Theologica Ia, q. 3, a. 1 passim.
245 Vgl. Dirk Ansorge, Kleine Geschichte der christlichen Theologie. Epochen, Denker, Weichenstellungen, Regensburg 2017. Ansorge schreibt dazu: «Originalität beansprucht die vorliegende Darstellung nicht hinsichtlich ihrer Inhalte [...]» (ebd. 15). Dieser Verzicht auf Originalität impliziert, Theologie im Rahmen der imperial-kolonisierenden Christenheit zu verorten und nicht zur Kenntnis zu nehmen, dass die Imperialisierung des Christentums im 3./4. Jahrhundert dessen Thermidor im Sinne der Verkehrung des eigenen Ursprungs bedeutete. Ohne hier die fakten- und detailreiche *Kleine Geschichte der christlichen Theologie* umfassend zu würdigen, seien vor dem Hintergrund der hier dargelegten Unterscheidung von ursprünglichem Chris-

wurde und wird, die dem kategorialen Rahmen biblischen Denkens entsprechen, statt ihn zu ersetzen. Solche Philosophien gibt es durchaus. Eine hat Ignacio Ellacuría im Anschluss an den spanischen Philosophen Xavier Zubiri (1898–1983) entworfen.[246] Diese Philosophie betrachtet «[...] Metaphysik und konkrete Realität, Theorie und Praxis, Mensch, Geist und Natur als einheitliche Gesamtheit [...] und [versucht], diese Gesamtheit philosophisch in aller Tiefe zu bedenken [...], ohne zugunsten der konkreten Praxis die Reflexion und ohne über der Reflexion die Notwendigkeit und Dringlichkeit der Praxis zu vergessen»[247]. Nur eine nicht-idealistische Philosophie, die die gesamte sozio-historische Wirklichkeit und deren ökonomisch-politisch-ideologische Reproduktion zum Gegenstand hat, ist dem biblischen Denken angemessen und kann ihm gerecht werden.

---

tentum und verkehrter Christenheit drei Aspekte kritisch angemerkt. Erstens: Wenn Ansorge erklärt: «Was christliche Theologie ist, ist Deutung der Person Jesus von Nazareth. Christliche Theologie bestimmt sich von der Beziehung zu Christus her [...]» (ebd. 31), dann geht er von einem Jesus oder Christus ohne Reich Gottes (Sobrino) und einer enthistorisierenden Personalisierung des Ursprungs des Christentums aus. In einer Spannung dazu steht seine Feststellung: «Tatsächlich: In der Auseinandersetzung mit zeitgenössischen Philosophien zielte Theologie zunehmend weniger auf die Auslegung der zur tätigen Nachfolge einladenden Reich-Gottes-Botschaft Jesu. Nicht mehr die Botschaft des galiläischen Wanderpredigers vom Reich Gottes beherrschte die Theologie, sondern Reflexionen über die Bedeutung Christi innerhalb des Wirklichkeitsganzen und über dessen Ursprung, Zusammenhalt und Bestimmung» (ebd. 42). Ansorge weiß also um die Verschiebung vom «[...] Jesus, dem Verkündiger des Gottesreiches [zum] Christus, der Gegenstand metaphysischer Spekulationen [wurde]» (ebd.), zieht aber daraus keine Konsequenzen. Das heißt im Klartext: Für ihn ist nicht das biblische Zeugnis die *norma normans non normata* – die *normierende, nicht normierte Norm*, sondern die lehramtlichen Festlegungen. Er ist einem *magisterialen* und nicht einem *scripturalen* Selbstverständnis von Theologie und Kirche verpflichtet. Zweitens: Ansorge erkennt bei seinen Ausführungen über Justin den Märtyrer (vgl. ebd. 23, 40) nicht (wie Friedrich Loofs, Rudolf Hernegger und Jon Sobrino) die entscheidende theologische Weichenstellung als Voraussetzung für die Verkehrung des ursprünglichen Christentums in die verkehrte Christenheit. Drittens: Ansorge weist zwar mehrmals und zu Recht auf die im Laufe der Geschichte unterschiedlichen *Begriffsrahmen* hin, denen sich das Christentum und dessen Theologie gegenübergestellt sahen (vgl. ebd. 13 passim.). Es geht aber nicht nur um unterschiedliche *sprachliche Begriffsrahmen*, sondern grundlegender und umfassender um unterschiedliche *sozio-historische kategoriale Rahmen* (vgl. oben *Austausch von kategorialen Rahmen* im *Exkurs 3: Zur Rezeption griechischer Philosophie und deren Implikationen*).

246 Vgl. Ignacio Ellacuría, Philosophie der geschichtlichen Realität, Eingeleitet und übersetzt von Raúl Fornet-Ponse, Aachen 2010.

247 Raúl Fornet-Ponse, Vorwort des Übersetzers, in: ebd. 9–11, hier: 11; vgl. Francisco de Aquino Júnior, Theologie als Einsicht in die Gottesherrschaft. Die Methode der Befreiungstheologie nach Ignacio Ellacuría, Regensburg 2014.

4. These: Zurück zum prophetisch-messianischen Christentum

Das Reich Gottes war im reformierten Christentum vor allem im Religiösen Sozialismus präsent. In der römisch-katholischen Kirche sind das Zweite Vatikanum und in dessen Folge die lateinamerikanische Kirche und deren Theologie der Befreiung durch die Orientierung am Reich Gottes hinter die Konstantinische Wende zurückgekehrt.

4.1 Zum Bruch mit der imperial-kolonisierenden Christenheit auf dem Vatikanum II und in Accra

Zwar hatte das Reich Gottes in den Großkirchen und deren Theologien spätestens seit der Konstantinischen Wende keine zentrale Stellung mehr. Das gilt für Thomas von Aquin ebenso wie für Martin Luther und das Luthertum,[248] Ulrich Zwingli[249] und Johannes

---

248 Ragaz stellte fest: «Das Luthertum [...] trennt auf eine Weise, die zum Grundverhängnis Deutschlands und zum Fluch für die Sache Christi geworden ist, das ‹geistliche Reich› (regnum spirituale) vom ‹weltlichen Reich› (regnum temporale). Es gibt den Anspruch Gottes auf a l l e Wirklichkeit, auch auf die staatliche, auf und übergibt ihn dem ‹Kaiser›, d. h. der weltlichen Obrigkeit» (Ragaz, Die Geschichte der Sache Christi 31; vgl. ebd. 135). Neben den negativen Folgen der auf Augustinus (*civitas Dei – civitas terrena*) zurückgehenden Zwei-Reiche- bzw. Zwei-Schwerter-Lehre kritisierte Ragaz vor allem die Zentralsetzung der Rechtfertigung aus dem Glauben statt des Reiches Gottes: «Zu den fundamentalen Entartungen der Sache Christi gehört gerade auch die Entwicklung, welche das ganze Evangelium in der Vergebung der Sünden aufgehen lässt. Die ganze Botschaft vom Reiche wird damit aufgehoben. [...] Diese Entartung ist besonders ein Grundfehler des Protestantismus und hier wieder des lutherischen. [...] So wird die protestantische Zentrallehre von der Rechtfertigung aus dem Glauben allein, besonders in ihrer lutherischen Form, eine tiefe Verderbnis der Sache Christi, so geht daran das Reich Gottes verloren» (Ragaz, Die Botschaft vom Reiche Gottes 40). Auf die seines Erachtens katastrophalen Folgen von Luthers schroffer Scheidung zwischen dem geistlichen Reich Christi und dem weltlichen des Kaisers für die Stellung der Wittenbergers zur Bauernrevolution von 1524/25 wies Ragaz u. a. in einem Artikel zum 400-Jahr-Gedenken des Bauernkrieges hin: «Ich gestehe frei und offen und weiß, was ich sage: ein so schamloser und heuchlerischer Missbrauch mit dem Evangelium ist in der ganzen Geschichte des Christentums nicht leicht getrieben worden wie von diesem Wiederentdecker des Evangeliums [Luther, U. E.] bei diesem Anlass [Bauernkrieg, U. E.]» (Leonhard Ragaz, Das Jahr 1525. Auch ein Jubiläum, in: Neue Wege 19 [1925] 383–403, hier: 396); vgl. ders., Die Geschichte der Sache Christi 44, 32, 69, 136).
249 Zwingli erwähnt in seinen Schriften das Reich Gottes bzw. das Himmelreich etwas mehr als ein Dutzend Mal (vgl. Huldrych Zwingli, Schriften I – IV, Im Auftrag des Zwinglivereins herausgegeben von Thomas Brunnschweiler und Samuel Lutz unter Mitarbeit von Hans Ulrich Bächtold, Andreas Beriger, Christine Christ-von Wedel, Rainer Henrich, Hans Rudolf Lavater, Peter Opitz, Ernst Saxer und Peter Winzeler, Zürich 1995, I 34 passim). Zweimal bringt er es in Zusammenhang mit «Gerechtigkeit, Friede und Freude im Heiligen Geist» (ebd. II 485, III 397). Einmal setzt er es mit den gläubigen Menschen gleich (vgl. ebd. II 348) und mehrmals identifiziert er es mit dem Wort Gottes (vgl. ebd. II 82, 216, 322, 421, 434). Eine zentrale Größe für Zwinglis Theologie ist das Reich Gottes aber nicht.

Calvin.²⁵⁰ Doch ist das Reich Gottes nie ganz aus dem Christentum und dessen Theologien verschwunden, wie das siebenbändige Werk des Basler Kirchenhistorikers Ernst Staehelin *Die Verkündigung des Reiches Gottes in der Kirche Jesu Christi* dokumentiert.²⁵¹ Zu Recht hält Stähelin fest, dass «[...] radikaler als das Luthertum [...] Thomas Müntzer [...] [z]u den Bewegungen [...] gehört[e], [...] [die] das ursprüngliche Christentum erneuern wollten [...]»²⁵² Wie Hans-Jürgen Goertz aufgezeigt hat, stand «[...] Müntzer in einem strengen theologischen Sinn eigentlich nie auf dem Boden der lutherischen Rechtfertigungslehre [...]»²⁵³ und gehörte er der «[...] reformatorischen Bewegung, wie sie von Wittenberg ausging, theologisch [...] genau genommen nie wirklich an»²⁵⁴.

250 Ragaz stellt fest: «Allen [Luther, Zwingli, Calvin, U. E.] [...] fehlt der Ausblick auf das Kommen des Reiches in die Welt und Alle verfallen mehr oder weniger den Konsequenzen dieses Grundmangels» (Ragaz, Die Botschaft vom Reiche Gottes 289; vgl. ebd. 12, 126). Diese Reich Gottes-Abwesenheit zeigt sich vor allem in Zwinglis «[...] obrigkeitsgeleitete[r], magistrale[r] Reformation» im Unterschied zur «radikale[n] [...] Reformation» [Müntzers und der Täufer, U. E.]» (Thomas Kaufmann, Erlöste und Verdammte. Eine Geschichte der Reformation, München ²2017, 153 f., 174). «[S]eit dem Bauernkrieg stand für die Wittenberger definitiv fest, daß eine Um- und Neugestaltung des Kirchenwesens, eine Reformation, ausschliesslich unter der Ägide der weltlichen Obrigkeiten und der von ihnen berufenen Theologen stehen konnte oder sollte» (ders., Geschichte der Reformation in Deutschland, Berlin 2016, 500). Vor dem Hintergrund von «Luthers ordnungstheologische[m] Konservativismus» (ebd.) erstaunt es nicht, dass Stichworte wie «Reich Gottes», «Himmelreich» oder «Herrschaft Gottes» als Hinweise auf eine im Sinne der Mitte der Sendung Jesu anzustrebende Veränderung der Weltordnung im Sachregister dieses Bandes fehlen (vgl. ebd. 1011–1028). Die von Leonhard Ragaz gerade im Blick auf die ganze Biblische Botschaft beklagten fundamentalen Defizite der Theologie Luthers erkennt Thomas Kaufmann nicht. Er folgt unkritisch Luthers Meinung, mit der auf Röm 1,17 beruhenden «Rechtfertigungslehre [...] [habe] er die ‹ursprüngliche› (lat. *origo*) Gestalt des Christentums wiederherzustellen beansprucht[...]» (Kaufmann, Erlöste und Verdammte 104; vgl. Thomas Kaufmann, Martin Luther, München ⁴2016, 40). Vor diesem Hintergrund wird deutlich, dass Luther kein Zeuge des prophetisch-messianischen Christentums war, sondern dass er lediglich im Rahmen der imperial-kolonisierenden Christenheit einiges bewegt hat, das deren konfessionelle Geschlossenheit aufbrach.
251 Vgl. Ernst Staehelin, Die Verkündigung des Reiches Gottes in der Kirche Jesu Christi. Zeugnisse aus allen Jahrhunderten und allen Konfessionen, Sieben Bände, Basel 1951–1965.
252 Ebd. Band IV 321.
253 Hans-Jürgen Goertz, Thomas Müntzer. Revolutionär am Ende der Zeiten. Eine Biographie, München 2015, 73.
254 Ebd. 74. Vor allem mit folgenden Positionen unterschied sich Müntzer grundlegend von Luther: mit seinem – *avant la lettre* – kanonischen Bibel- und geistgeleitet-existentiellen Bibellektüreverständnis (vgl. ebd. 66, 90 f., 103 f., 165 f.); mit seiner Betonung des bitteren, d. h. leidenden, Christus (vgl. ebd. 118, 130); mit seiner differenziert-kritischen Sicht der Obrigkeit (vgl. ebd. 121, 130, 140 f., 235); mit seiner v. a. im Deutschen Bauernkrieg vertretenen Parteinahme für den armen Mann und seinem konkreten Weltordnungs(veränderungs)verständnis (vgl. ebd. 25, 78, 93 f., 146–152, 167, 169–171, 178 f., 227, 231, 234, 238 f.) Vor diesem Hintergrund erscheint die Behauptung von Thomas Kaufmann mehr als fraglich, wonach «[e]ine scharfe Trennung von radikaler [Müntzers, U. E.] und magistraler [Luthers, U. E.] Reformation [...] unmöglich [ist]» (Kaufmann, Erlöste und Verdammte 174); vgl. Urs Eigenmann, Thomas Müntzer als Theologe, in: Neue Wege, Heft 9, 2018, S. 18, 30–34.

Im 19. Jahrhundert und in der ersten Hälfte des 20. Jahrhunderts spielte es u. a. bei folgenden Theologen eine zentrale Rolle: bei den beiden Vertretern der katholischen Tübinger Schule Johann Sebastian Drey (1777-1853) und Johann Baptist von Hirscher (1788–1865);[255] bei den schwäbischen Theologen Vater Johann Christoph (1805–1880) und Sohn Christoph Blumhardt (1842–1919);[256] beim wohl bedeutendsten Reich-Gottes-Theologen und religiösen Sozialisten Leonhard Ragaz (1868–1945); bei den römisch-katholischen Theologen Georg Sebastian Huber (1893–1963)[257] und Heinrich Fries (1911–1998)[258]; bei den evangelischen Theologen Hans-Joachim Kraus (1918–2000)[259] und Jürgen Moltmann (geb. 1926).[260]

Die römisch-katholische Kirche hat auf dem Zweiten Vatikanischen Konzil (1962–1965) zumindest in Ansätzen mit der Reich-Gottes-vergessenen imperial-kolonisierenden Christenheit gebrochen. Das zeigt sich zunächst in der grundlegenden Rückbesinnung auf die Bibel und deren Vorrangstellung gegenüber dem Lehramt. In der dogmatischen Konstitution über die göttliche Offenbarung *Dei verbum*[261] heißt es: «Die Heiligen Schriften [...] enthalten das Wort Gottes [...]; und deshalb soll das Studium der Heiligen Schrift gleichsam die Seele der Heiligen Theologie sein» (DV 24,1; vgl. OT

255 Vgl. Josef Rief, Reich Gottes und Gesellschaft nach Johann Sebastian Drey und Johann Baptist Hirscher, Paderborn 1965.
256 Vgl. Eduard Buess/Markus Mattmüller, Prophetischer Sozialismus. Blumhardt – Ragaz – Barth, Mit einem Nachwort von Gerhard Sauter, Freiburg/Schweiz 1986, 35-47.
257 Vgl. Georg Sebastian Huber, Vom Christentum zum Reiche Gottes, Regensburg 1934. Neudruck: Georg Sebastian Huber, Vom Christentum zum Reiche Gottes, Brugg 1991. Obwohl mit dem Vermerk «Mit kirchlicher Druckerlaubnis» erschienen, kam das Buch am 10. Juni 1936 auf den vatikanischen Index der verbotenen Bücher (vgl. Josef Breuss, Nachwort zu Georg Sebastian Huber, in: ebd. 282–342, hier: 300).
258 Noch vor Abschluss des Zweiten Vatikanums stellte Fries anders als im Mainstream der damaligen Theologie üblich fest: «Übernimmt man die inhaltl.[iche] Fülle nicht der säkularisierten, sondern der bibl.[ischen] Aussagen v.[om] R.[eich] G.[ottes], dann erhält der Begriff des R.[eiches] G.[ottes] eine t r a n s z e n d e n t a l.[t h e o l o g i s c h e] Funktion u.[nd] wird z.[um] die ganze Theologie durchwaltenden Strukturprinzip (Heinrich Fries, Art. Reich Gottes, V. Systematisch, in: LThK, Band 8, Freiburg im Breisgau ²1963, 1117–1120, hier: 1117 [Hervorhebung im Original]).
259 Vgl. Hans-Joachim Kraus; Reich Gottes: Reich der Freiheit. Grundriss Systematischer Theologie, Neukirchen-Vluyn 1975.
260 Vgl. Jürgen Moltmann, Theologie der Hoffnung. Untersuchungen zur Begründung und zu den Konsequenzen einer christlichen Eschatologie, München 1964, ⁸1969; vgl. ders., Der gekreuzigte Gott. Das Kreuz Christi als Grund und Kritik christlicher Theologie, München 1972; vgl. ders., Kirche in der Kraft des Geistes. Ein Beitrag zur messianischen Ekklesiologie, München 1975.
261 Die Konzilstexte werden nach der Übersetzung der lateinisch-deutschen Studienausgabe zitiert: vgl. Peter Hünermann (Hrsg.), Die Dokumente des Zweiten Vatikanischen Konzils. Konstitutionen, Dekrete, Erklärungen. Lateinisch-deutsche Studienausgabe, Freiburg im Breisgau 2012.

16,2). Für das Konzil steht «[das] Lehramt [...] nicht über dem Wort Gottes, sondern dient ihm, indem es nur lehrt, was überliefert ist [...]» (DV 10,2). Diese für das römisch-katholische Lehramt völlig neue Orientierung an der Bibel zeigt sich dann vor allem in der Rückkehr zum Reich Gottes. Nach 1640 Jahren des Verschweigens der zentralen Mitte der Sendung Jesu seit dem Konzil von Nicäa 325 auf den nach römisch-katholischer Zählung zwanzig Konzilien[262] wird das Reich Gottes auf dem Zweiten Vatikanum wieder zur normativ-bestimmenden Bezugsgröße sowohl für die Kirche als auch für die Gestaltung der irdischen Verhältnisse. So heißt es in der dogmatischen Konstitution über die Kirche *Lumen gentium* im grundlegenden ersten Kapitel über *Das Mysterium der Kirche*: «Das Mysterium der heiligen Kirche wird in ihrer Gründung offenbar. Denn der Herr Jesus machte den Anfang seiner Kirche, indem Er die frohe Botschaft verkündete, nämlich die Ankunft des Reiches Gottes [...]: ‹Denn erfüllt ist die Zeit, und genaht hat sich das Reich Gottes› (*Mk 1,15*; vgl. *Mt 4,17*). [...] Als aber Jesus [...] den vom Vater verheißenen Geist auf seine Jünger ausgegossen [hat] (vgl. *Apg 2,33*), [...] empfängt die Kirche [...] die Sendung, das Reich Christi und Gottes anzukündigen und in allen Völkern zu begründen [...]. [...] Während sie allmählich wächst, lechzt sie inzwischen nach dem vollendeten Reich und hofft und erwünscht sich mit allen Kräften, sich mit ihrem König in Herrlichkeit zu verbinden» (LG 5,1 und 2). Unter dem Titel *Die neue Erde und der neue Himmel* werden in der Pastoralkonstitution über die Kirche in der Welt dieser Zeit *Gaudium et spes* die gesellschaftliche Bedeutung und die eschatologische Dimension des Reiches thematisiert: «Zwar werden wir gemahnt, dass es dem Menschen nichts nütze, wenn er die ganze Welt gewinnt, sich selbst aber verliert. Dennoch darf die Erwartung der neuen Erde die Sorge für die Ausgestaltung dieser Erde [...] nicht abschwächen, sondern muss sie vielmehr erwecken. Daher ist der irdische Fortschritt, obwohl er eindeutig vom Wachstum des Reiches Christi zu unterscheiden ist, dennoch dem Reich Gottes sehr wichtig, insofern er zu einer besseren Ordnung der menschlichen Gesellschaft beitragen kann» (GS 39, 1 und 2). Ein weiterer zentraler Aspekt des Bruchs mit der imperial-kolonisierenden Christenheit durch das Zweite Vatikanum ist die Absage an jeden Antijudaismus. In der Erklärung über die Haltung der Kirche zu den nichtchristlichen Religionen *Nostra aetate*

---

262 Vgl. Wohlmuth (Hrsg.), Conciliorum Oecumenicorum Decreta.

hält das Konzil fest: «Indem sie das Mysterium der Kirche untersucht, gedenkt diese Heilige Synode des Bandes, durch das das Volk des Neuen Bundes mit dem Stamm Abrahams geistlich verbunden ist. [...] Da also das den Christen und Juden gemeinsame geistliche Erbe so groß ist, will diese Heilige Synode die gegenseitige Kenntnis und Wertschätzung beider [...] fördern und empfehlen. [...] Deshalb sollen alle dafür sorgen, weder in der Katechese noch, wenn sie die Predigt des Wortes Gottes halten, irgendetwas zu lehren, was mit der evangelischen Wahrheit und dem Geist Christi nicht übereinstimmt. Außerdem beklagt die Kirche [...] im Bewusstsein des gemeinsamen Erbes mit den Juden, nicht aus politischen Gründen, sondern angetrieben von der religiösen Liebe des Evangeliums, Hass, Verfolgungen und Manifestationen des Antisemitismus, die, zu welcher Zeit auch immer, gegen Juden gerichtet wurden» (NA 4,1,2,3,5 und 7). Auch Zeichen des Bruchs mit der imperial-kolonisierenden Christenheit ist die Option des Zweiten Vatikanum für die Armen.[263] In der dogmatischen Konstitution über die Kirche *Lumen gentium* erklärt das Konzil im grundlegenden ersten Kapitel über das *Mysterium der Kirche*: «Wie aber Christus das Werk der Erlösung in Armut und Verfolgung vollbrachte, so wird die Kirche gerufen, denselben Weg einzuschlagen, um den Menschen die Früchte des Heiles mitzuteilen. [...] Christus wurde vom Vater gesandt, ‹den Armen frohe Botschaft zu bringen, ... die im Herzen Zerknirschten zu heilen› *(Lk 4,18)*, ‹zu suchen und heil zu machen, was verloren war› *(Lk 19,10)*: In ähnlicher Weise umgibt die Kirche alle mit ihrer Liebe, die von menschlicher Schwachheit angefochten sind, ja, in den Armen und Leidenden erkennt sie das Bild ihres armen und leidenden Gründers; sie müht sich, ihre Not zu lindern, und sucht Christus in ihnen zu dienen» (LG 8,3). Zu Beginn der Pastoralkonstitution über die Kirche in der Welt dieser Zeit *Gaudium et spes* spricht das Konzil von der «*[...] innigste[n] Verbindung der Kirche mit der ganzen Völkerfamilie*» und stellt fest: «Freude und Hoffnung, Trauer und Angst der Menschen dieser Zeit, besonders der Armen und Bedrängten aller Art, sind Freude und Hoffnung, Trauer und Angst auch der Jünger Christi, und es findet sich nichts wahrhaft Menschliches, das nicht in ihrem Herzen widerhallte» (GS 1,1).

---

263 Ebenso wenig wie vom Reich Gottes ist auf den zwanzig Konzilien vor dem Vatikanum II von Armen oder Armut die Rede (vgl. ebd.).

In den Kirchen der Reformation stellt die Erklärung oder das Bekenntnis von Accra im Jahre 2004 einen Bruch mit der imperial-kolonisierenden Christenheit dar. Darin heißt es als Ergebnis eines *processus confessionis* u. a.: «Wir glauben, dass die Integrität unseres Glaubens auf dem Spiel steht, wenn wir uns gegenüber dem heute geltenden System der neoliberalen wirtschaftlichen Globalisierung ausschweigen oder untätig verhalten» (Nr. 16).

4.2 Theologien der Befreiung im Dienst am prophetisch-messianischen Christentum

Die Ansätze eines Bruchs mit der verkehrten Christenheit auf dem Zweiten Vatikanum waren in der römisch-katholischen Kirche wichtige Impulse für den Ortswechsel der lateinamerikanischen Kirche und die Entwicklung der Theologie der Befreiung. Die Zweite Generalversammlung des lateinamerikanischen Episkopats CELAM wandte 1968 in Medellín die Beschlüsse des Konzils auf Lateinamerika an bzw. interpretierte das Konzil im Lichte der lateinamerikanischen Wirklichkeit.[264] Medellín steht «[...] im Schnittpunkt zweier Wege: dem Weg der Entwicklungspolitik in der Krise und dem Weg des prophetisch-befreienden Engagements, das seine Wurzeln einerseits im Zweiten Vatikanum und andererseits im Widerstand des Volkes hat [...]. So entstand die Theologie der Befreiung, die die Probleme klar aussprach als Artikulation der prophetischen Gruppe der Kirche [...].»[265] Medellín «[...] öffnet [...] die Türen zu einem klaren Klassenengagement und erlaubt es, Positionen zu vertreten, in denen die Interessen von Arbeitern, ‹campesinos› (arme Landbevölkerung) und Randständigen vertreten werden können»[266]. Mit Medellín begann der Ortswechsel einer Kirche im Bündnis mit der herrschenden Schicht zu einer Kirche im Bündnis mit der beherrschten Klasse.[267] Die Ursprünge der Theologie der Befreiung ab Mitte der 1960er-

---

264 Vgl. Enrique Dussel, Die lateinamerikanische Kirche von Medellín bis Puebla (1968–1979), in: Hans-Jürgen Prien (Hrsg.), Lateinamerika. Gesellschaft – Kirche – Theologie, Band 1, Aufbruch und Auseinandersetzung, Göttingen 1981, 71–113, hier: 77.
265 Ebd. 78.
266 Ebd. 80.
267 Vgl. ebd. 73 f.; vgl. Kuno Füssel, Art. Theologie der Befreiung, in: Peter Eicher (Hrsg.), Neues Handbuch theologischer Grundbegriffe. Erweiterte Neuausgabe in 5 Bänden, München 1991, Band 5, 147–158; vgl. Bruno Kern, Theologie der Befreiung, Tübingen 2013.

Jahre[268] liegen in zwei Gruppen, einer Gruppe katholischer Priester und einer protestantischen Gruppe, die mit dem Ökumenischen Rat der Kirchen verbunden war.[269] Zu diesen Gruppen gehörten u. a. Gustavo Gutiérrez, Juan Luis Segundo, Lucio Gera, Richard Shaull, Emilio Castro, Julio de Santa Ana, Rubem Alves, José Míguez Bonino und Hugo Assmann.[270] «1971 veröffentlichte G. Gutiérrez seine ‹Theologie der Befreiung›, die für viele den Prototyp der Bewegung und ihre vollständigste Synthese darstellt.»[271] Als Standardwerk der Theologie der Befreiung gelten heute die beiden von Ignacio Ellacuría und Jon Sobrino herausgegebenen Bände *Mysterium Liberationis*.[272]

Zentral für die Theologie der Befreiung Lateinamerikas und deren Kirchen sind die Option für die Armen, die Orientierung am biblisch bezeugten Reich Gottes, die Aufkündigung des Bündnisses mit den Reichen und Mächtigen, die kritische Analyse der gesellschaftlichen Verhältnisse aus der Optik von deren Opfern und ein Verständnis von Theologie, das diese als Moment einer befreienden Praxis begreift. Der Lateinamerikanische Episkopat CELAM und große Teile der Kirche Lateinamerikas sowie zumindest einige von deren Theologien der Befreiung[273] kehrten hinter die Konstantinische Wende zurück. Sie brachen mit der aus dieser hervorgegangenen imperial-kolonisierenden Christenheit und orientierten sich wieder am biblisch bezeugten prophetisch-messianischen Christentum des Ursprungs.

---

268 Wie Enrique Dussel aufgezeigt hat, ist die in den 1960er-Jahren entwickelte Theologie der Befreiung nicht die erste in Lateinamerika, sondern die dritte. Die erste geht auf den Verteidiger der Indios, den Dominikanerpater und Bischof von Chiapas Bartolomé de Las Casas (1484–1566) und die zweite auf den von den Jesuiten ausgebildeten peruanischen Indianerführer Tupac Amaru (1743–1781) zurück (vgl. Enrique Dussel, Prophetie und Kritik. Entwurf einer Geschichte der Theologie in Lateinamerika, Fribourg/Brig 1989, 55, 40 f., 28).

269 Vgl. Joseph Comblin, Kurze Geschichte der Theologie der Befreiung, in: Hans-Jürgen Prien (Hrsg.), Lateinamerika. Gesellschaft – Kirche – Theologie, Band 2: Der Streit um die Theologie der Befreiung, Göttingen 1981, 13–38, hier 20.

270 Vgl. ebd. 20–22.

271 Ebd. 24. Die deutsche Übersetzung erschien 1973: Gustavo Gutiérrez, Theologie der Befreiung. Mit einem Vorwort von Johann Baptist Metz, München 1973, ^{9}1986; vgl. ders., Theologie der Befreiung. Mit der neuen Einleitung des Autors und einem neuen Vorwort von Johann Baptist Metz, Mainz ^{10}1992.

272 Vgl. Ignacio Ellacuría/Jon Sobrino (Hrsg.), Mysterium Liberationis. Grundbegriffe der Theologie der Befreiung, 2 Bände, Luzern 1995 und 1996.

273 Zu den inzwischen sich z. T. heftig bekämpfenden unterschiedlichen Konzeptionen lateinamerikanischer Befreiungstheologien vgl. unten den *Exkurs 5: Unterschiedliche Einschätzungen des Lehramts und der Option für die Armen in den Theologien der Befreiung*.

4.3 Zur imperialen Bekämpfung der entimperialisierten Kirche und deren Befreiungstheologie

Dass es sich dabei tatsächlich um einen Bruch handelte, zeigten die Reaktionen des Imperiums Amerika und des Vatikans als Repräsentant einer mit herrschenden Imperien verbündeten Kirche. Die Beschlüsse von Medellín erregten die Aufmerksamkeit der USA. «1969 informierte Nelson Rockefeller (US-Vizepräsident in den Jahren 1974–1977) Präsident Richard Nixon über die Gefahr für die US-Interessen, die von Medellín ausgehen könnten: ‹Wenn die lateinamerikanische Kirche die Vereinbarungen von Medellín verwirklicht, sind die Interessen der USA in Lateinamerika in Gefahr›.»[274] Das Imperium der USA sah sich bedroht, weil in der katholischen Kirche Lateinamerikas mit dem CELAM eine offizielle Stimme laut wurde, die das traditionelle Bündnis der Kirche mit den herrschenden Kreisen aufzukündigen bereit war. Das Geheimdokument des Komitees von Santa Fe von 1980 forderte deshalb: «Die Außenpolitik der USA muss damit beginnen, der Theologie der Befreiung, wie sie in Lateinamerika durch den Klerus der ‹Theologie der Befreiung› angewendet wird, zu begegnen (und nicht nur im Nachhinein zu reagieren). Die Rolle der Kirche in Lateinamerika ist entscheidend für den Begriff politischer Freiheit. Leider haben die marxistisch-leninistischen Kräfte die Kirche als politische Waffe gegen den Privatbesitz und das kapitalistische Produktionssystem benutzt und die religiöse Gemeinde mit Ideen durchsetzt, die weniger christlich als kommunistisch sind.»[275]

Nicht nur von US-imperialer Seite wurde die Theologie der Befreiung von außen kritisiert, sondern auch vom Innern der Kirche selbst. Ohne hier im Einzelnen auf die Bekämpfung der Theologie der Befreiung und die Kampagnen gegen sie in Lateinamerika selbst einzugehen,[276] sei auf die Reaktion des Vatikans hingewiesen. Am Anfang stand 1984 die Veröffentlichung der Instruktion *Libertatis nuntius* der Kongregation für die Glaubenslehre über einige Aspekte

---

274 Zit. in: Jonas Hagedorn, Eine Kirche zwischen Leben und Tod. Erzbischof Oscar A. Romero und die verfolgte Kirche El Salvadors, in: Klaus Hagedorn (Hrsg.), Oscar Romero. Eingebunden. Zwischen Tod und Leben, Oldenburg 2006, 75–86, hier: 77.
275 Antiimperialistisches Solidaritätskomitee für Afrika, Asien und Lateinamerika (Hrsg.), Geheimdokument des Komitees von Santa Fe. Eine amerikanische Politik für die 80er Jahre, Frankfurt 1980, 12.
276 Vgl. Eigenmann, Von der Christenheit zum Reich Gottes 49–51. Dort weitere Belege.

der «Theologie der Befreiung»[277]. «Die Veröffentlichung der Instruktion und das ‹Schweigen im Gehorsam›, das der Vatikan im April 1985 über Leonardo Boff verhängte, veranlassten einen Großteil des brasilianischen Episkopats, wirksame Wege zu suchen, auf denen sie sich beim Papst und im Vatikan Gehör verschaffen konnten. Sie erreichten, dass Johannes Paul II. [...] [an]ordnete, [...] die Maßnahme gegen Boff sei aufzuheben, und wenige Tage später, am 22. März [1986], erließ die Glaubenskongregation eine neue Instruktion [*Libertatis conscientia*, U. E.] mit dem Titel ‹Über die christliche Freiheit und die Befreiung›. Sie nimmt eine positivere Perspektive ein und tut in manchem, wenn auch zögerlich, einen Schritt nach vorn. Die Entwicklung kulminierte in dem Brief von Papst Johannes Paul II. an die Bischöfe Brasiliens [...], worin der Papst bekräftigt, ‹dass die Theologie der Befreiung nicht nur opportun ist, sondern nützlich und notwendig›. Mehr noch: der Papst legt den Bischöfen die Aufgabe ans Herz, die Theologie der Befreiung zu fördern und über ihre Reinheit zu wachen. Das stellt einen kirchlichen Meilenstein für den Fortgang der Theologie der Befreiung dar.»[278] Obwohl die Theologie der Befreiung also nie kirchlich verurteilt wurde, bekämpfte sie Kardinal Joseph Ratzinger als Präfekt der Glaubenskongregation seit 1982 und als Papst Benedikt XVI. seit 2007. Der bislang letzte lehramtliche Angriff auf die Theologie der Befreiung von Seiten des Vatikans war die Publikation der Notifikation der Kongregation für die Glaubenslehre vom 26. November 2006 zu den Werken von Jon Sobrino über Jesus und den Glauben an Jesus Christus.[279]

Vor dem Hintergrund der hier vertretenen Unterscheidung zwischen ursprünglichem Christentum und verkehrter Christenheit ergibt sich im Konflikt zwischen der Theologie der Befreiung und der vatikanischen Lehramtstheologie eine Umkehr der Beweislast. Weil die kirchliche Orthodoxie die Verkehrung ihres eigenen Ursprungs

---

277 Vgl. Sekretariat der Deutschen Bischofskonferenz (Hrsg.), Instruktion der Kongregation für die Glaubenslehre über einige Aspekte der «Theologie der Befreiung», zweite, verbesserte Auflage, Bonn 1984. Zur Analyse der Instruktion vgl. die Artikel von Franz J. Hinkelammert, Hermann-Josef Venetz, Kuno Füssel und Herbert Vorgrimler in: Hermann-Josef Venetz/Herbert Vorgrimler (Hrsg.), Das Lehramt der Kirche und der Schrei der Armen. Analysen zur Instruktion der Kongregation für die Glaubenslehre über einige Aspekte der «Theologie der Befreiung», Freiburg (Schweiz)/Münster 1985. 29–154.
278 Roberto Oliveros, Geschichte der Theologie der Befreiung, in: Ellacuría/Sobrino, (Hrsg.), Mysterium Liberationis, Band 1, 3–36, hier: 32 f.; vgl. Dussel, Prophetie und Kritik 100–103.
279 Vgl. Eigenmann, Von der Christenheit zum Reich Gottes 220–227.

darstellt und weil die meisten Theologien der Befreiung[280] diesem biblisch bezeugten Ursprung verpflichtet sind, muss sich nicht die Theologie der Befreiung vor der vatikanischen Lehramtstheologie rechtfertigen. Vielmehr müsste sich diese vor der Theologie der Befreiung verantworten, falls sie noch irgendetwas mit jenem biblisch bezeugten Ursprung zu tun haben will, auf den sie sich beruft, und falls sie wirklich meint, was Jesus den Seinen zu beten aufgetragen hat: «[D]ein Reich komme, dein Wille geschehe wie im Himmel, so auf der Erde» (Mt 6,10). Nicht eine Theologie des *scripturalen* Selbstverständnisses der Kirche hat sich vor der Theologie des *magisterialen* Selbstverständnisses der Kirche zu rechtfertigen, sondern umgekehrt jene des *magisterialen* vor jener des *scripturalen*.[281]

Exkurs 4: Das Reich Gottes zwischen Verteufelung bei Ratzinger/Benedikt XVI. und zentraler Stellung bei Papst Franziskus

Inzwischen hat sich in der römisch-katholischen Kirche eine Situation ergeben, die in ihrer Gegensätzlichkeit und Widersprüchlichkeit kaum mehr zu überbieten ist. Es geht um die antagonistischen Positionen des inzwischen emeritierten Papstes Benedikt XVI. und des amtierenden Papstes Franziskus. Im 2007 veröffentlichten *Ersten Teil* seiner Publikationen über *Jesus von Nazaret* geht Joseph Ratzinger/Benedikt XVI. so weit, das Reich Gottes zu verteufeln.[282] Zwar anerkennt er den biblischen Befund, wonach das Reich Gottes das Zentrum der Sendung Jesu war, wenn er feststellt: «Der zentrale Inhalt des ‹Evangeliums› lautet: Das Reich Gottes ist nahe. [...] Das Zentrum dieser Ansage ist die Botschaft vom Nahesein von Gottes Reich. Diese Ankündigung bildet tatsächlich die Mitte von Jesu Wort und Wirken.»[283] Dann aber unternimmt es Ratzinger/Benedikt XVI. auf

---

280 Siehe unten den *Exkurs 5: Unterschiedliche Einschätzungen des Lehramts und der Option für die Armen in den Theologien der Befreiung.*
281 Eine vertieftere Rezeption des von Franz Hinkelammert angesichts der Imperialisierung des Christentums im 4. Jahrhundert entwickelten kategorialen Rahmens von Ursprung und Verkehrung durch die Theologie der Befreiung hätte diese wohl selbstbewusster gegenüber dem Orthodoxieanspruch der vatikanischen Glaubenskongregation auftreten und argumentieren lassen.
282 Zur ausführlichen Analyse des Umgangs von Ratzinger/Benedikt XVI. mit dem Reich Gottes vgl. Eigenmann, Von der Christenheit zum Reich Gottes 54–68.
283 Ratzinger/Benedikt XVI., Jesus von Nazareth. Erster Teil 77.

vierfache Weise, die Zentralsetzung des Reiches Gottes heute – von ihm «Regno-Zentrik»[284] genannt – zu diffamieren.

Erstens erklärt er: «Jesus, verkündet, indem er vom Reich Gottes spricht, ganz einfach Gott [...]. Er sagt uns: Gott gibt es. Und: Gott ist wirklich Gott, das heißt er hält die Fäden der Welt in Händen. In diesem Sinn ist Jesu Botschaft sehr einfach, durch und durch theozentrisch.»[285]

Zweierlei ist dazu anzumerken. Zum einen handelt es sich bei einer Rede wie *Gott ist wirklich Gott* offensichtlich um eine Tautologie, zu der Roland Barthes erklärt hat: «Die Tautologie ist immer aggressiv. [...] Sie ist die arrogante Androhung einer Ordnung, in der man nicht denken würde. [...] Die Tautologie befreit von der Notwendigkeit, Ideen haben zu müssen, brüstet sich aber zugleich damit, aus dieser Freiheit ein hartes moralisches Gesetz zu machen; daher ihr Erfolg.»[286] Zum andern widerspricht Ratzinger/Benedikt XVI. damit dem von ihm selbst bestätigten biblischen Befund, wonach die Mitte der Sendung Jesu das Reich Gottes war.

Zweitens behauptet er – die Regno-Zentrik politisch diffamierend –, es habe «[...] sich in breiten Kreisen, besonders auch der katholischen Theologie, eine säkularistische Umdeutung des Reichsgedankens entwickelt [...]»[287]. Mit seiner Rede von einer *säkularistischen Umdeutung des Reichsgedankens* zeigt Ratzinger/Benedikt XVI., dass er den biblischen Befund nicht zur Kenntnis genommen hat, dass das von Jesus bezeugte Reich Gottes eine völlig säkulare Größe darstellt, mit der in keiner Weise ein religiös-gläubiges Bekenntnis, eine kultisch-liturgische Handlung oder eine priesterlich-institutionelle Vermittlung verbunden ist. Zudem ist ihm entgangen, dass Jesus das *Heil desakralisiert* und das *Heilige säkularisiert* (Joseph Moingt) hat. Weiter in der politischen Diffamierung bezeichnet Ratzinger/Benedikt XVI. die Regno-Zentrik als «[...] utopistisches Gerede ohne realen, sofern man nicht im Stillen Parteidoktrinen als von jedermann anzunehmenden Inhalt dieser Begriffe voraussetzt.»[288]

Drittens greift er über diese mit schwurblingen Unterstellungen in Bezug auf nicht genauer bestimmte Parteidoktrinen angereicherte

---

284 Ebd. 83.
285 Ebd. 85.
286 Roland Barthes, Mythen des Alltags, Deutsch von Helmut Scheffel, Frankfurt am Main 1964, 27 und 29.
287 Ratzinger/Benedikt XVI., Jesus von Nazareth. Erster Teil 82.
288 Ebd. 84.

politische Diffamierung hinaus die Regno-Zentrik auch theologisch an, wenn er behauptet: «Vor allem aber zeigt sich: Gott ist verschwunden, es handelt nur noch der Mensch. [...] Gott [...] wird nicht mehr gebraucht oder stört sogar.»[289] Damit versucht er, die Regno-Zentrik der Gottlosigkeit zu verdächtigen.

Viertens geht Ratzinger/Benedikt XVI. noch einen entscheidenden Schritt weiter, wenn er die Regno-Zentrik verteufelt, indem er behauptet: «Die Nähe dieser nichtchristlichen Vision von Glaube und Religion zur dritten Versuchung Jesu ist beunruhigend.»[290] Dabei bezieht er sich auf die dritte Versuchung Jesu im Matthäusevangelium, zu der er im zweiten Kapitel seines Buches über Jesus von Nazaret sagt: «Kommen wir zur dritten und letzten Versuchung, dem Höhepunkt der ganzen Geschichte.»[291] Die Verteufelung der Regno-Zentrik geschieht dadurch, dass Ratzinger/Benedikt XVI. die *satanische* Versuchung im Matthäusevangelium in eine *luziferische* verkehrt.[292] Wie geht das? Er nimmt diese Verkehrung vor, indem er den Text der dritten Versuchung Jesu, auf den er sich bei seinem Vorwurf beruft, nicht zitiert, sondern lediglich paraphrasiert, dabei aber den Inhalt ins Gegenteil verkehrt. Bei Matthäus steht: «Wieder nahm ihn [Jesus] der Teufel [*diábolos*] mit sich und führte ihn auf einen sehr hohen Berg; er zeigte ihm alle Reiche der Welt mit ihrer Pracht und sagte zu ihm: Das alles will ich dir geben, wenn du dich vor mir niederwirfst und mich anbetest. Da sagte Jesus zu ihm: Weg mit dir, Satan! Denn in der Schrift steht: *Den Herrn, deinen Gott, sollst du anbeten und ihm allein dienen.* Darauf ließ der Teufel [*diábolos*] von ihm ab und siehe, es kamen Engel und dienten ihm» (Mt 4,8–11). Jesus weist das Angebot des Satans im Namen des Himmel- oder Gottesreiches zurück, das er zu bezeugen gekommen war, wie im selben Kapitel des Matthäusevangeliums steht: «Von da an begann Jesus zu verkünden: Kehrt um! Das Himmelreich ist nahe. (Mt 4,17). Die Stelle Mt 4,8–11, auf die sich Ratzinger/Benedikt XVI. beruft, zitiert er nicht, sondern umschreibt sie so: «Kommen wir zur dritten und letzten Versuchung, dem Höhepunkt der ganzen Geschichte. Der Teufel führt den Herrn visionär auf einen hohen Berg. Er zeigt ihm alle Königreiche der Erde und deren Glanz und bietet ihm das Weltkönigtum an. Ist das nicht genau die Sendung des Menschen?

289 Ebd.
290 Ebd.
291 Ebd. 67.
292 Vgl. Eigenmann, Von der Christenheit zum Reich Gottes 64.

Soll er nicht der Weltkönig sein, der die ganze Erde in einem großen Reich des Friedens und des Wohlstands vereinigt?»[293] In dieser Paraphrasierung gibt Ratzinger/Benedikt XVI. nicht den Inhalt des biblischen Textes lediglich mit anderen Worten wieder, sondern er verkehrt den Inhalt ins Gegenteil. Er legt dem Teufel eine andere Versuchung in den Mund als die im biblischen Text bezeugte. Nach Ratzinger/Benedikt XVI. bietet der Teufel Jesus nicht *alle Reiche der Welt mit ihrer Pracht* an, sondern *ein großes Reich des Friedens und des Wohlstands*. Ein solches ist aber das Gegenteil von den *Königreichen der Erde und deren Glanz*. Ratzinger/Benedikt XVI. geht also so weit, sich zwar auf den biblischen Text zu berufen, diesen aber nicht korrekt wiederzugeben, sondern ihn umzuschreiben. Wenn er *ein großes Reich des Friedens und des Wohlstands* als Versuchung verteufelt, heißt der Teufel dieser Versuchung nicht mehr *Satan*, sondern *Luzifer*.[294] Franz Hinkelammert stellt fest: «[I]m Mittelalter nimmt Luzifer die Gestalt des Teufels an. Luzifer – einer der ursprünglichen Beinamen Jesu – wird nun zum Beinamen des Teufels. Es handelt sich um den in eine Bedrohung verwandelten Jesus selbst.»[295] Spätestens seit dem Mittelalter muss also im mythischen Universum des Christentums bzw. der Christenheit zwischen dem Teufel als *Satan* und dem Teufel als *Luzifer* unterschieden werden. *Satan* steht für den Erhalt der (Anti)-Reiche dieser Welt und ihrer Gewaltlogik. *Luzifer* steht für das Reich Gottes, in dessen Namen die Antireiche der Welt überwunden werden sollen. Vor diesem Hintergrund wird deutlich: *Satan* heißt der Teufel der Armen, weil er Repräsentant jener *Reiche der Welt und ihrer Pracht* ist, unter denen die Armen leiden. *Luzifer* heißt der Teufel der Reichen, weil er das Reich Gottes gegen jene *Reiche der Welt* bezeugt, von denen die Reichen profitieren. Mit seiner Verteufelung *eines großen Reichs des Friedens und des Wohlstands* vertritt Ratzinger/Benedikt XVI. nicht wie die kirchenamtliche Orthodoxie bis zum Zweiten Vatikanum bloß eine Theologie *ohne* das Reich Gottes, sondern sogar eine Theologie *gegen* das Reich Gottes. Mit der Verkehrung der biblisch bezeugten *satanischen* Versuchung in eine *luziferische* begibt er sich zudem in eine beunruhigende Nähe zu Karl Poppers Verkehrung des Himmels in die Hölle.[296] Ratzinger/

---

293 Ratzinger/Benedikt XVI., Jesus von Nazareth. Erster Teil. Von der Taufe im Jordan bis zur Verklärung 67.
294 Vgl. oben 3.3.4.
295 Hinkelammert, Luzifer und die Bestie 165.
296 Vgl. 2.3.

Benedikt XVI. erweist sich damit als einer der aggressivsten Repräsentanten der imperial-kolonisierenden Christenheit.

Ganz anders als für Ratzinger/Benedikt XVI. ist das Reich Gottes für Papst Franziskus zentral. Er hält in dem für sein Pontifikat programmatischen Apostolischen Schreiben *Evangelii gaudium* kurz und bündig fest: «Evangelisieren bedeutet, das Reich Gottes in der Welt gegenwärtig machen» (EG 176). Zudem erklärt er: «Aus einer Lektüre der Schrift geht [...] klar hervor, dass das Angebot des Evangeliums nicht nur in einer persönlichen Beziehung zu Gott besteht. [...] Das Angebot *ist das Reich Gottes* (vgl. Lk 4,43 [Hervorhebung im Original]); es geht darum, Gott zu lieben, der in der Welt herrscht. [...] Suchen wir sein Reich: ‹Euch aber muss es zuerst um sein Reich und um seine Gerechtigkeit gehen; dann wird euch alles andere dazugegeben› (*Mt* 6,33). Der Plan Jesu besteht darin, das Reich seines Vaters zu errichten; er verlangt von seinen Jüngern: ‹Geht und verkündet: Das Himmelreich ist nahe› (*Mt* 10,7)» (EG 180). Im Abschnitt *Der bevorzugte Platz der Armen im Volk Gottes* (Titel zu EG 197) erinnert Franziskus an den Beginn von Jesu Verkündigung des Gottesreiches und zitiert aus der programmatischen Zusammenfassung der Anliegen Jesu im Summarium des Lukasevangeliums, aus dessen Feldrede sowie aus der matthäischen Gerichtsrede: «‹Der Geist des Herrn ruht auf mir; denn der Herr hat mich gesalbt. Er hat mich gesandt, damit ich den Armen eine gute Nachricht bringe› (*Lk* 4,18). Denen, die unter der Last von Leid und Armut lebten, versicherte er, dass Gott sie im Zentrum seines Herzens trug: ‹Selig, ihr Armen, denn euch gehört das Reich Gottes› (*Lk* 6,20); mit ihnen identifiziert er sich: ‹Ich war hungrig, und ihr habt mir zu essen gegeben› und lehrte, dass die Barmherzigkeit ihnen gegenüber der Schlüssel zum Himmel ist (vgl. *Mt* 25,35 f.)» (EG 197). Damit erweist sich Papst Franziskus – anders als Joseph Ratzinger/Benedikt XVI. – als ein Theologe, der sich am prophetisch-messianischen Christentum orientiert.

Exkurs 5: Unterschiedliche Einschätzungen des Lehramts und der Option für die Armen in den Theologien der Befreiung

Mit der hier vertretenen Unterscheidung von prophetisch-messianischem Christentum und imperial-kolonisierender Christenheit kann die Kontroverse um die Theologie(n) der Befreiung zwischen den

Brüdern Clodovis und Leonardo Boff[297] analysiert werden. Sie ermöglicht zudem, die auf den ersten Blick erstaunliche Übereinstimmung zwischen dem Befreiungstheologen Gustavo Gutiérrez und dem Dogmatiker und zwischenzeitlich zum Präfekten der vatikanischen Glaubenskongregation und zum Kardinal arrivierten Gerhard Ludwig Müller zu verstehen, die eine gemeinsame Publikation[298] der beiden dokumentiert.

Zum theologischen Bruderzwist zwischen Clodovis und Leonardo Boff über die *ideale* und die *real existierende* Theologie der Befreiung

Gegen die seines Erachtens u. a. von Jon Sobrino vertretene *real existierende* Theologie der Befreiung will Clodovis Boff zu der «[...] ideale[n] TdB, so wie sie von ihren *Gründungsvätern*, vor allen Dingen von Gustavo Gutiérrez, entworfen und vorgeschlagen worden ist, [zurückkehren]»[299]. Für Clodovis Boff geben nicht wie für Jon Sobrino die Armen dem Glauben die grundlegende Richtung und sind nicht die Armen jener Ort, an dem sich alles entscheidet,[300] sondern die Qualifizierung *grundlegend* und *entscheidend* kommt seines Erachtens nur dem «[...] ‹durch die Kirche tradierten apostolischen Glauben› [zu], wie die römische ‹Notifikation›, die bestimmte Punkte der Christologie Sobrinos in Frage stellt, deutlich anmerkt (Nr. 2)»[301]. Clodovis Boff wirft der *real existierenden* Theologie der Befreiung vor, «[...] dass sie ihren eigenen Status ignoriert, nämlich dass sie genau genommen eine ‹Theologie zweiter Ordnung› ist, die theoretisch eine ‹Theologie erster Ordnung› voraussetzt [...]»[302]. Damit greift er auf die Unterscheidung zwischen einer Theologie eins (T 1) und einer Theologie zwei (T 2) zurück, die er in seiner Dissertation vorgenom-

---

297 Vgl. Ludger Weckel (Hrsg.), Die Armen und ihr Ort in der Theologie, Münster 2008, ITP-Rundbrief-Sonderausgabe ISSN: 1610–9279 (Internet).
298 Vgl. Gustavo Gutiérrez/Gerhard Ludwig Müller, An der Seite der Armen. Theologie der Befreiung. Mit einem Vorwort von Prof. Dr. Josef Sayer, Vorsitzender des Bischöflichen Hilfswerks Misereor e. V., Augsburg 2004. – Nach dem Ablauf einer Amtszeit von fünf Jahren an der Spitze der Glaubenskongregation trennte sich Papst Franziskus am 2. Juli 2017 vom Kurienkardinal.
299 Clodovis Boff, Theologie der Befreiung und Rückkehr zu ihren Fundamenten, in: Weckel, Die Armen und ihr Ort in der Theologie 20–49, hier: 21 (Hervorhebung im Original).
300 Vgl. ebd.
301 Ebd. 22.
302 Ebd. 26.

men hat.³⁰³ In seiner Konstruktion von Theologien meint Clodovis Boff mit der T 1 den *durch die Kirche tradierten apostolischen Glauben*. Unter T 2 versteht er verschiedene, auf die Gesellschaft angewandte Genitiv-Theologien, darunter auch die Theologie der Befreiung. Seines Erachtens hat sich jede T 2 an der T 1 als der vom kirchlichen Lehramt vertretenen, vermeintlich objektiv-gültigen Theologie zu orientieren. Diese ist aber die Theologie jener imperialen Christenheit, die aus der im Zuge der Konstantinischen Wende erfolgten Verkehrung des biblisch bezeugten Ursprungs hervorgegangen ist. Diesen kategorialen Rahmen seines Theologieverständnisses formuliert Clodovis Boff am Ende seines Artikels noch einmal, wenn er feststellt: «Zunächst ist zu beobachten, dass die TdB sich zu einem guten Teil ganz selbstverständlich in die Theologie integriert. So ist sie dabei, Teil der ‹normalen Theologie› und des allgemeinen kirchlichen Diskurses zu werden. Sie fügt sich in das Organigramm der allgemeinen Theologie als deren ‹soziale Abteilung› und begibt sich langsam, wie ein Zufluss zum Hauptstrom, in das Flussbett der Gesamttheologie, indem sie ihre ganze Eigenart einbringt.»³⁰⁴

Deutlicher könnte das Missverständnis der Theologie der Befreiung als einer Theologie, die sich am vorkonstantinisch-authentischen, prophetisch-messianischen Christentum orientiert, nicht formuliert werden; denn nur um den Preis der Verleugnung dieser Orientierung am Ursprung kann eine Theologie der Befreiung lediglich als *soziale Abteilung* der *normalen Theologie* und bloß als *ein Zufluss* zum *Hauptstrom der Gesamttheologie* begriffen werden, da diese *Gesamttheologie* ja nichts anderes darstellt als die durch das kirchliche Lehramt vertretene Theologie der imperial-kolonisierenden Christenheit. Gutiérrez, auf den sich Clodovis Boff beruft, hat zu Recht festgestellt, dass «[a]uf die eine oder andere Weise [...] jede Theologie kontextuell

---

303 «Zuerst gingen wir von der ‹Theologie der Befreiung› aus und sprachen schließlich von der ‹Theologie des Politischen› (TdP); diese umfasst die ‹Theologie der Befreiung› wie auch andere mögliche ‹Theologien des Politischen›, so z. B. die ‹Theologie der Revolution›, ‹Theologie der Gefangenschaft›, ‹Theologie der Gewalt› usw. Und um nun die TdP richtig verstehen zu können, war es nötig, sie in ein umfassenderes Ganzes zu stellen. Dabei kamen wir auf die Unterscheidung zwischen Theologie eins (T 1) und Theologie zwei (T 2). Die erste würde sich unmittelbar mit den spezifisch ‹religiösen› Realitäten befassen, mit den klassischen Themen also: Gott, Schöpfung, Christus, Gnade, Sünde, Eschatologie, den Tugenden, den Geboten usw. Die zweite würde die ‹weltlichen› Realitäten zum Thema haben: die Kultur, die Sexualität, die Geschichte, zu der hier auch die Politik gerechnet wird» (Clodovis Boff, Theologie und Praxis. Die erkenntnistheoretischen Grundlagen der Theologie der Befreiung. Mit einem Vorwort von Hans Waldenfels, München/Mainz 1983, 27).
304 Clodovis Boff, Theologie der Befreiung 48.

[ist]. Auch diejenige, welche in Europa entwickelt wird, selbst wenn so mancher es nicht zugeben will.»[305]

Im Namen seines Theologieverständnisses wirft Clodovis Boff der *real existierenden* Theologie der Befreiung eine «[...] Umkehrung des epistemologischen Primats [vor]. Nicht Gott, sondern der Arme wird zum Wirkprinzip der Theologie.»[306] Er behauptet: «Wenn der Arme nun den Status des epistemologisch Ersten einnimmt, [...] [wird] [d]er Glaube in der Funktion für den Armen instrumentalisiert. [...] [D]er Glaube [wird] reduziert und insbesondere politisiert.»[307] Kritisch sind zwei Fragen zu stellen. Zum einen: Wird durch den von Clodovis Boff geforderten Primat Gottes der Arme nicht *als* Armer geachtet, sondern für den Glauben instrumentalisiert? Zum andern: Ist nicht davon auszugehen, dass zwar jeder Glaube unausweichlich politisch ist, dass aber präzise analysiert werden muss, auf welche Weise er es ist und welchen Interessen und welchen Akteuren er dient?

Clodovis Boff spricht von einer *Verkehrung* als einem «tödlichen Irrtum [...], [der] zum Tod der TdB führt»[308]. Seines Erachtens führt «[d]ie praktische Umkehrung des Prinzips (von Gott zum Armen) [...] dazu, dass die christliche Identität generell geschwächt und sogar ihres Sinnes beraubt wird [...]»[309]. Für ihn besteht der Irrtum der *real existierenden* Theologie der Befreiung darin, «[...] dem Armen die Position eines Erst- und Grundprinzips zu[zu]weis[en], [...] [statt als] ein guter Befreiungstheologe [...] auch und vor allem ‹Theologe des Glaubens› zu sein (ich entschuldige mich für den Pleonasmus).»[310] Als *Theologe des Glaubens* erklärt Clodovis Boff: «Die ursprüngliche Quelle der Theologie ist nichts anderes als der Glaube an Christus.»[311] In diesem einen Satz ist das ganze Grund(miss)verständnis der Theologie von Clodovis Boff enthalten. Er geht von dem im Zuge der Verkehrung des ursprünglichen Christentums in die imperiale Christenheit für das Lehramt zentral gewordenen Glauben *an* Christus aus. Dieser ist aber – wie oben dargelegt – ein

---

305 Gustavo Gutiérrez, Nachfolge Jesu und die Option für die Armen, in: ders., Nachfolge Jesu und die Option für die Armen. Beiträge zur Theologie der Befreiung im Zeitalter der Globalisierung, Herausgegeben von Mariano Delgado, Freiburg Schweiz/Stuttgart 2009, 27–42, hier: 35.
306 Clodovis Boff, Theologie der Befreiung 24.
307 Ebd. 25.
308 Ebd. 27.
309 Ebd.
310 Ebd. 26 f.
311 Ebd. 36.

Christus ohne Reich Gottes und ein Christus, der nicht Jesus ist (Jon Sobrino). Quelle der Theologie von Clodovis Boff ist nicht der biblisch bezeugte Glaube *des* Jesus, der im prophetisch-messianischen Christentum das zentrale Kriterium für den Glauben *an* Jesus Christus ist. Kurz: Clodovis Boff orientiert sich nicht am *scripturalen*, sondern am *magisterialen* Selbstverständnis der Kirche.[312]

In der kritischen Erwiderung auf den Artikel seines Bruders Clodovis stellt Leonardo Boff fest: «Deutlich gesagt: Der Text von Clodovis verursacht Ratlosigkeit und Verwirrung. [...] Die Mehrheit der Befreiungstheologen, die ich kenne, wird sich in seinen Aussagen nicht wiederfinden.»[313] Leonardo Boff erklärt: «Seine [Clodovis', U. E.] vernichtende Kritik wird der ‹realexistierenden Befreiungstheologie› nicht gerecht [...], sie irrt, ist theologisch falsch und pastoral schädlich [...]. Seine Position basiert auf einer heidnisch-aristotelischen und neuscholastischen Theologie, die [...] unfähig ist, die Herausforderungen anzunehmen, die die Armen für das Denken und die christliche Praxis darstellen. Die Armen erscheinen immer als ein Thema unter anderen, als etwas Sekundäres [...]. Dies ist aber nicht haltbar, wenn wir die Botschaft und die Praxis des historischen Jesus und der Apostel ernst nehmen. [...] Uns scheint, dass nicht die Befreiungstheologie ‹zu ihren Fundamenten zurückkehren› muss, sondern die Theologie von Clodovis Boff, indem er sich zur ersten Liebe bekehrt.»[314]

Für Leonardo Boff ist es «[...] symptomatisch und irritierend, dass der so zentrale und für die TdB charakteristische Text Mt 25,31–46 von Clodovis nicht einmal erwähnt wird. Er hat in seiner Perspektive keinen Platz. Dieser Text reicht aber aus, seine ganze theoretische Konstruktion auszuheben.»[315] Vor dem Hintergrund von Mt 25 ist es für Leonardo Boff «[...] kein theologischer Irrtum, den Armen mit Gott und Christus zu identifizieren. Der Vorwurf, die Befreiungstheologie habe Gott und Christus durch den Armen ersetzt, stimmt nicht. Wenn dies falsch wäre, dann müsste der Weltenrichter als ers-

---

312 Vgl. Franz J. Hinkelammert, Zu Clodovis Boff und seiner Kritik der Theologie der Befreiung, in: ders., Der Fluch, der auf dem Gesetz lastet 239–250. Hinkelammert identifiziert die *Kirche als Institution* als den kategorialen Rahmen der Theologie von Clodovis Boff: «Clodovis geht vom Standpunkt der Kirche als Institution und vom Standpunkt der Autorität aus» (ebd. 247). Solche Zentralität von *Kirche als Institution* und von lehramtlicher *Autorität* ist konstitutiv für eine Kirche der imperial-kolonisierenden Christenheit.
313 Leonardo Boff, Für die Armen und gegen die Armut in der Methode, in: Weckel, Die Armen und ihr Ort in der Theologie, 50–64, hier: 51.
314 Ebd. 54 f.
315 Ebd. 58.

tes angeklagt werden.»³¹⁶ Falsch ist Clodovis› Behauptung, dass «[...] ‹das Christus-Prinzip den Armen immer schon einschließt, ohne dass das Prinzip des Armen notwendigerweise immer auch schon Christus umfasst›. Zu behaupten, dass der Arme nicht notwendigerweise Christus impliziert, bedeutet zu verwerfen, was der Weltenrichter sagt.»³¹⁷ Leonardo Boff stellt fest, dass «[...] seine [Clodovis', U. E.] Unterscheidung von erster und zweiter Theologie [...] keine Grundlage in der theologischen Tradition [hat]»³¹⁸. Er erinnert an Jesu Reich-Gottes-Zeugnis, das diesen in einen tödlichen Konflikt mit dem Reich des Kaisers brachte,³¹⁹ und kritisiert die christomonistische³²⁰ Position seines Bruders. Mit dieser Kritik an seinem Bruder Clodovis orientiert sich Leonardo Boff am *scripturalen* und nicht am *magisterialen* Selbstverständnis der Kirche.

Vor dem Hintergrund dieser Hinweise auf die Auseinandersetzung um das Verständnis der Theologie der Befreiung wird deutlich, dass die *ideale* Theologie der Befreiung von Clodovis Boff der imperial-kolonisierenden Christenheit verpflichtet ist, wogegen sich die *real existierende* Theologie der Befreiung von Leonardo Boff am prophetisch-messianischen Christentum orientiert. Das zeigt sich – neben der zentralen Bedeutung der Gerichtsszene in Mt 25 bei Leonardo und deren Verschweigen bei Clodovis – vor allem auch im Umgang der beiden Brüder mit dem Reich Gottes. Clodovis Boff erwähnt dieses lediglich, und dann noch so, dass er dessen zentrale Stellung verneint, wenn er diffamierend erklärt: «[W]ie man in den ‹Befreiungszirkeln› hört, ist das wirklich Wichtige weder die Kirche noch Christus, sondern das Reich.»³²¹ Für ihn ist also nicht das Reich Gottes als Mitte der Sendung Jesu zentral, sondern die Kirche samt ihrer lehramtlichen Autorität und ein Christus ohne Reich Gottes, der nicht Jesus ist (Jon Sobrino). Solche Verneinung der Zentra-

316 Ebd.
317 Ebd.
318 Ebd. 61. Eine ähnlich unkritische, pseudo-objektive und autoritäre Sicht des Lehramtes vertritt auch Renold Blank, wenn er behauptet: «Die kirchliche Theologie hat über Jahrhunderte ein Gottesbild erarbeitet, dessen Komplexität und Tiefe seinesgleichen sucht. Die Autorität des kirchlichen Lehramtes gibt diesem Bild gleichzeitig die Gewissheit seiner Authentizität und Richtigkeit» (Renold Blank, Gott und seine Schöpfung. Gotteslehre, Schöpfungslehre, Zürich 2011, 37) oder wenn er erklärt: «Außerhalb des kirchlichen Lehramtes können verfälschte Bilder von Gott auftauchen. [...] Die Hüteraufgabe der Kirche verhindert, dass solches auch innerhalb ihres Lehrgebäudes geschieht» (ebd. 41).
319 Vgl. Leonardo Boff, Für die Armen und gegen die Armut in der Methode 56.
320 Vgl. ebd. 61. In seinem Text spricht Clodovis Boff je zweimal von *Jesus* und von *Jesus Christus*, aber sechzigmal von *Christus*.
321 Clodovis Boff, Theologie der Befreiung und die Rückkehr zu ihren Fundamenten 28.

lität des Reiches Gottes ist konstitutiv für die imperial-kolonisierende Christenheit, deren Wurzeln bis zum Apologeten Justin (um 100–165) zurück reichen. Dagegen ist für Leonardo Boff das Reich Gottes zentral für das Verständnis Jesu und seines Schicksals als Gekreuzigter des Römischen Reiches aufgrund seines Reich-Gottes-Zeugnisses.[322]

Zur theologischen Verbrüderung von Gustavo Gutiérrez und Gerhard Ludwig Müller

Bei seiner Kritik an der *real existierenden* Theologie der Befreiung beruft sich Clodovis Boff auf Gustavo Gutiérrez, der als «Vater der Theologie der Befreiung»[323] gilt und jene *ideale* Theologie der Befreiung repräsentiert, zu der die *real existierende* Theologie der Befreiung zurückkehren müsste. Zunächst ist zu klären, ob Gutiérrez tatsächlich die *ideale* Theologie der Befreiung im Sinn von Clodovis Boff vertritt. Dieser Frage soll v. a. aufgrund von Gustavo Gutiérrez' Grundlagenwerk *Theologie der Befreiung* nachgegangen werden. Dabei ist zu beachten, dass die «10., erweiterte und neubearbeitete Auflage 1992»[324] der deutschen Übersetzung dieses Werkes eine Zäsur darstellt, weil Gutiérrez ihr nicht nur eine neue Einleitung[325] vorangestellt, sondern in ihr auch achtzehn neue Anmerkungen[326] hinzugefügt und zudem den analytisch präzisen Abschnitt *Christliche Brüderlichkeit und Klassenkampf*[327] unter dem Titel *Glaube und gesellschaftlicher Konflikt*[328] abschwächend neu geschrieben hat.

---

322 Vgl. Leonardo Boff, Für die Armen und gegen die Armut in der Methode 56 f.
323 Gerhard Ludwig Müller, Befreiungstheologie im Meinungsstreit, in: Gutiérrez/Müller, An der Seite der Armen, 79–109, hier: 82.
324 Gutiérrez, Theologie der Befreiung mit einer neuen Einleitung 4.
325 Gustavo Gutiérrez, In die Zukunft blicken. Einleitung zur Neuauflage, in: ders., Theologie der Befreiung mit neuer Einleitung 17–58.
326 Diese hat er jeweils in den Text eingefügt und mit den Buchstaben a, b und c gekennzeichnet (vgl. ebd. 21, Anm. 5).
327 Vgl. Gutiérrez, Theologie der Befreiung 259–267, hier: 259.
328 Vgl. Gutiérrez, Theologie der Befreiung mit neuer Einleitung 333–342, hier: 333. Gutiérrez erklärt dazu: «Der Abschnitt [...] hat Anlass zu Missverständnissen gegeben, die wir nunmehr klären möchten. Deshalb haben wir unter Berücksichtigung jüngerer Verlautbarungen des Lehramtes und anderer diesbezüglicher Aspekte den Text neu geschrieben» (ebd. 333, Anm. *). Wie der neue Titel vermuten lässt – *Klassenkampf* wird durch *gesellschaftlicher Konflikt* ersetzt –, wollte Gutiérrez dem vom Vatikan erhobenen Marxismus- und Kommunismusvorwurf gegen die Theologie der Befreiung entgegentreten (vgl. unten den *Exkurs 7: Zum Antikommunismus der imperial-kolonisierenden Christenheit*). Ohne hier die beiden Texte detailliert zu vergleichen, sei doch auf Folgendes hingewiesen: Ein längeres Zitat von Karl Marx wird gekürzt übernom-

Anders als Clodovis Boff hat sich Gustavo Gutiérrez ausführlich mit dem Text Mt 25,31–46 beschäftigt, und zwar zunächst im Abschnitt *Christus im Nächsten*[329]. Zu Recht bezeichnet er Mt 25,31–46 «[a]ls Haupttext für die Interpretation der gesamten Botschaft Jesu»[330] und hält ihn für einen «[...] in der ganzen Heiligen Schrift einzigartigen Text [...]»[331]. Deshalb ist er seines Erachtens «[...] so wichtig für die theologische Bedeutung der Solidarität mit den Letzten der Gesellschaft und ein Schlüssel für die Sicht der vorrangigen Option für die Armen»[332]. In allen zehn Auflagen seiner *Theologie der Befreiung* schreibt Gutiérrez Folgendes: «Allerdings ist der Nächste weder Gelegenheit noch Instrument, sich Gott zu nähern. Es geht vielmehr um eine echte Liebe zum Menschen, und zwar um des Menschen willen und nicht, wie man vielleicht mit der besten Absicht, aber dennoch in fragwürdiger Weise sagt, ‹um der Liebe Gottes willen›.»[333] Bemerkenswert ist, dass er entsprechend seiner Forderung, der Arme dürfe in keiner Weise instrumentalisiert werden, in allen Auflagen seines Werkes aus einer Homilie von Paul VI. vom 7. Dezember 1965 folgenden Satz zitiert: «Der Mensch will nicht als Instrument geliebt sein, sondern als erster Schritt in Richtung auf das höchste Ziel, das als transzendentales Prinzip die Ermöglichung aller Liebe ist.»[334] Im Sinne der Nichtinstrumentalisierung der Armen und der vom Menschensohn gewürdigten Absichtslosigkeit des Dienstes am Nächsten erklärt Gutiérrez in Bezug auf den Vers Mt 25,37, wo die zur Rechten des Menschensohnes Versammelten fragen, wann sie den Herrn hungrig gesehen und ihm zu essen gegeben hätten, «[...] dass mit dieser Frage der absichtslose Charakter

---

men (vgl. ebd. 334); Hinweis auf und Zitat von Giulio Girardi fehlen jetzt ganz; ebenso wird ein brillanter Text von Louis Althusser nicht mehr erwähnt oder zitiert (vgl. Louis Althusser, Notiz über den ideologischen Staatsapparat Kirche: Fünf Thesen über die Krise der katholischen Kirche, in: ders., Über die Reproduktion. Ideologie und ideologische Staatsapparate, 2. Halbband, Hamburg 2012, 13–16). Dagegen erwähnt und zitiert Gutiérrez u. a. Pius XI. und Pius XII. (vgl. Gutiérrez, Theologie der Befreiung mit neuer Einleitung 335 f.) und Johannes Paul II. (vgl. ebd. 333, 335, 337, 339 f.).

329 Vgl. Gutiérrez, Theologie der Befreiung 181–190; vgl. ders., Theologie der Befreiung mit neuer Einleitung 252–261.
330 Gustavo Gutiérrez, Wo der Arme ist, da ist Jesus Christus, in: ders., Nachfolge Jesu und Option für die Armen. Beiträge zur Theologie der Befreiung im Zeitalter der Globalisierung, Herausgegeben von Mariano Delgado, Freiburg (Schweiz)/Stuttgart, 2009, 43–59, hier: 43.
331 Ebd. 46.
332 Ebd. 43.
333 Gutiérrez, Theologie der Befreiung 189; ders., Theologie der Befreiung mit neuer Einleitung 260.
334 Zit. in: Gutiérrez, Theologie der Befreiung 189, Anm. 42; ders., Theologie der Befreiung mit neuer Einleitung 260, Anm. 42.

des Dienstes betont wird, den die Betreffenden anderen Menschen erwiesen und diese so in ihrer Würde wertgeschätzt haben, ohne dabei auf einen Lohn zu schielen.»[335] Mit diesem Verständnis der an kein ausdrücklich religiöses Glaubensbekenntnis gebundenen Option für die Armen repräsentiert Gutiérrez nicht die *ideale* Theologie der Befreiung, wie sie Clodovis Boff versteht, wenn er der *real existierenden* Theologie der Befreiung vorwirft, sie instrumentalisiere und politisiere den Glauben, wenn sie vom Armen ausgehe statt von Gott oder von Christus.[336] Wie kommt Clodovis Boff dazu, sich auf Gutiérrez als Vertreter der von ihm *ideal* genannten Theologie der Befreiung zu berufen? Die Antwort findet sich in der Einleitung zur Neuauflage der *Theologie der Befreiung*.[337] Dort schreibt Gutiérrez: «Die Option für die Armen bedeutet letztlich eine Option für den Gott des Reiches, das Jesus uns ansagt. [...] Das letzte Motiv für das Engagement an der Seite der Armen und Unterdrückten liegt weder in der Gesellschaftsanalyse, die wir anstellen, noch im menschlichen Mitgefühl, das uns bewegt, noch in der direkten Erfahrung von Armut, die wir möglicherweise haben. Alles dies sind gute Gründe, und sie spielen zweifelsfrei eine wichtige Rolle für unseren Einsatz. Nur: Als Christen wissen wir, dass unser Engagement letztlich im Gott unseres Glaubens gründet. Es geht um eine theozentrische und prophetische Option, deren Wurzeln in der Unableitbarkeit der göttlichen Liebe haften und die von ihrem Quellgrund her auch gefordert ist.»[338] Mit der in diesem Text implizierten Absage an eine Option für die Armen, die für diese absichtslos eintritt und sie nichtinstrumentalisierend *als* Arme würdigt, widerspricht Gutiérrez seiner eigenen, oben zitierten Sicht der Option für die Armen. Es bedeutet eine fundamentale Kehrtwendung, wenn er für Christen als Christen eine *theozentrische Option* fordert. Die Feststellung *als Christen wissen wir, dass unser Engagement letztlich im Gott unseres Glaubens gründet* offenbart, dass sich Gutiérrez nicht mehr am Urteil des Menschensohnes in Mt 25 orientiert, für den allein die säkularleiblichen Werke der Barmherzigkeit zählen, sondern an dem vom kirchlichen Lehramt geforderten religiösen Bekenntnis zu Gott und

---

335 Gutiérrez, Wo der Arme ist, da ist Jesus Christus 47.
336 Vgl. Clodovis Boff, Theologie der Befreiung und die Rückkehr zu ihren Fundamenten 24 f., 26, 27, 35 f. passim.
337 Gutiérrez, In die Zukunft blicken. Einleitung zur Neuauflage. «Das spanische Original dieser Einleitung wurde 1988 publiziert» (ebd. 17).
338 Ebd. 31 f.

zu Christus. Damit erweist er sich in der Tat als Vertreter der *idealen* Theologie der Befreiung im Sinne von Clodovis Boff. Er ist dies aber nicht uneingeschränkt, weil er auch in der zehnten Auflage seiner *Theologie der Befreiung* das Verständnis einer nichtinstrumentalisierenden Option für die Armen beibehalten hat. Wie kam es zu dieser Kehrtwendung von Gutiérrez? Eine Spur zeigt sich in Folgendem: Seine in der Einleitung zur Neuauflage veränderte Sicht der Option für die Armen hat er im Text *Wo werden die Armen schlafen?*[339] fast wörtlich gleichlautend wiedergegeben. Mit diesem Text hat es seine besondere Bewandtnis. Gutiérrez hat ihn «[...] im Rahmen eines theologischen, dreitägigen Kolloquiums im kleinen Kreis *im Beisein von Kardinal Ratzinger*, dem Präfekten der Glaubenskongregation, [vorgetragen]. In dem Buch ‹Salz der Erde› geht Kardinal Ratzinger explizit auf Gustavo Gutiérrez ein.»[340] Auf die Frage des Journalisten Peter Seewald, ob er zu Beginn seiner Amtszeit als Präfekt der Glaubenskongregation im Umgang mit der Theologie der Befreiung nicht zu harsch reagiert habe,[341] erklärte Ratzinger u. a.: «Wir mussten in Sachen Befreiungstheologie ein Wort sagen, auch um den Bischöfen zu helfen. Schließlich drohte eine Politisierung des Glaubens, die [...] das eigentlich Religiöse zerstört hätte. [...] Heute ist weithin anerkannt, dass unsere Weisungen nötig waren und in die richtige Richtung gingen. Ein herausragendes Beispiel für die positiven Impulse, die unsere Instruktionen gaben, ist der Weg von Gustavo Gutiérrez, der als der Schöpfer der Befreiungstheologie gilt. Wir sind in einen Dialog mit ihm eingetreten – den ich zum Teil auch ganz persönlich geführt habe – und dabei in ein immer besseres Einverständnis gekommen. Das hat uns geholfen, ihn zu verstehen, und er hat andererseits die Einseitigkeit seines Werkes eingesehen und es wirklich weiterentwickelt auf eine sachgerechte und zukunftsfähige Form von ‹Befreiungstheologie› hin.»[342]

Untrennbar mit Gutiérrez› Kehrtwende in Bezug auf die Option für die Armen vom biblisch bezeugten bekenntnisfreien – *credoindependenten* – Gerichtskriterium in Mt 25 zur bekenntnisabhängigen – *credodependenten* – lehramtlichen Konzeption ist seine Anerken-

---

[339] Vgl. Gustavo Gutiérrez, Wo werden die Armen schlafen?, in: Gutiérrez/Müller, An der Seite der Armen 111–162, hier: 119. Der Text wurde auf Spanisch 1996 publiziert.
[340] Josef Sayer, Vorwort, in: Gutiérrez/Müller, An der Seite der Armen 7–13, hier: 13 (Hervorhebung im Original).
[341] Vgl. Joseph Kardinal Ratzinger, Salz der Erde. Christentum und katholische Kirche an der Jahrtausendwende. Ein Gespräch mit Peter Seewald, Stuttgart 1996, 99.
[342] Ebd. 100.

nung des vatikanischen Lehramtes als letztverbindliche Instanz in Sachen Glauben verbunden. Gutiérrez bedient sich zwar nicht der von Clodovis Boff vertretenen Unterscheidung von T 1 und T 2, doch hat auch er eine Einschätzung des kirchlichen Lehramtes, wonach dieses die vermeintlich objektive Theologie vertrete, vor der sich jede Theologie der Befreiung zu verantworten hätte, obwohl diese Lehramtstheologie aus der Verkehrung des prophetisch-messianischen Christentums in die imperial-kolonisierende Christenheit hervorgegangen ist und er selbst von der Kontextualität jeder Theologie ausgeht.[343] Aus der Kontextualität jeder Theologie folgt, dass auch jene des Lehramts kontextuell ist und diese nicht als geschichtsenthoben-unveränderlich-objektive Theologie verbindlicher Maßstab jeder anderen Theologie gelten kann.

In der *Einleitung zur Neuauflage* der *Theologie der Befreiung* erklärt Gutiérrez in Bezug auf die beiden vatikanischen Instruktionen *Libertatis nuntius* (1984) und *Libertatis conscientia* (1986) über die Befreiungstheologie, diese seien «[...] zwei wichtige Dokumente des Lehramtes [...], die uns den Weg in Erinnerung rufen, den es zu gehen gilt [...]»[344]. Dann spricht er von «[...] wichtigen Verlautbarungen des universalen kirchlichen Lehramtes»[345], von der Theologie, «[...] die stets an den Glauben gebunden [ist], so wie er in der Gemeinschaft der Kirche gelebt und geregelt wird»[346] und hält fest, dass sich «Kraft und Bedeutung der Befreiungstheologie [...] aus der *Kontinuität* mit Schrift, Überlieferung und Lehramt, in der sie wurzelt, [ergeben]»[347]. In dem wohl nicht zufällig von Gerhard Ludwig Müller aus dem Spanischen übersetzten Text *Die Theologie: eine kirchliche Aufgabe*[348] erklärt Gutiérrez: «Zur Theologie gehört auch, dass sie sich vom kirchlichen Lehramt anregen lässt, dessen spezifische Aufgabe bei der Vermittlung der Offenbarung sie anerkennt.»[349] Noch deutlicher ordnet er sich der Autorität des kirchlichen Lehramtes unter, wenn er feststellt: «In der Theologie muss man stets bereit sein, ‹seine eigenen Meinungen zu modifizieren›, um ihrer Funktion als Dienst an ‹der

---

343 Vgl. Gutiérrez, Nachfolge Jesu und die Option für die Armen 35.
344 Gutiérrez, In die Zukunft blicken 19.
345 Ebd. 30.
346 Ebd. 41.
347 Ebd. 55 (Hervorhebung im Original).
348 Gustavo Gutiérrez, Die Theologie: eine kirchliche Aufgabe, in: Gutiérrez/Müller, An der Seite der Armen 15–28. Der Text wurde wieder abgedruckt in: Gutiérrez, Nachfolge Jesu und Option für die Armen 163–171.
349 Gutiérrez, Die Theologie: eine kirchliche Aufgabe 15.

Gemeinschaft der Glaubenden gerecht zu werden› [Papst Johannes Paul II.]. Das ist der Sinn der theologischen Arbeit, und man kann voll zustimmen, wenn es heißt, dass ‹kein Theologe absehen kann von der Lehre und dem Ambiente lebendiger Erfahrung der Kirche, in der das Lehramt das depositum fidei bewahrt und authentisch auslegt› [Kongregation für das Katholische Bildungswesen].»[350] Angesichts dieser Äußerungen von Gutiérrez zum kirchlichen Lehramt wird dreierlei deutlich. Erstens: Gutiérrez vertritt in Bezug auf die Anerkennung des Lehramtes die im Sinne von Clodovis Boff *ideale* Theologie der Befreiung; in Bezug auf die Option für die Armen stehen bei ihm das biblisch bezeugte – *credoindependente* – und das vom Lehramt geforderte – *credodependente* – Verständnis der Option für die Armen unverbunden nebeneinander. Zweitens: Über freundschaftliche Bande hinaus stimmen Gutiérrez und Müller in der Anerkennung des kirchlichen Lehramts als letztverbindlicher Instanz überein, der gegenüber sich jede Theologie zu verantworten hat. Drittens: Damit orientieren sich Gutiérrez und Müller nicht am prophetisch-messianischen Christentum und dem damit verbundenen *scripturalen* Selbstverständnis der Kirche, sondern sind der imperial-kolonisierenden Christenheit und dem damit verbundenen *magisterialen* Selbstverständnis der Kirche verpflichtet.

Zu den idolatrisch-häretischen Implikationen der idealen Theologie der Befreiung

Das bekenntnisgebundene Verständnis der Option für die Armen der *idealen* Theologie der Befreiung widerspricht zumindest zwei zentralen biblischen Befunden. Zum einen der säkular-universalen Reich-Gottes-Praxis und -Botschaft des Jesus aus Nazaret, die in keiner Weise mit einem religiös-gläubigen Bekenntnis verbunden ist. Zum anderen dem Kriterium in Mt 25, wonach im letzten Gericht allein die säkular-leiblichen Werke der Barmherzigkeit zählen. Vor diesem Hintergrund ist die *ideale* Theologie der Befreiung erkenntnistheoretisch und inkarnationstheologisch defizitär. Erkenntnistheoretisch gilt, was der Erste Johannesbrief bezeugt: «Denn wer seinen Bruder nicht liebt, den er sieht, kann Gott nicht lieben, den er nicht sieht» (1 Joh 4,20b). Zunächst verkennt die *ideale* Theologie der Befreiung

---

350 Ebd. 23.

unter erkenntnistheoretischer Rücksicht, dass wir in der Wirklichkeit zuerst dem für uns sichtbaren Armen begegnen und nicht zuerst dem für uns unsichtbaren Gott. Dann aber beachtet sie unter inkarnationstheologischer Rücksicht ein Zweifaches nicht. Zum einen, dass die zur Rechten des Königs im Tun der Werke der Barmherzigkeit ihm selbst begegnet sind, wenn er erklärt: «Was ihr für einen meiner geringsten Brüder [und Schwestern, U. E.] getan habt, das habt ihr mir getan hat» (Mt 25,40). Unter der Voraussetzung, dass der König in der matthäischen Gerichtsrede mit Jesus identifiziert werden kann, impliziert das Tun der Werke der leiblichen Barmherzigkeit an den Notleidenden die Begegnung mit ihm und hat diese Begegnung – in kirchlicher Begrifflichkeit ausgedrückt – *christologale*, das heißt das Verhältnis zu Christus betreffende Qualität. Die Begegnung mit ihm ist also nicht – in kirchlicher Begrifflichkeit formuliert – *christologisch* an das bewusste Wissen um ihn und an den ausdrücklichen Glauben an ihn gebunden. Zum anderen beachtet die *ideale* Theologie der Befreiung unter inkarnationstheologischer Rücksicht darüber hinaus nicht, dass – weil Gott in Jesus von Nazaret Mensch geworden ist –, die Begegnung mit Jesus im Tun der Werke der leiblichen Barmherzigkeit zugleich eine Begegnung mit Gott impliziert. Das Tun der leiblichen Werke der Barmherzigkeit hat *theologale*, das heißt das Verhältnis zu Gott betreffende, Qualität und ist nicht *theologisch* an ein religiöses Bekenntnis zu Gott oder an den ausdrücklichen Glauben an ihn gebunden. Die Bibel bezeugt unübersehbar deutlich die radikale Einheit von Nächsten- Selbst- und Gottesliebe (vgl. Lk 10,27).

Wenn sich die *ideale* Theologie der Befreiung als Folge ihrer erkenntnistheoretischen und inkarnationstheologischen Defizite nicht dem Urteil des richtenden Königs in Mt 25 unterwirft, sondern mit der Forderung nach der *Option für Gott* oder einer *theozentrischen Option* als Voraussetzung für die *Option für die Armen* ein eigenes Gerichtskriterium aufstellt, erhebt sie sich als Richterin über den königlichen Richter.[351] Insofern sie damit ein das Urteil des richtenden Königs überbietendes, lehramtlich-letztgültiges Urteil zu fällen beansprucht, offenbart sich darin ein ekklesiolatrischer Anspruch.[352]

---

[351] Vgl. Leonardo Boff, Für die Armen und gegen die Armut der Methode 58.
[352] Vgl. Karl Rahner hat es als «wesenhafte Versuchung» der Kirche bezeichnet, dass sie im Sinne eines Götzendienstes «am Ende ihren ganzen ‹Religionsbetrieb› mit Gott selbst verwechselt». Er erklärt sich aber überzeugt: «Die Kirche ist also gerade als sie selbst die Institution des Kampfes gegen jenes bloß Institutionelle, das beansprucht, Platzhalter und Repräsentant Got-

Das eben referierte biblische Zeugnis ist auch für das kirchliche Lehramt verbindlich, wie das Zweite Vatikanische Konzil festgestellt hat, wenn es fordert, dass «[...] das Studium der Heiligen Schrift gleichsam die Seele der Heiligen Theologie sein [soll]» (DV 24,1), und wenn es erklärt, dass das «Lehramt [...] nicht über dem Wort Gottes [steht]» (DV 10,2). Die zentral-normierende Stellung der Bibel ist selbst in die (Schul-)Theologie eingegangen, wenn diese die Bibel «als Norma normans non normata, als normierende, nicht normierte Norm»[353] bezeichnet und wenn es im bischöflichen Vorwort zur Revidierten Einheitsübersetzung von der Bibel heißt: «Sie ist Richtschnur für die kirchliche Lehre.»[354] Insofern die *ideale* Theologie der Befreiung nicht, wie vom Lehramt im Vatikanum II gefordert und in der (Schul-)Theologie weitgehend rezipiert, die Heilige Schrift als Seele der Theologie und die Bibel nicht als Richtschnur der kirchlichen Lehre anerkennt, gibt sie selbst Anlass dazu, sie als häretisch zu qualifizieren.

Vor dem Hintergrund dieser Analysen und Reflexionen wird deutlich, dass die hier vorgeschlagene Unterscheidung zwischen dem vorkonstantinisch-authentischen, prophetisch-messianischen Christentum und der nachkonstantinisch-verkehrten, imperial-kolonisierenden Christenheit auch auf die Theologien der Befreiung selbst angewandt werden muss. Dabei kann die *real existierende* Theologie der Befreiung, wie sie u. a. von Jon Sobrino und Leonardo Boff vertreten wird, dem prophetisch-messianischen Christentum zugeordnet werden, wogegen sich die *ideale* Theologie der Befreiung, wie sie u. a. von Clodovis Boff und Gustavo Gutiérrez vertreten wird, als der imperial-kolonisierenden Christenheit zugehörig erweist. Damit wird deutlich, dass die gängige Gegenüberstellung von Theologie der Befreiung und vatikanischer Lehramtstheologie einen gegenüber der Unterscheidung von prophetisch-messianischem Christentum und

---

tes zu sein; wenn ‹Revolution› die kämpferische Verneinung eines bestimmten Abgegrenzten als des Endgültigen ist, dann ist die Kirche die Revolution in Permanenz» (Karl Rahner, Ekklesiologische Grundlegung, in: Franz Xaver Arnold/Karl Rahner/Viktor Schurr/Leonhard M. Weber [Hrsg.], Handbuch der Pastoraltheologie. Praktische Theologie der Kirche in ihrer Gegenwart, Band I, Freiburg im Breisgau 1964, 117–148, hier: 122). Alles hängt an diesem *wenn ‹Revolution› die kämpferische Verneinung eines bestimmten Abgegrenzten als des Endgültigen ist*. Sich über das biblisch bezeugte Urteil in der matthäischen Gerichtsrede zu erheben, wie es die *ideale* Theologie der Befreiung unternimmt, ist aber wohl gerade nicht die *kämpferische Verneinung eines bestimmten Abgegrenzten als des Endgültigen*, sondern bedeutet vielmehr, *Platzhalter und Repräsentant Gottes zu sein*. In diesem Sinn bezeugt die *ideale* Theologie der Befreiung alles andere als *die Kirche [der] Revolution in Permanenz*.

353 Werbick, Prolegomena 19.
354 Die Bibel, Einheitsübersetzung der Heiligen Schrift, Gesamtausgabe, Stuttgart 2017, 9.

imperial-kolonisierender Christenheit defizitären kategorialen Rahmen darstellt.

Exkurs 6: Zur Polemik von Hans Urs von Balthasar gegen Karl Rahner

Die Auseinandersetzung zwischen Clodovis und Leonardo Boff erinnert an die Polemik von Hans Urs von Balthasar gegen Karl Rahner in den 1960er-Jahren. Clodovis Boff gibt selbst zu dieser Rückblende Anlass, wenn er in seinem Artikel von «[...] einer rahnerischen Vulgärtheologie [spricht], die der TdB zugrunde liegt»[355], die «anthropologische Wende» Rahners und dessen «transzendentale Theologie» des Modernismus bezichtigt und beklagt, dass sie «[...] erfolgreich [war], auch wenn große Theologen wie de Lubac, von Balthasar und Ratzinger ihr gegenüber auf vorsichtiger Distanz blieben (allerdings auch ohne sie einer umfassenden Kritik zu unterziehen)»[356]. Ohne hier auf die Einschätzung von Ratzinger als eines *großen Theologen* angesichts seiner luziferischen Verteufelung des Reiches Gottes weiter einzugehen, soll an die Position von Hans Urs von Balthasar erinnert werden.[357] Dieser veröffentlichte 1966 eine Schrift mit dem Titel *Cordula oder der Ernstfall*[358], die er selbst als «[...] meine neue kleine heiter-todernste Satire [...]»[359] bezeichnete und die «[...] in erster Linie ein kurzer Traktat über den Ernstfall des Martyriums [ist] und erst ‹in oblique› eine Auseinandersetzung mit dem transzendentalen Ansatz bei Karl Rahner und seinen popularisierenden Epigonen»[360]. In einem Abschnitt, zu dessen Beginn er davon spricht, dass «[...] die Unterscheidung der Geister in ihr Recht [tritt]»[361], erklärt er: «Und wenn sie [die Geistmenschen, U. E.] mit ihrem Leben ein Zeugnis des Blutes ablegen,

---

355 Clodovis Boff, Theologie der Befreiung und die Rückkehr zu ihren Fundamenten 28.
356 Ebd. 31.
357 Vgl. zur Auseinandersetzung zwischen Balthasar und Rahner: Manfred Lochbrunner, Karl Rahner und Hans Urs von Balthasar, in: ders., Hans Urs von Balthasar und seine Theologenkollegen. Sechs Beziehungsgeschichten, Würzburg 2009, 147–258.
358 Vgl. Hans Urs von Balthasar, Cordula oder der Ernstfall. Mit einem Nachwort zur dritten Auflage, Einsiedeln 1966, ³1967.
359 Zit. in: Lochbrunner, Karl Rahner und Hans Urs von Balthasar 202. Eine *heiter-todernste Satire* ist wohl so etwas wie ein hölzernes Eisen. Die Frage drängt sich auf, ob die Rede von *heiter-todernste[r] Satire* der Ernsthaftigkeit einer Theologie des Martyriums angemessen sei. Es liegt die Versuchung nahe, Balthasar eher als religiösen Belletristen mit dem Hang zur Polemik zu qualifizieren als in ihm einen ernstzunehmenden Theologen zu erblicken.
360 Lochbrunner, Karl Rahner und Hans Urs von Balthasar 201.
361 Balthasar, Cordula oder der Ernstfall 99.

so scheint es, dass sie es im Bereich des Geistes ablegen, der ihr stöhnendes Gebet, das dem kommenden Gottes- und Weltreich entgegenseufzt, ohne es zu kennen, voll Kenntnis mit seinem Zeugnis und seinem Seufzen unterstützt. Es ist ein prophetisches Zeugnis und Martyrium, nicht mehr verpflichtet auf jene ferne geschichtliche Vergangenheit des Kreuzes und Todes Jesu, nicht mit einem Fuß an den Pflock einer historischen Faktizität angebunden, sondern in der freien, selbstverantwortlichen Übernahme der Weltwehen der ‹künftigen Herrlichkeit entgegen, die an uns offenbar werden soll› (Röm 8,18). Wenn ein solcher Geistmensch zum Martyrer wird, so zu einem Martyrer des kommenden Reiches, von dem er eine größere, offenere Erwartung in sich hegt als jene, die ihn töten. Er ist aber kein Martyrer Christi. Sein Martyrertum ist nicht Antwort auf das Martyrium Christi, der für ihn gestorben ist.»[362] Seines Erachtens muss «[j]eder christliche Zukunftsentwurf [...] ins Leere fallen, wenn er nicht christlich, das heißt an Christus ausgerichtet bleibt»[363]. Es zeigt sich: Balthasar trennt den *Martyrer des kommenden Reiches* von Christus. Er geht von einem Christus aus, für den das Reich Gottes nicht konstitutiv ist, wenn er erklärt, der «[...] Martyrer des kommenden Reiches [...] ist aber kein Martyrer Christi»[364]. Balthasars Christus ist nicht Jesus (Jon Sobrino). Er ist nicht jener Menschensohn, der sich mit den Geringsten identifiziert hat und dem jene – ohne sich dessen bewusst zu sein – begegnen, wenn sie die leiblichen Werke der Barmherzigkeit üben (vgl. Mt 25,31–40). Für Balthasar ist das Christliche an das ausdrückliche Bekenntnis zu Christus gebunden. Das aber widerspricht der biblisch bezeugten Identifikation des Menschsohnes mit den Geringsten und dem einzigen und letzten Kriterium im Gericht, dass – *credoindependent* – jene zu den Gerechten gezählt werden, die Hungrige gespeist, Dürstenden zu trinken gegeben, Fremde aufgenommen, Nackte bekleidet und Kranke besucht haben sowie zu den Gefangenen gegangen sind (vgl. Mt 25,35 f.). Balthasar macht die Unterscheidung der Geister am ausdrücklichen Bekenntnis des Glaubens *an* Christus fest, statt daran, in der Nachfolge Jesu den Glauben *des* Jesus zu bezeugen, für den das Reich-Gottes-Zeugnis konstitutiv ist. Damit orientiert sich Balthasar – anders als Karl Rahner – nicht am biblisch bezeugten, prophetisch-messianischen Christentum und dem damit verbunde-

---

362 Ebd. 99 f.
363 Ebd. 101.
364 Ebd. 100.

nen *scripturalen* Selbstverständnis der Kirche, sondern an der aus der Verkehrung des Ursprungs hervorgegangenen, imperial-kolonisierenden Christenheit und dem damit verbundenen *magisterialen* Selbstverständnis der Kirche.

5. These: Zum konstitutiv Christlichen angesichts der Pax Capitalistica

Eine dem prophetisch-messianischen Christentum verpflichtete Kirche muss sich für Reich-Gottes-verträgliche Verhältnisse einsetzen. Ihre solidarische Wo-Identität bezeugt sie angesichts der Pax Capitalistica analog zur Art und Weise, wie sich biblische Texte gegenüber der Pax Aegyptica und der Pax Romana positioniert haben.

5.1 Die Warenwelt als Fetisch und der Kapitalismus als Religion

Im ersten Kapitel des *Kapital* spricht Karl Marx vom «[...] Fetischcharakter der Ware und seine[m] Geheimnis»[365]. Um das zu erläutern, begibt er sich «[...] in die Nebelregion der religiösen Welt [...]. Hier scheinen die Produkte des menschlichen Kopfes mit eigenem Leben begabte, untereinander und mit den Menschen im Verhältnis stehende selbständige Gestalten. So in der Warenwelt die Produkte der menschlichen Hand. Dies nenne ich den Fetischismus, der den Arbeitsprodukten anklebt, sobald sie als Waren produziert werden.»[366] Gemäß Duden kommt das Wort Fetisch aus dem französischen *fétiche* und dem portugiesischen *feitiço* und bedeutet Zaubermittel oder eigentlich (Nach)gemachtes. Fetisch ist ein «*[heiliger] Gegenstand, dem magische Kräfte zugeschrieben werden.*»[367] In diesem Sinn kommt Fetisch in der Bibel zwar nicht als Begriff, doch der Sache nach vor, wie Pablo Richard erläutert: «Der Fetisch ist ein materielles Objekt, dem ein Geist innewohnt, der ihm Kraft verleiht. Der Götze ist auch ein Fetisch, allerdings mit dem Unterschied, dass dieses materielle Objekt die Form und die Handlungsart des dem Fetisch innewohnenden Geistes bzw. Gottes symbolisch, wenn

---

[365] Marx, Das Kapital 85.
[366] Ebd. 86 f.
[367] Duden. Deutsches Universalwörterbuch, Mannheim ⁶2007, 571 (Hervorhebung im Original).

nicht sogar direkt wiederzugeben versucht.»[368] Wie Richard aufgezeigt hat, gibt es «[i]n der Bibel [...] zwei grundlegende Formen der Idolatrie: Idolatrie durch Verkehrung und Idolatrie durch Ersetzung. Die erste tritt in der unmittelbaren Beziehung zu Jahwe auf, wenn der einmalige Name oder die Vorstellung Jahwes manipuliert oder ins Gegenteil verkehrt wird. Die zweite tritt auf, wenn Jahwe durch andere Götter oder Götzen ersetzt wird. Im Buch Exodus, Kapitel 32, haben wir den [...] Fall einer vergötzenden Verkehrung innerhalb der Beziehung selber zu Jahwe. Das Volk stellt das goldene Kalb her, weil es [...] auf den transzendenten und befreienden Gott Einfluss ausüben und ihn zwingen [will], mit ihm den Rückzug in die Sklaverei Ägyptens anzutreten. Die überwiegende Mehrheit bilden jedoch die biblischen Texte, in denen fremde Gottheiten oder falsche Götter, die an die Stelle Jahwes zu treten suchen, bekämpft werden.»[369] So heißt es im Buch des Propheten Jesaja: «Man fällt eine Zeder [...]. Und es dient dem Menschen zum Heizen [...]. Oder man schnitzt daraus einen Gott und wirft sich nieder vor ihm; man macht ein Götterbild und fällt vor ihm auf die Knie» (Jes 44,14–15). Der Prophet Jeremia verspottet die von anderen Völkern aus Holz verfertigten Götzen als «[...] Vogelscheuchen im Gurkenfeld. Sie können nicht reden; sie müssen getragen werden, weil sie nicht gehen können» (Jer 10,5).

In der Tradition dieser biblischen Götzenkritik entwickelt Marx «[...] seine gesamte Religionskritik. [...] Die Religionskritik von Marx ist letztlich Idolatrie-, also Götzenkritik. Die Religionskritik wird für Karl Marx zur Fetischismuskritik. [...] Religionskritik als Fetischismuskritik ist eine Kritik der irdischen Götter, die falsche Götter sind.»[370] Marx «[...] analysiert einen Kapitalismus, dessen zentrale Referenz der Markt ist. Diesen Markt betrachtet er von Anfang an als irdischen Gott.»[371] Das für ihn zentrale «[...] Unterscheidungskriterium sowohl für die Religion als auch für die Götter dieser Religionen [und die irdischen Götter, U. E.] [ist] ‹der Mensch

---

368 Pablo Richard, Unser Kampf richtet sich gegen die Götzen. Biblische Theologie, in: Hugo Assmann/Franz J. Hinkelammert/Jorge V. Pixley/Pablo Richard/Jon Sobrino, Die Götzen der Unterdrückung und der befreiende Gott. Mit einem Nachwort von Georges Casalis, Münster 1984, 11–38, hier: 22.
369 Pablo Richard, Die Theologie in der Theologie der Befreiung, in: Ellacuría/Sobrino (Hrsg.), Mysterium Liberationis, Band 1, 189–212, hier: 197.
370 Franz Hinkelammert, Religionskritik und Marktreligion, in: Neue Wege 112 (2018) 8–11, hier: 10.
371 Ebd. 8.

als höchstes Wesen für den Menschen»»[372]. Die «Götter sind immer falsche Götter, sobald sie Menschenopfer verlangen»[373].

Die wirtschaftlichen Marktmechanismen werden von Menschen gemacht. Wenn ihnen solche Macht verliehen wird, dass die Menschen und die Natur darunter leiden, muss dies als Götzendienst qualifiziert werden. Karl Marx erkannte die zerstörerische Logik des Kapitalismus, wenn er feststellt: «Die kapitalistische Produktion entwickelt [...] die Technik und Kombination des gesellschaftlichen Produktionsprozesses, indem sie zugleich die Springquellen alles Reichtums untergräbt: die Erde und den Arbeiter.»[374] Vor dem Hintergrund der Erkenntnis dieser selbstzerstörerischen Logik des Kapitalismus stellt Hinkelammert fest: «Es gibt kein Überleben des Kapitalismus ohne das Überleben der Menschheit, aber die Logik dieses Kapitalismus selbst bedroht das Überleben der Menschheit und in seiner Folge eben das Überleben des Kapitalismus selbst.»[375]

Im Jahre 1921 schrieb der deutsche Philosoph jüdischer Herkunft Walter Benjamin ein Fragment, in dem er den Kapitalismus als Religion beschrieb und analysierte. Er macht drei zentrale Aussagen: Erstens nennt er drei schon erkennbare Züge des Kapitalismus: «Erstens ist der Kapitalismus eine reine Kultreligion, vielleicht die extremste, die es je gegeben hat. [...] Mit dieser Konkretion des Kultus hängt ein zweiter Zug des Kapitalismus zusammen: die permanente Dauer des Kultus. [...] Dieser Kultus ist zum dritten verschuldend. Der Kapitalismus ist vermutlich der erste Fall eines nicht entsühnenden, sondern verschuldenden Kultus.»[376] Für Benjamin «[...] liegt das historisch Unerhörte des Kapitalismus [darin], dass

---

372 Ebd. 9. «Implizit [...] stellt Marx damit eine These auf, die mit der verbreiteten Vorstellung von ihm kaum in Einklang zu bringen ist: Gott ist Mensch geworden. Das ist jedoch keine These im religiösen, sondern im anthropologischen Sinn. Marx legt auch dar, was der Mensch tut, wenn der Mensch zum höchsten Wesen – wenn man so will, zum Gott – für den Menschen wird. Auch diese These entspricht kaum den landläufigen Vorstellungen von ihm: Dann wirft der Mensch alle Verhältnisse um, in denen er ‹ein erniedrigtes, ein geknechtetes, ein verlassenes, ein verächtliches Wesen ist›. In diesen wenigen Worten skizziert Marx eine Praxis, für die eine andere Welt möglich ist. Mit einer solchen Praxis findet der Mensch zur Selbstverwirklichung. Und er steht damit dem kapitalistischen Markt, dessen Geld und dessen Kapital gegenüber. Damit habe ich das Paradigma der marx'schen Religionskritik und zugleich das Paradigma des marx'schen Humanismus – einem Humanismus der Praxis – herausgearbeitet. Mir scheint, es sei das Paradigma des kritischen Denkens überhaupt» (ebd.).
373 Ebd.
374 Marx, Das Kapital 529 f.
375 Hinkelammert, Das Subjekt und das Gesetz 407.
376 Walter Benjamin, Gesammelte Schriften VI, Herausgegeben von Rolf und Hermann Schweppenhäuser, Frankfurt am Main 1991, 100; vgl. Dirk Baecker (Hrsg.), Kapitalismus als Religion, Berlin 2003.

Religion nicht mehr Reform des Seins, sondern dessen Zerstörung ist»[377]. Zweitens kann vor diesem Hintergrund der vierte Zug des Kapitalismus verstanden werden. «Ihr vierter Zug ist, dass ihr Gott verheimlicht werden muss [...].»[378] Mit diesem zu verheimlichenden Gott ist die dem Kapitalismus als Religion innewohnende und konstitutive Zerstörungslogik gemeint, die in letzter Konsequenz den Kapitalismus selbst zerstört, allerdings um den Preis der Zerstörung von Menschen und Natur. «Der Kapital-Gott ist als solcher die Selbstzerstörung der Welt, des Menschen und der Natur, ‹die totale Zertrümmerung des Ganzen›.»[379] Drittens erklärt Benjamin im Anschluss an diese Analyse und Qualifizierung des Kapitalismus als Religion, der Calvinismus und die übrigen orthodoxen christlichen Richtungen hätten sich in Kapitalismus verwandelt.[380]

Die in kritischer Absicht erfolgte Kennzeichnung der kapitalistischen Warenwelt durch Karl Marx und des Kapitalismus als Religion durch Walter Benjamin wird von höchst unerwarteter Seite her bestätigt, nämlich von Vertretern des Kapitalismus selbst. In ihrem Buch *KULT-Marketing. Die neuen Götter des Marktes*[381] berufen sich der Philosoph Norbert Bolz und der Trendforscher David Bosshart auf Karl Marx und Walter Benjamin. Sie geben Marx uneingeschränkt Recht, wenn sie zu dessen Werk *Das Kapital* erklären: «Dieses Buch ist fasziniert vom Zauber der Waren und des Geldes. Und dieses Buch fasziniert auch heute noch durch seine Analyse dieses Zaubers.»[382] Sie geben Benjamin Recht, wenn sie feststellen. «Der Kapitalismus im Stadium gesättigter Konsummärkte wird zur ultimativen ‹letzten› Religion dieser Welt.»[383] Ihres Erachtens sind «[d]ie großen Shopping Malls [...] die neuen *Kathedralen* des Konsums. [...] Konsumrituale und die Fetische von Markenartikeln aller

---

[377] Benjamin, Gesammelte Schriften VI, 101.
[378] Ebd.
[379] Vgl. Kuno Füssel, Kapitalismus als Religion. Die Thesen Walter Benjamins und einige Konsequenzen für eine politisch-theologische Praxis des antikapitalistischen Kampfes, in: Philipp Geitzhaus/Julia Lis/Michael Ramminger (Hrsg.), Auf den Spuren einer Kirche der Armen. Zukunft und Orte befreienden Christentums, Münster 2017, 109–122, hier: 116.
[380] Vgl. Benjamin, Gesammelte Schriften VI, 102. Diese Verkehrung des Christentums in Kapitalismus ist die Folge der ersten zwei Verkehrungen des Christentums in die im Zuge der Konstantinischen Wende zunächst imperiale und dann im Zusammenhang mit der Eroberung Lateinamerikas zudem kolonisierende Christenheit. Auf die Imperialisierung des Christentums folgte dessen Ökonomisierung.
[381] Norbert Bolz/David Bosshart, KULT-Marketing. Die neuen Götter des Marktes, Düsseldorf 1995.
[382] Ebd. 198.
[383] Ebd. 22.

Preisklassen erfüllen natürlich religiöse Funktionen»³⁸⁴. Sie verkehren aber die von Marx und Benjamin in kritischer Absicht vorgenommene Qualifizierung der Ware als Fetisch bzw. des Kapitalismus als Religion zur Legitimation des Kapitalismus. «Sie übernehmen die Fetischismustheorie als Sachaussage, drehen sie aber um, um sie zu vereinnahmen. Danach ist der Markt ein Fetisch, aber er ist es eben. Daher ist er kein Götzendienst, wie Marx meinte, sondern ein Gottesdienst, wie Bolz und Bosshart glauben. [...] So kann die Fetischismustheorie als zynischer Kapitalismus weitergeführt werden.»³⁸⁵ (Vgl. das Schema *Pax Capitalistica* im Anhang.)

Exkurs 7: Zum Antikommunismus und -marxismus der imperial-kolonisierenden Christenheit

In der römisch-katholischen Kirche waren Antikommunismus und -marxismus bestimmend während der Pontifikate von Pius XII., Johannes Paul II. und Benedikt XVI. Ein durchgehendes Moment der Bekämpfung der Theologie der Befreiung durch Vertreter der imperial-kolonisierenden Christenheit bestand und besteht darin, sie als marxistisch oder kommunistisch zu diffamieren.³⁸⁶ Ohne hier im Einzelnen auf das Verhältnis von Theologie der Befreiung und dem, was als Marxismus verstanden wird, einzugehen,³⁸⁷ soll zur Analyse des Antikommunismus bzw. des Marxismusvorwurfs der imperial-kolonisierenden Christenheit von einer doppelten Gemeinsamkeit zwischen Christentum und Marxismus ausgegangen werden. Es gibt zum einen eine *inhaltliche* Übereinstimmung zwischen dem – wie Ernst Bloch es formuliert – *echten Christentum* und dem *echten Marxismus*. Seines Erachtens nimmt «[d]er echte Marxismus [...] das echte Christentum ernst [...]: wenn christlich die Emanzipation der Mühseligen und Beladenen wirklich noch gemeint ist, wenn marxistisch die Tiefe des Reichs der Freiheit wirklich substanziierender

---

384 Ebd. 23 (Hervorhebung im Original).
385 Hinkelammert, Der Schrei des Subjekts 329 f.
386 «VII. Die marxistische Analyse»; «VIII: Untergrabung des Sinnes für Wahrheit und die Gewalt»; «IX. Die ‹theologische› Übersetzung dieses Kerns»; «X. Eine neue Hermeneutik» (Instruktion der Kongregation für die Glaubenslehre über einige Aspekte der «Theologie der Befreiung», in: Venetz/Vorgrimler (Hrsg.), Das Lehramt der Kirche und der Schrei der Armen 155–176, hier: 164–172); vgl. Kuno Füssel, Über einige Aspekte des Marxismusverständnisses der Kongregation für die Glaubenslehre. Ein verwunderter, kritischer Kommentar, in: ebd. 105–136.
387 Vgl. Bruno Kern, Theologie im Horizont des Marxismus. Zur Geschichte der Marxismusrezeption in der lateinamerikanischen Theologie der Befreiung, Mainz 1992.

Inhalt des revolutionären Bewusstseins bleibt und wird, dann wird die Allianz zwischen Revolution und Christentum in den Bauernkriegen [von 1525, U. E.] nicht die letzte gewesen sein – diesmal mit Erfolg.»[388] Die inhaltliche Übereinstimmung von echtem Christentum und echtem Marxismus zeigt sich in der Gegenüberstellung von zentralen Texten des Christentums und von Karl Marx. Für das echte Christentum sind u. a. folgende Positionen zentral: Die Mächtigen werden vom Thron gestürzt und die Niedrigen erhöht (vgl. Lk 1,52 f.); den Armen wird eine frohe Botschaft, den Gefangenen die Entlassung und den Blinden das Augenlicht verkündet, die Zerschlagenen werden befreit und ein Gnadenjahr des Herrn wird ausgerufen (vgl. Lk 4,18 f.); im Reich Gottes sind Erste Letzte und Letzte Erste (vgl. Lk 13,30; Mt 20,16; 19,30; Mk 10,31); gemäß der matthäischen Gerichtsrede zählt allein, Hungernden zu essen und Dürstenden zu trinken zu geben, Fremde aufzunehmen, Nackten Kleidung zu geben, Kranke zu besuchen und zu den Gefangenen zu gehen (vgl. Mt 25,35 f.). Für den echten Marxismus ist der kategorische Imperativ zentral, den Karl Marx in der Einleitung zur Kritik der Hegelschen Rechtsphilosophie formuliert hat. Dabei ist zu beachten, dass «Marx [...] nie die Religion abschaffen und [...] nicht irgendeinen militanten Atheismus [wollte], wie ihn die spätere marxistische Orthodoxie häufig vertrat.[389] Marx erklärte: «Die Kritik der Religion endet mit der Lehre, dass der *Mensch das höchste Wesen für den Menschen* sei, also mit dem *kategorischen Imperativ, alle Verhältnisse umzuwerfen,* in denen der Mensch ein erniedrigtes, ein geknechtetes, ein verlassenes, ein verächtliches Wesen ist [...].»[390] Mit Marx müsste man über Marx hinausgehen und im Sinne des *pauperozentrischen* Humanismus der Praxis seinen kategorischen Imperativ präzisieren. Nicht ein *abstrakter* Mensch ist das höchste Wesen für den Menschen, sondern der *erniedrigte, geknechtete, verlassene, verachtete* Mensch ist das höchste Wesen für den Menschen. Im Sinne des so präzisierten kategorischen Imperativs von Marx könnte das in der matthäischen Gerichtsrede vertretene Kriterium des Handelns als kategorischer Imperativ der Bibel so

---

388 Ernst Bloch, Atheismus im Christentum. Zur Religion des Exodus und des Reiches, Frankfurt am Main 2009, 353.
389 Hinkelammert, Das Subjekt und das Gesetz 446. «Marx glaubte, dass die Kritik der Religion beendet war, soweit sie sich auf die himmlischen Götter bezog. Sein Problem war nun die Kritik der irdischen Götter» (ebd.).
390 Karl Marx, Einleitung zur Hegelschen Rechtsphilosophie, in: ders., Die Frühschriften, Herausgegeben von Siegfried Landshut, Stuttgart 1964, 216 f. (Hervorhebung im Original).

formuliert werden: Das höchste Wesen für den Menschen ist der *hungrige, durstige, fremde, nackte, kranke und gefangene* Mensch.

Die inhaltliche Übereinstimmung zwischen dem biblischen Zeugnis des echten Christentums und dem kategorischen Imperativ des echten Marxismus ist unübersehbar. In diesem Sinne sieht Franz Hinkelammert vor dem Hintergrund des «Reiches Gottes als himmlischer Kern des Irdischen»[391] im «himmlischen Kern des Irdischen» eine zentrale Gemeinsamkeit von echtem Christentum und echtem Marxismus, wenn er feststellt: «Dieser kategorische Imperativ [von Marx, U. E.] geht aus dem himmlischen Kern des Irdischen hervor.»[392] Allfälligen Einwänden gegen die hier festgehaltene inhaltliche Gemeinsamkeit von echtem Christentum und echtem Marxismus, das Reich der Freiheit von Marx sei lediglich eine Säkularisierung des biblischen Reich Gottes und ein Christentum des pauperozentrischen Humanismus sei ein platter Horizontalismus, ist zweierlei entgegenzuhalten. Erstens: Das Reich der Freiheit kann gar keine Säkularisierung des biblischen Reiches Gottes darstellen, da es in Bezug auf dieses nichts zu säkularisieren gibt, weil es bereits selbst eine säkulare Größe ohne Elemente einer traditionellen Religion darstellt. Zweitens: Den pauperozentrischen Humanismus der Praxis des Horizontalismus zu bezichtigen, leugnet nicht nur die in Mt 25 bezeugte *theologale bzw. christologale,* d. h. das Verhältnis zu Gott bzw. zu Jesus Christus betreffende Qualität der leiblichen Werke der Barmherzigkeit, sondern erhebt sich zudem als Richter über den richtenden Menschensohn. Eine solche Position impliziert einen idolatrischen Anspruch und stellt sich – um eine von Gottfried Keller kolportierte Unterscheidung aufzunehmen, *über* statt *unter* Gott.[393]

Es gibt zum anderen eine *formale* Gemeinsamkeit von echtem Christentum und echtem Marxismus, weil beide – wie es Ernst Bloch formuliert hat – die Entstellung ihres eigenen Ursprungs miteinander teilen. Bloch sieht im «[...] Übergang des Christentums zur römischen Staatsreligion [eine] Entstellung, [die] der Marxismus [...] haufenweise [...] geteilt hat»[394]. So wird deutlich: Es gibt nicht nur den Thermidor des Christentums in der Konstantinischen Wende (Franz

---

391 Hinkelammert, Das Subjekt und das Gesetz 430.
392 Ebd. 431. Zum Verständnis des *Menschen als höchstes Wesen für den Menschen* und der damit verbundenen Idolatriekritik von Marx vgl. ebd. 443–449.
393 «Meine Herren, es gibt zwei Arten von Theologen: Die Einen stehen ü b e r, die Anderen u n t e r Gott» (zit. in: Ragaz, Die Botschaft vom Reiche Gottes 265).
394 Bloch, Atheismus im Christentum 315.

Hinkelammert) und den der russischen Revolution bei Stalin (Leo Trotzki). Es gibt auch einen solchen im Marxismus durch die Verkehrung des Denkens von Karl Marx – nach Bloch – in *Vulgärmarxismus*[395] oder – nach Hinkelammert – in *marxistische Orthodoxie*[396].
Vor diesem Hintergrund zeigt sich ein kategorialer Rahmen mit vier Positionen, die im Sinne einer Korrespondenz von Relationen[397] miteinander in Bezug gebracht werden können. Demnach gibt es eine *Korrespondenz* der beiden folgenden *Relationen*. Auf der einen Seite ist es die Relation zwischen dem vorkonstantinisch-authentischen, prophetisch-messianischen Christentum und der nachkonstantinisch-verkehrten, imperial-kolonisierenden Christenheit der kirchlichen Orthodoxie. In der Begrifflichkeit von Bloch ist es die Relation zwischen dem echten Christentum und dessen Entstellung in Form der römischen Staatsreligion,[398] des Kirchenchristentums,[399] der Herrenkirche[400] und der Maulchristen[401]. Auf der anderen Seite ist es die Relation zwischen dem Denken von Karl Marx und der marxistischen Orthodoxie. In der Begrifflichkeit von Bloch ist es die Relation zwischen dem echten Marxismus und dessen Entstellung etwa in Form eines Vulgärmarxismus.[402] In einer Formel kann das so ausgedrückt werden: Prophetisch-messianisches Christentum : Imperial-kolonisierende Christenheit ≈ Denken von Karl Marx : Marxistische Orthodoxie.

Entstellung/Thermidor des echten Christentums. Imperial-kolonisierende Christenheit Staatskirche und Maulchristen.	Entstellung/Thermidor des echten Marxismus. Marxistische Orthodoxie Vulgärmarxismus.
Echtes Christentum Prophetisch-messianisches Christentum. Option für Arme, Erniedrigte und Vulnerable. Pauperozentrischer Humanismus der Praxis. Reich Gottes für die Erde	Echter Marxismus Mensch höchstes Wesen für den Menschen. Kategorischer Imperativ, alle erniedrigenden, knechtenden und verlassen- und verächtlichmachenden Verhältnisse umzuwerfen. Reich der Freiheit

---

395 Vgl. ebd. 91, 351.
396 Hinkelammert, Das Subjekt und das Gesetz 446.
397 Vgl. Eigenmann, Kirche in der Welt dieser Zeit 58–60. Dort Belege zum Verständnis der *Korrespondenz von Relationen* bei Clodovis Boff und der *kritischen Interrelation* bei Edward Schillebeeckx.
398 Vgl. Bloch, Atheismus im Christentum 315.
399 Vgl. ebd. 353.
400 Vgl. ebd. 91, 314.
401 Vgl. ebd. 314 und 315.
402 Vgl. ebd. 91, 351.

Anhand dieses kategorialen Rahmens lassen sich zwei Formen von Antikommunismus und -marxismus der imperial-kolonisierenden Christenheit ausmachen. Die erste Form: Insofern sie sich der marxistischen Orthodoxie gegenübersieht, erkennt sie in dieser eine weltanschauliche Konkurrentin. Es ist dies ein Antikommunismus und -marxismus aufgrund des Gegensatzes zweier Verkehrungen oder Entstellungen und deren Konkurrenz als Weltanschauungen. Die zweite Form: Insofern sich die imperial-kolonisierende Christenheit Karl Marx und dessen Nähe zum biblischen Denken gegenübersieht, ist sie mit ihrem eigenen Ursprung als dem Gegenteil dessen konfrontiert, was sie repräsentiert. Es ist dies ein Antikommunismus und -marxismus aufgrund des Widerstandes gegen den bei Marx abwesend gegenwärtigen eigenen Ursprung und dessen pauperozentrischen Humanismus der Praxis. Der Marxismus- und Kommunismusvorwurf der imperial-kolonisierenden Christenheit gegen die *reale Theologie* der Befreiung und gegen alle Formen des prophetisch-messianischen Christentums ist der zweiten Form von Antikommunismus und -marxismus zuzuordnen. Unter religionskritischer Rücksicht ist zu bedenken, dass dieser Antikommunismus und -marxismus nicht zuletzt die Funktion hat, sich nicht der Kritik der irdischen Götter stellen zu müssen.

5.2 Die *Pax Capitalistica* als Anti-Reich

Das von Jesus als Mitte seiner Sendung bezeugte Reich Gottes ist verbindliche Bezugsgröße eines seinem Ursprung verpflichteten Christentums. Es meint die Vision eines egalitär-solidarisch-offenen Zusammenlebens der Menschen, in dem sich alle gegenseitig als gleichberechtigte und bedürftige Subjekte anerkennen. Die Anerkennung der Bedürftigkeit bezieht sich ganzheitlich auf alles, was es zu einem Leben in Würde braucht. Das Reich Gottes meint ein Zusammenleben, in dem sich alle als materiell, als sozial und als kulturell-religiös bedürftige Subjekte anerkennen.[403] Im Licht dieses Reiches Gottes erweist sich die *Pax Capitalistica* als Anti-Reich. Während die innerste Logik des Reiches Gottes als himmlischer Kern des Irdischen eine Logik des Lebens von Menschen und Natur ist, ist die letztlich den marktradikalen Kapitalismus bestimmende

---

403 Vgl. Eigenmann, «Das Reich Gottes und seine Gerechtigkeit für die Erde» 93.

Logik eine Logik der Vermehrung der Größe Kapital ohne Rücksicht auf soziale und ökologische Kosten und Zerstörung. Das Reich Gottes ist daraufhin ausgerichtet, dass alle das Leben und dieses in Fülle haben (vgl. Joh 10,10). Dagegen nimmt der neoliberale Kapitalismus in eventualvorsätzlicher Verantwortungslosigkeit in Kauf, das Leben von Menschen und Natur zu zerstören, um als System zunächst zu überleben, dann aber in letzter Konsequenz sich selbst zu zerstören, falls nicht von außen korrigierend eingegriffen wird. Gerade das aber bekämpfen die Vertreter des «totalen Marktes» (Henri Lepage) im «totalen Kapitalismus» (Milton Friedman)[404]. Dieser Kapitalismus ist insofern ein Götze, als er eine von Menschen gemachte Größe darstellt, der zerstörerische Macht über die Menschen und die Natur verliehen wird.[405]

Exkurs 8: Biblische Texte unter den Bedingungen der Pax Caitalistica ernst statt wörtlich nehmen

Um aufzuzeigen, wie biblische Texte unter den Bedingungen der *Pax Capitalistica* ernst statt wörtlich (Pinchas Lapide) genommen werden, soll auf ein Dreifaches hingewiesen werden. Zum einen auf die *Multikontextualität* eines Textes; zum andern auf die dieser entsprechenden Hermeneutik der *Korrespondenz von Relationen* statt von *Termini*; zum dritten exemplarisch auf die *Folgen*, falls diese Multikontextualität und diese Hermeneutik unter den Bedingungen der *Pax Capitalistica* unbeachtet bleiben.

Zur Multikontextualität eines Textes

Wenn mit Michel de Certeau für einen Text gilt, dass er als Moment des «[...] Spiel[s] der Schrift [...] den ‹Sinn› [hat], auf die Realität einzuwirken [...], *um sie zu verändern* [...], auf eine gesellschaftliche

---

404 Vgl. Franz J. Hinkelammert, Kultur der Hoffnung. Für eine Gesellschaft ohne Ausgrenzung und Naturzerstörung, Mainz/Luzern 1999, 119 und 174.
405 Vgl. Kuno Füssel/Michael Ramminger, Kritik des Götzendienstes und des Fetischismus in der Theologie der Befreiung und bei Papst Franziskus, in: Kuno Füssel/Ute Josten (Hrsg.), «Suchet zuerst das Reich Gottes und seine Gerechtigkeit» (Mt 6,33). Festschrift für Pastor Günter Schmidt, Münster 2016, 121–147; vgl. Kuno Füssel/Günther Salz/Helmut Gerhardt, Das Ganze verändern. Beiträge zur Überwindung des Kapitalismus, Norderstedt 2016.

Wirkung gerichtet [ist] [und] mit seiner Exteriorität [spielt]»[406], dann folgt daraus zunächst die *gesellschaftliche Kontextualität* eines Textes. Jeder Text steht im *Kon*text einer historischen Gesellschaftsformation. «Eine Gesellschaftsformation lässt ich beschreiben als Einheit dreier Ebenen: der Ökonomie (unter Einschluss der Technologie), der Politik (unter Einschluss der sozialen Organisation), der Ideologie (unter Einschluss globaler Deutungssysteme).»[407] Jeder Text positioniert sich demnach im komplex strukturierten Ganzen der drei gesellschaftlichen Instanzen zur Sicherung des physischen Lebens (Ökonomie/Ökologie), der Regelung des Zusammenlebens (Politik) und des Aufzeigens eines sinnvollen Lebens (Kultur/Religion/Ideologie).

Für den Umgang mit einzelnen biblischen Texten ist zu beachten, dass diese zudem in einem zweifachen *textlichen Kontext* stehen: Zunächst im *Kontext einer einzelnen Schrift* und dann durch diese kanonisierte Schrift im *Kontext des Kanons aller biblischen Schriften,* d. h. in der «Bibel als Ganzes»[408] von Erstem (Altem) und Zweitem (Neuem) Testament.[409] Für einen ernsthaften Umgang mit biblischen Texten ist zudem deren *literarische Gattung* zu berücksichtigen. Die Enzyklika von 1943 «*Divino afflante Spiritu* hat den Exegeten [...] vor allem das Studium der literarischen Genera empfohlen, die in den heiligen Büchern verwendet werden. [...] Diese Empfehlung geht von dem Anliegen aus, den Sinn der Texte möglichst exakt und genau, also in ihrem kulturellen und historischen Zusammenhang zu verstehen.»[410]

Hermeneutik der Korrespondenz von Relationen statt von Termini

Die *Multikontextualität* eines Textes erfordert eine bestimmte Hermeneutik des Verständnisses und des Umgangs mit ihm. Der Text ist ein Stück Literatur «[i]n der Mitte zwischen der Situation, aus der [...] er kommt, und der Situation, in der er gelesen wird [...]»[411]. Da-

---

406 Michel de Certeau, Kunst des Handelns. Aus dem Französischen übersetzt von Ronald Vouillé, Berlin 1988, 247 (Hervorhebung im Original).
407 Füssel/Füssel, Der verschwundene Körper 30.
408 Sekretariat der Deutschen Bischofskonferenz (Hrsg.), Die Interpretation der Bibel in der Kirche. Ansprache Seiner Heiligkeit Johannes Paul II. und Dokument der Päpstlichen Bibelkommission, 2., korrigierte Auflage, Bonn 1996, 44.
409 Vgl. oben Anm. 41.
410 Seine Heiligkeit Johannes Paul II., Ansprache über die Interpretation der Bibel in der Kirche, in: ebd. Nr. 8 (Hervorhebung im Original).
411 Füssel/Füssel, Der verschwundene Körper 33.

bei ist davon auszugehen, dass Texte «[...] als Produkte einer Arbeit mit den Zeichen der Sprache auf[zufassen] sind»[412]. «Das Zeichen lässt sich als Einheit von Signifikant [Bedeutendes] s und Signifikat [Bedeutetes] S (geschrieben: s/S) auffassen. Die Bedeutsamkeit des Zeichens ist das Ergebnis der Bedeutung von s zu S.»[413] Texte sind «[...] Mengen von Signifikanten, die durch bestimmte Relationen untereinander verknüpft sind. Die Gesamtheit dieser Relationen ergibt die Struktur des Textes.»[414] Im Rückgriff auf den Linguisten und Literaturwissenschaftler Roland Barthes kann ein *Text* als Gewebe von bedeutungstragenden Fäden analog zu den Fäden in *Textilien* verstanden werden.[415] Dabei sind im Anschluss an Fernando Belo *Handlungsfäden* (die Akteure des Geschehens, deren Analyse und Strategien) und *kulturelle Fäden* (Orts- und Zeitangaben, gesellschaftliche Verhältnisse, Normen der Gesellschaft und mythische Vorstellungen) zu unterscheiden.[416]

Ist die Text*produktion* – d. h. das *Verfassen* eines Textes – kontextabhängig, gilt dies auch für die Text*rezeption* – d. h. für das *Lesen* eines Textes. Aus dieser doppelten Kontextbezogenheit von Textproduktion und Textrezeption folgt eine Hermeneutik biblischer Texte, die als *Korrespondenz von Relationen* statt als *Korrespondenz von Termini* zu bezeichnen ist.[417] Es entsprechen sich also das *Verfassen* eines biblischen Textes in einem bestimmten gesellschaftlichen Kontext auf der einen Seite und das *Lesen* eines biblischen Textes in einem bestimmten gesellschaftlichen Kontext auf der anderen Seite. In einer Formel ausgedrückt, sieht das so aus:

$$\frac{1./2.\ \text{Testament.}}{\text{Kontext damals}} \approx \frac{3.\ \text{Testament.}}{\text{Kontext heute}}$$

Das 3. Testament meint jene Positionierung und Praxis der Leser und Leserinnen biblischer Texte unter den *heutigen* Bedingungen der *Pax Capitalistica*, die dem entsprechen, wie biblische Texte in ähnlichen

412 Ebd.
413 Ebd.
414 Ebd.
415 Vgl. ebd.
416 Vgl. ebd. 34.
417 Vgl. Clodovis Boff, Theologie und Praxis 235–245; vgl. Edward Schillebeeckx, Menschen. Die Geschichte von Gott, Freiburg im Breisgau 1990, 67 f.; vgl. ders., Tradition und Erfahrung. Von der Korrelation zur kritischen Interrelation, in: Katechetische Blätter 119 (1994) 756–762; vgl. Andreas Prokopf/Hans-Georg Ziebertz, Abduktive Korrelation – Eine Neuorientierung für die Korrelationsdidaktik?, in: Internet unter: academia.edu.

Kontexten – für das Zweite Testament war es die *Pax Romana* – sich *damals* positioniert bzw. zu welchen Praktiken sie angeleitet haben. Wird bei der Lektüre der Bibel heute die *Multikontextualität* biblischer Texte nicht berücksichtigt und werden die biblischen Texte wortwörtlich oder buchstäblich genommen im Sinne einer Korrespondenz kontextenthobener Termini, liegt ein «[...] fundamentalistische[r] Umgang mit der Heiligen Schrift [vor]. Eine solche Art, die Bibel zu lesen steht im Gegensatz zur historisch-kritischen Methode, aber auch zu jeder anderen wissenschaftlichen Interpretationsmethode der Heiligen Schrift.»[418]

Die (Um)deutung des Minengleichnisses als Beispiel eines kontextenthobenen Umgangs mit einem biblischen Text

Wird die *Kontextualität* von Textproduktion und Textrezeption nicht beachtet, kann der Sinn eines biblischen Textes in sein Gegenteil verkehrt werden, ohne dass am Text auch nur ein Wort oder ein Komma verändert wird.[419] Strukturalistisch formuliert: Ein kontextloser Umgang mit biblischen Texten löst den *damaligen* Zusammenhang von Signifikant und Signifikat auf (s isoliert von *damaligem* S). Dadurch kann ein biblischer Signifikant einem im *heutigen* Kontext plausiblen Signifikat zugeordnet werden, selbst wenn dieser das Gegenteil des biblischen bedeutet (s verbunden mit *heutigem* S).

Krasses Beispiel dafür sind Auslegungen des Minengleichnisses (vgl. Lk 19,11–28). Zunächst soll das Verständnis des Gleichnisses,

---

418 Sekretariat der Deutschen Bischofskonferenz (Hrsg.), Die Interpretation der Bibel in der Kirche, 61. Die päpstliche Bibelkommission stellt neben der historisch-kritischen Methode Methoden der literarischen Analyse (rhetorische, narrative und semiotische [vgl. ebd. 36–44]), auf die Tradition gegründete Zugänge (kanonische, jüdische Interpretations-Tradition und Wirkungsgeschichte [vgl. ebd. 44–50]), Zugänge über Humanwissenschaften (soziologisch, kulturanthropologisch, psychologisch und psychoanalytisch [vgl. ebd. 50–55]) sowie kontextuelle Zugänge (im Umfeld von Befreiung und feministisch [vgl. ebd. 55–60]) dar und würdigt sie kritisch, ohne einen von diesen Zugängen auszuschließen. Nur der fundamentalistische, wortwörtliche Umgang mit der Heiligen Schrift wird grundsätzlich abgelehnt, weil «[...] er den geschichtlichen Charakter der biblischen Offenbarung ablehnt und daher unfähig wird, die Wahrheit der Menschwerdung selbst voll anzunehmen» (ebd. 62). In einer gewissen Spannung zur Ablehnung eines wortwörtlichen Verständnisses biblischer Texte steht die Empfehlung der päpstlichen Bibelkommission zu der im 3. Jahrhundert aufgekommenen «*Lectio divina* oder *geistliche[n]* Lesung» (ebd. 107 f.); denn diese berücksichtigt weder die Kontextualität der Textproduktion noch jene der Textrezeption.
419 Vgl. Hinkelammert, Der Schrei des Subjekts 15 f. «Die antijüdische Lektüre des Johannesevangeliums unternimmt mit dem Text eine völlige Umkehrung. Tatsächlich schreibt sie ihn vollständig neu, obwohl sie kein Wort und kein Komma verändert» (ebd. 198).

das im biblischen Text von Jesus selbst als solches bezeichnet wird, aufgrund einer kontextbezogenen Lektüre kurz dargelegt werden.[420] Jesus ist auf dem Weg nach Jerusalem, wo er gekreuzigt werden sollte (vgl. Lk 19,11 und 28). Die Menschen meinten, das Reich Gottes werde sofort erscheinen (vgl. Lk 19,11). Deshalb erzählt ihnen Jesus das Gleichnis. In der Exegese herrscht weitgehend Konsens darüber, dass es sich beim vornehmen Mann, der in ein fernes Land reiste, um die Königswürde zu erlangen, um Archelaos, den ältesten Sohn von Herodes dem Grossen, handelt. Flavius Josephus berichtet im zweiten Buch seines Jüdischen Krieges ausführlich darüber.[421] Der 4 v. Chr. verstorbene Herodes hatte in seinem Testament festgelegt, Archelaos soll sein Nachfolger werden, falls der Kaiser in Rom das Testament bestätigen würde. Wie Josephus Flavius berichtet, ging nicht nur Archelaos nach Rom, sondern auch eine Delegation von Juden, die sich gegen den brutalen Archelaos als König aussprachen. Es kam ein Kompromiss heraus: Archelaos erhielt nur die Hälfte des Königsreichs, die andere erhielten dessen Brüder Philippos und Antipas. Weil sich Archelaos brutal benahm, wurde er beim Kaiser verklagt und von diesem 6 n. Chr. abgesetzt und nach Vienna in Südfrankreich verbannt.[422] Jesus konnte davon ausgehen, dass das seinen Zuhörern bekannt war.

Der vornehme Mann repräsentiert die ausbeuterische Logik der *Pax Romana*. Deshalb übergibt er seinen Dienern je eine Mine, damit sie mit dieser während seiner Abwesenheit Geschäfte machen (vgl. Lk 19,13). Nach seiner Rückkehr fordert er Rechenschaft von ihnen (vgl. Lk 19,15). Entsprechend der von ihm vertretenen Geldvermehrungslogik in der *Pax Romana* rühmt und belohnt er die ersten beiden Diener, die ihm zehn bzw. fünf Minen dazu erwirtschaftet haben (vgl. Lk 19,16–18). Im Namen dieser Geldvermehrungslogik beschimpft und bestraft er dann aber jenen anderen Diener, der nicht nur nichts hinzu erwirtschaftet hat, sondern ihm auch noch den Spiegel vorhielt: «Du hebst ab, was du nicht eingezahlt hast, und erntest, was du nicht gesät hast» (Lk 19,21). Der König bestätigt diese Einschätzung uneingeschränkt (vgl. Lk 19,22) und hält ihm vor: «Warum hast du dann mein Geld nicht auf die Bank gebracht? Dann hätte ich es bei der Rückkehr mit Zinsen abheben können»

---

420 Vgl. ausführlich dazu: Eigenmann, «Das Reich Gottes und seine Gerechtigkeit für Erde» 85–95.
421 Vgl. Flavius Josephus, Geschichte des jüdischen Krieges, Wiesbaden 1978, 141–158.
422 Vgl. ebd. 88 f.

(Lk 19,23). Weil sich der andere Diener der in der *Pax Romana* herrschenden Geldvermehrungslogik widersetzt hat, wird ihm auch noch die eine Mine weggenommen und jenem gegeben, der zehn dazu erwirtschaftet hat (vgl. Lk 19,24 f.). Dies mit der vom König vertretenen, letztlich zynischen, Begründung: «Wer hat, dem wird gegeben werden; wer aber nicht hat, dem wird auch noch weggenommen, was er hat» (Lk 19,26). Dass dieser König seinen Feinden schließlich den Tod ansagt, entspricht der in der *Pax Romana* herrschenden Ausbeutungs-, Gewalt- und Todeslogik.[423]

Mit diesem Gleichnis reagierte Jesus auf die Meinung der Menschen, das Reich Gottes werde sofort erscheinen (vgl. Lk 19,11). «Er unterläuft die Frage nach dem Wann, indem er mit dem Gleichnis deutlich macht, um welchen Preis das Reich Gottes bezeugt wird und kommt. Dieser Preis ist nicht mehr und nicht weniger als der Verlust auch noch des Restes von Besitz und sogar des Lebens. Wer wie der dritte Diener das ausbeuterische System in der *Pax Romana* durchschaut hat und sich ihm verweigert, droht nicht nur seinen Besitz, sondern auch sein Leben zu verlieren. [...] Das Gleichnis von den anvertrauten Minen kann deshalb nicht als Bestätigung einer geschäftstüchtigen Fleißethik oder als Rechtfertigung einer monetären Akkumulationslogik gelesen werden. Im Gegenteil, es ist die radikale Kritik solcher Vorstellungen und lädt dazu ein, sich diesen zu verweigern. [...] Mit [diesem] Gleichnis macht Jesus deutlich, dass das Reich Gottes als ein Reich des Lebens in Verhältnissen, die nicht dem Leben verpflichtet [...] sind, nur um den Preis von Hab und Gut, wenn nicht sogar um den Preis des eigenen Lebens bezeugt werden kann. Was Jesus mit dem Gleichnis [...] verkündet, wird im Lukasevangelium mit seinem eigenen Schicksal verknüpft.»[424] Wie der andere Diener im Gleichnis wird Jesus von der *Pax Romana* verworfen und wie die Feinde des deren Ausbeutungs- und Gewaltlogik vertretenden Königs niedergemacht, und zwar am Kreuz.

Vor dem Hintergrund dieser Erläuterungen soll exemplarisch auf zwei – auch unter ökumenischer Rücksicht – repräsentative Auslegungen dieses Gleichnisses hingewiesen werden, die dessen historischen und textlichen Kontext gar nicht oder zu wenig ernst nehmen. Der (römisch-katholische) Stuttgarter Kommentar unterstellt eine Analogie zwischen dem «Mann von vornehmer Herkunft» (Lk 19,13)

---

423 Vgl. Wengst, Pax Romana.
424 Eigenmann, «Das Reich Gottes und seine Gerechtigkeit für die Erde» 92.

und Jesus, wenn er erklärt: «So wird Jesus [...] von Gott seine *Königswürde erlangen* und erst bei seiner Wiederkunft von dort seine Herrschaft [...] ganz und endgültig aufrichten.»[425] Zustimmend und die Denkweise des Königs im Gleichnis übernehmend erklärt der Kommentar: «Wenn Jesus als ‹König› wiederkommt, werden seine Jünger vor ihm Rechenschaft ablegen müssen. [...] Es wird voll akzeptiert, dass nicht jeder [...] den gleichen hohen Gewinn erwirtschaften konnte [...]; aber hart hergenommen wird der, der sich dem zugemuteten Risiko (vgl. V. 13 [Macht Geschäfte damit, bis ich wiederkomme]) einfach entzogen hat.»[426]

Auch der (evangelisch-reformierte) Kommentar zur Zürcher Bibel geht von einer Analogie zwischen dem Mann von vornehmer Herkunft und Jesus aus, wenn er feststellt: «Jesu Ankunft in Jerusalem ist mit Leiden verbunden; er geht zum Vater, der ihn mit der Königswürde salbt (Apg 2,36), aber er kommt wieder zurück [...]. Zuvor werden *Knechte* (eine Gemeinde?) belehnt und beauftragt, mit dem Anvertrauten gut zu wirtschaften.»[427] Zum anderen Diener heißt es: «Er ist nur darauf versessen, die Gebote zu erfüllen und sieht nicht das ihm entgegengebrachte Vertrauen. Der Herr kritisiert vor allem seine unausgesprochene Meinung, im Grunde das Richtige getan zu haben. [...] Hätte er nicht zumindest das Gerechte tun müssen, das auch in einem Klima des Misstrauens und Nachrechnens möglich ist?»[428]

Diese beiden Auslegungen des Gleichnisses von den anvertrauten Minen sowie ähnliche andere[429] *de*kontextualisieren dieses einerseits und *re*kontextualisieren es andererseits. Drei Kontexte des Gleichnisses werden übergangen: Der *historische* (Bezug zu Archelaos), der *innertextliche* (Jesus ist auf dem Weg nach Jerusalem ans Kreuz und der andere Diener wird wie Jesus von der *Pax Romana* verworfen) der *kanonisch-biblische* (dem torafrommen Jesus wird entgegen dem Zinsverbot in Ex 22,24, Lev 25,36 f. und Dtn 23,20 f. der Rat unterstellt, die Mine zinstragend auf die Bank zu bringen). Dieser *De*kontextualisierung in Bezug auf die *Pax Romana* entspricht eine *Re*kon-

---

425 Stuttgarter Neues Testament. Einheitsübersetzung mit Kommentar und Erläuterungen, Stuttgart ²2004, 161 (Hervorhebung im Original).
426 Ebd. 162.
427 Evangelisch-reformierte Landeskirche des Kantons Zürich (Hrsg.), Erklärt – Der Kommentar zur Zürcher Bibel, Band 3, Zürich 2010, 2154 (Hervorhebung im Original).
428 Ebd.
429 Vgl. Gerhard Schneider, Das Evangelium nach Lukas. Kapitel 11–24 (Ökumenischer Taschenbuchkommentar zum Neuen Testament, Band 3/2), Gütersloh/Würzburg 1977, 378–382.

textualisierung in Bezug auf die *Pax Capitalistica*. Die im Gleichnis bezeugte Kritik an der ausbeuterischen *Pax Romana* wird zur Bestätigung der Kapitalakkumulationslogik der *Pax Capitalistica* verkehrt. Die Verkehrung geschieht dadurch, dass nicht die *Pax Capitalistica* im Licht der biblisch bezeugten *Pax regni Dei* beurteilt wird, sondern dass umgekehrt die fetischartige Logik der *Pax Capitalistica* die Lektüre eines biblischen Textes normiert. Grundlage einer solchen Verkehrung ist die Hermeneutik der Korrespondenz von *Termini* statt einer Hermeneutik der Korrespondenz von *Relationen*. Eine Hermeneutik der Korrespondenz von Relationen erfordert nicht nur, biblische Texte in ihrem *damaligen* Kontext wahrzunehmen, sondern auch den *heutigen* Kontext zu analysieren und die eigene Position darin kritisch zu reflektieren. Ohne ein kontextbezogenes Verständnis von Texten und deren Rezeption werden biblische Texte wörtlich statt ernst genommen.[430] Diese verkehrte Auslegung des Minengleichnisses ist Moment der Verkehrung der biblisch bezeugten Reich-Gottes-Bewegung in die imperial-kolonisierende Christenheit.

5.3 Reich-Gottes-verträgliche Ansätze im Konziliaren Prozess, im Bekenntnis von Accra und bei Papst Franziskus

Auch in der hegemonialen Orthodoxie christlicher Provenienz gibt es seit einiger Zeit kirchenamtliche Ansätze der Rückkehr hinter die Konstantinische Wende, die sich am prophetisch-messianischen

---

[430] Insofern das in Werken geschieht, die hohen Ansprüchen zu genügen beanspruchen, muss dies als unwissenschaftlich qualifiziert werden. So heißt es in einem Buch, das selbst zur Abfassung von Dissertationen anleiten will: «Und Lukas beschließt das Gleichnis von den anvertrauten Minen mit dem Befehl des Königs, seine Feinde umzubringen (Lk 19,27). Dies [ist] nur [ein] Beispiel für harte Vorstellungen von Gott, und sie zeigen, daß dieser Zug nicht auf das AT alleine beschränkt ist» (Georg Fischer, Wege in die Bibel. Leitfaden zur Auslegung, Unter Mitarbeit von Boris Repschinski und Andreas Vonach, Stuttgart ⁴2011, 162 f.). Die Problematik eines solchen Umgangs mit biblischen Texten ist auch in Methoden der Erwachsenenbildung und der Gemeindearbeit enthalten, die sowohl die Entstehung biblischer Texte *damals* wie deren Lektüre *heute* ohne kritische Reflexion des *damaligen* bzw. des *heutigen* Kontextes betreiben. Dazu gehört die weit verbreitete sog. *Sieben-Schritt- oder Lumko-Methode* (vgl. Anneliese Hecht, Zugänge zur Bibel. Methoden für Gruppen. Schnupperkurs, Stuttgart ²2003, 30–33). In dieser und in anderen Methoden stellt der biblische Text höchstens eine Projektionsfläche für eigene Befindlichkeiten dar. Auch wenn bei der Anwendung solcher Methoden den Teilnehmenden nicht grundsätzlich jede Ernsthaftigkeit abgesprochen werden soll, besteht doch die Gefahr, biblische Texte zur Pflege eines bequemen Wohlfühlchristentums zu missbrauchen. Dazu ließ sich Jesus von Nazaret allerdings nicht am Kreuz hinrichten!

Ursprung orientieren und einer Reich-Gottes-Verträglichkeitsprüfung[431] standhalten.

5.3.1 Konziliarer Prozess für Gerechtigkeit, Frieden und Bewahrung der Schöpfung

Zum einen ist es der inzwischen ökumenisch breit abgestützte Konziliare Prozess für Gerechtigkeit, Frieden und Bewahrung der Schöpfung.[432] Die erste Versammlung im Rahmen dieses Prozesses fand vom 15.–21. Mai 1989 in Basel unter dem Motto *Frieden in Gerechtigkeit* statt. Sie wurde gemeinsam von der *Konferenz der Europäischen Kirchen* (KEK) und vom Rat der *Europäischen Bischofskonferenzen* (CCEE) veranstaltet. In ihrer Botschaft[433] an die Christen Europas stellt die Versammlung fest: «Millionen von Männern, Frauen und Kindern gehen in Armut, Hunger und Kriegen zugrunde. Fundamentalste Menschenrechte werden ständig verletzt. Pflanzen- und Tierarten werden unwiederbringlich ausgerottet. Unser aller Leben und das der nachkommenden Generationen ist heute in Frage gestellt» (Botschaft Nr. 2). In dieser Botschaft positioniert sich die Versammlung im Sinne des prophetisch-messianischen Christentums, wenn sie erklärt: «Lasst uns unmissverständlich bezeugen, dass Christus selber in denen leidet, deren Würde mit Füßen getreten wird; lasst uns ihm nachfolgen, indem wir uns auf die Seite der Unterdrückten, Entrechteten und Gefolterten stellen» (Botschaft Nr. 4). Das umfangreiche Schlussdokument[434] folgt in seinem Aufbau dem Dreischritt Sehen – Urteilen – Handeln (vgl. Nr. 6). Es spricht von den vielfältigen Herausforderungen durch die Bedrohungen von Gerechtigkeit (vgl. Nr. 9 und 10), Frieden (vgl. Nr. 11) und der Umwelt (vgl. Nr. 12 und 13). Es weiß um das Versagen der Christen

---

431 Zum Verständnis dieser Kategorie und den Kriterien einer solchen Prüfung vgl. Eigenmann, «Das Reich Gottes und seine Gerechtigkeit für die Erde» 158–164 und ders., Kirche in der Welt dieser Zeit 197–203.
432 Er geht auf einen Beschluss des Ökumenischen Rates der Kirchen in Vancouver/Kanada im Jahre 1983 zurück. «Dort wurde von der *Vollversammlung des Ökumenischen Rates der Kirchen* die Empfehlung ausgesprochen, dass die Kirchen in einen ‹konziliaren Prozess gegenseitiger Verpflichtung (Bund) für Gerechtigkeit, Frieden und Bewahrung der Schöpfung› eintreten sollten» (Frieden in Gerechtigkeit. Dokumente der Europäischen Ökumenischen Versammlung. Herausgegeben im Auftrag der Konferenz Europäischer Kirchen und des Rates der Europäischen Bischofskonferenzen, Basel/Zürich 1989, 9).
433 Vgl. ebd. 39–41.
434 Vgl. ebd. 43–84.

(vgl. Nr. 43) und ist davon überzeugt, dass «[d]er wahre Glaube an Christus [...] immer ein persönlicher, aber nie ein privater [...] ist» (ebd.). Deshalb fordert es eine umfassende Umkehr zu Gott. Diese versteht es als vielfältige Verpflichtung, eine Gesellschaft aufzubauen, «[...] *in der die Menschen gleiche Rechte besitzen und in Solidarität leben*» (Nr. 45). «Zu diesem Engagement gehören das Hinwirken sowohl auf *persönliche Erneuerung wie auf die Veränderung der Strukturen;* dies sind zwei Seiten derselben Medaille» (Nr. 71). Es wird «dringend eine neue Weltwirtschaftsordnung» (Nr. 84) gefordert, zu der auch der «[...] Erlass der *Schulden* für die ärmsten Entwicklungsländer [gehört]» (ebd.). Im letzten Abschnitt des Dokuments heißt es: «Wir beten, dass Gottes Wille geschehe ‹wie im Himmel, so auf der Erde› (Mt 6,10)» (Nr. 100).

5.3.2 Ein *Processus confessionis* des Reformierten Weltbundes

Zum anderen ist es der vom Reformierten Weltbund 1997 in Debrecen (Ungarn) angestoßene und später auf den Ökumenischen Rat der Kirchen und den Lutherischen Weltbund ausgedehnte *processus confessionis* über die Frage, ob die Anerkennung des gegenwärtig herrschenden neoliberalen Kapitalismus mit dem christlichen Glauben vereinbar sei.[435] Anlässlich seiner Generalversammlung 2004 in Accra/Ghana ging der Reformierte Weltbund in dem als *Bekenntnis von Accra* bezeichneten Text eine Glaubensverpflichtung ein.

Im Wissen um die eigene Mitschuld an den gegenwärtigen Verhältnissen (vgl. Nr. 34) weist das Bekenntnis auf alarmierende Zeichen der Zeit in einer skandalösen Welt hin: So u. a. auf den Tod von täglich 24'000 Menschen als Folge von Armut und Unterernährung, die Schuldenbelastung armer Länder (vgl. Nr. 7), das Aussterben von Tier- und Pflanzenarten, klimatische Veränderungen und die Gefährdung der Trinkwasservorräte (vgl. Nr. 8). «Diese Krise steht in

---

435 «Als Antwort auf den drängenden Appell der Mitgliedskirchen im Südlichen Afrika, die sich 1995 in Kitwe trafen, und in Anerkennung der wachsenden Dringlichkeit, sich der globalen wirtschaftlichen Ungerechtigkeit und ökologischen Zerstörung anzunehmen, forderte die 23. Generalversammlung (Debrecen, Ungarn 1997) die Mitgliedskirchen des Reformierten Weltbundes auf, in einen Prozess der ‹Erkenntnis, der Aufklärung und des Bekennens› (processus confessionis) einzutreten. Die Kirchen [...] hörten [...] die Schreie ihrer Brüder und Schwestern rund um den Erdkreis und wurden sich bewusst, in welchem Ausmaß die Schöpfung – Gottes Geschenk – bedroht ist» («Bekenntnis von Accra», http://wcrc.ch/de/bekenntnis-von-accra/, Nr 1).

direktem Verhältnis zur Entwicklung der neoliberalen wirtschaftlichen Globalisierung» (Nr. 9). Angesichts dieser Zeichen der Zeit, aufgrund der Einschätzung der absoluten Gefolgschaft der neoliberalen Ideologie als Götzendienst (vgl. Nr. 10) und der Überzeugung, dass mit der Anerkennung des heute geltenden «[...] System[s] der neoliberalen wirtschaftlichen Globalisierung [...] die Integrität [des] Glaubens auf dem Spiel steht» (Nr. 16), formuliert das *Bekenntnis von Accra* ein siebenfaches Nein. Ein «[...] Nein zur gegenwärtigen Wirtschaftsordnung, wie sie uns vom globalen neoliberalen Kapitalismus aufgezwungen wird» (Nr. 19); ein «[...] Nein zur Kultur des ungebändigten Konsumverhaltens, der konkurrierenden Gewinnsucht und der Selbstsucht des neoliberalen globalen Marktsystems [...]» (Nr. 20); ein «[...] Nein zur unkontrollierten Anhäufung von Reichtum und zum grenzenlosen Wachstum» (Nr. 22); ein «[...] Nein zu jeder Ideologie und jedem wirtschaftlichen Regime, das den Profit über die Menschen stellt, das nicht um die ganze Schöpfung besorgt ist und jene Gaben Gottes, die für alle bestimmt sind, zum Privateigentum erklärt» (Nr. 25); ein «[...] Nein zu jeder Theologie, die den Anspruch erhebt, dass Gott nur auf der Seite der Reichen stehe, und dass Armut die Schuld der Armen sei» (Nr. 27); ein «Nein zu jeder kirchlichen Praxis oder Lehre, die die Armen und die Bewahrung der Schöpfung in ihrer Missionsarbeit nicht berücksichtigt» (Nr. 29); ein «[...] Nein zu jedem Versuch, im kirchlichen Leben Gerechtigkeit und Einheit voneinander zu trennen» (Nr. 31). Das *Bekenntnis von Accra* schließt mit der Erklärung «[...] dass wir uns verpflichten, unsere Zeit und unsere Energie darauf zu verwenden, die Wirtschaft und die Umwelt zu verändern, zu erneuern und wiederherzustellen damit das Leben zu wählen, auf dass wir und unsere Nachkommen leben können (5. Mose 30,19)» (Nr. 42).

5.3.3 Papst Franziskus

Zum dritten sind es Aussagen von Papst Franziskus. «Ein bislang zentrales und durchgängiges Motiv in den Äußerungen von Papst Franziskus ist seine Götzen- und Fetischkritik, [...] zum ersten Mal in seiner Ansprache an einige beim Heiligen Stuhl akkreditierte

Botschafter.»[436] Darin sprach er von «[...] neue[n] Götzen» [und vom] Fetischismus des Geldes [...]»[437]. In einem Interview im spanischen Fernsehen sagte er, wir hätten «[...] das Geld zu Gott gemacht. Wir sind einer Sünde des Götzendienstes verfallen, dem Götzendienst des Geldes»[438]. In seinem Apostolischen Schreiben *Evangelii gaudium* (Freude des Evangeliums) fordert er angesichts der «Herausforderungen der Welt von heute» ein vierfaches Nein: «Nein zu einer Wirtschaft der Ausschließung [...], [die] tötet» (EG 53); «Nein zur neuen Vergötterung des Geldes» (Titel EG 55) und Absage an den «Fetischismus des Geldes» (EG 55); «Nein zu einem Geld, das regiert, statt zu dienen» (Titel EG 57); «Nein zur sozialen Ungleichheit, die Gewalt hervorbringt» (Titel EG 59). Das vierte Kapitel des Schreibens ist überschrieben mit *Die soziale Dimension der Evangelisierung*. Gleich zu Beginn stellt Franziskus fest: «Evangelisieren bedeutet, das Reich Gottes in der Welt gegenwärtig machen» (EG 176), und bezieht sich im Folgenden mehrmals auf das Reich Gottes (vgl. EG 180, 181, 197, 199, 278, 288). Er lässt sich von der Option für die Armen leiten, wenn er «[d]ie gesellschaftliche Eingliederung der Armen» (Titel EG 186) fordert und mit Bezug auf die Offenbarung des Herrn gegenüber Mose (vgl. Ex 3,7–8.10) erklärt: «Jeder Christ und jede Gemeinschaft ist berufen, Werkzeug Gottes für die Befreiung und die Förderung der Armen zu sein, [was voraussetzt], dass wir den Schrei der Armen [...] hören und ihm zu Hilfe kommen» (EG 187; vgl. 191, 193, 197). Zeichen dafür, dass die Schönheit des Evangeliums zum Ausdruck gebracht wird, ist seines Erachtens «die Option für die Letzten, für die, welche die Gesellschaft aussondert und wegwirft» (EG 195; vgl. 199). Franziskus erinnert an die universale Bestimmung der Güter, die älter ist als der Privatbesitz (vgl. EG 189) und spricht von der «[...] Notwendigkeit, die strukturellen Ursachen der Armut zu beheben» (EG 202) und «[...] die Probleme der Armen [...] von der Wurzel her [zu lösen] [und] auf die absolute Autonomie der Märkte und der Finanzspekulation [zu] verzicht[en]» (EG 202). Mit diesen Positionen kehrt Franziskus zum Zweiten Vatikanum zurück und nimmt zentrale Anliegen der von diesem inspirierten Theologie der Befreiung auf. «[S]eine Kritik am Kapitalismus [steht] in der Tradition der befreiungstheologischen Götzenkritik der acht-

---

436 Füssel/Ramminger, Kritik des Götzendienstes und des Fetischismus in der Theologie der Befreiung und bei Papst Franziskus 123.
437 Ebd.
438 ebd. 124.

ziger Jahre [...].»[439] Damit erweist er sich als Zeuge des vorkonstantinisch-authentischen, prophetisch-messianischen Christentums.[440]

Schluss

Das Christentum, das sich seinem biblisch bezeugten Ursprung verpflichtet weiß, müsste gegen Poppers antiutopische und antihumane Verkehrung des Himmels in die Hölle an der von Jesus den Seinen hinterlassenen Bitte festhalten: «Unser Vater im Himmel, geheiligt werde dein Name, dein Reich komme, dein Wille geschehe wie im Himmel, so auf der Erde» (Mt 6,9). Glaubwürdig ist diese Bitte, wenn jene, die sie aussprechen, *glauben*, worum sie bitten, wenn sie *bekennen*, was sie glauben, wenn sie *lehren*, was sie bekennen und wenn sie *leben*, was sie lehren, nämlich: «[D]ein Reich komme, dein Wille geschehe wie im Himmel, so auf der Erde.» Gottes Reich soll kommen – als himmlischer Kern des Irdischen –, damit nicht weiterhin sanktioniert werde «[...] die ungerechte Verteilung der irdischen [...] und die gerechte Verteilung der überirdischen Güter [...]»[441].

---

439 Ebd. 126.
440 Vgl. Eigenmann, Von der Christenheit zum Reich Gottes 228–241.
441 Bloch, Atheismus im Christentum 40. Bloch bezieht sich dabei auf Bertolt Brechts «Mahagonny», wo zwei Gruppen mit Spruchbändern aufmarschieren, «[...] die einen: ‹Für die gerechte Verteilung der überirdischen Güter›, die anderen: ‹Für die ungerechte Verteilung der irdischen Güter›» (ebd. 19).

Anhang

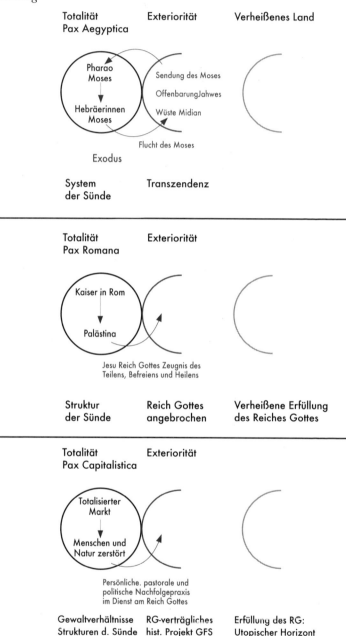

Joseph Thali-Kernen

NEUAUSRICHTUNG DER PRAXIS IN DEN PFARREIEN

Die Befreiungstheologie als Katalysator

1. Einleitung

Zuerst als Pastoralassistent und Jugendseelsorger im Kleinbasel und dann dreißig Jahre als Gemeindeleiter von drei verschiedenen Pfarreien war ich teilnehmender «Schüler» an den befreiungstheologischen Seminaren in La Roche im Kanton Freiburg. Unsere wichtigsten «Lehrer» waren Dr. Kuno Füssel, Dr. Urs Eigenmann und Dr. Franz Hinkelammert. Wir trieben Befreiungstheologie ganz im Sinne des fragenden Buches von Leonardo und Clodovis Boff: *Wie treibt man Theologie der Befreiung?*[1] Wir lasen intensiv die Bibel und versuchten, die Offenbarung des Johannes, den Thessalonicherbrief oder das Johannesevangelium materialistisch und sozialkritisch zu lesen und zu interpretieren. Globales und lokales Geschehen in Ökonomie und Politik wurden analysiert. Die drei Theologen und Sozialwissenschaftler konfrontierten uns mit ihren Analysen und Interpretationen.

2. Die eigene pastorale Praxis hinterfragen

Wir haben miteinander auch unsere eigene Praxis im beruflichen und privaten Alltag kritisch hinterfragt und daraus entsprechende Handlungsmaximen entwickelt. Etwas plakativ gesagt, verdichtete sich die Frage nach unserem Handeln vor Ort immer wieder in der Frage, ob es möglich ist, in dieser unserer Welt «[...] von der Weisheit Gottes her zu sehen und zu leben und dadurch die Wahrheit aus der Gefangenschaft zu befreien und das Gesetz Gottes zurückzugewinnen»[2].

1 Vgl. Leonardo und Clodovis Boff, Wie treibt man Theologie der Befreiung?, Düsseldorf 1986.
2 Franz J. Hinkelammert, Der Fluch, der auf dem Gesetz lastet. Paulus von Tarsus und das kritische Denken, Luzern 2011, 73.

Urs Eigenmann redet in seinem Reich-Gottes-Buch von der Reich-Gottes-Verträglichkeit der Kirche.³ Es ist die Frage nach dem Hier und Jetzt und nicht nach dem Jenseits. Zusammen mit Menschen vor Ort, in der Jugendarbeit und in den Pfarreien habe ich versucht, dies und das zurückzugewinnen oder neu auszurichten, Initiativen zu ergreifen und umzusetzen.

Im Folgenden soll anhand von vier exemplarischen Beispielen erzählt und erläutert werden, was möglich war. Es ist je ein Beispiel aus einer der vier Grundfunktionen Katechese/Bildung, Diakonie, Liturgie/Verkündigung und Koinonie, wie sie Urs Eigenmann entwickelt hat.⁴ Wir wollten in allen Bereichen für uns und die Teilhabenden erfahrbar und sichtbar machen, dass menschliches Zusammenleben jenseits von Ausbeutung, Herrschaft und Krieg möglich sein kann. Es ging uns immer um das Leben und seine Ermöglichung gegen die Tod bringenden und globalisierten Strukturen der Weltökonomie und Weltpolitik. Worte und hehre Ziele, ja. Und doch in kleinen Schritten, vollzogen im ganz gewöhnlichen Alltag, erfüllend und bewegend. Der Dank gilt allen Menschen, die das trugen und tragen und umsetzen bis heute. Menschen, die ermutigt haben und weiterhin Mut machen oder, wie es in einem Musicallied der Jugendarbeit in St. Josef Basel tönt, das ein guter Freund damals getextet hat: «Wenn jemand sagt: Ich habe dich gerne, ich finde dich ehrlich gut, dann kriege ich eine Hühnerhaut und auch ein wenig Mut.»⁵ Oder wie Franz Hinkelammert formuliert: «Ich selbst sein bedeutet vielmehr: ich bin, wenn du bist.»⁶ Und dies entgegen der Devise: «Ich lebe, wenn ich dich besiege.»⁷

---

3 Vgl. Urs Eigenmann, «Das Reich Gottes und seine Gerechtigkeit für die Erde». Die andere Vision vom Leben, Luzern 1998, 184–189; vgl. ders, Kirche in der Welt dieser Zeit. Praktische Theologie, Zürich 2010, 258–263.
4 Vgl. Urs Eigenmann, Am Rand die Mitte suchen. Unterwegs zu einer diakonischen Gemeindekirche der Basis, Luzern 1990, 69–121; vgl. ders., Kirche in der Welt dieser Zeit 225–258.
5 Vgl. Dialektfassung: Markus Harzenmoser, s'Kindermuetmachlied, in: Musical Stilbruch. Es Spiil underem Rägeboge mit Kinder und Jugendlichen vo St. Joseph (masch. Manuskript); Original: Text und Musik Andreas Ebert, Rechte bei Hänssler-Verlag Stuttgart.
6 Franz J. Hinkelammert, Gründungsmythos Brudermord oder warum Religionskritik unentbehrliche Voraussetzung für Ideologiekritik ist, in: Franz J. Hinkelammert/Urs Eigenmann/Kuno Füssel/Michael Ramminger, Die Kritik der Religion. Der Kampf für das Diesseits der Wahrheit, Münster 2017, 11–59, hier: 54.
7 Ebd. 30.

3. Katechese

3.1 Die Feier der Eucharistie: Eine neue Ordnung

Immer nach Ostern feiern nach wie vor landauf und landab viele Kinder mit ihren Familien das Fest der Erstkommunion. Die katechetische Herausforderung für die Hinführung der Kinder und die bildende Begleitung der Eltern ist die Frage, wie wir im Teilen des Brotes in der Eucharistie den Kindern und ihren Angehörigen die Augen öffnen für eine Welt voller Hunger und Elend. Für eine Welt, in der Millionen von Kindern der Platz streitig gemacht wird. Welche Symbolhandlungen verstärken die Erkenntnis, dass das Teilen des Brotes in der Eucharistie am Altar nur dann nicht zum Götzendienst verkommt, wenn das Teilen auch im Alltag geschieht und die liturgische Feier in eine weltliche Praxis mündet, durch die jede und jeder Platz bekommt oder hat?

Das Einüben der prophetischen und messianischen Praxis beginnt mit der Auswahl und der Bearbeitung der biblischen Texte. Eine solche Erzählung ist das Gleichnis vom Festmahl bei Lukas (vgl. Lk 14,15–24). Nachdem sich die Eingeladenen reihenweise abmelden oder entschuldigen, verwandelt sich das Fest. Eingeladen werden nun alle, die irgendwie erreichbar sind. Und weil es immer noch Platz hat, werden auch jene geholt, die bereits draußen sind und eigentlich gar nicht mehr dazu gehören. Franz Hinkelammert schreibt dazu: «Weil niemand ausgeschlossen und jede und jeder als Subjekt anerkannt wird, zerfallen die Objektivierungen, lösen sich die Normen auf und lässt sich teilen, was vorhanden ist, was man braucht und was Freude macht. Sobald man sich gegenseitig anerkennt, ist alles im Fluss.»[8]

Eine prophetisch messianische Praxis erinnert an das, was gläubige Jüdinnen und Juden mit der jährlichen Feier der Befreiung aus der ägyptischen Sklaverei erinnerten. Bei dieser Feier, dem Sederabend, ist das jüdische Haus wie ein königliches Schloss. Und Elija, der berühmte Prophet, wird nicht vergessen. Für ihn wird ein Stuhl frei gelassen und ein Gedeck bereitgestellt. Übersetzt bedeutet dies ja eigentlich nichts anderes als: Es hat immer noch Platz! In der Erzählung vom Festmahl bei Lukas sagt der Hausherr, alle seien ein-

---

8 Franz J. Hinkelammert, Kritik der utopischen Vernunft. Eine Auseinandersetzung mit den Hauptströmungen der modernen Gesellschaftstheorie, Luzern/Mainz 1994, 286.

geladen. Niemand soll vor der Tür bleiben, und es hat immer noch Platz. Einer seiner Diener sagt ihm, nachdem er bereits die Armen, Blinden, Gelähmten und Verkrüppelten eingeladen und geholt hatte, es hätte immer noch Platz. So bedeutet das ja eigentlich für uns, in der Nachfolge Jesu so zu leben, dass jede und jeder Platz hat. Messianische und prophetische Praxis meint, dafür Sorge zu tragen, dass es immer noch freie Plätze hat wie am Sederabend, oder eben das Fest so zu gestalten, damit es immer noch Platz hat.

Es gibt diese Ethik auch universal. So beschreibt Franz Hinkelammert die aufständischen Zapatistas in der mexikanischen Provinz Chiapas, die gefragt wurden, welches Projekt einer neuen Gesellschaft sie sich vorstellen würden: «*Una sociedad en la cual caben todos.* – Eine Gesellschaft, in der alle Platz haben.»[9] Der Platz ist da so und dort so. «Ein solches Projekt impliziert durchaus eine universale Ethik. Es schreibt aber keine universalistischen Prinzipien vor. Weder universalistische allgemeine Normen noch universal geltende Produktionsverhältnisse werden vorgeschrieben.»[10] Die Zapatisten aus dem Lakadonischen Urwald Mexikos formulieren das so: «*Un mundo donde quepan muchos mundos* – Eine Welt, in der viele Welten Platz haben.»[11]

3.2 Die Katechese der Eucharistie: Ein Stuhl für jeden und jede

Wie können wir das Teilen des Brotes in der Eucharistie so gestalten, dass diese biblische und befreiende Theologie zum Ausdruck kommt? Ein exemplarisches Beispiel möge dies verdeutlichen.[12] Neben Bibelarbeit und befreiender Pflege des Brauchtums haben wir mit den Kindern und mitarbeitenden Eltern an mehreren Kurstagen einen realen Stuhl gestaltet, bemalt und dekoriert. Mit diesem Stuhl sind die Kinder am Festtag der Erstkommunion in die Kirche eingezogen. Sie haben ihre Stühle im Altarraum aufgestellt und sich darauf gesetzt. Mit leuchtenden und stolzen Augen blickten sie in die Runde der vollbesetzten Kirche. Gleichzeitig habe ich, noch beim Eingang

---

9 Franz J. Hinkelammert, Kultur der Hoffnung. Für eine Gesellschaft ohne Ausgrenzung und Naturzerstörung, Mainz/Luzern 1999, 171.
10 Ebd.
11 https://www.chiapas.eu
12 Vgl. Joseph Thali, JedeR ist Königin. Befreiende Rückgewinnung religiöser Zeichen im Jahreskalender, Schorndorf 2015, 45–49.

der Kirche stehend, einen riesigen Erdball in die Höhe gestemmt, mit Hilfe bereitstehender Gottesdienstbesucher. Dann habe ich den Ball über die Köpfe der Menschen, die mit ihren erhobenen Händen tragend mithalfen, in den Altarraum geschickt. Es soll so sein, dass alle Platz auf dieser Welt bekommen, weil wir wissen, dass es noch genügend Platz hat. Sei es nun wie beim leeren Stuhl des Elija am Sederabend oder beim Festmahl, zu dem auch noch die, die ganz am Rande sind, dazukommen, oder eben bei dieser Eucharistie, in der jedes Kind einen Sitzplatz hat.

In der Feier sind die Sachzwänge der Sprache aufgehoben. In der Schule lernen die Kinder Deutsch, und politisch wird in der Schweiz darüber gestritten, was als zweite Fremdsprache gelernt werden muss. Französisch als eine der Landessprachen oder Englisch, die Sprache des Marktes und der globalisierten Strukturen des Marktes. Die Symbolkraft des Stuhles und des im Erdball symbolisierten Globus verstehen alle. Aus der gegenseitigen Anerkennung aller Subjekte kann Solidarität entstehen. In den bittenden Gebeten der Feier kommen alle Sprachen der feiernden Gemeinde zum Ausdruck: Kroatisch, Italienisch, Spanisch, Ukrainisch, Indisch, Portugiesisch und Slowakisch. Solidarität wird zu einer Bedingung des Überlebens und braucht eine neue Praxis, eine neue Ordnung.

4. Diakonie

4.1 *Kongo Espoir* im Lichte des Geschwistermordes

1972 erlebte ich Erzbischof Dom Helder Camara bei einer Rede an der Universität Freiburg im Breisgau. Das Militärregime in Brasilien versuchte ihn mundtot zu machen. In dieser Zeit trat er in den wichtigsten Städten Westeuropas auf, als mahnender und anklagender Prophet im Kampf für soziale Gerechtigkeit. Seine Prophetie wurde plakativ veröffentlicht im *Gebet für die Reichen*. Darin ist ein Zitat aus einer Rede in Bonn im Jahre 1970 zu finden: «Haben wir den Mut, die Parallele zuzugeben, auch wenn sie etwas beschämend ist: So wie in den Entwicklungsländern eine kleine Gruppe Reicher ihren Reichtum auf Kosten von Millionen ihrer Mitbürger genießt, so erkaufen auf Weltebene die Supermächte ihren Reichtum mit dem Elend der armen Länder.»[13]

In den Jahren der weltweiten Auftritte von Helder Camara wurde in der Schweiz die *Erklärung von Bern*[14] gegründet, heute *Public Eye*. Wer die Erklärung unterzeichnete oder ihr als Mitglied beitrat, verpflichtete sich, rund drei bis fünf Prozent seines Einkommens abzugeben für die Erklärung oder ein Hilfswerk, das in der Entwicklungshilfe tätig ist. Wörtlich steht in der 1968 veröffentlichten Erklärung: «Wenn die heute reichen Völker größtenteils von der jüdisch-christlichen Tradition geprägt worden sind, so verdanken sie ihre Entwicklung und ihren sozialen Fortschritt zum Teil dieser geistigen Befreiung, zum andern Teil aber auch den oft miserablen Bedingungen, unter denen andere Völker für sie haben arbeiten müssen. Heute können die Christen [und Christinnen, J. T.] nicht länger für sich allein reich bleiben wollen, ohne damit Verrat am Evangelium zu begehen; sie müssen bewusst und aus freiem Willen der eigenen Prosperität eine Grenze ziehen, damit alle Menschen – und nicht zuletzt die Christen [und Christinnen, J. T.] selbst! – ihre menschliche Berufung verwirklichen können. Viele Nicht-Christen, die oft leidenschaftlicher als die Christen [und Christinnen, J. T.] für soziale Gerechtigkeit gekämpft haben, sehen heute in diesem Kampf den Sinn ihres Lebens.»[15]

Public Eye ist heute eine weltweit anerkannte Nichtregierungsorganisation, die profiliert auftritt und interveniert zugunsten der Ärmsten, der Ausgebeuteten und Verachteten dieser Erde in den Parlamenten oder bei transnationalen Firmen. Mit eigenen Recherchen werden Zusammenhänge der Abhängigkeit, der Steuerhinterziehung und der Ausbeutung der reichsten Länder im Süden thematisiert. So in der erstmaligen Thematisierung der Rolle der Schweiz als wichtigste Drehscheibe für den Rohstoffhandel mit dem Buch *Rohstoff, das gefährlichste Geschäft der Schweiz*[16]. Dom Helder Camara als Persönlichkeit und die damalige *Erklärung von Bern*, die von

---

13 Helder Camara, Gebet für die Reichen, Zürich o. J.
14 Vgl. Anne-Marie Holenstein, Vom Manifest der Theologen zur politischen Praxis, in: Anne-Marie Holenstein/Regula Renschler/Rudolf Strahm, Entwicklung heißt Befreiung. Erinnerungen an die Pionierzeit der Erklärung von Bern (1968–1985), Zürich 2008, 13–76.
15 Die Erklärung von Bern. Die Schweiz und die Entwicklungsländer (vom 14. Januar 1968 und 10. März 1968), in: Holenstein/Renschler/Strahm, Entwicklung heißt Befreiung, 325–327, hier: 327.
16 Erklärung von Bern (Hrsg.), Rohstoff. Das gefährlichste Geschäft der Schweiz, Zürich 2011.

reformierten Theologen und Theologinnen[17] gegründet wurde, nahmen wir als Impulsgeber auf an der Basis. Zuerst als Studierende und dann in der pastoralen Praxis in der Jugendarbeit und in den Pfarreien. An meinem ersten Arbeitsplatz in Basel war ich beteiligt an der Gründung der Basisgemeinschaft St. Josef Basel. Ein Merkmal unserer Praxis war die Verpflichtung, etwas von unserem Einkommen für Entwicklungshilfe im Süden abzugeben und entsprechende Bewusstseinsbildungsarbeit bei uns zu machen.

Gleiches verwirklichte ich zusammen mit der Basisgruppe in der Pfarrei St. Paul in Rothrist. In der Pfarrei Rothrist feierte in den Jahren 1986–87 ein kongolesischer Priester, der damals an der Universität Fribourg seine Doktorate in Philosophie und Theologie machte, an vielen Sonntagen mit der Gemeinde Eucharistie. So entstanden Kontakte und Beziehungen in den Kongo. Jahre später, nachdem der mittlerweile doppelt promovierte Priester Joseph Kalamba zurückgekehrt war nach Zaire, wie das Land damals noch hieß, bat er uns um materielle Hilfe für den Aufbau von minimalen und menschenwürdigen Einrichtungen in der Bildung, im Gesundheitswesen und in der Landwirtschaft in der Provinz Kasai und in der Diözese Luiza. Als Gemeindeleiter der Pfarrei St. Paul in Rothrist brachte ich das Anliegen von Abbé Joseph Kalamba in die pastoralen Leitungsorgane und die örtliche Basisgruppe ein. Das löste Fragen aus. Was sollen wir finanzieren? Kommt das Geld zu den Bedürftigen und Armen vor Ort? Es waren die gesellschaftsüblichen Ressentiments gegen Hilfe im Süden. Dies führte mich dazu, im damaligen Zaire und bei Joseph Kalamba zu fragen, ob es denkbar sei, dass ich mit einer Delegation ihn und seine Leute besuchen könne, um uns vor Ort ein Bild zu machen. In jener Zeit waren solche Unterfangen kaum üblich. Es gab Partnerschaften mit Priestern oder Laienteams, die im Süden Mission und Entwicklungshilfe betrieben, und natürlich all die Hilfswerke, die ihre Projekte im Süden hatten. Diese Formen waren aber sehr oft paternalistisch, und erst langsam entwickelte sich das Bewusstsein der Partnerschaft und der Entwicklungszusammenarbeit, wie sie heute das *Fastenopfer* der römisch-katholischen Kirche oder *Brot für alle* der reformierten Kirche der Schweiz praktizieren. *Caritas Schweiz* hat 2015 einen Sozialalmanach zur Entwicklungspolitik veröffentlicht. In diesem Bericht und Thesenbuch spricht die

---

17 Vgl. zur Ausweitung ins katholische Milieu: Holenstein, Vom Manifest der Theologen zur politischen Praxis 27–29.

Caritas Schweiz in der Einführung «von der Entwicklungshilfe zur internationalen Zusammenarbeit» über die Einstellungsveränderungen der letzten Jahrzehnte.[18]

Die Delegationsreise zusammen mit Abbé Joseph Kalamba nach Zaire kam 1996 zustande. Zaire war damals im Endstadium der Mobutu-Herrschaft. Wir flogen von Kinshasa nach Kananga, der Provinzhauptstadt im westlichen Kasai. Von dort gelangten wir auf einer abenteuerlichen Fahrt ins Landesinnere nach Kamutanga und Mukenge. Wir lebten mit den Menschen unter analogen Lebensbedingungen und waren ständig unterwegs mit Joseph Kalamba. Wir sahen eine unbeschreibliche Verarmung der Menschen und spürten selber hautnah die totale Destruktion sämtlicher Infrastrukturen, seien es Verkehrswege, Gesundheitsversorgung, Schulen, Kommunikation, allgemeine Versorgung und Betreuung. Uns überkamen Wut, Trauer und Angst bei der täglichen Reflexion mit Joseph Kalamba. In Gesprächen mit den Menschen wurde uns klar, etwas unternehmen zu wollen. Gleichzeitig erfuhren wir auch, dass die Schweiz unmittelbar in dieser Region ihr Geld machte mit dem korrupten Regime von Mobutu.[19] Der Osten der heutigen Demokratischen Republik Kongo ist überreich an Bodenschätzen wie Uran, Coltan, Gold, Kupfer und Edelsteinen. Mobutu besaß am Genfersee in unmittelbarer Nähe eines ehemaligen Bundesrates eine Villa und war bestens vernetzt mit Schweizer Banken und Rohstoffhändlern.

In den gleichen Jahren fanden die Reflexionswochen in La Roche mit den Befreiungstheologen Kuno Füssel, Urs Eigenmann und später auch mit Franz Hinkelammert statt. Wir übten uns in materialistischer und sozialkritischer Bibellektüre, analysierten die Schuldenproblematik des Südens, hinterfragten die Kolonisierung und deren Schandtaten. Und immer wieder die Frage: Was machen wir an der Basis? Wie kann ich als Gemeindeleiter diese Wahrheiten den Menschen darlegen und mit ihnen zusammen Wege gehen, um solidarisch zu sein mit den Hungrigen und Verarmten, konkret mit den Menschen in Ntambue, Mukenge, Kamutanga und Tshimbulu, um nur einige Dörfer beim Namen zu nennen? Mich hat in der Zeit des ersten Besuches in Zaire ein Buch von Franz Hinkelammert besonders bewegt. Es war das Buch *Der Glaube Abrahams und der Ödi-*

---

18 Vgl. Caritas Schweiz (Hrsg.), 2015 Almanach Entwicklungspolitik. Perspektiven der Entwicklungszusammenarbeit, Luzern 2015.
19 Vgl. zu den theologischen Kategorien zur Beurteilung von Imperien: Kuno Füssel, Im Zeichen des Monsters. Zur Staatskritik der Johannes-Apokalypse, Freiburg/Schweiz 1986.

*pus des Westens*²⁰. Darin bringt er für mich den Fluch des Gesetzes, über den er später ein weiteres Buch²¹ publiziert hat, auf den Punkt. Abraham, die Grundfigur des jüdisch-christlichen Glaubens, verweigert im biblischen Mythos das Menschenopfer. Zentral ist für Hinkelammert nicht der scheinbare Gehorsam, sondern der Widerstand und die Weigerung Abrahams, Isaak zu opfern. Oder nun formuliert für einen prophetisch-messianischen Glauben und seine Praxis: Unser Gott, der Gott Abrahams und Sarahs, der Gott Jesu, will keine Menschenopfer, er will das Leben. In seiner neuesten Publikation zusammen mit Kuno Füssel, Urs Eigenmann und Michael Ramminger verdichtet Hinkelammert seine gesamten Überlegungen der letzten dreißig Jahre in seinem Essay *Gründungsmythos Brudermord*.²² Er zeigt darin auf, dass im Genesistext (vgl. Gen 22,1–19) beim Mythos vom verweigerten Menschenopfer am Beginn der Geschichte zwar von Gott die Rede ist. Dieser Gott hat aber erst nach der Verweigerung den Namen Jahwe. Vorher kann es der Gott Baal, Mammon oder irgendein Gott sein, der ein kultisches Sohnesopfer verlangt.²³

4.2 Kooperative *Bidiep* und Verein *Kongo Espoir* als Partner

In der Umgangssprache des Ostens der Demokratischen Republik Kongo sagen die Menschen, wenn sie sich treffen, zur Begrüßung *Moio*. Das bedeutet: *ich wünsche dir das Leben*. Die Rohstoffmultis, die Diamanten- und Rohölfirmen nehmen den massenhaften Tod von Menschen in Kauf und beuten weiter die Natur aus. Frauen werden vergewaltigt, Kinder zu Soldaten und Soldatinnen versklavt. Ganze Länder sind verstrickt in die Gewaltorgien, deren Ursachen ungerechte und ausbeuterische Strukturen und Verteilungskämpfe sind. Die Menschen haben nichts, sie verhungern, sind verarmt oder kommen um in den räuberischen Kriegen, die von Söldnern geführt werden im Dienste der Vermehrung des Reichtums der kleinen Elite vor Ort sowie der transnationalen Firmen und der ihnen dienenden Gesetze und Staaten im Norden. Milo Rau hat in seinem aktuel-

---

20 Vgl. Franz J. Hinkelammert, Der Glaube Abrahams und der Ödipus des Westens. Opfermythen im christlichen Abendland, Mit einem Vorwort von Norbert Arntz, Münster 1989.
21 Hinkelammert, Der Fluch, der auf dem Gesetz lastet.
22 Vgl. Hinkelammert, Gründungsmythos Brudermord oder warum Religionskritik unentbehrliche Voraussetzung für Ideologiekritik ist.
23 Vgl. ebd. 22.

len Buch Prozessakten veröffentlicht, welche die Hölle auf Erden in diesen opferreichsten Gebieten des Kongos zur Sprache bringen. Millionen starben und sterben immer noch im Osten Kongos.[24]

Unsere erste Kongoreise führte zu vielen Aktivitäten in der Demokratischen Republik Kongo und hier in der Schweiz in verschiedenen Pfarreien und Gemeinden. Im Kongo gründete Joseph Kalamba mit Menschen vor Ort die Kooperative *Bidiep-Bidiep* (Schritt für Schritt). In der Schweiz gründeten wir in Pfarreien und Kirchgemeinden den Verein *Bidiep* und als Nachfolgeprojekt den Verein *Kongo Espoir*. Nach 1996 fand eine zweite Reise im Jahre 2008 statt. Die Menschen im Kongo begannen, miteinander zu debattieren und zu überlegen, wie sie miteinander ihre Lebensweise ein klein wenig verbessern könnten. Wir wurden informiert und finanzierten mit verschiedenen Solidaritätsgruppen in der Schweiz niederschwellige Entwicklungsprojekte. Ein erstes Projekt, das die Kongolesen in Angriff nahmen, waren der Bau, die Inbetriebnahme und die entsprechende Ausstattung eines Buschspitals in Mukenge. In den letzten zwanzig Jahren entstanden weitere Gesundheitsstationen. Fast gleichzeitig wurde eine Krankenpflegeschule eröffnet. Es wurden Landwirtschafts- und Berufsschulen gebaut. Die Gebäude bauten die Menschen vor Ort. So wurden in mühsamer und schwerer Arbeit Lehmziegel produziert, Holz verarbeitet und dann die Gebäude errichtet. Auch wurden die Strohhütten der Menschen ersetzt durch mehrräumige Lehmziegelhäuser. Mit unserer materiellen Hilfe konnten Werkzeuge, Operationsgeräte, Zement und Wellblech gekauft werden.

Joseph Kalamba schaute akribisch vor Ort, dass es bei einer Hilfe zur Selbsthilfe blieb und reflektierte permanent mit der Kooperative und den Dorfchefs den Entwicklungsprozess. Hier in der Schweiz, in den Pfarreien, Gemeinden und Kirchgemeinden, wurde der Prozess aufmerksam verfolgt. Ständig wurde informiert und wurden die Hintergründe der politischen, sozialen und kulturellen Lage aufgezeigt. Die rasante Entwicklung der Kommunikationsmittel half, die Prozesse und ihre Hintergründe besser zu verstehen. Bei der ersten Reise 1996 hatten wir via Kananga/Südafrika eine einzige Telefonverbindung nach Europa. Bei der zweiten Reise gab es Handy-Verbindungen, und auch viele Menschen vor Ort hatten bereits Handys. Die Begegnungen vor Ort in der Diözese Luiza, auf den Plätzen,

---

24 Vgl. Milo Rau, Das Kongo Tribunal, o. O. 2017.

in den Hütten und Kirchen oder die Bilder, Fotos und Posters, aber auch die Briefe, die darüber berichteten, öffneten uns den Himmel einen Spalt weit. In den rund zwanzig Jahren der Begegnung mit den Hungrigen und Verarmten im Kongo haben wir den Himmel da und dort kurz offen gesehen. Das Fenster hat sich einen Spalt weit geöffnet, auch wenn es gleich wieder zugeschlagen wird wie in den aktuellen Kriegswirren in der Provinz Kasai.

5. Liturgie

5.1 Das zweite Weihnachtsfest im Lichte der Umkehrung der Verhältnisse

Im 2. Jahrhundert nach Christus entstand in der christlichen Ostkirche das Fest Epiphanie.[25] Die biblische Erzählung von den Sterndeutern, griechisch *magoi*, haben die bildende Kunst und die vorhandenen Bräuche der Völker immer wieder angeregt.[26] Die Erzählung und die Bilder darüber bewegen uns immer noch, und wir können sie als Dichtung im besten Sinne des Wortes lesen und deuten. Eine Verdichtung menschlicher Erfahrungen und unseres Glaubens. Die Sterndeuter – die Bibel nennt keine genaue Zahl – machen sich mit ungebrochenem Vertrauen auf den Weg. Sie wissen nicht genau, wohin sie der Stern führt. Es ist auch anzunehmen, dass das waghalsige Unternehmen der Sterndeuter in ihrer Umgebung nicht ungeteilte Zustimmung gefunden hat. Zuerst erleben sie eine herbe Enttäuschung. Die Herrschaften in Jerusalem wissen oder wollen nichts wissen von einem soeben geborenen König der Juden. Nein. Die Nachricht von der vermeintlichen Geburt dieses Königs verbreitet in Jerusalem Furcht und Schrecken beim amtierenden König Herodes und seinem Hofstaat. Die Sterndeuter finden dann aber doch das Kind, «fielen [...] nieder und huldigten ihm» (Mt 2,11). Sie waren nun überzeugt, ihr Aufbruch, ihr Traum wurde wahr. Sie standen unter einem guten Stern. Sie kehrten nicht zurück nach Jerusalem, sondern wählten einen anderen (einen neuen) Weg (vgl. Mt 2,12). Epiphanie oder das Fest der Heiligen drei Könige ist die Verdichtung der Umkehrung der Verhältnisse. Diese

---

25 Vgl. Thali, JedeR ist König 25–29.
26 Vgl. Walter Heim/Thomas Perler, Christliches Brauchtum gestern und heute Freiburg 1985; Kurt Lussi/Carlo Raselli/Christof Hirtler, Lärmen und Butzen. Mythen und Riten zwischen Rhein und Alpen, Kriens/Luzern 2004.

Umkehrung ist die Erscheinung des Herrn. Sie ist nicht nur biblisch bezeugt, sondern wurde auch immer wieder zeichenhaft vollzogen. Im Festkreis des *Imperium Romanum* entstand der Brauch des Königskuchens, und dieser Brauch wurde hineingenommen in einen christlichen Vollzug in den Klöstern des Mittelalters.

5.2 Der Königskuchen als Vorwegnahme der Umkehrung der Verhältnisse

In Rom, zu Zeiten des Imperiums – dies der Brauch – konnten während der Festivitäten des Saturns sogar Sklaven König werden. König wurde, wer die Bohne, die in einem Kuchen eingebacken war, in seinem Kuchenstück fand. Dieser Brauch kam mit den römischen Besatzungstruppen in unsere Regionen. Im Mittelalter finden wir den Brauch in den Klosterschulen. Wer die eingebackene Bohne fand, durfte für einen Tag die Rolle des Klostervorstehers als Abt oder Prior einnehmen. Die Festivitäten waren, so wird berichtet, sehr ausgelassen. Irgendwann wurden aus den Sterndeutern, drei Sterndeuter. Weil diese Festtage zur Jahreswende stattfanden, ist es in christlichen Zusammenhängen Brauch geworden, die Häuser und Wohnungen zu segnen. Dieser Segen hatte in der damals üblichen Kirchensprache Latein drei Wörter mit den Anfangsbuchstaben C+M+B: *Christus mansionem benedicat* – Christus segne das Haus. Der Volksmund machte daraus, wohl in Unkenntnis der lateinischen Sprache, drei Namen für die drei Könige: Caspar (C), Melchior (M) und Balthasar (B). So entstand die Kurzformel des Haussegens, der bis heute an vielen Eingängen aufgeschrieben wird, jedes Jahr neu mit der entsprechenden Jahreszahl. Auch in anderen Ländern existiert der von den Bäckern und Bäckerinnen wieder belebte Brauch des Dreikönigskuchens in Anlehnung an die römischen Saturnalien und dem Kuchen mit der eingebackenen Bohne in den mittelalterlichen Klosterschulen.

Das Brauchtum ging im 19. und 20. Jahrhundert verloren oder wurde nicht mehr praktiziert. Der Berner Heimatkunde- und Volkstumsforscher Max Währen hat den alten und verloren gegangenen Brauch wieder ins Gespräch gebracht.[27] So hat der Schweizerische Bäckermeisterverband die Einführung des Dreikönigskuchens vor

---

27 Max Währen, Der Königskuchen und sein Fest. Ein uralter Brauch in Gegenwart und glanzvoller Vergangenheit, Bern 1958.

rund fünfzig Jahren beschlossen. Heute werden in der Schweiz rund um die Festtage der Heiligen drei Könige mehr als eine Million Dreikönigskuchen gebacken und verkauft.

5.3 Rückgewinnung des Brauchtums

Als Gemeindeleiter und Liturgievorsteher am Dreikönigsfest bewegte mich die Frage: Haben wir eine Möglichkeit, die Deutungshoheit über das, was die befreiende Kraft des anderen Königseins beinhaltet, zurückzugewinnen? Ich hatte Zweifel, ob es gelänge, die Umdeutung der gewinnorientierten Marketingstrategie der Bäcker zu kappen. Ich fand dann aber einen Bäcker, der bereit war, in jedes Kuchenstück eine Königsfigur einzubacken für einen riesigen Königskuchen, der in der festlichen Sonntagsliturgie an Epiphanie in der Kirche verteilt würde. Dazu natürlich die entsprechende Anzahl Königskronen. Ich bat die Kinder nach vorne zum Altar und gab jedem ein Kuchenstück. Am Platz aßen sie es. Ich sagte, wer die Königsfigur in seinem Kuchenstück finde, soll das noch für sich behalten. Ich würde das Kind dann nach vorne bitten, zu mir kommen. Ich bat darum ... und alle Kinder stürmten freudestrahlend zum Altar. Und so wurden alle Kinder und auch Erwachsene zu Königinnen und Königen gekrönt. Diesen zurückgewonnenen Brauch habe ich über dreißig Jahre in verschiedenen Pfarreien praktiziert.

5.4 Alle sind Könige, niemand ist *der* König

In der römisch-katholischen, christkatholischen und in der anglikanischen Kirche folgt auf das Sakrament der Taufe mit Wasser die Salbung mit Chrisam. In Israel wurden Könige gesalbt. Unsere heutige Salbung mit Chrisam verweist auf Jesus von Nazareth, den Christus, den Gesalbten, sowie auf die Salbung der Könige, Priester und Propheten im Ersten Testament. Den Getauften wird die Kraft des Heiligen Geistes zugesprochen. Die Salbung, die dann bei der Firmung explizit vollzogen wird, bringt zum Ausdruck: Wir sind königliche, prophetische und priesterliche Menschen. Wir sind königliche Menschen mit einer unantastbaren Würde, einmalig und einzigartig. Und diese Titel gelten sowohl für Frauen wie für Männer.

Diese theologische und sakramentale Weisheit hat Franz Hinkelammert so verdichtet: «Das Gesetz der Sünde ist [...] das Gesetz der Welt, das überall auch als Gesetz der Welt proklamiert wird. Es ist das so genannte Marktgesetz als Gesetz des Wettbewerbs mit seinem Maximierungsauftrag.»[28] Wenn Markt und Wettbewerb herrschen, gehen die Weisheit Gottes und die erzählende Absicht der Evangelisten verloren, und unsere Feste und Bräuche werden in ihrer Substanz ins Gegenteil verkehrt. Hinkelammert fordert darum, «[...] von der Weisheit Gottes her zu sehen und zu leben und dadurch die Wahrheit aus der Gefangenschaft zu befreien und das Gesetz Gottes zurückzugewinnen»[29]. In der prophetisch-messianischen Zeit, vor der Verkehrung des Christentums durch dessen Imperialisierung, war es den Menschen vertraut und die Täuflinge, ob Junge oder Mädchen, wurden gesalbt als Könige, Priester und Propheten. Und da niemand *der* König ist, wird eine grundlegende Gleichheit aller Menschen postuliert.

Und so wagte ich es rund dreißig Jahre lang, im feierlichen Dreikönigsgottesdienst, in einem Wortgottesdienst oder in einer Eucharistie, dem Königskuchen die ihm innewohnende Weisheit Gottes zeichenhaft und emotional erlebbar zurückzugeben oder die Substanz zurückzugewinnen. Der Megakönigskuchen ist von Anfang an auf dem Altar, und in seiner Mitte liegt eine Krone. Beim Teilen des Königskuchens darf das Kind mit der gefundenen Königsfigur nach vorne treten. Dann stürmen alle Kinder freudestrahlend zum Altar. Den Kindern wird nun eine Krone aufgesetzt. Jedes Jahr war es berührend, die strahlenden Gesichter der Kinder zu sehen und zu spüren, wie groß ihre Freude ist. Die Kinder dürfen nun gekrönt Platz nehmen und im Raum wird sichtbar: *JEDE und JEDER ist Königin oder König*. Die Erwachsenen lachen und klatschen freudig dazu.

6. *Koinonie*

6.1 Nikolaus-Brauchtum und Kultmarketing

Um den in der Mitte des 4. Jahrhunderts verstorbenen Bischof von Myra ranken sich viele Legenden.[30] Er soll ein besonderer Mensch

---

28 Hinkelammert, Der Fluch, der auf dem Gesetz lastet 73.
29 Ebd.
30 Vgl. Thali, JedeR ist Königin 19–21.

gewesen sein, der schon zu Lebzeiten einen herausragenden Ruf genoss. In Osteuropa und seinen christlichen Kirchen wurde er zum beliebtesten Heiligen. Seit rund tausend Jahren ist sein Gedenktag der 6. Dezember. Auch in unseren Regionen wird der Nikolaustag gefeiert. Dieser Festtag kennt bis heute ein sagenumwobenes Brauchtum, was vor allem bei den Kindern und ihren Familien sehr beliebt ist.

In der Schweiz gibt es dazu besondere Orte der Brauchtumspflege wie der berühmte Klausen-Umzug in Küssnacht, einer der imposantesten Nikolausbräuche Europas. Jährlich strömen an die zwanzigtausend Zuschauer nach Küssnacht am Rigi am Vierwaldstättersee. Der Umzug mit rund zweihundert kunstvollen Iffelen (überdimensionierte beleuchtete Bischofsmitren), gefolgt vom St. Nikolaus und vom archaischen Lärm von über tausend Klausjägern mit Treicheln und Geißeln, zieht Zuschauerinnen und Zuschauer in seinen Bann! Hintergrund vieler Bräuche und Kulthandlungen in den Wintermonaten sind die rohen und stürmischen Tage und noch mehr die Nächte dieser Jahreszeit. Vieles hat seinen Ursprung in religiösen Vorstellungen unserer keltischen Vorfahren. Die Menschen glaubten, vom Naturgeschehen dieser Jahreszeit beeinflusst, dass ein Totenheer und andere drohende Mächte unterwegs seien. Um ihre Macht zu beschwichtigen, legten sie Speisen und andere Gaben vor ihre Behausungen. Statt der Toten beschenkte man immer mehr auch die Armen, insbesondere die armen Kinder. Durch die Christianisierung unserer Regionen wurden viele dieser Bräuche in einem neuen kulturellen Kontext weitergeführt, und die Rolle der Gabenüberbringer übernahmen bekannte Heilige. Bis heute sind dies die Heiligen Martin (11. November) und Nikolaus (6. Dezember). Durch die Reformation wurden diese Heiligenfeste vorübergehend verdrängt. Der Geschenkbrauch konzentrierte sich auf das Christfest, die Weihnachtstage.

Erstaunlich ist aber bis in unsere Tage, dass es den verschiedenen Herrschaften und ihren Ideologien nie gelang, all diese Bräuche und ihre ursprüngliche Kraft ganz auszurotten. Dies sollte uns Mut machen, in der heutigen Zeit, in der auf verschiedensten Konsumebenen das Nikolaus-Brauchtum für das Kultmarketing des Marktes vereinnahmt wird, die Nikolausfigur zurückzuholen für die ursprünglichen Werte und Inhalte.

6.2 Die befreiungstheologische Spiritualität der Legenden

Nikolaus wirkte in Myra, der heutigen Türkei, so die Hauptlegenden. Dort versuchte er mit Nachdruck, dem Evangelium folgend, eine befreiende Praxis zu leben und einzufordern. Nikolaus tat dies handfest für die Verarmten und Hungrigen, die Verfolgten und die Ausgegrenzten. Dazu erzählen uns drei von vielen Legenden Genaueres. Auf dem Mittelmeer veranlasste er, Getreideschiffe zu stoppen, und forderte die Schiffer auf, einen Teil ihrer Weizenladung in Myra abzuladen. Die Schiffe waren mit riesigen Kornladungen aus Vorderasien in die Kaiserstadt Rom unterwegs. Unter der kaiserlichen Herrschaft schufteten im *Imperium Romanum* die Bauersfamilien und die Sklaven und Sklavinnen für die Herrscher in den Städten der *Pax Romana*. In Myra herrschte Hungersnot, was den Kaiser wenig kümmerte. Nikolaus sorgte nun dafür, dass ein Teil der vorbeifahrenden Kornschiffe ihre Ladung in Myra entluden, damit seine Leute wieder tägliches Brot und Samen für die neue Aussaat hatten. In einer anderen Legende besuchte Nikolaus von Myra ein Gefängnis und erwirkte dort die Entlassung zweier zu Unrecht Verhafteter. Das Imperium hatte sie einsperren lassen, weil sie sich politisch für Andere einsetzten. Nach der dritten Legende brachte Bischof Nikolaus in der Nacht drei goldene Kugeln in ein Gemach. In diesem Haus lebten drei verarmte junge Frauen, deren Vater kein Geld für die Mitgift hatte. Und weil er das Geld nicht auftreiben konnte, drohte den Frauen die Auslieferung an ein Dirnenhaus.

Wenn wir diese drei Legenden genauer analysieren, entdecken wir die Kategorien des Paulus, die dieser im Galaterbrief formuliert hat: «Es gibt nicht mehr Juden und Griechen, nicht Sklaven und Freie, nicht männlich und weiblich» (Gal 3,28). Nikolaus kämpft gegen den Hunger und praktiziert eine andere Ökonomie. Die Güter der Erde sind für alle da, niemand soll verhungern. Und all jene, die dafür kämpfen, dass alle satt sein können, und deswegen politische Verfolgung erleiden, werden befreit. Nikolaus hebelt auch die kulturelle, frauenverachtende Ideologie aus und ermöglicht den Frauen ein aufrechtes Leben.

Urs Eigenmann hat in seinem Buch *Am Rand die Mitte suchen* das Konzept der Gesellschaftsformation beschrieben und auch in seinen anderen Veröffentlichungen immer wieder dargelegt, dass eine befreiungstheologische Pastoralpraxis in ihren Handlungsfeldern auf der Seite der ökonomisch Benachteiligten, politisch Beherrschten und ideologisch Bevormundeten feiert, betet, unterrichtet und diakonisch handelt.[31] Die Legenden um den Heiligen Nikolaus sind eindeutig so zu interpretieren. Nikolaus kämpft gegen den Hunger und praktiziert eine andere Ökonomie. Die Güter der Erde sind für alle da, niemand soll verhungern.

6.3 Rückholung des Brauchtums am Fest des Befreiungstheologen Nikolaus von Myra

Nikolaus existiert seit rund einem Jahrhundert als Werbefigur. Dargestellt wird er als dicklicher und freundlicher Greis mit einem langen weißen Rauschbart. In roter und mit weißem Pelz besetzter Kutte und mit Geschenksack. Die Coca-Cola-Gesellschaft nutzte ab 1931 alljährlich zur Weihnachtszeit diese Darstellung für eigene Werbekampagnen. Wir wollten die Deutungshoheit zurückholen und die befreiende Kraft der Legenden um Nikolaus aus Myra neu ins Bewusstsein bringen. Wir haben versucht, mit dem Nikolausfest in der Pfarrei St. Paul Rothrist der neoliberalen Demontage dieses frühen Befreiungstheologen, dem heiligen Nikolaus von Myra, entgegenzuwirken.

Seit vielen Jahrzehnten, gibt es nun in und um die katholische Kirche in Rothrist, immer am 6. Dezember abends, dieses befreite Nikolausfest. In der meist überfüllten Kirche mit Kindern und Familien, erzählt der darstellende Nikolaus Geschichten. Es werden alte Nikolauslieder gesungen und die Kinder können Reimverse aufsagen. Nach der Feier in der Kirche zieht die Menschenmenge mit dem Nikolaus, seinem Gefolge und dem Esel durch das Dorf. Begleitet wird der Zug von bemalten Glaslaternen und Kindern, die Kuhglocken und Treicheln tragen und mit ihrem Lärm die Dämonen (unserer Zeit?) vertreiben. Meistens wird beim Alters- und Pflegezentrum ein Besuch gemacht. Die Menschen bringen den Bewohnerinnen und Bewohnern ihre Kollekte/Gabe mit für etwas Besonderes. Nach der Rückkehr gibt es auf dem Kirchenplatz warmen Tee, Glühwein, Nüsse, Mandarinen und frisch gebackenen Lebkuchen. Die Kinder mit ihren leuchtenden Augen dürfen dem darstellenden Nikolaus

---

31 Vgl. Eigenmann, Am Rand die Mitte suchen 60–67; vgl. ders., Kirche in der Welt dieser Zeit 57 f.

die Hand geben und mit ihm reden und ihre Geschichten und Verse darbieten. Dieser Festtag hat liturgische, katechetisch-bildende und diakonische Elemente und ist natürlich ein mächtiges Ereignis und Fest der Pfarrei und des Dorfes. Die lebendige und lebensspendende Legende mit ihren Geschichten wurde erfolgreich zurückgeholt und redet in ihrer Darstellung und in der sich jährlich wiederholenden Feier von der nachvollziehbaren und nachahmenswerten Befreiung für das Leben.

Maria Klemm-Herbers

AUTONOM – PARTEILICH – SOLIDARISCH – CHRISTLICH

Persönliche Erfahrungen und Erinnerungen

Theologiestudierende und Berufsanfänger/innen in der pastoralen Arbeit, welche ich an der Katakombenpakt-Versammlung[1] 2015 in Rom sowie im Umfeld des *Instituts für Theologie und Politik* (ITP) in Münster kennengelernt habe, fragen mich als inzwischen pensionierte Theologin im kirchlichen Dienst: «Wo finde ich Orte, an denen ich mich inhaltlich kritisch und umfassend weiterbilden und gleichzeitig auftanken kann, um nicht unterzugehen in den alltäglichen Anforderungen, um meiner befreiungstheologischen Option treu zu bleiben, um inhaltliche und emotionale Solidarität konkret zu spüren und dadurch gestärkt die Auseinandersetzungen in Gemeinden und Verbänden annehmen zu können?» Dann sage ich immer: «Diese Orte müsst Ihr Euch selbst organisieren!» Ich möchte die Fragenden mit dieser etwas lapidaren Antwort nicht einfach abspeisen, sondern erzähle davon, wie die gleichen Fragen mich selbst umgetrieben haben und wie wichtig für mich die Geschichte der *La Roche-Woche*[2] im *Collège de Brousse*[3] seit 1986 in meinem persönlichen und beruflichen Leben war. Und ich bin dankbar, dass ich teilhaben konnte an diesem autonomen Projekt, an dessen Anfang die Initiative von Urs Eigenmann und Kuno Füssel stand. Folgende Aspekte waren für mich wichtig:

---

[1] *Katakombenpakt erinnern und erneuern.* Versammlung vom 11.–17. 11. 2015 in Rom, an der das *Collège de Brousse* finanziell und personell in der Trägerschaft beteiligt war.
[2] La Roche ist ein Ort im Kanton Fribourg. Dort haben wir jeweils im Chalet St. Laurent getagt.
[3] *Collège de Brousse*: Im Lauf der Jahre wurde die La Roche-Woche zu einem Think-Tank im «*Brousse* = Busch».

1. Autonome Weiterbildung

Weiterbildungsangebote von Bistümern und freien Anbietern orientieren sich an Themen, die gerade aktuell und auch durchaus brisant sind in Kirche und Gesellschaft. Da gibt es dann jeweils viele Informationen und Handlungsanleitungen. Aber es fehlt meistens die grundlegende ökonomische, gesellschaftspolitische und theologische Analyse sowie die gegenseitige Vergewisserung über das je eigene Interesse und über die Kriterien und Optionen für verantwortetes *Sehen – Urteilen – Handeln*. Das gilt, auch wenn dieser Dreischritt in Fortbildungskursen des Bistums Basel als Methode inzwischen immer gebraucht wird.[4]

Das *Collège de Brousse* mit der *La Roche-Woche* steht hingegen für kontinuierliche Arbeit an der immer gleichen grundsätzlichen Frage nach *Leben oder Tod* und für die ständige Reflexion unserer verschiedenen Praxisfelder. Damit verbunden ist die Frage, an welchen Gott wir glauben. Teilen wir den Glauben Jesu an den befreienden Gott des Exodus und der prophetischen Tradition? Können wir so der Praxis Jesu folgen an der Seite der Armen, Unterdrückten und Ausgegrenzten? Und: Wie können wir die falschen irdischen Götter – die Götzen heute – entlarven, in deren Namen der globalisierte neoliberale Kapitalismus als alternativlos bezeichnet wird, der auch Menschenopfer fordert sowie Natur und Umwelt der Plünderung preisgibt? Die Religionskritik bekommt hier einen neuen immens wichtigen Stellenwert.

Ein großer Dank geht dabei vor allem an Kuno Füssel, Urs Eigenmann und Franz J. Hinkelammert. Sie ließen uns teilhaben an ihren Forschungen im ökonomischen, politischen, exegetischen, theologischen Bereich, haben uns dabei herausgefordert und vor allem bereichert. Diese Kontinuität war mir wichtig für die theoretische Klarheit im Kopf als erstem Schritt einer befreienden Praxis. Michael Ramminger benennt, worum es dabei geht: «In der messianischen Tradition [...] geht es um die gesellschaftskritische Kraft der Jesus-Erinnerung, um Sehnsucht nach universaler Gerechtigkeit für Lebende und Tote, um Hoffnung auf vorbehaltlose Liebe, um

---

4   Vgl. Pastoralamt des Bistums Basel (Hrsg.), «Suchet zuerst das Reich Gottes und seine Gerechtigkeit ...» Ein Arbeitsinstrument für pastorales Handeln im Bistum Basel, Solothurn 1993, ³1995. An der Erarbeitung bzw. Redaktion dieses Dokuments waren Urs Eigenmann und ich beteiligt.

Empörung über die bestehenden Verhältnisse, um begründeten Veränderungswillen, um die Kraft zur Revolution.»[5]

2. Klare Option

Die befreiungstheologische Option für das Leben und vor allem für das Leben der Armen, Unterdrückten und Ausgegrenzten stand nie zur Disposition. Wir haben ganz bewusst nicht immer wieder neu diskutiert, ob wir diese Option teilen, sondern nur ganz ernsthaft darüber, wie wir mit dieser Option unser persönliches, berufliches, politisches Leben gestalten können, wie wir uns dazu organisieren und mit wem wir uns dafür vernetzen müssen. Im Laufe der Jahre sind in La Roche immer wieder neue Teilnehmende dazugekommen. Und die meisten haben hier für sich einen guten Ort gefunden. Einige aber konnten oder wollten die klare Option nicht diskussionslos übernehmen und sind in der Folge nicht mehr gekommen. Ist das Ausgrenzung? Ja, das ist es, wenn man formalistisch argumentiert, aber nicht, wenn wir im Rahmen autonomer Weiterbildung die inhaltlichen Prämissen deklarieren, ohne sie immer wieder neu legitimieren zu müssen.

3. Solidarität

In der La Roche-Woche haben wir Solidarität auf zwei Ebenen gespürt und gelebt. *Untereinander* konnten wir uns inhaltlich gegenseitig stützen und den emotionalen Zusammenhalt stärken. Das war not-wendig bei privaten oder beruflichen Krisen sowie bei der bedrängenden, oft lähmenden Frage, was wir eigentlich bewirken können in einer Welt, in der die Gesetze des Marktes immer mehr an die erste Stelle gerückt werden von jenen, die daraus Kapital schlagen, und in einer Kirche, die sich während der Pontifikate von Johannes Paul II. und Benedikt XVI. zunehmend auf sich selbst konzentrierte und viele Theologen/innen mundtot machte, welche einstanden für eine Option für die Armen, Unterdrückten und Ausgegrenzten und für gesellschaftliche Verhältnisse, in denen ein menschenwürdiges

---

5 Michael Ramminger, Vorwort, in: Franz J. Hinkelammert/Urs Eigenmann/Kuno Füssel/Michael Ramminger, Die Kritik der Religion. Der Kampf für das Diesseits der Wahrheit, Münster 2017, 8–10, hier: 10.

Leben für alle möglich ist. Die Verurteilung von Befreiungstheologen/innen in Lateinamerika mit für sie verheerenden und oft tödlichen Folgen ist ein dunkles Kapitel der jüngeren Kirchengeschichte. Dieses Blatt hat sich mit Papst Franziskus gewendet. Seine Optionen, Analysen und Botschaften stärken und machen Mut. Ein starkes Zeichen haben wir während der Katakombenpakt-Tagung 2015 in Rom erlebt. Der Jesuit und Befreiungstheologe Jon Sobrino, der auf Einladung des ITP (Institut für Theologie und Politik in Münster/Westf.) im Festgottesdienst in den Domitillakatakomben predigte, wurde vorher von Papst Franziskus empfangen mit den Worten: «Schreibe weiter!»[6]

Nach außen konnten wir befreiungstheologische Forschungs- und Bildungsarbeit durch finanzielle Unterstützung wirksam mittragen und oft erst ermöglichen. Früher war es die Arbeit des Instituts ECO (*Educación y Communicaciones*) in Santiago de Chile, in dem unser leider früh verstorbene Freund Fernando Castillo wirkte, der auch einige Jahre in La Roche dabei war. Bis heute unterstützen wir die Arbeit von Franz J. Hinkelammert im DEI (*Departamento Ecuménico de Investigaciones*) und dann in der GPC (*Grupo Pensamiento Crítico*) in San José, Costa Rica.

4. Feiern

In La Roche haben wir gelernt, debattiert und uns die Köpfe heiß geredet. Wir haben aber auch gemeinsam gekocht. Die Küche war immer ein zentraler Treffpunkt. Die Menus waren einfach und genial zugleich. Beim fünfgängigen *menu surprise* in festlicher Ambiance am letzten Abend haben wir jeweils das Leben gefeiert und damit unsere Hoffnung «auf eine Welt, wo Brot und Recht und Würde und Liebe ist, für alles, was lebt» (vgl. Huub Oosterhuis).

In den 1990er-Jahren waren zwei emeritierte Professoren der Berliner Humboldt-Universität aus der ehemaligen DDR dabei, der Historiker Kurt Pätzold und der Philosoph Wolfgang Richter. Ihr – durchaus verwunderter – Kommentar lautete: «Hier erleben wir konkret am Tisch, was Eucharistie einerseits und sozialistische Hoffnung andererseits verbinden könnte.» Da war eindrücklich präsent und erfahrbar, was uns verbindet in Erinnerung an Jesus von Na-

---

6 Siehe Pressecommuniqué im Anhang.

zareth und in der gemeinsamen Nachfolgepraxis. Mein Dank geht dabei an Urs Eigenmann, der nicht nur ein brillanter Theologe ist, sondern als Chefkoch auch exquisite Speisen auf den Tisch bringt und ein Essen zur Feier des Lebens zu gestalten weiß.

5. Spiritualität

In der intellektuellen Auseinandersetzung, im solidarischen Handeln und im gemeinsamen Feiern konnten wir Quellen der Hoffnung auftun und damit auftanken für unseren persönlichen und beruflichen Alltag. Wichtig war mir dabei die Erinnerung an jene Menschen, von denen die Bibel erzählt, die im Glauben an einen befreienden Gott aufstehen und Widerstand leisten konnten gegen tödliche Verhältnisse. Wichtig war mir der Glaube Jesu an genau diesen befreienden Gott. Und wichtig war mir die Erinnerung an Menschen in der Kirchengeschichte bis heute, die konsequent für das Leben einstehen konnten und können. In La Roche haben wir diese Erinnerung wachgehalten mit solidarischen Freundinnen und Freunden und uns damit gegenseitig gestärkt. Das ist meine spirituelle Grundlage, der Geist, der mich beflügelt.

Dabei spielen traditionelle oder auch sogenannt moderne Formen der Spiritualität für mich keine Rolle, wenn sie nicht verknüpft sind mit Menschen, die meine Erinnerungen, Enttäuschungen und Hoffnungen teilen oder aber mich zum Nachdenken und Umdenken herausfordern.

An der Versammlung *Katakombenpakt erinnern und erneuern* 2015 in Rom habe ich zwei tiefgehende Erfahrungen gemacht, die meine Haltung verdeutlichen mögen:

Zum einen: Nie im Leben war das Angelus-Gebet mit dem Papst auf dem Petersplatz für mich ein Ort, an dem ich unbedingt dabei sein wollte. Weder das Angelus-Gebet noch der Petersplatz haben mich interessiert. Im Rahmen der Katakombenpakt-Versammlung war ich dann doch dort mit vielen Freundinnen und Freunden, mit denen wir uns während der Versammlung inhaltlich und persönlich auseinandergesetzt hatten. Und direkt neben mir stand der große Theologe Jon Sobrino, glücklich über die persönliche und versöhnliche Begegnung mit Papst Franziskus zwei Tage vorher. Das war ein bewegender Moment.

Zum andern: Ebenso bewegend war die für mich sehr traditionelle Eucharistiefeier in den Domitilla-Katakomben zum 50. Jahrestag der Unterzeichnung des Katakombenpaktes mit Bischof Luigi Bettazzi, einem der Erstunterzeichner am 16. November 1965. Die Predigt hielt Jon Sobrino. Er erinnerte daran, dass genau dieser 16. November zugleich der bittere Jahrestag des Massakers im Jahr 1989 ist, bei dem sechs seiner Mitbrüder und zwei Mitarbeiterinnen der UCA (*Universidad Centroamericana*) in San Salvador ermordet wurden und dem er selbst nur entkommen ist, weil er im Ausland war.[7] Das ist ein Datum, das für Hoffnung und Verzweiflung sowie für Aufbruch und eine niederschmetternde Katastrophe steht. In diesem Kontext mit diesen Menschen Eucharistie und das Leben feiern zu können, ist ein Geschenk. Es sind diese Erinnerungen und Erzählungen, die mich tragen.

6. Befreiungstheologie des prophetisch-messianischen Christentums

Meine Erinnerungen schreibe ich auf im Jahr 2018, fünfzig Jahre nach 1968, dem Jahr, in dem ich mein Theologiestudium begonnen habe und mich einließ auf eine politische Bewegung mit großen Visionen und der Hoffnung auf eine Welt, in der Frieden in Gerechtigkeit möglich ist. Im gleichen Jahr fand die II. Generalversammlung des lateinamerikanischen Episkopates (CELAM) in Medellín (Kolumbien) statt. Diese Versammlung wurde später für mich wichtig, weil dort nicht nur einige Wenige, sondern die gesamte Kirche Lateinamerikas mit ihren Bischöfen und kirchenleitenden Gremien sehr ernst gemacht hat mit der Option für die Armen. Hier wehte der Geist des Konzils weiter. Dem brasilianischen Konzilsvater Dom Helder Camara war es zusammen mit seinem chilenischen Freund und Kollegen im Präsidium des CELAM Manuel Larraín gelungen, diesen Geist des Aufbruchs auf der Seite der Armen und Unterdrückten weiterzugeben, andere zu begeistern und zu überzeugen.

Mit der Option für die Armen wurde die ökonomische, politische und kulturell/religiöse Situation der Armen und Unterdrückten in Lateinamerika analysiert in einer Klarheit und Dringlichkeit, mit

---

7 Vgl. Jon Sobrino, Sterben muss, wer an Götzen rührt. Das Zeugnis der ermordeten Jesuiten in San Salvador. Fakten und Überlegungen. Mit einem Hintergrundbericht von Roger Peltzer, Fribourg/Brig 1990; vgl. ders., Der Preis der Gerechtigkeit. Briefe an einen ermordeten Freund, Würzburg 2007.

einer Schärfe und Deutlichkeit, die in der Konfrontation mit der jüdisch-christlichen Tradition keinen Zweifel daran ließ, auf welcher Seite die Kirche und auf welcher Seite Christen und Christinnen agieren und Widerstand leisten müssen. Das war revolutionär und ein großer Meilenstein in der Kirchengeschichte. Das war der Anfang der Befreiungstheologie – ganz in der Tradition des Konzils.

Heute höre ich: «Die Befreiungstheologie ist in die Jahre gekommen. Die Welt heute ist viel komplexer und komplizierter geworden.» Klar hat sich seit 1968 viel verändert. Klar ist die gesellschaftliche Analyse von 1968 nicht mehr aktuell. Klar ist, dass inzwischen z. B. feministische Theologie, Queer-Theologie, Ökotheologie und die Theologie der indigenen Völker sehr wichtig geworden sind und ihre Optionen einbringen in die Debatte um befreites Leben. Klar ist, dass das Jahr 1989 mit dem Mauerfall und dem vermeintlichen Sieg des Kapitalismus ein gravierender Einschnitt war. Aber: Hat sich die Situation der Menschen, die arm, entrechtet und ausgegrenzt sind, zum Besseren verändert? Ist die Welt seither gerechter geworden? Ist die Option für die Armen überflüssig geworden? Ich sehe das nicht. Darum ist meines Erachtens auch klar, dass das *Sehen* (im Dreischritt *Sehen – Urteilen – Handeln*) gerade heute besonders wichtig ist. Es ist schwieriger geworden, aber umso notwendiger. Mehr denn je brauchen wir die Sozialwissenschaften und die politische Ökonomie. Mehr denn je brauchen wir eine klare Analyse der komplexen Realität. Mehr denn je brauchen wir den Durchblick, um uns nicht einnebeln zu lassen von einer neoliberalen Strategie, die jegliche Alternative und jeglichen Widerstand niedermacht als Blauäugigkeit und Gutmenschentum einiger Unbelehrbarer. «Heute ist alles viel komplexer.» Das tönt für mich wie die akademische Formulierung der alltäglichen Aussage: «Da kann man doch sowieso nichts machen.» Eine Kapitulation? Ja, das ist es für mich.

Gefreut hat mich die WOZ, eine linke Wochenzeitung in der Schweiz. Sie titelte zum Jubiläum 1968: «Erobern wir die Utopie zurück.»[8] Das ist für mich eine zentrale Botschaft. Ich will mich nicht abfinden mit den schwierigen, komplexen und tödlichen Verhältnissen. Ich lasse mir die Vision von einer Welt, in der alle Platz haben und leben können, nicht ausreden. Ich bin überzeugt, dass Jesus von Nazareth mit dieser Vision gelebt hat, deswegen hingerichtet

---

8 WOZ, Nr. 4, 25. Januar 2018, S. 19.

wurde und trotzdem lebt mit seiner Botschaft vom Reich Gottes und seiner Gerechtigkeit für die Erde.

Die *La Roche-Wochen* haben mich in dieser Hoffnung bestärkt und mir geholfen bei der Analyse der komplexen gesellschaftlichen Verhältnisse. Ohne diesen Ort hätte ich vielleicht auch kapituliert.

Anhang: Pressecommuniqué von Michael Ramminger (ITP) 13.11.2015

Am heutigen Freitag, den 13. November 2015, empfing Papst Franziskus den Jesuiten Jon Sobrino in der *Casa Santa Marta* mit den Worten: «Schreib weiter!» Jon Sobrino nimmt zur Zeit auf Einladung des Instituts für Theologie und Politik und der USG/UISG [International Union Superiors General, Männer/Frauen] an der Versammlung *Katakombenpakt erinnern und erneuern* in Rom teil. Nach Leonardo Boff und Gustavo Gutiérrez ist dies damit das dritte Treffen von Papst Franziskus mit einem lateinamerikanischen Befreiungstheologen. Damit ist wohl deutlich, dass der Vatikan die Befreiungstheologie nach langen Jahren der Verunglimpfung und Ausgrenzung rehabilitiert hat.

Die theologische Linie von Franziskus, seine Kritik der mörderischen Weltwirtschaft und seine Reformbemühungen um eine Kirche, die «das menschliche Leben an[nimmt], indem sie im Volk mit dem leidenden Leib Christi in Berührung kommt» (EG 24), liegt ganz auf der Linie der Befreiungstheologie. Angesichts der Probleme der Welt wie den Millionen Flüchtlingen, dem Auseinanderklaffen von Arm und Reich, der Umweltverwüstung hat die Kirche tatsächlich nur eine Zukunftsberechtigung, wenn sie im Sinne der Befreiungstheologie eine praktische Hoffnung für die Welt ist. Die Teilnehmer/innen der Tagung *Katakombenpakt erinnern und erneuern* begrüßen deshalb das Treffen zwischen dem Papst und Jon Sobrino.

Jon Sobrino gehört zu den profiliertesten Kritikern des Vatikans unter Johannes Paul II. und Benedikt XVI. Anlässlich der lateinamerikanischen Bischofskonferenz in Aparecida 2007 kritisierte er die redaktionellen Eingriffe der Kurie, die die Bedeutung der Basisgemeinden herunterspielten. Außerdem schrieb er in einem fiktiven Brief an seinen ermordeten Mitbruder Ignacio Ellacuría: «Der objektive Konflikt mit den Mächtigen, keine abstrakte allgemeine Verfügbarkeit, hat Jesus ans Kreuz gebracht. Das zu ignorieren, führt zu schlimmen Konsequenzen; denn es verführt dazu zu denken, dass wir auch heute die Sendung ohne schwerwiegende Konflikte realisieren könnten.»

Im gleichen Jahr versuchte ihn der Vatikan mit einer *Notification* zum Schweigen zu bringen, in der einzelne Thesen seiner Bücher verurteilt wurden. Jon Sobrino unterschrieb diese *Notification* nicht.

Dass Papst Franziskus ihn nun ermutigt hat, sich nicht von lehramtlicher Zensur einschüchtern zu lassen, ist zu verstehen als eine respektvolle Anerkennung der theologischen Arbeit Sobrinos auf der einen Seite und eine direkte Unterstützung der Befreiungstheologie durch den Papst auf der anderen Seite. Diese Positionierung ist ein Bruch mit dem verurteilenden Umgang mit der Befreiungstheologie in den beiden vorangegangenen Pontifikaten.

PERSONENREGISTER

(ohne biblische Personen und ohne die Autorin und die Autoren)

A
Adorno, Theodor W.: 144
Agamben, Giorgio: 103, 106
Aland, Kurt: 122
Althusser, Louis: 15, 21, 31 f., 34, 42, 83, 98, 137 f., 199
Alves, Rubem: 126, 185
Andresen, Carl: 169
Ansorge, Dirk: 177 f.
Antipas (Sohn des Herodes): 221
Aquino Júnior, Francisco: 178
Archelaos (Sohn des Herodes): 221, 223
Arendt, Hannah: 89 f.
Aristoteles (aristotelisch): 82, 89, 172 f., 175–177, 196
Armenius: 154
Arnold, Franz Xaver: 205
Arnold, Markus: 11
Arntz, Norbert: 21, 74, 239
Assmann, Hugo: 185, 208
Assmann, Jan: 126 f., 129 f.
Augustinus, Aurelius: 89, 162 f., 166, 179

B
Bächtold, Hans Ulrich: 179
Badiou, Alain: 103
Baecker, Dirk: 210
Balibar, Étienne: 31
Balthasar, Hans Urs von: 159 f., 206 f.
Barth, Karl: 33, 92, 181
Barthes, Roland: 189, 219
Batlogg, Andreas: 21
Bauer, Bruno: 51
Baumann, Urs: 13
Baumgartner, Jakob: 16
Bäumlin, Klaus: 12
Baus, Karl: 152, 156
Becker, Gary: 69
Beethoven, Ludwig van: 86
Belo, Fernando: 14–16, 32, 43, 219
Benedikt XVI. (Joseph Ratzinger): 16, 20 f., 46, 133, 155 f., 170, 187–192, 201, 206, 212, 251, 256
Benjamin, Walter: 65, 210–212
Benz, Ernst: 50
Beriger, Andreas: 179
Bernhard von Clairvaux: 164 f.
Berning, Conrad: 13
Bethge, Eberhard: 74, 148
Bethge, Renate: 74, 148
Bettazzi, Luigi: 254
Betz, Hans Dieter: 117
Blank, Renold: 197
Bloch, Ernst: 30, 212, 214 f., 229
Blumhardt, Christoph: 181
Blumhardt, Johann Christoph: 181
Boff, Clodovis: 7, 193–203, 205 f., 215, 219, 231
Boff, Leonardo: 7, 187, 193, 196–198, 204–206, 231, 256
Bolz, Norbert: 64, 211 f.
Bondy, François: 91
Bonhoeffer, Dietrich: 74 f., 88, 92, 121, 148 f.
Bonino, José Míguez: 185
Bosshart, David: 64, 211 f.
Bourdieu, Pierre: 20, 98, 172
Boyarin, Daniel: 126, 172
Brecht, Bertold: 40, 229
Brennecke, Hans Christof: 122, 154
Breuss, Josef: 181
Brinton, Crane: 99–102, 105, 107
Britschgi, Ezechiel: 12
Browning, Don S.: 117

Brox, Norbert: 126, 147, 151 f., 154
Brunnschwiler, Thomas: 179
Bruns, Irmgard: 156
Buchbinder, Reinhard: 47 f., 50, 56 f., 60
Buddha: 88
Buess, Eduard: 181

C
Cadotsch, Anton: 19
Caligula (Kaiser): 87, 90, 92, 94
Callahan, Allen Dwight: 110
Calvin, Johannes: 179 f., 211
Camara, Helder: 12 f., 17, 23 f., 149, 235 f., 254
Camponovo, Odo: 135
Camus, Albert: 13, 90–94
Cancik, Hubert: 103
Caquot, André: 104
Cardijn, Joseph: 132
Casalis, Georges: 15 f., 208
Castillo, Fernando: 9, 20, 22, 252
Castro, Emilio: 185
Cavaignac, Louis-Eugène: 56
Certeau, Michel de: 146 f., 217 f.
Chenu, Marie-Dominique: 46
Christ-von Wedel, Christine: 179
Clemens von Alexandrien: 169
Clévenot, Michel: 15 f.
Collet, Giancarlo: 150
Collins, Kevin: 99 f., 112–115
Colpe, Carsten: 169
Comblin, Joseph: 185
Cromwell, Oliver: 156
Crossan, John D.: 110, 122, 125, 136 f., 140
Cyprian: 167

D
Daniélou, Jean: 155
Davidson, Amold I.: 26
Decius (Kaiser): 151 f.
Delgado, Mariano: 17, 195, 199
Diokletian (Kaiser): 151 f.

Dohmen, Christoph: 127 f.
Drey, Johann Sebastian: 181
Duchrow, Ulrich: 26, 98, 106, 110, 156
Duns Scotus, Johannes: 89 f.
Duquoc, Christian: 130
Dürrebächler, Ursula: 26
Dussel, Enrique: 7, 16, 47 f., 50 f., 62, 82, 122 f., 126, 128, 157, 184 f., 187

E
Ebert, Andreas: 232
Ehrlich, Ernst Ludwig: 118
Eicher, Peter: 17 f., 184
Eisenbaum, Pamola: 103
Ellacuría, Ignacio: 114, 178, 185, 187, 208, 256
Elsas, Christoph: 103
Engels, Friedrich: 47, 50, 56, 60, 72, 81, 83, 101
Engels, Odilo: 126, 151
Ephraim der Syrer: 167
Erhard, Ludwig: 79 f.
Establet, Roger: 31
Euchrotia: 154
Eucken, Walter: 79
Eusebius von Cäsarea: 152, 155

F
Feil, Ernst: 148
Felicissimus: 154
Felmy, Christian: 117
Felten, Peter von: 13
Feuerbach, Ludwig: 65 f., 80, 87–89, 91, 96
Fischer Georg: 224
Fischer, Joseph A.: 161
Fischli, Daniel: 16
Flavius Josephus: 114, 221
Fontana, Leandro Luis Bedin: 13
Fornet-Ponse, Raúl: 178
Foucault, Michel: 20, 23–25, 69, 98, 109
Frankl, Viktor: 145

Franziskus (Papst): 20, 26, 46, 71,
    116, 133, 156, 188, 192 f., 224,
    227 f., 252 f., 256 f.
Freud, Sigmund: 85
Freyne, Sean: 125
Frick, Robert: 162
Friedberger, Walter: 19
Friedman, Milton: 87, 217
Fries, Heinrich: 181
Fromm, Erich: 33, 85
Frostin, Per: 119
Fruchaud, Henri-Paul: 26
Fuchs, Gotthard: 17
Füssel, Eva: 146 f., 218
Füssel, Marian: 20, 146
Fux, Benno: 9, 22

G
Galerius (Kaiser): 103, 151 f.
Galli, Mario von: 119
Geitzhaus, Philipp: 21, 211
Genet, Jean: 26
Gera, Lucio: 185
Gerhardt, Helmut: 217
Giard, Luce: 146
Giloth, Peter: 156 f.
Girardi, Giulio: 157, 199
Gladigow, Burkhard: 103
Goertz, Hans-Jürgen: 180
Goethe, Johann Wolfgang von: 91
Gollwitzer, Helmut: 11
Gottlieb, Gunther: 151 f.
Gremmels, Christian: 74, 148
Greschart, Katharina: 162
Grillmeier, Alois: 170
Gutiérrez, Gustavo: 7, 89, 185,
    193–195, 198–203, 205, 256

H
Habermas, Jürgen: 41
Haeuser, Philipp: 162
Hafner, Johann Ev.: 126
Hagedorn, Jonas: 186
Hagedorn, Klaus: 186

Hahlbrock, Peter: 122, 125
Hanson, John S.: 114
Häring, Hermann: 156
Harnack, Adolf D. von: 122, 154
Harzenmoser, Markus: 232
Hasselhoff, Görge K.: 103
Hayek, Friedrich August von: 69 f.
Hecht, Anneliese: 224
Hegel, Georg Wilhelm Friedrich:
    50–52, 213
Heim, Walter: 241
Henrich, Rainer: 179
Helg, Barbara: 17
Hernegger, Rudolf (Beda): 155, 157,
    168, 170–174, 178
Herodes: 221, 241
Herzog II, William R.: 110 f.
Hinson, Glenn E.: 117
Hirscher, Johann Baptist von: 181
Hirtler, Christof: 241
Hitler, Adolf: 92
Höfliger, Hildegard: 18
Hohoff, Wilhelm: 61
Holenstein, Anne Marie: 236 f.
Hoornaert, Eduardo: 155
Hopp, Anton: 13
Horaz: 84
Hörisch, Jochen: 144
Horsley, Richard A.: 110–115
Huber, Georg Sebastian: 181
Hünermann, Peter: 181
Hus, Jan: 159

I
Ignatius von Antiochien: 117
Imbach, Ruedi: 16 f.
Iniesta, Alberto: 12
Irenäus von Lyon: 150

J
Jankowski, Bernd: 106, 117
Jedin, Hubert: 152
Jeremias, Joachim: 135

Jochum-Bortfeld, Carsten: 26, 98, 156
Johannes Paul II.: 12, 46, 156, 187, 199, 203, 212, 218, 251, 256
Johannes XXIII.: 132
Johannes von Damaskus: 176
Josten, Ute: 217
Jud, Carmen: 11
Jüngel, Eberhard: 117
Justin der Märtyrer: 162, 168–172, 175, 178, 198

K

Kahl, Brigitte: 106, 110, 112, 114
Kalamba, Joseph: 237 f., 240
Kalán, Johannes: 157
Kaliayew, Iwan: 92
Kampmann, Theoderich: 12 f.
Kant, Immanuel: 72, 79
Kaps, Ulrike: 150
Kaufmann, Ludwig: 12 f.
Kaufmann, Thomas: 124, 180
Keel, Othmar: 12
Keller, Gottfried: 214
Kermani, Navid: 95
Kern, Bruno: 184, 212
Kierkegaard, Soeren: 12 f.
Klebba, Ernst: 150
Knecht, Willy: 16
Köberle, Adolf: 117
Kohl, Karl-Heinz: 103
Konstantin (Kaiser): 101, 103 f., 152 f.
Körtner, Ulrich H.: 161
Kramp-Karrenbauer, Annegret: 36
Kraus, Hans-Joachim: 181
Kretschmar, Georg: 126, 151
Küng, Hans: 12 f., 30, 46
Kurz, Felix: 26

L

Lactantius (Kaiser): 152
Lagasnerie, Geoffroy de: 25 f.
Landshut, Siegfried: 213
Lapide, Pinchas: 121, 126, 217
Larraín, Manuel: 254
Las Casas, Bartolomé de: 88 f., 185
Lausberg, Heinrich: 56
Latronianus: 154
Lavater, Hans Rudolf: 179
Le Boulluec, Alain: 172
Le Goff, Jacques: 166
Lehnert, Jutta: 21
Lepage, Henri: 217
Leutsch, Martin: 161
Licinius (Kaiser): 103, 152
Lis, Julia: 21, 211
Lochbrunner, Manfred: 206
Locke, John: 156
Longeaux, Guy de: 148
Loofs, Friedrich: 122, 148, 154, 156, 170, 178
Lorenzini, Daniele: 26
Loretan, Matthias: 11
Lubac, Henri de: 206
Lussi, Kurt: 241
Luther, Martin: 30, 50 f., 63, 75, 110, 124, 179 f.
Lutz, Samuel: 179
Luzifer (Bischof): 164

M

Macherey, Pierre: 31
Mäder, Othmar: 19
Mann, Thomas: 94
Marcuse, Herbert: 85
Maritain, Jacques: 148 f.
Martin von Tours: 154, 245
Marx, Heinrich (Heschel Marx Levi Mordechai): 49
Marx, Henriette (geb. Presburg): 49
Marx, Karl: 7 f., 31, 47–52, 54–68, 72–74, 78–89, 91–96, 98, 100 f., 110, 119, 156, 168, 198, 208–216
Marx, Samuel: 49
Mattmüller, Markus: 118 f., 181
Mayeur, Jean-Marie: 126, 151
McCarthy, Mary: 89
Meier, Kurt: 126, 151

Mello, Anthony de: 142
Merkel, Angela: 36, 70, 75 f.
Merklein, Helmut: 133 f., 143
Merz Annette: 125
Metz, Johann Baptist: 14, 42, 46, 118, 185
Miles, Jack: 126
Mimouni, Simon Claude: 104 f., 114
Miranda José P.: 47, 51
Mobutu, Sese Seko: 238
Moingt, Joseph: 148, 172, 189
Moltmann, Jürgen: 181
Monz, Heinz: 49 f., 52
Mugabe, Robert: 102
Müller-Armack, Alfred: 79
Müller, Gerhard Ludwig: 7, 193, 198, 201–203
Müntzer, Thomas: 124, 180

N
Napoleon: 49, 92
Napoleon III.: 56
Nero (Kaiser): 87
Neuhold, David: 17
Neuner, Peter: 117
Nietzsche, Friedrich: 93
Nikolaus von Myra: 244–247
Nixon, Richard: 77, 186
Noti, Odilo: 11, 17

O
Oetinger, Friedrich Christoph: 50
Oliveros, Roberto: 187
Olivi, Petrus Johannes: 89
Opitz, Peter: 179
Origenes: 90, 135, 162 f.
Osterhuis Huub: 252

P
Pangritz, Andreas: 11
Pätzold, Kurt: 20, 22, 27, 252
Paul VI.: 199
Paul, André: 126
Peltzer, Roger: 77, 254

Perler, Thomas: 241
Petriolo, Alexis: 31
Pfaffenberger, Eva: 31
Philippos (Sohn des Herodes): 221
Philon von Alexandrien: 168 f.
Piétri, Charles: 126, 151 f., 154, 156
Piétri, Luce: 126, 151 f., 154, 156
Pinochet, Augusto: 85
Pinto de Oliveira, Carlos Josaphat: 16
Pius IX.: 56
Pius XI.: 199
Pius XII.: 157, 199, 212
Pixley, Jorge V.: 208
Platon (platonisch): 156, 166, 169, 173–176
Pohier, Jacques M.: 12
Popper, Karl: 144 f., 191, 229
Poulantzas, Nicos: 34
Prien, Hans-Jürgen: 184 f.
Prisc(z)illian von Avila: 154
Prokopf, Andreas: 219

R
Ragaz, Leonhard: 118 f., 121, 132 f., 142, 148, 156, 159, 166, 172, 179–181, 214
Rahner, Hugo: 155
Rahner, Karl: 12, 14, 42, 46, 117, 128, 143, 204–207
Ramminger, Michael: 117, 211, 217, 228, 232, 239, 250 f., 256
Rancière, Jacques: 31
Raselli, Carlo: 241
Ratzinger, Joseph: siehe Benedikt XVI.
Rau, Mio: 239 f.
Rechsteiner, Justin: 150
Regan, Ronald: 76, 80, 92
Renschler, Regula: 236
Repschinski, Boris: 224
Reuter, Hans-Richard: 88, 121
Richard, Papblo: 208 f.
Richter Wolfgang: 20, 22, 27, 252
Rief, Josef: 181

Ritter, Adolf Martin: 169
Rockefeller, Nelson: 77, 186
Romero, Oscar Arnulfo: 150, 186
Rordorf, Willy: 153
Rossi, Hans: 19

S

Sachot, Maurice: 103
Salamito, Jean-Marie: 156
Salz, Günther: 217
Santa Ana, Julio de: 185
Sarasin, Philipp: 24
Sartre, Jean-Paul: 13, 26, 94
Sauter, Gerhard: 181
Savonarola: 159
Saxer, Ernst: 179
Sayer, Josef: 193, 201
Schäuble, Wolfgang: 70
Scheffel, Helmut: 189
Schelling, Friedrich Wilhelm Joseph v.: 50
Schellong, Dieter: 33
Schillebeeckx, Edward: 12, 46, 147, 174, 215, 219
Schiller, Friedrich: 85
Schlamminger, Karl: 95
Schleiermacher, Friedrich Daniel Ernst: 33
Schlocker, Georges: 91
Schmid, Rudolf: 19
Schmidt, Günter: 217
Schneider, Carl: 167, 169
Schneider, Gerhard: 223
Schneider, Theodor: 158
Schnyder Bernhard: 16
Schottroff, Luise: 105
Schüepp, Guido: 12 f., 18, 128
Schulte, Joachim: 68
Schupp, Franz: 23, 26 f., 143, 156, 167, 169, 176
Schurr, Viktor: 205
Schweppenhäuser, Hermann: 65, 210
Schwingel, Markus: 172
Schwöbel, Christoph: 117
Scott, James C.: 107 f., 110–115

Seckler, Max: 117, 175
Seewald, Peter: 201
Segundo, Juan Luis: 185
Seitler, Walter: 25
Seper, Franjo: 12
Shaull, Richard: 185
Skarsaune, Oskar: 169
Smolinsky, Herbert: 126, 151
Sobrino, Jon: 7, 77, 103, 114, 135, 142, 150, 156, 163, 170 f., 174, 178, 185, 187, 193, 196 f., 205, 207 f., 252–254, 256 f.
Söding, Thomas: 129
Sokrates: 176
Spescha, Plasch: 11
Spinoza, Baruch de: 87 f.
Staehelin, Ernst: 180
Stalin, Josef: 99, 156, 215
Staubli, Thomas: 127 f., 130
Steck, Karl Gerhard: 33
Stegemann, Ekkehard W.: 102, 105, 118
Stegemann, Wolfgang: 102, 105
Steinkamp, Hermann: 20
Stieger, Martin: 117
Stirnimann, Heinrich 17:
Strahm, Rudolf: 236
Streller, Justus: 91
Strothmann, Meret: 103
Studer, Basil: 169

T

Thatcher, Margret: 80,
Theißen, Gerd: 16, 103, 125, 170
Theodosius I. (Kaiser): 103, 153
Thomas von Aquin: 16 f., 32, 82, 89, 130, 176 f., 179
Tiedemann, Rolf: 65
Tilly, Michael: 162
Tödt, Ilse: 74, 148
Torrell, Jean-Pierre: 16 f.
Trenkel, Stefan: 107
Trotzki, Leo: 99 f., 156, 215
Tupac Amaru: 185

U
Ulrich, Jörg: 122

V
Van Damme, Dirk: 11 f.
Vauchez, André: 126, 151
Veerkamp, Ton: 97
Venard, Marc: 126, 151
Venetz, Hermann-Josef: 18, 134, 187, 212
Vergauwen, Guido: 11, 14, 17 f.
Vetter, Hermann: 89
Vonach, Andreas: 224
Vonderach, Johannes: 19
Vorgrimler, Herbert: 14, 117, 168, 187, 212
Vouillé, Ronald: 218

W
Wagenknecht, Sarah: 79
Währen, Max: 242
Waldenfels, Hans: 194
Walzer, Michael: 127 f.
Weber, Leonhard M.: 205
Weber, Max: 69
Weckel, Ludger: 135, 193, 196
Weibel, Katharina: 16
Welker, Mchael: 106
Wengst, Klaus: 142, 161, 222
Wenzel, Knut: 135
Werbick, Jürgen: 158, 205
Wiederkehr, Dietrich: 12, 17 f.
Wilfred, Felix: 150, 173
Winkler, Gerhard B.: 165
Winzeler, Peter: 179
Wittgenstein, Ludwig: 68 f.
Wohlmuth, Joseph: 161, 182
Wolf, Armin: 126
Wolf, Frieder Otto: 31–33
Wyclif, John: 159

Z
Zemp, Paul: 19
Zenger, Erich: 53, 126
Ziebertz, Hans-Georg: 219
Zintzen, Clemens: 169
Zubiri, Xavier: 178
Zwingli, Ulrich: 179 f.

AUTORIN UND AUTOREN

Walter Bochsler, 1951 in Basel geboren, 1969–1975 Philosophie- und Theologiestudium in Luzern und Tübingen; 1975 Diplom an der Theologischen Fakultät Luzern; 1977 Priesterweihe; 1977–1989 Vikar in Binningen BL und Jugendseelsorger im Leimental; 1985 und 1990 Studienaufenthalte an der Universität Perugia; 1990–2002 Pfarrer in Birsfelden BL, daneben Studium der Geschichte mit Abschluss (Geschichte der fachwissenschaftlichen Basler Mittellehramtsprüfung) 1996 an der Universität Basel; 2002–2004 Studienaufenthalt in Paris an der *École pratique des hautes études (EPHE, Sorbonne)*, an der *École normale supérieure (ENS)* und am *Collège de France*; 2005–2010 priesterlicher Mitarbeiter in Allschwil BL; 2010–2016 Pfarrer in Pfeffingen BL; seit 2007 Präsident des Vereins *Collège de Brousse*.

Urs Eigenmann, 1946 in Bern geboren, Dr. theol., 1966–1972 Philosophie- und Theologiestudium in Luzern und Münster/Westf.; 1972 Diplom an der Theologischen Fakultät Luzern; 1973 Priesterweihe; 1973–1977 Vikar in der Pfarrei St. Anton in Basel; 1977–1982 Assistent am Pastoraltheologischen Institut der Universität Fribourg; 1984 Promotion über das Leben und die Reden von Dom Helder Camara; 1984–1996 Pfarrer von Neuenhof und Killwangen; 1986–1991 Wort-zum-Sonntag-Sprecher am Schweizer Fernsehen; 1988–1996 Dekan; 1997–1998 Pfarradministrator in Worb; 1999–2011 priesterlicher Mitarbeiter in Emmenbrücke; 2003–2013 Lehrbeauftragter für *Sakramentenlehre und -pastoral* und *Poimenik* an der Universität Luzern; seit 2003 Lehrauftrag für Praktische Theologie im *Studiengang Theologie* am Theologisch-pastoralen Bildungsinstitut TBI der Deutschschweizer Bistümer.

Kuno Füssel, 1941 in Trier geboren, Dr. theol., ab 1960 Studium von Mathematik, Physik und Philosophie in Saarbrücken; 1967–1971 Studium der Theologie in Münster/Westf. und wissenschaftlicher Mitarbeiter von Karl Rahner; 1974 Promotion bei Karl Rahner und Johann Baptist Metz über die Wahrheitsfrage als gemeinsamer Grundlinie theologischer und wissenschaftstheoretischer Diskurse;

1971–1982 Assistent von Johann Baptist Metz und Herbert Vorgrimler; 1981–1989 Vertretung des Lehrstuhls *Theorie der Religion* an der Universität Bremen; 1998–2007 Lehrer für Mathematik, Physik und Religion an der BBS Wirtschaft in Koblenz.

Franz J. Hinkelammert, 1931 in Emsdetten/Westf. geboren, Dr. rer. pol., Dr. h. c. mult.; Studium der Wirtschaftswissenschaften, Soziologie und Philosophie in Freiburg i. Br., Hamburg und Münster/Westf.; 1955–1963 Forschungsassistent am Osteuropainstitut der FU Berlin und Studium der Theologie bei Helmut Gollwitzer; 1961 Promotion an der FU Berlin über den Wachstumsprozess in der Sowjetwirtschaft; 1961–1973 Dozent für *Wirtschaftssoziologie, Politische Ökonomie* und *Ökonomie und Ideologie* an der Universidad Católica de Chile; Begegnung mit den Befreiungstheologen Gustavo Gutiérrez, Hugo Assmann, Pablo Richard, Gonzalo Arroyo, Enrique Dussel und Juan Luis Segundo; 1973–1976 Gastprofessor am Lateinamerikainstitut der FU Berlin; 1976 Gründung des *Departamento Ecuménico de Investigaciones (DEI)* zusammen mit Hugo Assmann und Pablo Richard; 1978–1982 Professor für Ökonomie an der Universität von Tegucigalpa/Honduras; 1982 Dozent am *DEI* und Gastprofessor an der Universität von Costa Rica in San José und an der Nationalen Universität in Heredia in Costa Rica; 2006 Preisträger des venezolanischen Preises *Premio Libertador*; fünf Ehrendoktorate von Universitäten in Costa Rica, Brasilien, Chile, Kuba und Argentinien.

Maria Klemm-Herbers, 1949 in Lingen (Ems) geboren; 1968 Abitur und Studienbeginn an der Universität Tübingen mit den Fächern Anglistik und Theologie fürs Lehramt; 1970 Wechsel zum Diplomstudium; 1973 Heirat mit Matthys Klemm, Theologe aus dem Bistum Basel; 1974 Diplomabschluss und Anstellung als Laientheologin in der Pfarrei Frenkendorf/Füllinsdorf BL als erste Frau im Bistum Basel; 40 Jahre kirchlicher Dienst in der Pfarrei und daneben auf verschiedenen Leitungsebenen in Kanton und Bistum als Präsidentin der Pastoralkonferenz Baselland, als Mitglied im Diözesanen Rat der Priester, LaientheologInnen und Diakone, als Co-Leiterin des Regionaldekanates Baselland und als Landeskirchenrätin Baselland; neben der kirchlichen Tätigkeit Engagement in der politischen Asylbewegung auf kantonaler und nationaler Ebene.

Joseph Thali-Kernen, 1950 in Pfäffikon ZH geboren; 1954–1962 aufgewachsen in Hitzkirch LU; 1962–1970 Gymnasium im Internat an der Stiftsschule Einsiedeln mit Abschluss Matura Typus A; 1971 Dienst in der päpstlichen Schweizergarde in Rom; 1970–1971 Studium der Geschichte und der Philosophie an der Universität Zürich; 1971–1975 Studium der Theologie, der Geschichte und der Politischen Wissenschaften an der Universität Freiburg i. Br. mit Abschluss Staatsexamen; 1975 längerer Aufenthalt in Rwanda, erste Erfahrungen in befreiungstheologischen Basisgemeinden mit aus politischen Gründen suspendierten belgischen Priestern; 1975–1986 Laientheologe und Jugendseelsorger in der Pfarrei St. Josef in Basel; 1979 Heirat mit Veronica Kernen; 1986 Einsetzung zum Gemeindeleiter und Weihe zum Diakon; 1986–2002 Gemeindeleiter in Rothrist AG; 2002–2006 Gemeindeleiter in Frick AG; 2006–2015 Gemeindeleiter und Gesamtleiter des Seelsorgeverbandes Allschwil-Schönenbuch BL; seit 2008 Mitglied des Vorstandes von Caritas Schweiz; seit 2013 Mitglied des röm.-kath. Landeskirchenrates Kanton Baselland als Ressortleiter Diakonie, Soziales und Jugendseelsorge; seit 2017 Präsident des Ausländerdienstes im Kanton Baselland.